预算绩效管理教学与研究系列丛书
丛书主编：马海涛

预算绩效管理理论与实践

马海涛 曹堂哲 王红梅 ◎ 主编

中国财经出版传媒集团
中国财政经济出版社

图书在版编目（CIP）数据

预算绩效管理理论与实践/马海涛，曹堂哲，王红梅主编.--北京：中国财政经济出版社，2020.3（2024.9重印）
（预算绩效管理教学与研究系列丛书）
ISBN 978-7-5095-9536-7

Ⅰ.①预… Ⅱ.①马…②曹…③王… Ⅲ.①财政预算—经济绩效—财政管理—高等学校—教材 Ⅳ.①F810.3

中国版本图书馆CIP数据核字（2020）第018237号

责任编辑：胡 博 张晓丽	责任印制：刘春年
封面设计：陈宇琰	责任校对：徐艳丽

中国财政经济出版社 出版
URL: http://www.cfeph.cn
E-mail: cfeph@cfemg.cn
（版权所有 翻印必究）

社址：北京市海淀区阜成路甲28号 邮政编码：100142
营销中心电话：010-88191537
中煤（北京）印务有限公司印装 各地新华书店经销
787×1092毫米 16开 27.75印张 536 000字
2020年3月第1版 2024年9月北京第6次印刷
定价：69.00元
ISBN 978-7-5095-9536-7
（图书出现印装问题，本社负责调换）
本社质量投诉电话：010-88190744
打击盗版举报热线：010-88191661 QQ：2242791300

丛书总序

全面实施预算绩效管理是建立现代财政制度的重要组成部分，是政府治理和预算管理的深刻变革。党中央、全国人大、国务院高度重视预算绩效管理工作，多次强调要深化预算制度改革，加强预算绩效管理，提高财政资金使用效益和政府工作效率。党的十六届三中全会提出"建立预算绩效评价体系"，十七届二中、五中全会分别提出"推行政府绩效管理和行政问责制度""完善政府绩效评估制度"。国务院还专门批准建立了由监察部牵头的政府绩效管理工作部际联席会议制度，推进包括预算绩效管理的政府绩效管理试点。《预算绩效管理工作规划（2012—2015年）》大力推进了预算绩效管理工作。2015年开始实施的新《预算法》六次提及"绩效"，奠定了预算绩效管理的法律基础。党的十八届三中全会提出"财政是国家治理的基础和重要支柱"，确立了包括预算绩效管理在内的财政活动的重要地位。

进入新时代，习近平总书记在党的十九大报告中强调，要加快建立现代财政制度，"建立全面规范透明、标准科学、约束有力的预算制度，全面实施绩效管理"。李克强总理提出，要将绩效管理覆盖所有财政资金，贯穿预算编制、执行全过程，做到花钱必问效、无效必问责。2018年9月《中共中央 国务院关于全面实施预算绩效管理的意见》印发，要求力争用3—5年时间基本建成全方位、全过程、全覆盖的预算绩效管理体系，实现预算与绩效管理一体化，这是党中央、国务院对全面实施预算绩效管理作出的顶层设计和重大部署，为预算绩效管理指明了方向、规划了路线、明确了措施。全面实施预算绩效管理是预算管理和政府治理方式的深刻变革，是提高国家治理能力和实现国家治理现代化的重要举措。预算是政府活动和宏观政策的集中反映，也是规范政府行为的有效手段。预算绩效是衡量政府绩效的主要指标之一，本质上反映的是各级政府、各部门的工作绩效。全面实施预算绩效管理是推进国家治理体系和治理能力现代化的内在要求，是增强政府公信力和执行力、提高人民群众满意度的有效途径，是建设高效、责任、透明政府的重大措施。

《意见》印发以来，全国上下积极响应、扎实推动，各地区、各部门、各单位掀起了贯彻落实全面实施预算绩效管理的高潮，对预算绩效管理的理论、知识、技能的需求也与日俱增，亟需提质拓围，拓展国际视野，以"顶天立地"的思维，高质量发展。作为我国经济学、管理学学科领域的重要科研创新基地，中央财经大学在应用经济学领域处于全国领先，形成了以经济学、管理学和法学学科为主体，文学、理学、工学、教育学、艺术学等多学科协调发展的学科体系，在协同创新中推动预算绩效管理理论研究和实践创新是新时代赋予我们的光荣使命。中央财经大学历来重视预算绩效管理的教学和研究，积累了一批研究成果和教学案例，形成了一支教学研究队伍，设立了预算绩效管理博士和博士后研究方向，形成了全校多学科协同创新的发展势态。

在新时代全面实施预算绩效管理背景下，我们依托中央财经大学中国财政发展协同创新中心等单位力量，编撰了"预算绩效管理教学与研究系列丛书"。丛书主要包括典型国家预算绩效管理制度、预算绩效管理理论研究、预算绩效管理实践发展报告、分行业分领域预算绩效管理研究等方面的选题，力图反映国内外预算绩效的最新理论和实践，为预算绩效管理学科建设、人才培养奠定坚实的基础，打造预算绩效管理的教学和研究高地。

本丛书的根本目的是为我国建立"全方位、全过程、全覆盖"的预算绩效管理体系提供一张思维网、施工图和操作法，聚焦国家重大需求提出的理论热点问题，推动我校"双一流"学科建设，提高学科建设水平和人才培养质量，推动学校财政理论协同创新。

丛书编写过程中我们虽然已经付出了巨大的努力，由于受各种客观因素影响和作者水平限制，书中难免有疏漏和不足，恳请同行和读者批评指正。

马海涛
2019年1月1日于中央财经大学

前 言

党的十八届三中全会提出"财政是国家治理的基础和重要支柱"这一重要论断,全面实施预算绩效管理是建立现代财政制度的重要组成部分,是政府治理和预算管理的深刻变革。党中央、全国人大、国务院高度重视预算绩效管理工作,多次强调要深化预算制度改革,加强预算绩效管理,提高财政资金使用效益和政府工作效率。党的十六届三中全会提出"建立预算绩效评价体系",十七届二中、五中全会分别提出"推行政府绩效管理和行政问责制度""完善政府绩效评估制度"。国务院还专门批准建立了由监察部牵头的政府绩效管理工作部际联席会议制度,推进包括预算绩效管理的政府绩效管理试点。《预算绩效管理工作规划(2012—2015年)》大力推进了预算绩效管理工作。2015年1月开始实施的新《中华人民共和国预算法》六次提及"绩效",奠定了预算绩效管理的法律基础。进入新时代,习近平总书记在党的十九大报告中强调,要加快建立现代财政制度,建立全面规范透明、标准科学、约束有力的预算制度,全面实施绩效管理。李克强总理提出,要将绩效管理覆盖所有财政资金,贯穿预算编制、执行全过程,做到花钱必问效、无效必问责。

为解决预算绩效管理存在的突出问题,2018年9月《中共中央 国务院关于全面实施预算绩效管理的意见》(以下简称《意见》)印发,要求用3—5年时间加快建成全方位、全过程、全覆盖的预算绩效管理体系,实现预算与绩效管理一体化,这是党中央、国务院对全面实施预算绩效管理作出的顶层设计和重大部署，为预算绩效管理指明了方向、规划了路线、明确了措施。《意见》印发以来，全国各地区、各部门、各单位掀起了贯彻落实全面实施预算绩效管理的高潮。包括预算绩效目标管理、预算执行动态监控、预算绩效评价在内的全过程预算绩效管理改革正扎实有序推进。全面实施预算绩效管理是政府治理方式的深刻变革，是提高国家治理能力和实现国家治理现代化的重要举措。预算是政府活动和宏观政策的集中反映，也是规范政府行为的有效手段。预算绩效是衡量政府绩效的主要指标之一，本质上反映的是各级政府、各部门的工作绩效。全面实施预算绩效管理是推进国家治理体系和治理能力现代化的内在要求，是增强政府公信力和执行力、提高人民群众满意度的有效途径，是建设高效、责任、透明政府的重大措施。

作为我国经济学、管理学学科领域的重要教学科研创新基地，中央财经大学在应用经济学领域处于全国领先，形成了以经济学、管理学和法学学科为主体，文学、理学、工学、教育学、艺术学等多学科协调发展的学科体系，在协同创新中推动预算绩效管理理论研究和实践创新是新时代赋予我们的光荣使命。中央财经大学历来重视预算绩效管理的教学和研究，积累了一批研究成果和教学案例，形成了一支优良的教学科研队伍，设立了预算绩效管理博士和博士后研究方向，形成了全校多学科协同创新的发展势态。为了促进我校"双一流"学科建设，提高研究生培养质量，引导研究生聚焦国家重大需求提出的理论热点问题，推动学校财政理论协同创新，值《意见》印发一周年之际，在深入研究预算绩效管理理论前沿，不断跟踪预算绩效管理实践的基础上，我们组织编写了《预算绩效管理理论与实践》一书，作为研究生教材，希望能为预算绩效管理这一新兴学科方向的科研、教学、培训和咨询工作贡献绵薄之力。

全书按照预算绩效管理的内在规律和逻辑关系分为八章，内容涵盖预算绩效管理基础理论、体系构成、流程制度、方法技术、国际比较和未来展望等内容。全书在撰写中力图反映预算绩效管理的基本理论、基本方法和基本知识；力图在布局谋篇上实现理论与实践的统一、国外与国内的结合；力图在内容结构上实现历史与未来的贯通,宏观与微观的协调。

本书由中央财经大学副校长马海涛教授、政府管理学院王红梅教授和曹堂哲副教授担任主编,提出了大纲具体设计、写作思路与要求,并对篇章结构、编写内容进行了反复修改统稿。学校财政税务学院、财经研究院、政府管理学院和中国社会科学院财经战略研究院等多位专家学者倾力投入。第一章预算绩效管理概论由童伟研究员撰写;第二章预算绩效管理系统和第四章预算绩效运行监控由曹堂哲副教授撰写;第三章预算绩效计划与目标管理由肖鹏教授和王美桃研究员撰写;第五章预算绩效评价由马海涛教授和郝晓婧、朱梦珂及孙欣撰写;第六章预算绩效监督与问责由姜爱华教授和杨琼、陈昱锦撰写;第七章典型发达国家的绩效预算改革由王红梅教授和孙静博士撰写;第八章中国预算绩效管理实践与展望由童伟研究员、王红梅教授和李佳鹏撰写。

本书作为新时代全面实施预算绩效管理背景下,第一本关于全面实施预算绩效管理的研究生教材,旨在为我国建立"全方位、全过程、全覆盖"的预算绩效管理体系提供一张思维网、施工图和操作法,为打开预算绩效管理的理论研究和实践探索的大门提供有益的向导。本书既可以作为财经类院校的研究生教学用书,也可以作为从事预算绩效管理专业领域的人员学习参考,同时对于关注国家治理体系和治理能力现代化的公务人员和社会大众也是一本有益的参考读物。

衷心感谢中央财经大学研究生院的资助,以及中国财政经济出版社编校人员的辛勤付出,因他们的大力支持而使本书得以顺利出版。由于作者水平有限,书中难免有疏漏和不足,恳请同行和读者予以批评指正。

马海涛

2019 年 9 月 1 日

目 录

第一章	**预算绩效管理概论**	1
第一节	预算绩效管理的基本概念	3
第二节	预算绩效管理的理论依据	22
第三节	预算绩效管理的必要性	32
第二章	**预算绩效管理系统**	51
第一节	预算绩效管理行动者	53
第二节	预算绩效管理的范围	74
第三节	预算绩效管理的过程系统	78
第四节	预算绩效管理的支撑系统	84
第三章	**预算绩效计划与目标管理**	93
第一节	事前绩效评估	95
第二节	绩效目标管理	105
第三节	预算评审与项目审批	117
第四节	项目库管理	125
第四章	**预算绩效运行监控**	137
第一节	预算绩效运行监控概述	139
第二节	预算绩效运行监控的实施流程	151
第三节	预算绩效运行监控的案例分析	158
第五章	**预算绩效评价**	173
第一节	部门整体绩效评价	177

		第二节 政策绩效评价	214
		第三节 项目绩效评价	232
第六章	**预算绩效监督与问责**		**269**
		第一节 预算绩效报告	270
		第二节 预算绩效公开	281
		第三节 预算绩效审计	292
		第四节 人大预算绩效的审查与监督	304
		第五节 预算绩效责任	314
第七章	**典型国家的绩效预算改革**		**327**
		第一节 美国绩效预算改革	329
		第二节 英国绩效预算改革	347
		第三节 新西兰绩效预算改革	355
		第四节 韩国绩效预算改革	361
		第五节 经验借鉴与启示	366
第八章	**中国预算绩效管理实践与展望**		**375**
		第一节 中国预算绩效管理的历史演变	377
		第二节 中央预算绩效管理探索	385
		第三节 地方预算绩效管理探索	402
		第四节 中国预算绩效管理未来展望	417

第一章
预算绩效管理概论

内容提要

改革开放40年，中国财税制度发生了根本性改变，实现了由"非公共性"向"公共性"的转化，逐步构建起与社会主义市场经济体制相适应、与国家治理能力相一致的财政制度，公共财政也逐步完成由国家经济调节工具向国家治理基础与重要支柱的转变。伴随40年的改革与开放，我国财政实力在不断增强，财政收入增长了200余倍。但在财政收入高速增长的同时，我国财政支出方面的问题也不断显现。财政支出问题的存在要求深化政府预算改革，从强调财政支出的规范性转向重视财政支出的效益性，从关注体制机制的建设转向健全管理制度。2017年10月，党的十九大报告《决胜全面建成小康社会 夺取新时代中国特色社会主义伟大胜利》指出，要"全面实施绩效管理"。2018年9月，中共中央、国务院《关于全面实施预算绩效管理的意见》进一步提出，"力争用3－5年时间基本建成全方位、全过程、全覆盖的预算绩效管理体系，实现预算和绩效管理一体化，着力提高财政资源配置效率和使用效益，改变预算资金分配的固化格局，提高预算管理水平和政策实施效果，为经济社会发展提供有力保障"。在此背景下，对预算绩效管理相关概念、理论进行系统研究，探索以绩效为核心的中国预算绩效管理改革之路，成为历史的必然。

预算绩效管理的改革和创新是构建现代财政制度的基础性工作，也是政府管理的核心问题，事关国家治理的有效性。我国推行的预算绩效管理改革与西方国家推行的绩效预算相比，具有共同点和差异性，如何从我国实际出发，更深层次地推进改革，更深层次地实现预算与绩效管理一体化，提升国家治理体系和治理能力现代化的水平，是现阶段的重要任务。本章从预算绩效管理的基本概念、预算绩效管理的理论依据和预算绩效管理的必要性等方面进行了详细论述。

第一节 预算绩效管理的基本概念

自20世纪90年代以来，伴随治理理论在全球范围的兴起与发展，传统公共管理模式开始面临深刻变革，治理理念随之融入政府运作过程，力求通过缩减政府规模，提升机构效率，降低服务成本，推进政府的重塑与再造。在这场政府重塑的运动中，政府预算改革尤为引人注目。

一、政府预算

财政是国家治理的基础与重要支柱，预算是财政的核心和国家治理的重要手段。在现代经济社会，政府预算早已超越单纯的经济范畴，具有了更为丰富的内涵。

（一）政府预算的内涵

政府预算是政府有计划地集中和分配资金，以满足公共利益的公共财政收支计划。爱伦·鲁宾认为，预算的实质在于配置稀缺资源，需要一定的决策过程以使预算平衡，即从不同角度来看，政府预算有多种的理解方式，呈现出预算内涵的多视角理解。[1]

1.从内容及形式来看，政府预算表现为年度财政收支计划，即政府预算是政府根据国家政治、经济、文化、社会、生态各方面的发展规划和当年的政策目标在财政年度内对政府财政收支规模、结构进行预计、测算和安排。政府预算涵盖部门或单位所有的收入和支出，不仅包括财政预算内资金

---

[1] ［美］爱伦·鲁宾.公共预算中的政治：收入与支出，借贷与平衡［M］.叶娟丽，译.北京：中国人民大学出版社，2001.

收支，还包括各项预算外资金收支、经营性收支以及其他收支；既包括一般预算收支，也包括政府性基金收支、国有资本经营预算、社会保险基金预算，体现了"大收入、大支出"的原则。① 从支出角度来看，政府把从社会国民生产总值中集中起来的财政资金在全社会范围内进行分配，履行其公共职能，向社会通过公共产品和公共服务，满足社会公共需要。从政府收支来看，政府预算反映了政府财政资金的收入来源、规模和支出方向，反映公共财政参与国民生产总值分配与再分配的规模与结构。②

2. 从决策程序来看，政府预算是人类在政治架构下的一种行为，预算过程就是一个政治过程，任何政治活动最终都通过预算过程来完成，任何形式的预算改革也都具有政治上的内涵，没有什么预算改革只是体现技术内涵。③ 与此同时，预算是以公民偏好为前提，政府产出是这种偏好的反映和体现，虽然预算制定是由政府机构内部以及机构之间完成的，但这种预算制定也是基于一般利益集团或特定利益集团对公民偏好的反映，体现了公民的重要地位，④ 由此，国家治理能力在很大程度上取决于其预算能力。⑤

3. 从法律属性来看，政府预算是具有很强法律效力的文件。政府预算必须经过国家权力机关就其内容进行审核、批准后，政府预算才有效，政府才具有预算执行权，才能进行年度预算活动。⑥ 政府预算法律性包括：政府预算级次划分、预算收支内容、预算管理权限划分要通过预算法进行规定；政府预算的编制、执行、决算要按预算法进行；政府预算编制经过国家权力机关审查批准才能公布和实施；政府预算执行必须严格按照法律规定进行；政府预算调整必须严格按照法定程序进行，未经法定程序审批，任何人无权更改预算收支指标；政府决算必须按照法律规定进行编制和报告。政府预算和决算都必须按法律规定进行公开，接受监督。⑦

4. 从功能作用来看，政府预算是对各类公共资源进行配置，在配置过程中实现人类的目的，在本质上具有工具属性。⑧ 政府预算通过对社会稀缺资源的配置，反映对社会各类未来支出项目进行的比较与选择。⑨ 在发展市场经济的条件下，市场配置资源方面也存在市场失灵的情况，以及市场无法保证社会的公平，为此需要政

---

① 马国贤，丛树海，蒋洪.现代政府预算若干理论问题研究［J］.财政研究，2001（10）.
② 崔联会.财政预算制度演进与创新研究［J］.山西财税，2004（6）.
③⑧ ［美］阿伦·瓦尔达夫斯基.预算与治理［M］.苟燕楠，译.上海：上海财经大学出版社，2010.
④⑨ ［美］爱伦·鲁宾.公共预算中的政治：收入与支出，借贷与平衡［M］.叶娟丽，译.北京：中国人民大学出版社，2001.
⑤ Allen Schick. The Federal Budget: Politics, Policy, Process［M］, Brookings Institution Press, 2007.
⑥ 张馨.西方财政学理论基础的演变及其借鉴意义［J］.东南学术，1998（12）.
⑦ 袁星侯.复式预算制度改革主张评析［J］.经济学家，2002（11）.

府借助相关工具进行宏观调控，以保证市场的平稳运行、经济社会的稳定发展和实现社会的公平正义，政府预算即是政府施行宏观调控的一个重要工具。[①]

综上所述可见，政府预算是经法定程序批准，以满足公共利益、体现政府公共决策、反映政府配置公共财政资源和政府活动行为的公共财政收支计划，是一种法律性规范文件。

（二）政府预算体系

政府预算体系指根据国家政权结构、行政区划和财政管理体制的要求而确定的各预算级次和预算单位，按一定组合方式组成的统一体。

根据《中华人民共和国预算法》（以下简称《预算法》）的规定，我国政府预算组成体系是按照一级政权设立一级预算的原则建立的。我国宪法规定，国家机构由全国人民代表大会、国务院、地方各级人民代表大会和各级人民政府组成。与政权结构相适应，并同时结合我国行政区域的划分，我国政府预算由中央预算和地方预算组成，地方预算由省（直辖市、自治区、计划单列市）、市、县（市、自治县）和乡（镇）预算组成，因此，我国的预算体系由五级预算组成。地方各级总预算由本级政府总预算和汇总下一级政府预算组成，地方各级政府预算由地方本级政府各部门预算组成。中国政府预算体系见图1-1。

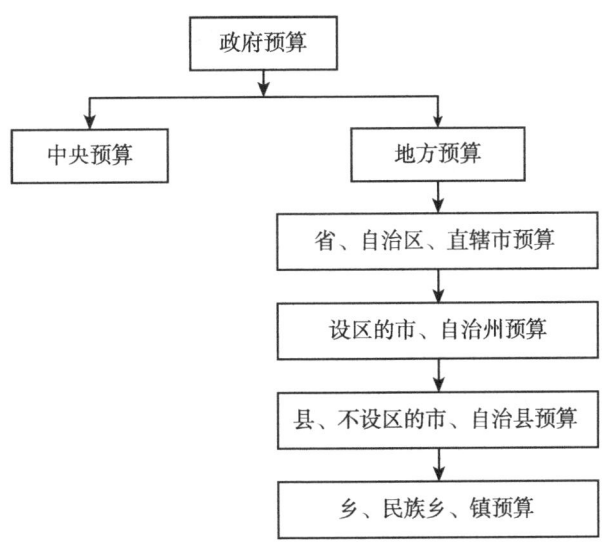

图1-1 中国政府预算体系图

---

① 王雍君.权责发生制与政府预算管理改革[J].财政研究，2002（2）.

（三）政府预算管理

政府预算管理是指对一个预算周期内整个政府预算过程进行的管理。政府预算周期包括预算编制、预算审批、预算执行、预算调整、预算监督、决算和绩效评价等众多阶段，由预算程序、分类系统、预算文件、会计与报告、激励机制等诸多要素组成，体现了计划年度内政府的财政收支指标及其平衡状况，以及政府活动的范围、方向和政策。

1.政府预算管理流程。政府预算的科学性、合理性需以严格的预算程序、预算步骤为保证。政府预算管理以年度为周期，依编制、审批、执行、调整、决算、监督和评价等环节循环往复，各环节紧密相连。

（1）预算编制是预算周期中最为重要的环节，是政府年度工作重点和工作方向的全面反映，包括政府预算收支计划的拟订及其确定。为保证预算编制的科学准确，在编制政府预算前需充分调研，科学筹划，谨慎决策。

（2）预算审批是保证预算合法有效的环节，由各级立法机关对同级政府提出的预算草案进行审查和批准。经过立法机关批准的预算属于法律文件，具有法律效力，非经法定程序不得改变。

（3）预算执行是各级财政部门和其他预算主体组织收入和划拨支出的活动，是将经法定程序批准的预算付诸实施的重要阶段。我国《预算法》规定，各级预算由本级政府组织执行，具体工作由本级财政部门负责。在预算征收方面，预算收入征收部门必须依法及时足额征收预算收入，不得违法擅自减免或缓征，不得截留、占用或者挪用预算收入。在划拨预算支出方面，各级财政部门必须按照有关规定及时足额拨付支出资金，加强对预算支出的管理和监督。

（4）预算调整需立法机关批准，各级政府对于必须进行的预算调整，应当编制调整方案，由同级立法机构审查和批准。未经立法机构批准，任何部门不得擅自调整预算。

（5）决算是对年度预算收支执行情况的总结和最终反映，是预算管理不可或缺的环节，通过决算可以总结经验，发现不足，为财政统计和下年度预算科学编制奠定基础。

（6）预算监督分为预算编制监督和预算执行监督。预算编制监督主要为针对各级政府部门和财政部门预算编制行为的监督；预算执行监督主要为针对各级政府部门及财政部门的预算执行情况和决算开展的检查。

（7）绩效评价是财政部门和预算部门根据设定的绩效目标，运用科学合理的绩效评价指标、评价标准和评价方法，对财政支出的经济性、效率性和效益性进行客观、公正的评价，其目的在于规范和加强财政支出管理，强化支出责任，建立科学、规范的绩效评价管理体系，提高财政资金使用效益。

2. 政府预算管理职权。预算管理职权是指确定和支配政府预算的权力和对于政府预算的编制、审查、批准、执行、调整、监督权力的总称。按照预算管理职权主体不同可以分为立法层面的预算管理职权和政府层面的预算管理职权。

（1）立法层面的预算管理职权。在我国，立法层面的预算管理职权表现为：全国人民代表大会审查中央和地方预算草案及中央和地方预算执行情况的报告；批准中央预算和中央预算执行情况的报告；改变或者撤销全国人民代表大会常务委员会关于预算、决算的不适当的决议。全国人民代表大会常务委员会监督中央和地方预算的执行；审查和批准中央预算的调整方案；审查和批准中央决算；撤销国务院制定的同宪法、法律相抵触的关于预算、决算的行政法规、决定和命令；撤销省、自治区、直辖市人民代表大会及其常务委员会制定的同宪法、法律和行政法规相抵触的关于预算、决算的地方性法规和决议。

县级以上地方各级人民代表大会审查本级总预算草案及本级总预算执行情况的报告；批准本级预算和本级预算执行情况的报告；改变或者撤销本级人民代表大会常务委员会关于预算、决算的不适当的决议；撤销本级政府关于预算、决算的不适当的决定和命令。县级以上地方各级人民代表大会常务委员会监督本级总预算的执行；审查和批准本级预算的调整方案；审查和批准本级政府决算（以下简称本级决算）；撤销本级政府和下一级人民代表大会及其常务委员会关于预算、决算的不适当的决定、命令和决议。

设立预算的乡、民族乡、镇的人民代表大会审查和批准本级预算和本级预算执行情况的报告；监督本级预算的执行；审查和批准本级预算的调整方案；审查和批准本级决算；撤销本级政府关于预算、决算的不适当的决定和命令。

（2）政府层面的预算管理职权。我国政府预算由一级政府财政预算以及所属部门预算构成。各级政府是本级预算的行政管理机关，其主要职权有：预算编制权，即国家行政机构对预算编制的指导思想、收支范围、收支安排进行统筹决策的权利；组织执行权，即国家行政机构将预算通过一定的方式付诸实施的权利，提请审批、报告权，改变或撤销权等。[1]

基于政府预算日常管理贯穿于政府预算编制、执行和决算的全过程，按照我国《预算法》规定，各级预算由本级政府组织编制、执行和决算，即负责政府预算管理的组织领导机关是国务院及地方各级人民政府。国务院作为国家最高行政机关，负责编制中央预算、决算草案，向全国人民代表大会作关于中央和地方预算草案的报告，将省、自治区、直辖市政府报送备案的预算汇总后报全国人民代表大会常务

---

[1] 李燕.政府预算理论与实务［M］.北京：中国人民大学出版社，2018.

委员会备案，组织中央和地方预算的执行，决定中央预算预备费的动用，编制中央预算调整方案，监督中央各部门和地方政府的预算执行，改变或者撤销中央各部门和地方政府关于预算、决算的不适当的决定、命令，向全国人民代表大会、全国人民代表大会常务委员会报告中央和地方预算的执行情况。地方各级人民政府负责本级政府预算和本行政区域内总预算并对本级各部门和所属下级政府预算管理进行检查和监督。

二、绩效管理

从国际经验来看，绩效管理首先在私人部门得到广泛运用，并获得巨大成就，这种管理现象和管理技巧引发了公共管理领域改革者的关注与思考，他们希望将绩效管理作为根治公共部门效率低下的一剂良药。20世纪70年代末，伴随着新公共管理运动，绩效管理被引入各国公共部门，并逐步由效率评估走向结果评估。

（一）绩效的概念[①]

根据《牛津英汉词典》的解释，绩效（Performance）的含义包括表演、表现、履行、性能、业绩、夸张的行为、忙乱等含义。正如贝茨（Bates）和霍尔顿（Holton Ⅲ）所指出的："绩效是多维建构，测量的因素不同，其结果也会不同"。[②] 一般而言，关于绩效的定义存在三种基本的观点。

第一种是结果绩效观。该观点认为绩效就是工作的成果、效益和影响等。比如：伯娜丁（Bernadin）等学者认为，"绩效应该定义为工作的结果，因为这些工作结果与组织的战略目标、顾客满意感及所投资金的关系最为密切"。[③] 凯恩（Kane）认为绩效是"一个人留下的东西，这种东西与目的相对独立存在"。[④] 在实践中，职责（Accountabilities），关键结果领域（Key Result Areas），结果（Results），责任、任务及事务（duties, tasks and activities），目的（Objectives），目标（Goals or Targets），生产量（Outputs），关键成功因素（Critical Success Factors）等是与结果直接相关的

[①] 关于绩效的概念参考了曹堂哲，罗海元，孙静.政府绩效测量与评估方法：系统、过程与工具[J].北京：经济科学出版社，2017：3-5，89.

[②] Reid A. Bates, Elwood F. Holton Ⅲ, Computerised Performance Monitoring: a Review of Human Resource Issues, Human Resource Management Review [J].1995, 5（4）: 267-288.

[③] H.K. Bernadin, J. S. Kane, S. Ross, J. D. Spina and D. L. Johnson, Performance Appraisal Design, Development and Implementation, in (eds) G. R. Ferris, S. D. Rosen, and D. J .Barnum, Handbook of Human Resource Management, Blackwell, Cambridge, Mass, 1995.

[④] J. S. Kane, The Conceptualisation and Representation of Total Performance Effectiveness, Human Resource Management Review [J].1996, 6（2）: 123-145.

概念。①

第二种是行为绩效观。该观点认为绩效是产生结果的行动、表现和过程。比如：墨菲（Murphy）、延森（Jensen）认为"绩效是与一个人在其中工作的组织或组织单元的目标有关的一组行为"。②坎贝尔（Campbell）明确地区分了绩效与行为，他认为"绩效是行为，应该与结果区分开，因为结果会受系统因素的影响"。"绩效是行为的同义词。它是人们实际的行为表现并能观察到。就定义而言，它只包括与组织目标有关的行动或行为，能够用个人的熟练程度（即贡献水平）来定等级（测量）。绩效是组织雇人来做并需做好的事情。绩效不是行为后果或结果，而是行为本身——绩效由个体控制下的与目标相关的行为组成，不论这些行为是认知的、生理的、心智活动的或人际的"。③博曼和穆托韦德（Borman & Motowidlo）提出了绩效的二维模型，认为行为绩效包括任务绩效和关系绩效两方面，其中，任务绩效指所规定的行为或与特定的工作熟练有关的行为；关系绩效指自发的行为或与非特定的工作熟练有关的行为。④

第三种是行为与结果统一的绩效观。该观点注意到了行为绩效观和结果绩效观各自的缺陷：将绩效仅仅视为结果的观点，容易导致对达致结果的行为和过程的误判，因为造成结果的因素是多重的，且存在复杂的关系，仅仅强调结果容易引起目标取代、协同困难和错误归因等管理上的困难，并最终导致结果绩效的下降。⑤同样的道理，仅仅强调过程，可能造成本末倒置，没有结果的引导，过程可能成为"繁文缛节"的代名词。目前，绩效是行为与结果统一的观点被普遍地接受。比如布琼布拉（Brumbrach）认为："绩效指行为和结果。行为由从事工作的人表现出来，将工作任务付诸实施。（行为）不仅仅是结果的工具，行为本身也是结果，是为完成工作任务所付出的脑力和体力的结果，并且能与结果分开进行判断"。⑥在实

---

① 仲理峰，时勘.绩效管理的几个基本问题［J］.南开管理评论，2002（3）.
② K. J. Murphy, M.Jensen. Performance pay and top-management incentives. Journal of Political Economy, Vol.98, No.2, 1990: 225-264. Richard S Williams, Performance Management, London: International Thomson Business Press, 1998: 93.
③ Campbell, J. P., Modelling the performance prediction problem in industrial and organizational psychology, in M P Dunnette and L M Hugh (eds), Handbook of Industrial and Organizational Psychology, Blackwell, Cambridge, Mass.1990.
④ W.C.Borman, S. J. Motowidlo, .Expanding the Criterion Domain to Include Elements of Contextual Performance.In N. Schitt & W. Borman (Eds), Personnel Selection in Organizations. New York: Jossey-Bass, 1993: 71-98.
⑤ 一般认为，对员工绩效评价的研究以1980年兰迪和法尔（Landy & Farr）发表的《绩效评定》一文作为分界，将绩效评价的研究分为前后两个阶段：在1980年之前，绩效评价的研究关注由员工带来的产出和结果，研究主要集中于开发信度高、效度高的评定量表，通过培训评价者来提高其绩效评价中的观察技能，如何减少评定误差。在1980年之后，对绩效评价的研究重心转向对评价过程、评价所处的内外环境的研究，注重评价者的认知加工过程、评价精度以及对绩效本身结构的探讨等方面，并提出了绩效管理的理念。（参见：殷青伟.《员工绩效评价的理论与系统研究》.天津大学博士学位论文，2011.）
⑥ G. B. Brumbach. Some Ideas, Issues and Predictions about Informance Management［J］. *Public Personnel Management* 1988, 17（4）: 387-402.

践中，往往需要根据绩效测量的对象，有所侧重地选取行为测量和结果测量。比如对于事务性工作者和基层员工，需要偏重测量行为，即对工作任务的完成。对于高层管理者，需要偏重对结果的测量，即高层管理者实现预定绩效目标的程度。

20世纪80年代以来，西方国家兴起的"新公共管理运动"主张建立"结果导向"的管理模式，这种模式用绩效评估的结果来驱动整个管理过程，推进组织的能力建设、流程改造和治理改革。[1]新公共管理形成了基于经济、效率和效益为基础的绩效测量与评估框架，经济和效率涉及投入转化为产出的过程，效益则涉及产出实现既定目标的过程，因此新公共管理倡导的"结果导向"并不是"唯结果"的绩效观，而是用结果驱动行为的绩效观。本书采纳新公共管理的绩效观念，将绩效定义为个人、团队、组织和预算等主体或社会活动的行为与结果。

实践中一般采用特定的模型来展示绩效的行为和结果之间的复杂关系，比如对于项目而言，人们常用逻辑模型来分析项目绩效的构成。在逻辑模型中，项目绩效一般包括投入、过程（活动）、产出、结果和影响五个有机衔接环节。[2]在开发绩效指标的时候，人们也常常从这几个方面以及这些方面之间的关系入手，将绩效使用绩效指标加以衡量，形成投入指标、过程指标、产出指标、结果和影响指标等绩效指标的类型。

预算绩效就是预算全过程活动的行为和结果，包括预算投入、过程、产出和效果等环节。这一定义与我们的实践是吻合的，比如：我们在填报绩效目标申报表的时候，我们要填报产出和效果目标和指标，在绩效监控的时候我们要采集预算执行和绩效目标实现过程指标，在绩效评价的时候要对预算支出的投入、过程、产出和效果进行评价。

（二）绩效管理的概念

绩效管理的概念最早于1976年由美国学者比尔和鲁提出，被界定为"对绩效的衡量、管理与提升，并实现激发长期发展潜能"。但绩效管理的概念自问世以来，至今也未能达成统一的共识，学界对绩效管理的定义存在着显著的差异。

从系统论的角度来看，夏菲瑞茨和鲁塞尔[3]强调绩效管理作为系统的资源整合，其特点在于将组织系统内各类资源加以整合，并按轻重缓急进行优先排序配

---

[1] 牛美丽，何达基，宋小伟.评价结果导向型管理和预算改革面临的概念和方法上的挑战[J].公共行政评论，2014（3）.

[2] 逻辑模型又称作逻辑框架（logical frame work）、变革理论（theory of change）或项目矩阵（program matrix）。逻辑模型由西奥多·H 波伊斯特（Theodore H Poister）、卡罗尔·韦斯（Carol Weiss）、约瑟夫·侯丽（Joseph Wholey）等人率先使用，现在已经成为分析绩效生成机制的常用思维框架。曹堂哲，罗海元，孙静.政府绩效测量与评估方法：系统、过程与工具[J].北京：经济科学出版社，2017：89.

[3] Jay M.Shafrit，W.Russell.Introducing Public Administration，New York，June 2000.

置，同时对组织各方面绩效水平进行检测与评估，以通过控制性手段使组织工作结果符合目标的预期。①

从作用机制的角度来看，胡雷和钮卡蒙认为，绩效管理是改进公共组织和公共项目的生产力、质量、时效性、回应性以及有效性的综合体系，是一种"融入多种价值判断的工具模式"。②根据美国国家绩效评价委员会的定义，绩效管理是"利用绩效信息协助设立统一的绩效目标，进行资源配置与优先顺序的安排，以告知管理者维持或改变既定目标的计划，并且报告成功符合目标或叙述未能达成目标的原因的管理过程"。③

从组织管理的角度来看，罗杰斯和布雷德拉普指出绩效管理是组织管理绩效的全过程，绩效管理应从组织的立场出发进行中心任务设定和绩效考评，管理应体现在组织战略、结构、技术和流程等方面。同时，绩效的意义在于综合个人与组织两方面主体，即绩效管理是一个总的系统，其中包含了员工行为与组织结果，应在工作过程中通过各种各样的综合性手段激发员工潜力，将个人期望和组织战略期望相统一，以最终实现组织绩效的全面提升。④

从实施过程的角度来看，1995年经合组织（OECD）将绩效管理看作一个系统性、集合性概念，即搜集有效资讯、呈现评价结果、实时反馈控制、最终绩效报告的全过程体系，提出更新与重建绩效管理的六个环节——先决条件、绩效计划、绩效执行、绩效考评、绩效回顾、绩效契约，各个环节作为一个连续的过程环环相扣。美国审计机构将绩效管理认定为：包含战略方向制定、组织目标规划及测评、绩效结果汇报全部内容的动态管理过程。

综上所述，绩效管理旨在提升特定主体和活动的绩效，达成经济、效率、效益、公平和可持续性等绩效准则而开展的系统性、组织性、过程性和动态性管理活动，包括绩效计划、绩效监控、绩效评价、绩效结果运用等环节。

（三）绩效管理体系构成

绩效管理体系由设立绩效目标、确定绩效计划、实施绩效监控、开展绩效评价、反馈绩效结果等环节组成。

1.设立绩效目标。绩效目标是绩效管理的出发点，是检验绩效管理有效性的基础和指南，组织内的一切绩效管理活动都应围绕绩效目标展开，偏离目标，绩效管

---

① 蔡立辉.西方国家政府绩效评估的理念及其启示［J］.清华大学学报（哲学社会科学版），2010（1）.
② Joseph S. Wholey, Kathryn E. Improving Government Performance: Evaluation Strategies for Strengthening Public Agencies and Programs［M］.San Francisco: Jossey-Bass, 1989.
③ 张成福，党秀云.公共管理学［M］.北京：中国人民大学出版社，2001.
④ 孟蕾，卓越.21世纪美国、英国政府绩效管理新进展［J］.澳门公共行政，2010（12）.

理就失去了存在的价值和意义,绩效目标的全面实现有利于促进绩效管理活动的科学性、有效性和合理性。

为确保组织战略目标的实现,需要在绩效管理过程中将组织的战略目标转化为一定周期内的绩效目标,再将绩效目标转化为可以衡量的绩效评价指标,以将组织的战略目标落实到各个部门和每个员工。

2.确定绩效计划。凡事预则立,不预则废,没有具体的行动计划,目标只是一个美好的愿望。应依据组织的战略规划和年度工作计划,通过绩效计划磋商,确定组织及员工工作任务。绩效计划主要包括以下内容:在一定的绩效周期内,主要工作内容和职责;完成工作的程序;工作完成应达到的效果;完成工作可供使用的资源;分阶段实现的各种目标以及实现目标的举措;各项工作的重要性排序等反面的内容。

3.实施绩效监控。绩效监控是绩效管理的重要环节,也是整个绩效管理周期中历时最长的环节,是绩效计划实施过程中对部门运行进行的有效监控。绩效监控要求在整个绩效计划实施过程中,持续了解部门工作状况,预防并解决绩效管理过程中可能发生的各种问题,帮助部门更好地执行绩效计划。

4.开展绩效评价。绩效评价是绩效管理的核心环节,也是技术性最强的环节,是根据绩效目标协议书约定的评价周期和评价标准,由绩效管理主管部门确定的评价主体,以有效的评价方法对部门及个人的绩效目标完成情况进行的评价。

作为绩效管理的基础工具和核心内容,绩效评价是绩效管理不可或缺的组成部分。绩效评价不是为评价而评价,科学的绩效评价不仅可为绩效管理提供必要的信息支撑,帮助管理机构发现存在的问题,还能使管理者通过绩效评价的结果了解部门和员工绩效优秀或绩效不佳的原因,为绩效改进提供决策依据。绩效评价的成功与否,直接影响绩效管理的水平。正如阿姆斯壮所言:"评估是绩效管理的一个关键环节,如果无法评价,就无法改善,除非能在绩效目标实现程度的评价方法方面达成共识,否则一切确定绩效目标或标准的努力都是徒劳无益的"。[①]

5.绩效评价结果反馈与应用。绩效评价结果反馈与应用在绩效管理过程中具有重要的意义,是绩效管理重要环节。通过绩效评价结果反馈与应用,被评价者可知道评价主体对其的评价和期望,并据此修正自己的行为。评价主体也可通过绩效反馈指出被评价者存在的问题,有的放矢进行激励和指导。绩效管理能否确保组织目标的实现,在很大程度上取决于如何通过绩效评价结果反馈与应用,使被评价者充分了解存在的问题并持续改进与提升其绩效水平。

---

① Armstrong, M.Performance Management [M]. London:The Cromwell Press, 1994.

三、预算绩效管理

（一）预算绩效管理的内涵

2011年7月，财政部发布《关于推进预算绩效管理的指导意见》（财预〔2011〕416号），明确指出："预算绩效管理是政府绩效管理的重要组成部分，是一种以支出结果为导向的预算管理模式。它强化政府预算为民服务的理念，强调预算支出的责任和效率，要求在预算编制、执行、监督的全过程中更加关注预算资金的产出和结果，要求政府部门不断改进服务水平和质量，花尽量少的资金、办尽量多的实事，向社会公众提供更多、更好的公共产品和公共服务，使政府行为更加务实、高效。推进预算绩效管理，有利于提升预算管理水平、增强单位支出责任、提高公共服务质量、优化公共资源配置、节约公共支出成本。这是深入贯彻落实科学发展观的必然要求，是深化行政体制改革的重要举措，也是财政科学化、精细化管理的重要内容，对于加快经济发展方式的转变和和谐社会的构建，促进高效、责任、透明政府的建设具有重大的政治、经济和社会意义。"

从上述表述可以发现，预算绩效管理包含如下内涵：

（1）预算绩效管理是一种先进的预算理念，强调绩效的思想，强化支出责任和效率意识，树立产出和结果的导向，注重提高资金的使用效益，要求提高公共产品和服务的数量与质量。

（2）预算绩效管理是一种有效的技术工具，是借鉴绩效管理的手段和方法，用于改进预算管理、完善预算管理的一种工具，主要侧重于技术方面的改进，更多的是作为一种技术方法应用到现行预算管理中去。

（3）预算绩效管理是一种完善的全过程机制，在结果导向基础上实现对预算过程的管理，将预算作为一个管理的闭环，贯穿于预算编制、预算执行、预算监督之中，实现全方位、全覆盖，侧重于机制上的控制与改善，每一个环节是下一个环节的续接，体现了全过程的特征。

（4）预算绩效管理是一种创新的预算管理模式，在本质上仍是预算管理，服务服从于预算管理，是对现有预算管理模式的改革和完善，并不是与预算管理相割裂、相并行的一个单独体系，而是利用绩效管理理念、绩效管理方法等对现有的预算管理模式的创新与提升，形成了一个有机融合、全面衔接的全新预算管理模式，以强调资金使用效益，增强预算支出效率，实现资源的优化配置，提高财政管理水平。[①]

---

① 基层财政干部培训教材编审委员会.全过程预算绩效管理基本知识问答［M］.北京：经济科学出版社，2013.

（二）预算绩效管理的起源与发展

中国绩效管理是以国外绩效预算为借鉴，将绩效理念和方法融入预算过程中，使之与预算管理有机结合，进而提出来的一种全新的预算管理模式。研究中国预算绩效管理的发展与沿革，还需要对西方绩效预算理论与实践的起源与发展予以探讨。

1. 国外绩效预算的起源与发展。传统预算模式是控制导向的，主要关注的是合规性，即是否存在公共资金的滥用，政府机构的支出是否恰当，拨款支出是否被用于事前规定的用途，是否按照事前规定的方式支出。并且，由于各个政府机构所购买的产品和服务有很大的相似性，所以也可以设计一种通用的会计分类，既适用于政府机构，又可以让审计人员用统一的标准评估所有部门的支出。因此，在传统预算时期，各国政府采用的是"分项列支预算"或者称为"支出用途预算"。在这种预算模式下，根据详细的预算科目体系，部门资金被分解到各个具体的支出科目，并被详细地分行罗列出来。每一行就是一个支出科目，表明具体的资金用途，对应着申请的或者可使用的资金数量。通常情况下，分项列支预算是按照部门组织编制的。

传统预算模式希望通过严格控制各个部门的资金使用来促进各个部门在财政上对公民负责，防止决策者滥用权力，将公共资金用于私人目的，因此，传统预算决策的重点是预算投入，主要关心的是预算投入是否滥用权力，支出是否符合预算并遵守政府的各种规章制度，而不关注结果，即预算投入后生产了什么，所生产的服务是否符合社会的需要。但负责任的政府不仅要建立预算控制，确保公共资金不被用于私人目的，还必须使资金的使用可以满足公民的需求，关注政府资金的支出结果。由此，自现代公共预算建立后，各国政府预算实践开始全面探索财政支出绩效的提高，在这一方面，美国政府预算的发展历史最具有代表性。

（1）绩效预算在美国的萌芽与诞生。20世纪30—40年代，为应对经济大萧条，胡佛委员会在研究了美国田纳西流域管理局和农业部在30年代提出的绩效预算技术后，建议在所有的联邦政府机构中引入绩效预算。40年代末期，建立在功能、行为和项目基础上的"绩效预算"在美国得以确立。1949年美国国会修订了《国家安全法》，正式要求在国防部实施绩效预算，国会还通过了1950年的《预算与会计法案》，要求联邦预算实行绩效预算，着眼于管理成效与结果，即"花钱买效果，而不是买过程"，同时改进会计制度，将管理控制职能纳入预算程序，并要求总统呈交一份显示"按活动类型划分的债务预算"。这些举措不仅促使美国预算局和各部门积极推进组织变革以适应绩效预算改革的要求，提升绩效分析能力，还为各部门推动变革提供了法律依据。

（2）规划—计划—预算的推广与实施。1961年，国防部长罗伯特·麦克纳马拉（Robert McNamala）在国防部引入了规划—计划—预算制度（PPBS）。这项方法分三个步骤:①规划:高层官员制定国防活动的五年战略;②计划:将战略转化为对国防部的需要的具体说明,包括应在何时购买何种武器系统;③预算:将计划转变为每个年度的预算要求,其基本思路就是要将年度预算过程与长期计划相挂钩,而不是与随意性要求相联系。每个分支机构都要根据规划而不是单位编制来制定预算。1965年,约翰逊总统将PPBS推广到几乎所有的联邦政府机构。

(3)零基预算的实施。1972年,吉米·卡特在佐治亚州任州长时期在全州推行零基预算,1977年入主白宫后,吉米·卡特决定联邦政府从1978—1979财政年度全面采用零基预算。[1]零基预算(ZBB)是指每个部门的负责人对未来公共预算年度中要做的所有事情进行验证,而不仅仅验证新增部分,即所有的工作计划,无论新旧,都要在编制公共预算时重新考虑。零基预算是一种管理取向的预算模式,其目的在于取代传统的"基数+增长"的预算模式,在政府内部提高政府首脑和预算机构对各个部门预算申请的管理控制,进而改进资源配置效率。

同PPBS一样,零基预算虽然采用了成本—收益分析等技术方法,但该方法仅是一种投入产出对比的方法,未考虑机会成本等因素,除此之外,零基预算并不像看上去那样有革命性,它关注预算过程中的细节,反而可能忽视计划目标等重大问题。更为致命的是,零基预算造成工作量大幅度增加,在零基预算实施的第一年里,美国联邦政府的文书工作平均增加了229%。由于没有抓住效率这一根本问题,1981年里根政府宣布联邦政府取消零基预算。但鉴于零基预算确有很多优点,其预算管理理念及思想被保留了下来。

(4)政府再造计划与《政府绩效与成果法案》的实施。1993年克林顿主政白宫时,美国的国内形势发生了很大的变化,财政赤字达到了2930亿美元的历史最高记录;由于前期零基预算、规划—计划—预算的推行,项目管理、绩效、成本—收益分析的观念已逐步深入人心,为解决政治、经济和财政危机,1993年3月,美国成立了"国家绩效评鉴委员会",推出著名的《政府再造计划》,旨在删减法规、简化程序,顾客至上、民众优先,授权员工、追求效果,提高效能、节约成本。1993年,美国国会通过《政府绩效与成果法案》,要求联邦政府各部门提供未来7年的年度绩效计划和绩效报告,以提高服务质量,改进政府内部的管理效率。

(5)新绩效预算改革的实施与推进。2000年,乔治·布什总统当选后,启动项目评级工具(Program Assessment Rating Tool,PART),PART是一种诊断性工具,通过一套标准化问卷,对联邦项目进行评估和排名,在此基础上寻求改善项目绩效,实现项目绩效的改善。评估的内容主要包括项目目的与设计、战略规划、项目管理和项目结果四个方面。PART被广泛、系统、全面地应用于对所有联邦支出计

---

[1] 李将军.美国预算制度变迁及其对我国预算改革的启示[J].经济论坛,2010(5).

划的绩效评价之中,此举对联邦政府的行政预算编制过程与结果产生了重大的影响。2000年以后,美国管理与预算办公室(OMB)在线公开发布了所有项目评估评分结果,绩效评估结果的公开,为各部门领导、主要利益相关者、国会代表甚至公众提供了获取绩效信息的可能性,这些信息不仅包括针对不同项目的具体评估方式和评估结果,而且包括评估结果如何影响总统预算提案等方面的信息。

2008年,巴拉克·奥巴马(Barack Obama)担任总统后,美国绩效预算改革主要集中于完善绩效信息数据的搜集、分析和报告公开等方面,2009年颁布的《美国复苏与再投资法案》以及《数字化问责制和透明度法案》,要求联邦政府必须不断提高预算透明度并支持绩效公开报告制度。2010年,美国国会通过《〈政府绩效与成果法〉现代化法案》,重申了绩效导向管理和问责制报告的重要性,并给予法律保护。在国会的认同并支持下,绩效预算在美国持续稳步推进。

2.中国预算绩效管理的发展与沿革。为加强行政事业单位财务管理,从1990年起,我国开始实行文教行政财务管理和使用效益考核工作,从1998年开始建立财政投资评审制度体系,明确了评审对象,形成了比较成熟的评审方法和程序,建立了相对独立的投资评审机构队伍。

这些考核和评审主要关于财政支出的事后评价,具有一定的预算支出绩效评价的性质,但并非严格意义上的预算支出绩效评价,其初衷也不是为了实行绩效预算,而是为了完善财政支出管理,加强对财政资金使用的监督和跟踪问效。虽然这一时期的财政支出效益评价的实践还是小范围和浅层次的,是预算支出绩效评价的萌芽或开端,但在客观上为我国下一步探讨建立预算支出绩效评价体系,实行预算绩效管理奠定了基础。[①]

(1)预算绩效管理起源阶段(20世纪90年代末—2011年)。在此阶段,绩效预算理念已经进入我国,理论界和实际部门对我国实行绩效预算的必要性和可行性问题,进行了较为深入的研究探讨,认识到虽然我国还不具备全面实行绩效预算的条件,但是积极探索建立预算绩效评价体系,进行财政支出绩效评价,提高财政资金使用效益,对我国财政制度具有重要意义也具备可行性。

该阶段从21世纪初正式开始。2001年,湖北省财政厅根据财政部安排,率先在恩施土家族苗族自治州选择5个行政事业单位进行了评价试点,真正意义上的预算支出绩效评价开始在我国起步和试验。2003年,《中共中央关于完善社会主义市场经济体制若干问题的决定》明确将"建立预算绩效评价体系"列为推进我国财政管理体制改革的内容之一。

在此背景下,中央和一些地方财政部门有选择地从教育、科技、卫生、转移

[①] 王海涛.我国预算绩效管理改革研究[D].北京:中国财政科学研究院,2014.

支付等部分管理领域的一些项目入手，进行了绩效考评的初步试点，并制定了一些单项性的绩效考评管理办法，如财政部的《中央级教科文部门项目绩效考评管理试行办法》（财教〔2003〕28号）、《中央级行政经费项目支出绩效考评管理办法（试行）》（财行〔2003〕108号）、《关于开展中央政府投资项目预算绩效评价工作的指导意见》（财建〔2004〕729号）等。在相关部门的通力合作下，试点范围逐步扩大，摸索出初步经验。

但总体来看，这一阶段的预算绩效评价还处于初步的、尝试性的试验阶段，主要反映在：一是试点分散进行，没有统一的制度规定为指导；二是实施范围有限，主要是部分行业管理部门预算中的项目支出，很少涉及基本支出；三是指标体系设计不够科学，比较粗放，偏重于效率指标和对工作量的考评；四是具体执行中存在走样问题，有的将预算绩效考评变成了项目竣工验收或是项目执行情况的反映。

2005年5月，财政部制定《中央部门预算支出绩效考评管理办法（试行）》（财预〔2005〕86号，以下简称《办法》）。《办法》在总结前期预算支出绩效考评试点经验的基础上，统一规定了部门预算绩效考评的各项基本制度，标明我国预算支出绩效评价取得了重大突破，具体表现在三个方面：一是规定要对部门绩效进行评价。这将为下一步实行对政府绩效的评价奠定基础。二是规定要进行综合评价。在实施范围上，由前阶段的主要针对财政投资性支出及一般预算支出中的项目而进行的单项评价，扩展到对整个部门预算进行评价的综合性评价。三是规定要有专门的评价主体。明确了绩效评价的组织管理体系和评价机构制度。《办法》的出台和实施，为健全完善预算绩效评价体系奠定了制度基础，对统一规范和指导部门预算绩效考评试点工作，保障预算绩效考评试点工作的顺利进行，推动向绩效预算目标迈进都将发挥重要作用。

以《办法》为依据，从2006年起，财政部组织新闻出版总署、农业部和水利部，选择了三部门的四个项目开展了统一的绩效考评试点工作，目标是在2008—2010年基本建立起预算绩效评价体系，提高政府管理效能和财政资金使用效益。

2007年，我国全国财政收入突破5万亿元，2011年，突破10万亿元大关，随着我国财政收支规模的不断扩大，我国财政支出绩效考评工作进入常态化阶段。2011年4月，财政部对财预〔2009〕76号文件进行了修订，下发《财政支出绩效评价管理暂行办法》（财预〔2011〕285号）（以下简称《暂行办法》），该文件成为当前我国开展财政支出绩效评价工作最为权威性的指导文件。

（2）预算绩效管理发展阶段（2012—2017年）。2012年，财政部印发《预算绩效管理工作规划（2012—2015年）》的通知（财预〔2012〕396号），在预算绩效管理工作规划中，明确了预算绩效管理的目标是树立"讲绩效、重绩效、用绩效""用钱必问效、无效必问责"的绩效管理理念。

2014年8月,十二届全国人大常委会第十次会议表决通过修改《预算法》的决定,首次以法律形式明确了公共财政预算收支中的绩效管理要求,为中国预算体制由传统预算向绩效预算转型奠定了坚实的法理基础。同期,财政部将投资评审中心改名为预算评审中心,并于2015年6月正式发文《关于充分发挥预算评审中心职能作用,切实加强预算管理的通知》(财办预〔2015〕21号),对预算评审中心的职能和作用进行了重新界定。预算评审中心的职能作用是:(1)建立预算评审机制,将预算评审实质性嵌入部门预算管理流程,使预算评审成为预算编制的必要环节,提高预算编制的真实性、合理性和准确性。(2)全过程参与预算绩效管理,成为绩效管理的重要组成部分,为提高财政资金使用效益服务,促进形成预算编制、执行、监管、绩效评价相互衔接相互制约的工作机制。

2016年11月,充分发挥财政部门积极性,鼓励各地财政部门从实际出发干事创业,推动形成主动作为、竞相发展的良好局面,进一步推动地方深化财税体制改革,完善预算管理制度,提高财政资金使用效益,逐步建立与实现现代化相适应的现代财政制度,财政部发布《财政管理绩效考核与激励暂行办法》(财预〔2016〕177号),对地方财政管理工作完成情况,从预算执行进度、收入质量、盘活财政存量资金、国库库款管理、地方政府债务管理、预算公开、推进财政资金统筹使用等7个方面,结合预算管理目标进行考察,并对优秀案例予以奖励。

在上述文件的推动下,中央部门在预算绩效管理方面开展了积极探索,初步建立起预算绩效管理体系基本框架,形成以项目支出为主的一般公共预算绩效管理体系,并不断延伸和拓展。绩效目标管理逐步覆盖所有中央部门本级项目、中央对地方专项转移支付,以及部分中央政府性基金和中央国有资本经营预算项目,初步建立起比较全面规范的绩效指标体系。

在这一阶段,地方的改革也在不断深化。越来越多的地方将绩效管理作为财政工作的重点,不断加快全过程预算绩效管理改革的步伐,在事前绩效评估、第三方绩效评价、绩效评价结果应用等方面积累了不少成功经验。

2011年,北京市对33个2012年度市级预算项目进行了事前评估,涉及21个部门,资金总额超过48亿元。评估过程中,北京市财政局还邀请16名人大代表和22名政协委员全程参与,从预算监督和民主监督的角度对项目实施的可行性、风险性、项目支持方式等提出评估意见,充分确保了评估工作的公平性及科学性。2012年,北京市开展了大额专项资金绩效评价试点。2015年,以平原造林工程财政支出政策绩效评价为切入点,探索并初步形成适用于财政支出政策绩效评价的思路和方法。同期,北京市还积极开展各类资金绩效评价试点,探索绩效评价方法的创新。2016年,北京市以研究、完善指标体系为契机,实现了市级部门整体支出、大额专项支出绩效评价全覆盖。2017年,北京市实现全市重点支出项目绩效目标全面公开,全过程预算绩效管理试点在市级部门取得较好成果,财政支出绩效评价工作在不同管理维度和支出类型上进一步深化。2018年,北京市以教育和养老项目为试点探索成本效益分析法,开启了绩效评价方法创新。同时,还将绩效评价划分为简易程序和一般程序两种形式,结合项目情况,强化绩效目标管理,简化工作流程,提高绩效评价工作效率。

在此期间,广东省进一步深化预算绩效管理改革,以部门整体支出、绩效目标、绩效评价指标库为核心开展了多项改革。2016年,广东省选取省林业厅、省质监局等6个部门,开展了部门整体支出绩效评价试点,2017年将试点单位部门增加到12个,并制定了《广东省省级部门整体支出绩效评价管理办法》(粤财绩〔2017〕13号),对部门整体支出绩效评价定义、评价范围、评价原则和评价依据、评价内容、评价指标和标准、评价方法、评价结果等内容进行规范,使省级部门整体支出绩效评价日益制度化。同期,广东省还强化绩效目标管理的龙头作用,推动绩效目标与预算管理同步布置、同步申报、同步审核、同步批复、同步公开,实现预算绩效管理进一步提质增效。2018年,广东省将历时1年多研究的《广东省财政预算绩效指标库》印发给全省各级部门,该指标库共收录20个行业大类、52个子类、277个资金用途、2589个绩效指标,形成了相对完整的指标体系,为全面实施预算绩效管理提供了强有力的技术支撑。

总体来看,在这一阶段,我国的预算绩效管理已由单纯的绩效评价上升到全过程全方位绩效管理层面,预算绩效管理流程基本囊括了预算编制、预算执行、预算报告及预算监督等环节,还在健全预算管理制度体系、引入第三方绩效评价、拓展预算绩效管理试点等方面做出了大胆尝试,这些都为我国预算绩效管理的全面实施奠定了坚实的基础。

与此同时,我国在预算绩效管理方面存在的问题也是突出与明显的,例如,绩效与预算衔接不够紧密,绩效和预算相互脱节;绩效评价以项目为主,未能实现评价领域的全覆盖;评价仅涉及少部分项目与资金,评价范围受到局限;绩效评价结果受多方因素影响,权威性不足;预算绩效评价结果对预算安排和政策调整的约束力不强,应用不够有效;各部门对评价结果应用重视程度不足等。这些问题的客观存在,使我国预算绩效管理面临进一步改革与深化的任务。

(3)绩效管理全面实施与推进阶段。鉴于中国预算绩效管理存在的上述问题,2017年10月,习近平总书记在党的十九大报告中指出:"要加快建立现代财政制度,建立权责清晰、财力协调、区域均衡的中央和地方财政关系。建立全面规范透明、标准科学、约束有力的预算制度,全面实施绩效管理。"作为中国未来改革和发展的纲领性文件,它为财政管理改革和创新也指明了新方向,提出了新要求。

为落实党的十九大精神,积极推进预算绩效管理的全面实施,2018年9月,《中共中央、国务院关于全面实施预算绩效管理的意见》（中发〔2018〕34号）正式发布。该意见指出，应在3—5年时间内基本建成全方位、全过程、全覆盖的预算绩效管理体系，实现预算和绩效管理一体化。

随着政策措施的不断完善，体制机制的不断创新，我国预算绩效管理逐步迈入改革创新的深化阶段，在政府预算、部门和单位预算、政策和项目预算等全方位，在事前、事中、事后等全过程，在一般公共预算、政府性基金预算、社保险基金预算、国有资本经营预算等全覆盖领域，都开启了更为系统、深入、全面的改革。

（三）预算绩效管理体系

依照财政部《关于推进预算绩效管理的指导意见》（财预〔2011〕416号），预算绩效管理是将绩效理念融入预算管理全过程，使之与预算编制、预算执行、预算监督一起成为预算管理的有机组成部分，应逐步建立"预算编制有目标、预算执行有监控、预算完成有评价、评价结果有反馈、反馈结果有应用"的预算绩效管理机制。

1.事前绩效评估管理。绩效评估开展于预算编制阶段，是根据部门战略规划、事业发展规划、项目申报理由，对政策和项目实施的必要性、投入的经济性、绩效目标设置的合理性、实施方案的可行性、筹资的合规性等方面进行的评估。

绩效评估是政府预算决策的重要改革举措，旨在预算编审环节引入社会监督，推行科学民主决策，建立"参与式预算"机制。通过评估，进一步优化公共资源配置，提高政府理财和公共服务水平，有利于推进"责任政府""阳光政府"和"服务型政府"建设。

2.绩效目标管理。绩效目标管理包括绩效目标设定，绩效目标审核，绩效目标批复、调整与应用等三个方面的内容。

（1）绩效目标设定。绩效目标是预算绩效管理的基础，是整个预算绩效管理系统的前提，包括绩效内容、绩效指标和绩效标准。其具体内容为：预算单位在编制下一年度预算时，应根据国务院编制预算的总体要求和财政部门的具体部署、国民经济和社会发展规划、部门职能及事业发展规划，科学、合理地测算资金需求，编制预算绩效计划，报送绩效目标。报送的绩效目标应与部门目标高度相关，并且是具体可衡量，且在一定时期内可实现的。预算绩效计划要详细说明为达到绩效目标拟采取的工作程序、方式方法、资金需求、信息资源等，并有明确的职责和分工。

（2）绩效目标审核。财政部门应依据国家相关政策、财政支出方向和重点、部门职能及事业发展规划等对单位提出的绩效目标进行审核，包括绩效目标与部门职能的相关性、为绩效目标实现所采取措施的可行性、绩效指标设置的科学性、实现绩效目标所需资金的合理性等。绩效目标不符合要求的，财政部门应要求报送单位调整、修改；审核合格的，进入下一步预算编审流程。

（3）绩效目标批复、调整与应用。财政预算经各级人民代表大会审查批准后，财政部门应在单位预算批复中同时批复绩效目标。批复的绩效目标应当清晰、可量化，以便在预算执行过程中进行监控和预算完成后实施绩效评价时对照比较。绩效目标确定后，一般不予调整。预算执行中因特殊原因确需调整的，应按照绩效目标管理要求和预算调整流程报批。各部门应按照批复的绩效目标组织预算执行，并根据设定的绩效目标开展绩效监控、绩效自评和绩效评价。

3.绩效运行监控管理。预算绩效运行监控管理是预算绩效管理的重要环节。各级财政部门和预算单位应建立绩效运行监控机制，定期采集绩效运行信息并汇总分析，对绩效目标实现程度和预算执行进度实行"双监控"，发现问题要及时纠正，确保绩效目标如期保质保量实现。同时，各级财政部门还应建立重大政策、项目绩效跟踪机制，对存在严重问题的政策、项目要暂缓或停止预算拨款，督促及时整改落实。

4.绩效评价管理。所谓预算绩效评价是指预算执行结束后，要及时对预算资金的产出和结果进行绩效评价，重点评价产出和结果的经济性、效率性、效益性和公平性。实施绩效评价要编制绩效评价方案，拟定评价计划，选择评价工具，确定评价方法，设计评价指标。预算具体执行单位要对预算执行情况进行自我评价，提交预算绩效报告，要将实际取得的绩效与绩效目标进行对比，如未实现绩效目标，须说明理由。组织开展预算支出绩效评价工作的单位要提交绩效评价报告，认真分析研究评价结果所反映的问题，努力查找资金使用和管理中的薄弱环节，制订改进和提高工作的措施。财政部门对预算单位的绩效评价工作进行指导、监督和检查，并对其报送的绩效评价报告进行审核，提出进一步改进预算管理、提高预算支出绩效的意见和建议。

5.绩效评价结果反馈和应用管理。应建立预算支出绩效评价结果反馈和应用制度，将绩效评价结果及时反馈给预算执行单位，要求其根据绩效评价结果，完善管理制度、改进管理措施、提高管理水平、降低支出成本、增强支出责任；将绩效评价结果作为安排以后年度预算的重要依据，优化资源配置；将绩效评价结果向同级人民政府报告，为政府决策提供参考，并作为实施行政问责的重要依据。此外，还应逐步提高绩效评价结果的透明度，将绩效评价结果，尤其是一些社会关注度高、影响力大的民生项目和重点项目支出绩效情况，依法向社会公开，接受社会监督。

第二节 预算绩效管理的理论依据[①]

现代政府预算理论是在自由市场经济时期预算理论与政府预算调节经济功能理论的基础上发起和完善。在此之后，政府预算理论在多学科理论研究的基础上不断得到更新。

一、委托代理理论

委托代理理论最早由美国经济学家伯利（Berle）和米恩斯（Means）于20世纪30年代提出。伯利和米恩斯发现，企业所有者兼任经营者的做法存在极大弊端，于是倡导将所有权和经营权分离，企业所有者仅保留剩余索取权，而将经营权利让渡，由此提出了"委托—代理理论"，这也是现代公司治理的逻辑起点。

（一）委托代理理论的产生和发展

1973年，罗斯将"委托—代理"的概念和理论从企业扩展到各种组织和事项，形成一般化的理论，罗斯指出："如果当事人双方，其中代理人一方代表委托人的利益行使某些决策权，则代理关系就随之产生"。委托代理理论是以委托代理关系为研究对象，从信息不对称条件下契约的形成过程出发，探讨委托人如何以最小的成本去设计一种契约或机制，促使代理人努力工作，减少委托代理问题，以最大限度地增加委托人效用的理论。

近20多年来，委托代理理论的模型方法发展迅速，从威尔逊、斯宾塞和泽克豪森、罗斯最初使用的"状态空间模型

[①] 感谢肖鹏教授对本节所做贡献，本部分的内容借鉴与参考了王海涛所著《我国预算绩效管理改革研究》，在此一并表示感谢。

化方法"（State-space Formulation）；到莫里斯、霍姆斯特姆的"分布函数的参数化方法"（Parameterized Distribution）；再到"一般分布方法"（General Distribution Formulation），委托代理理论不断充实。

由于委托代理问题在社会中的普遍存在，因此委托代理理论被用于解决各种问题，如公司股东与经理、债权人与债务人、病人与医生、选民与官员等。财政管理也是委托代理理论应用的一个方向，在市场经济条件下，政府承担着为公众提供公共产品和服务的职能，但政府行使这样的职能是社会公众（委托人）通过立法机构授权的，以提供私人部门无法或不能有效通过市场配置而提供的公共产品，政府实际是国家或社会的代理机构，承担着受托责任。同时，政府提供这些产品并不是利用自己的资金，而是公民的缴税或缴费款，公共产品的成本是由需求方即公众预先支付的。政府作为受托人，作为提供公共产品的供给方，其社会活动应该受到公众的监督，提供的公共产品应当符合社会公众的需求。然而，政府政策由官员执行，官员有其自身的利益诉求，且往往会与作为委托人民众的意愿不一致。因此，有必要将委托代理理论应用于财政管理实践，以解决其中的矛盾和冲突。

（二）委托代理理论的主要观点

委托代理理论认为：委托代理关系是随着生产力的发展和规模化大生产的出现而产生的。一方面，生产力的发展使得分工不断细化，权利的所有者由于其知识、能力、精力等原因所限，不能有效行使所有权利；另一方面，专业化分工产生了一大批具有专业知识的代理人，他们有精力和能力代理并行使好被委托的权利。然而在委托代理的关系中，由于委托人与代理人的效用函数不同，委托人追求自身财富的最大化，而代理人追求自己收入、消费、闲暇最大化，这必然导致两者的利益冲突。如果没有有效的制度安排，代理人的行为将很可能损害委托人的利益，因此，委托代理理论主要侧重于研究在利益冲突和信息不对称的情况下，如何进行机制设计，以有效激励代理人。

与财政管理相关的委托代理理论的观点主要有以下4个方面。

1.信息不对称问题。信息不对称理论是由美国经济学家约瑟夫·斯蒂格利茨、乔治·阿克洛夫和迈克尔·斯宾塞提出的。该理论认为：市场中卖方比买方更了解有关商品的各种信息；掌握更多信息的一方可以通过向信息贫乏的一方传递可靠信息而在市场中获益；买卖双方中拥有信息较少的一方会努力从另一方获取信息；市场信号显示在一定程度上可以弥补信息不对称的问题；信息不对称是市场经济的弊病，要想减少信息不对称对经济产生的危害，政府应在市场体系中发挥强有力的作用。这一理论为很多市场现象，如就业与失业、信贷配给、商品促销、商品的市场占有等提供了解释，并成为现代信息经济学的核心，被广泛应用到从传统的农产品市场到现代金融市场等各个领域。信息不对称导致的最大可能性问题就是逆向选择。

在公共支出过程中，不管是政府部门与社会公众之间，还是政府各部门之间，都存在着信息不对称的问题。一方面，政府（代理人）与公众（委托人）之间存在信息不对称。公众对于政府支出项目会如何影响他们生活的信息是不完全的，政府对于公众需求了解的信息也是不全面的，而获得这些相应信息是需要付出较高的交易成本的，这也导致政府的支出方案不能有效地反映社会公众的偏好。另一方面，政府各部门之间，特别是政府部门的上下级之间，同样存在信息不对称的情形。即使公众偏好能够通过一定的体制设置呈现出来，由于与委托人联系紧密的下级部门和机构拥有更多的信息，他们倾向于要求尽可能多的资源，达到部门利益和个人利益最大化，处于信息劣势的上级部门就不能根据战略性的优先顺序分配资源，并最终阻碍将其转变为社会公众所希望的产出和结果，直接影响到政府支出的绩效。

2.多层委托代理关系问题。相对于企业而言，公共委托代理关系是多层委托代理关系。公众将公共事务委托给政府，政府是一个庞大的组织体，政府内设各层级政府、各预算部门，由此形成多层多级多类型的委托代理关系。首先，"公众—议会—政府"之间的委托代理关系。其中，相对于公众和议会，政府拥有公共产品供给成本方面的充分信息，同时，按照"经济人"假设，政府（代理人）与公众"委托人"的效用函数并不一致，因此必然会产生委托代理问题，即政府为了自身利益而损害公众的利益。其次，"财政部门—预算部门"之间的委托代理关系。财政部门作为财政资金的委托人，在公共产品成本方面处于信息劣势，而各预算部门作为受托人则处于信息优势的地位。由于各预算部门有自身的利益，所以在财政资金分配和使用中也会出现损害财政部门利益的行为。

多层委托代理关系加大了政府运行成本，按照委托代理理论，委托代理链越长，初始委托人的行为能力就越弱，中间的委托代理者更加容易产生"败德"行为，出现"寻租""设租"行为，增加了政府提供公共产品和服务的成本，降低了社会效率。这种多层委托代理关系要求财政管理制度的设计对代理人的行为进行有效的激励和必要的监督。

3.公共产品的垄断问题。政府作为公共产品的供给方，在市场上没有竞争对手，类似于垄断市场。在私人产品的垄断市场中，厂商按照边际收益等于边际成本确定产量，垄断产量会小于竞争条件下的产量，而价格却高得多。但在公共产品的供给上，政府并不直接面对需求，公众因获得公共产品而支付的税收或费用与其接受的公共产品是分开的，政府作为一个整体获得公共收入，具体提供公共产品的各个政府部门或机构面对的却是预算拨款，而非公共产品"出售"的直接收入，这使各政府部门忽视公共产品产出的质和量，片面追求扩大预算，导致政府支出呈扩大态势。

4.官僚预算最大化问题。官僚预算最大化理论认为，官僚并不服务于政治家而是服务于自己，将个人效用最大化。为达到这一目标，他们必将寻求他们所在的官僚机构预算最大化。官僚机构实际上就是僵化的政府部门，被看作一国非营利性机构，使用财政预算拨款来提供市场交易无法供给的产品和服务，以满足社会公众偏好和需求。但是，官僚机构与财政部门之间存在信息不对称，导致官僚机构拥有绝对支配性的垄断权力，使得大多数情况官僚机构追求预算最大化的目的都能达到，一定程度上带来了资源的浪费和低效率，即公共部门存在着"X—无效率"现象。

（三）委托代理理论与预算绩效管理

根据委托代理理论，"信息不对称"和"激励不相容"是委托代理问题产生的主要原因，代理人逆向选择的"败德"行为会增加政府成本、降低财政管理效率。对此，经典的委托代理理论提出了"信息透明"和"激励相容"等两种基于预算绩效管理的解决方案。

1.强调"目标导向"的财政管理应充分体现公众利益。财政管理，特别是预算绩效管理所强调的"目标导向"，实际上体现了公众（委托人）的利益，同时通过"对结果负责"的制度安排，使官僚机构和个人（受托人）在实现委托人的绩效目标时得到奖励，而在没有完成绩效目标时受到惩罚。这是一种"激励相容"的制度安排，能够促使受托人在追求自身利益的同时实现委托人利益的最大化。同时，绩效预算强调公共部门报告制度，采取预算部门向财政部门、政府向议会和公众层层报告的形式来解决信息不对称问题，实现信息透明，这是抑制代理人机会主义行为的一种有效途径。

2.提高预算绩效管理有利于减少"败德"行为。解决委托代理问题，还有赖于对代理人有效的监督机制。预算支出绩效考评是绩效预算的核心，通过绩效考评获取代理人实现委托人的绩效目标信息，对代理人的行为进行监督并通过建立在绩效信息基础上的奖惩机制，可以有效地保证支出活动能够最终实现委托人的绩效目标。同时，预算支出绩效考评所得到的绩效信息，也是"激励相容"和"公共部门报告"制度的基础。

二、公共选择理论

公共选择理论是一门交叉学科，它融合了经济学与政治学两门学科。公共选择理论基于新古典经济学，利用其基本假设原理和方法进行分析，进而研究政府或其他主体各自的行为以及政治市场的运行机制和特点。

公共选择理论是西方经济学中一门后起的分支，其规范形态是福利经济学中的社会选择理论。它关注的主要问题是集体行动和偏好汇总。公共选择是对公共事务所做出的选择，是与个人选择相对应的集体选择。公共选择有两大特征：一是公共选择是代表组织成员的共同选择；二是公共选择是集体决策，将成员的个人选择集合为组织的选择。公共选择有两种方式：公共利益方式和自我利益方式[①]。前者是指社会组织本身是代表公共利益的，后者是指公共利益纯粹是个人利益的集合。它以新古典经济学的基本假设（尤其是理性人假设）、原理和方法作为分析工具来研究政治市场上的主体（选民、利益集团、政党、政府官员和政治家）的行为和政治市场的运行。

（一）公共选择理论的产生与发展

公共选择理论是20世纪40年代西方经济学界逐步产生和发展起来的一种新的理论流派，运用经济学的方法研究政府决策的方式和过程。公共选择理论的思想渊源最早可以追溯到18世纪的两位法国数学家勃劳德和孔多塞，以这两位数学家对投票规则特性的研究为开端，公共选择理论开始形成。英国经济学家穆勒1861年发表的《代议政府论》被认为是经济学家对政治制度的最初研究。瑞典经济学家维克赛尔在其1896年发表的《公平赋税的新原理》中提出了公共选择理论的三个构成要素：方法论上的个人主义、经济人以及看作交易的政治，这篇论文对公共选择理论的发展给予了重要而直接的影响。

公共选择作为一个独立的理论登场，是由第二次世界大战以后的三位经济学家所引领的，分别是布莱克（《论集体决策原理》，1948）、布坎南（《政府财政的纯理论》，1949）和阿罗（《社会选择与个人价值》，1951）。1957年安东尼·唐斯的《民主的经济理论》、1962年布坎南与塔洛克合著的《合意的计算》、1965年奥尔森的《集合行动的理论》等一系列专著的出版，都是用经济学的思想进行政治学的研究，即用经济学方法来论证政治制度运作过程。其中，布莱克的《论集体决策原理》为公共选择理论奠定了基础，而布坎南与塔洛克合著的《合意的计算》则被认为是公共选择理论的经典著作。布坎南因对公共选择理论的突出贡献获得1986年诺贝尔经济学奖。

此后，随着一系列著作的相继发表，如布坎南的《成本与选择》（1979）、《自由、市场与国家》（1980）；丹尼斯·穆勒的《公共选择理论》（1979）；爱伦·斯密德的《财产、权力和公共选择》等，公共选择理论逐步走向成熟。

（二）公共选择理论的主要观点

公共选择理论的突出特点是以经济学分析方法研究政治问题，运用新古典经济学的分析方法——个人主义和理性主义，根据交易范例来观察政治和政治过程，解释个人偏好与政府公共选择的关系，研究作为投票者的消费者如何对公共产品的供

---

① 吴俊培，许建国，杨灿明. 公共部门经济学［M］. 北京：中国统计出版社，1998.

给决定表达意愿。

公共选择理论的主要假设是以完全理性为基础的。经济学中的经济人假设是指当一个人在经济活动中面临若干不同的选择机会时，总是倾向于选择能给自己带来更大经济利益的机会。公共选择理论认为，政治决策的参与者，包括政治家、官僚、选民，同私人经济中的个人一样是理性的经济人，人们在需要做出经济决策和政治决策时的反应在本质上是一致的，总是趋利避害、趋大利避小利，而政治活动不过是追求个人利益最大化的一种途径，政治活动形成的集体决策是个人决策的某种方式的加总，公共选择不过是个人选择的结果。政府部门与私人企业的区别不在于个人在其中的行为动机有所不同，而在于实现个人目标时所受到的制度束缚在政府部门中要比在私人企业中松得多。结果，在其他条件一定时，私人企业中的个人活动倒有可能符合公共利益，而政府部门中，人们却有可能恣意追求最大的个人利益，而不管它是否符合公共利益。政府由人组成，政府的行为规则由人制定，政府的行为需要人去决策，而这些人都不可避免地带有经济人的特征，政府也会不顾公共利益要求去追求由政府成员所组成的集团的自身利益。在具体决策中实现全体一致非常困难，但是可以首先全体一致通过并构建一个好的政治机制或政治活动的规则，然后依靠这种制度约束来保障实现具体公共决策的效率。

公共选择学派把经济人的假设引进政府行为的分析中，揭示了官僚主义的根源，认为政府部门出现官僚主义行为方式的原因有二：一是因为官僚主义行为通常是给政府官员带来个人利益的最佳方式，二是因为政府的组织结构特征使政府各部门的工作性质大多具有一定的垄断性。因此，公共选择学派得出两个重要结论：第一，社会中管理越多，"官僚敛取物"也就有可能增加得越多，使政府的开支、政府的机构以及管理的人数越有可能增加；第二，用政府干预来解决经济问题的这种设想，只有在其他一切手段都证明无效之后才是可以考虑的。

公共选择理论的代表人物布坎南认为，公共选择是政治上的观点，是从经济学家的工具和方法大量应用于集体或非市场决策而产生的，它是观察政治制度的不同方法。丹尼斯·穆勒认为："公共选择理论可以定义为非市场决策的经济研究，或者简单地定义为把经济学应用于政治科学。公共选择的主题与政治科学是一样的：国家理论、投票规则、投票者行为、政党政治学、官员政治等。公共选择方法仍然是经济学的方法，像经济学一样，公共选择理论的基本行为假设是，人是一个自利的、理性的、追求效用最大化的人。"[①] 保罗·萨缪尔森认为："公共选择理论是一种研究政府决策方式的经济学和政治学。公共选择理论考察了不同选举机制运作的方式，指出了没有一种理想的机制能够将所有的个人偏好综合为社会选择，研究了

---

① ［美］丹尼斯·穆勒. 公共选择理论［M］. 北京：商务印书馆，1999.

当国家干预不能提高效率或收入分配不公平时所产生的政府失灵；还研究了国会议员的短视，缺乏严格预算，为竞选提供资金所导致的政府失灵等问题。"①公共选择研究不是抛开市场因素只限于政治领域，而恰恰是着眼于市场与政治的不足之处，试图使经济和政治理论相互弥补，就现实问题进行探讨。

因此，公共选择理论是以应用经济学的理论假定和分析方法来研究非市场决策或公共决策（特别是政府决策）问题的一个新领域，其主要贡献是证明了市场缺陷并不是把问题转交给政府去处理的充分条件。同时，以市场经济条件下政府行为的限度或局限以及"政府失败"问题作为研究重点，分析政府行为的效率并寻求政府有效工作的规则和制约体系。②

（三）公共选择理论与预算绩效管理

公共选择理论的主要价值在于它使用"理性人"假设分析取代传统行政学的人性恶假设，从而将政府管理的重点从以规制为主转向以结果和激励为主，绩效理念在政府管理及财政收支决策的应用也有了充分的依据。

与此同时，公共选择理论给预算绩效管理的发展注入了新的理念，其关于公共产品和服务的决定权应交给公众的思想，与预算绩效管理公众参与的理念不谋而合。

此外，还可以用经济方法对政府的行为特别是公共开支项目进行损益分析，以此来评价项目的净效益及政府、官员的政绩。③

三、新公共管理理论

财政管理是政府管理的重要组成部分，而新公共管理是当代西方政府改革中出现的政府管理新模式，主张运用市场竞争机制和借鉴私营部门的管理方法来提升政府绩效。

（一）新公共管理理论的产生与发展

传统的公共行政学诞生于19世纪末20世纪初，是随着西方诸国工业化的完成而建立起来的，其主要理论基础是政治学，特别是韦伯的官僚体制理论和威尔逊、古德诺等人的政治与行政二分法的理论。其主要特点是：政府管理体制以科层理论为基础，权利集中，层级分明；法规繁多，职能广泛；规模庞大，程序复杂；官员

---

① [美]保罗·萨缪尔森.经济学（第16版）[M].萧琛，译.北京：华夏出版社，1999.
②③ 陈共.财政学[M].北京：中国人民大学出版社，2004.

照章办事、循规而行；官员行为标准化、非人格化；运用相对固定的行政程序来实现既定的目标。

20世纪70年代之后，特别是20世纪80年代以来，西方社会乃至整个世界发生了根本性的变化。一方面，传统公共管理体制僵化、迟钝，使行政机构规模和公共预算总额产生不断扩大，导致高成本、低效率的问题越来越突出，政府开支过大、经济停滞、财政危机严重、福利制度走入困境、政府部门工作效率低下，使公众对政府的不满越来越强烈；另一方面，公众的价值观念日益多元化、需求多样化，民主意识和参政意识增强，对政府提出了新的要求。在这种背景下，一种突破传统公共行政学的学科界限，把当代西方经济学、工商管理学、政策科学（政策分析）、政治学、社会学等学科的理论、原则、方法及技术融合进公共部门管理的研究之中，以寻求高效率、高质量、低成本、应变力强、响应力强、有更健全的责任机制的"新公共管理"模式应运而生。

英国是新公共管理运动的发源地之一。1979年，撒切尔夫人上台后，英国保守党政府推行了西欧最激进的政府改革计划，开始以注重商业管理技术、引入竞争机制和顾客导向为特征的新公共管理改革，推行了一系列的改革措施，促使提供公共产品和服务的公共部门接受市场检验，各公共部门之间、公共部门与私人部门之间为公共产品和服务的提供展开竞争。美国从1978年卡特政府的"文官制度改革法案"的实施起，也开始了新公共管理改革。在里根执政期间，大规模削减政府机构和收缩公共服务范围。1993年克林顿上台后，开启了"重塑政府运动"，精简政府机构、裁减政府雇员、放松管制、引入竞争机制、推进绩效管理。在新西兰和澳大利亚，旧的公共行政传统以管制经济和由政府部门提供一切公共服务（即福利国家）为特征。20世纪70年代末80年代初，两国面临同样的问题和压力，使澳大利亚从1983年、新西兰从1984年起，相继进行了全面的行政改革。此后，新公共管理运动迅速扩展到加拿大、荷兰、瑞典、法国等多个国家。进入20世纪90年代之后，一些新兴工业化国家和发展中国家，如韩国、菲律宾等国也加入了改革的大潮。各国改革的内容、方式和措施并不完全相同，理论界也给这些改革冠以不同的名字，如"重塑政府"（Reinventing Government）、"再造公共部门"（Reengineering the Public Sector）等。这场"新公共管理运动"对西方公共部门管理尤其是政府管理的理论与实践产生了重大而深远的影响。绩效预算作为新公共管理的重要组成部分，更是推动新公共管理理论转化为实际制度安排的重要工具。新公共管理的兴起、绩效预算的产生成为化解财政资源需求的无限性与供给的有限性之间尖锐矛盾的方法。

（二）新公共管理理论的核心内容

新公共管理是一个多维度的概念，有许多不同的名称，如"公共管理主义""企业化政府""后官僚体制模式"等。西方公共管理学者和实践者对新公共管理的内涵做出了各种不同的界定。如胡德（Hood）将新公共管理看作是一种以强调明确的责任制、产出导向和绩效评估，以独立的行政单位为主的分权结构（分散化），采用私人部门管理、技术、工具，引入市场机制以改善竞争为特征的公共管理部门新途径[1]；哈伯德（Hubbard）将"管理主义"模式的内容归纳为主管的战略角色和战略管理实践的强化等十大趋势[2]；《布莱克维尔政治学百科全书》则将"新公共管理"模式概括为如下倾向："宁要劳务承包而不要通过没有终结的职业承包而直接劳动的倾向；宁要提供公共服务的多元结构（宁可出现多种提供者的竞争，并存在使用者对供给者运用控制手段，如美国选举产生的校董会制度），而不要单一的无所不包的供给方式结构的倾向；宁可向使用者收费（或至少是指定了用途的税收），而不是把普通税金作为资助不具有公共利益的公共事业基础的倾向。"[3]

经济合作与发展组织（以下简称经合组织）在1995年度的公共管理发展报告《转变中的治理：OECD国家的公共管理改革》中指出，经合组织国家的公共管理改革所发展起来的共同议事日程即为新公共管理模式。该报告总结了新公共管理的核心内容：①更加关心服务效率、效果和质量方面的结果；②高度集权、等级制的组织为分权的管理环境所取代，在分权的管理环境中，资源配置和服务提供的决策更加接近第一线，并且为顾客和其他利益集团的反馈提供更多的余地；③灵活地选择成本效益等更好的方法（如市场的方法）来代替政府直接提供和管制；④更加关心公共部门直接提供的服务效率，包括生产力目标的设定、在公共部门组织之间建立竞争的环境；⑤强化国家核心战略能力，引导国家能够自动、灵活、低成本地对外界的变化以及不同的利益需求做出决定。

我国学者周志忍把当代西方行政改革的内容归纳为三个方面[4]：①社会、市场管理与政府职能的优化；②社会力量的利用和公共服务社会化（政府业务合同出租，以私补公，打破政府垄断，建立政府部门与私营企业的伙伴关系）；③政府部门内部的管理体制改革（建立与完善信息系统，分权与权力下放，部门内部的组织机构改革，公共人事制度改革，提高服务质量以及改善公共机构形象，公共行政传统规范与工商企业管理方法的融合等）。

（三）新公共管理理论与预算绩效管理

新公共管理改革浪潮在西方国家的普遍展开，已经在相当程度上改善了西方国

---

[1] C. Hood, A Public Management for all Seasons [J], Public Administration, 1991.
[2][4] 周志忍. 当代外国行政改革比较研究 [M]. 北京：国家行政学院出版社, 1999.
[3] [英] 布莱克维尔. 政治学百科全书 [M]. 邓正来, 译. 北京：中国政法大学出版社, 1992.

家的公共管理水平，促进了西方国家经济与社会的发展，满足了更多的公共服务需求，同时也增强了西方国家在国际社会中的竞争能力。市场经济的发展要求转变政府职能，建立起一个灵活、高效、廉洁的政府，形成新的管理模式。当代西方政府改革的"新公共管理"取向及模式对于我国市场经济的发展和行政改革的深化，对于在市场经济条件下处理好政府与市场、企业与社会的关系，完善宏观调控机制，形成新的管理模式，提高政府行政效率，特别是完善预算绩效管理具有一定的参考价值。

第一，在政府财政管理中引入效率、绩效的理念。新公共管理强调政府的企业化管理，强调管理的高效率。我国政府机构长期以来存在效率低下的现象，造成这种现象的原因是多方面的：由于长期实行计划经济体制，造成权力过分集中，政府管了许多不该管、管不好、也管不了的事；由于组织机构不合理、机构重叠，使得职责不清、互相掣肘、扯皮；由于行政法规不健全，造成机构庞大、臃肿，人浮于事。新公共管理强调政府公共管理应该像企业管理那样，将效率放在首要地位，这一思想是值得我们借鉴的。

第二，绩效管理的引入。新公共管理把一些科学的企业管理方法，如目标管理、绩效评估、成本核算等引入公共行政领域，这对提高政府工作效率是有促进作用的。经合组织国家公共管理改革的一项主要任务就是将预算的重点从投入转向产出，产出是计量和评估绩效的核心指标。通过将企业管理讲求投入和产出、讲求成本核算的精神引入政府公共管理中，在政府预算管理上实行绩效预算，降低政府提供公共产品的成本，提高财政支出的效率。

第三，公共产品和服务提供中引入竞争机制，提高公共产品和服务的效率。新公共管理将竞争机制引入政府公共服务领域，打破政府独家提供公共服务的垄断地位，一方面提高了公共服务的效率和质量，另一方面也缓解了政府的财政压力，有利于形成公共服务供给的竞争机制，提高公共服务的有效供给，产生更好的经济效益和社会效益。

第三节 预算绩效管理的必要性

全面实施预算绩效管理是政府治理方式的深刻变革,是一项长期的系统性工程,对优化财政资源配置,提升公共服务质量,增强政府公信力和执行力,建设人民满意的服务型政府具有重要意义。

一、预算绩效管理是建立现代财政制度的组成部分

预算绩效管理是现代财政制度的重要组成部分,是财政科学化管理的重要内容。预算绩效管理要求在财政管理各个环节树立绩效意识、体现绩效要求,把有限的财政资金分配好、管理好、使用好,通过"花钱必问效,无效必问责",从传统的关注财政资金的规范性转向关注财政收支的有效性,对改进财政资金决策及使用效益,促进现代财政制度建设、国家治理能力提升具有重要意义。

(一)现代财政制度的构成

党的十八届三中全会指出,"财政是国家治理的基础和重要支柱,科学的财税体制是优化资源配置、维护市场统一、促进社会公平、实现国家长治久安的制度保障。必须完善立法、明确事权、改革税制、稳定税负、透明预算、提高效率,建立现代财政制度,发挥中央和地方两个积极性。要改进预算管理制度,完善税收制度,建立事权和支出责任相适应的制度"。党的十九大报告进一步强调,要"加快建立现代财政制度,建立权责清晰、财力协调、区域均衡的中央和地方财

政关系。建立全面规范透明、标准科学、约束有力的预算制度，全面实施绩效管理。深化税收制度改革，健全地方税体系。"基于此，建立现代财政制度成为中国特色社会主义制度的重要组成部分，成为实现国家治理体系和治理能力现代化、决胜全面建成小康社会、实现中国梦的重要保障。

1.现代财政制度的内涵。关于现代财政制度，理论界尚无明确统一的定义。根据《中共中央关于全面深化改革若干重大问题的决定》的相关表述，全面深化改革的目标是完善和发展中国特色社会主义制度，推进国家治理体系与治理能力现代化。"完善和发展中国特色社会主义"是一个总目标或根本方向，其当下的改革目标实际上落脚于"推进国家治理体系与治理能力现代化"上，因为财政是国家治理的基础和重要支柱，所以推进国家治理体系与治理能力现代化的基础和重要支柱就是强大而坚实的国家财政，要管理强大而坚实的财政必须建立与之相匹配的科学有效的财税体制，而科学有效的财税体制又体现于现代财政制度的建立。所以，这一逻辑关系可以归纳为：建立现代财政制度→形成科学有效的财税体制→形成强大而坚实的财政管理→推进国家治理体系和治理能力现代化[①]。

2.现代财政制度的主要内容。现代财政制度的建立必然涉及税收制度、政府间财政关系、预算管理制度的调整与完善，而且这三项制度在不同的时空条件下会进行相应改革和调整。随着我国经济发展迈入相对成熟阶段，经济发展的主要矛盾与矛盾的主要方面发生了变化。此外，国际局势风云变幻，经济全球化、信息化时代的到来，这些因素在客观上要求现代财政制度的建设要与时俱进，要从更加长远的角度和发展眼光来审视现代财政制度的建立。

（1）推进预算管理制度改革。建立全面规范透明、标准科学、约束有力的预算制度，全面实施绩效管理。

预算制度是财税体制改革的重要组成部分，是现代财政制度的构建基础。在现代财政制度的基本框架下，与国家治理体系和治理能力现代化相匹配的预算制度改革，应包含公开透明、内容完整、编制科学、执行规范、讲求绩效等核心内容。所谓公开透明、内容完整是指政府的全部收入和支出都应当纳入预算，以全面反映政府收支总量、结构和管理活动。所谓编制科学是指应明确支出预算安排的基本依据，深入推进项目支出标准体系建设，应发挥标准对预算编制的基础性作用，提高预算编制的科学性。所谓执行规范是指严格落实《预算法》等相关法律法规的规定，强化预算单位的主体责任；防范化解地方债务风险，健全规范的地方政府举债融资机制。所谓绩效导向是指所有公共部门、所有财政资金和所有预算过程都要纳入绩效管理，实现预算绩效管理体系构建的全方位、全过程及全覆盖。

[①] 高培勇.论国家治理现代化框架下的财政基础理论建设[J].中国社会科学，2014(12).

（2）完善税收制度改革。现代税收制度的建立"要围绕优化税制结构，加强总体设计和配套实施，推进所得类和货物劳务类税收制度改革，逐步提高直接税比重，加快健全地方税体系，提升税收立法层次，完善税收法律制度框架"（肖捷，2017）。为此，须着力完善直接税体系，建立综合与分类相结合的个人所得税制度，按照"立法先行、充分授权、分步推进"的原则，推进房地产税立法和实施。对工商业房地产和个人住房按照评估值征收房地产税，适当降低建设、交易环节税费负担，逐步建立完善的现代房地产税制度。

此外，要健全间接税体系，积极稳妥地推进直接税改革步伐。现阶段我国税制结构表现为较为典型的商品与劳务税（间接税）为主体的税制结构，伴随着我国经济发展迈入高质量发展阶段与国家治理能力的逐步提升，商品与劳务税为主体的税制结构的缺点日益凸显，主要表现为存在超额负担，对市场的扭曲作用明显，且具有累退性，无法体现税收量能负担原则，同时亦存在税负转嫁现象，降低了税收公平性。基于此，应在降低宏观税负前提下，实现税制结构优化，以期更好凸显现代财政制度有利于实现社会公平正义的制度特征。

（3）规范政府间财政关系。"建立权责清晰、财力协调、区域均衡的中央和地方财政关系"是现代财政体制的基础，它要求明确各级政府间职能的划分依据和划分原则，对相关支出责任，尤其是现阶段分工混乱模糊的支出责任进行划分，并进行动态调整，直至各级政府间的支出职责划分达到帕累托最优。此外，还应充分考虑各级政府的财力保障能力，只有拥有充裕的财政资金，各级政府才有能力提供其职能范围内的公共物品。应从本级自有财政收入、上级转移支付收入和债务收入等方面完善各级政府的收入来源体系建设。

为此，应着力推动政府间财政关系法制化，实现政府间事权划分制度与收入划分制度相适应。我国政府间财政关系的调整主要建立在分税制财政管理体制之上，而分税制财政管理体制在法律基础上略显薄弱，其直接依据仅仅是1993年12月国务院通过的《关于实行分税制财政管理体制的决定》。分税制已实施近25年，除2014年修正的《预算法》第十五条的规定外，绝大部分实施依据均是国务院及相关部门的行政性决定或办法。这种立法程度不高的财政体制具有不规范、不稳定等固有缺陷，亦使政府间事权划分与收入划分难以相互适应。因此，应健全政府间财政权限划分的法律规范体系。一方面，加快制定《财政基本法》对央地事权与支出责任进行明确划分。《财政基本法》是指规定财税法的基本制度，能够指导财政收入、财政支出、财政监管等财税法各个环节的法律，是财政税收活动的基本规范和基本准则，之所以用"基本"二字主要强调其条款的基本性内容与在财税法律体系中的基本性地位。另一方面，加快制定《财政收支划分法》。当前中央政府拥有财政资金分配的主导权，而地方政府财政的自主权较为受限，部分地方政府甚至出现基层财力困境，无法有效地提供基本的公共产品与服务，此种情况极易导致地方政府财政行为的异化，应在《财政基本法》的基础上制定《财政收支划分法》，对政府财政收支范围与责任做出明确规定。通过立法的形式科学合理地界定政府间的事权与支出责任范围，从而避免政府间财政关系中为经济、政治利益讨价还价现象的出现，切实使政府间财政关系进入法制化、制度化的权利分享阶段。[①]

（二）预算绩效管理与现代财政制度的关系

党的十八届三中全会提出"财政是国家治理的基础与重要支柱"，构成了我国当前和未来相当长时间内财政制度改革的战略坐标。党的十九大报告进一步指出，要"加快建设现代财政制度，建立全面规范透明、标准科学、约束有力的预算制度，全面实现绩效管理"，为未来建设现代财政制度提出了新要求和新期望，即要将全面实行预算绩效管理纳入现代财政体系并发挥应有的作用。

1.重视绩效是预算改革中的重要内容。纵观世界各国政府绩效改革的背景，大多是在经济不景气、财政困难、民怨甚重（表述不精确）的背景下倒逼政府进行的，而我国虽然也面临这些问题，但应该说只是给绩效改革添了把火，而不是直接诱因。因为在我国预算改革的探索与实践中，很早就将触角探及预算绩效管理，并将其放在预算改革的大棋盘中。从20世纪90年代就开始的部门预算改革、国库集中收付、规范政府采购等预算管理改革，至2003年党的十六届三中全会提出"建立预算绩效评价体系"，开启了我国基于绩效的预算改革大幕，财政制定并颁发了一系列涉及支出绩效管理的法律法规、部门规章、制度办法、指导意见、工作规划、指标体系等等，实践活动也从财政延伸到预算部门和单位。党的十九大提出"全面实施绩效管理"，到2018年9月发布的《全面实施预算绩效管理的意见》（以下简称《意见》）又将其聚焦于预算绩效管理，并将"全面"具体化为"全方位、全过程、全覆盖"，给出了具体的改革路线图、时间表。应该说，这是将预算绩效问题纳入到推进国家治理体系和治理能力现代化，建立现代财政制度以及预算改革整体框架之中的，而不是权益之计。

2.预算绩效改革加力推进建设现代财政制度。预算绩效是与支出紧密相联的概念，实践中，预算的绩效管理内容实际上涉及财政"资金往哪儿流？""流向怎么定？""钱怎么花？"三个主要问题，这些方面的改革推进都与国家及财政治理现代化息息相关。

财政资金应往哪儿配置？这里涉及预算分配和管理的理念、政府与市场的关系等问题。为此，应树立预算分配的绩效理念。预算的绩效理念是建立在公共服务与

---

① 张强.现代财政制度建设之路[J].中央财经大学学报，2019（3）.

公共责任、社会效益与公众满意度等理论以及由此带来的社会绩效文化基础上的,这一理念的树立与纳税人意识的提高以及社会民主化程度紧密相关。我国正在完成这一改革进程,因此,在全社会形成一种稳定的公共资金绩效价值观是实施预算绩效管理乃至政府绩效管理的终极目标。《意见》指出,我国在预算管理中"绩效理念尚未牢固树立,一些地方和部门存在重投入轻管理、重支出轻绩效的意识",所以,全面实施预算绩效管理,以公民满意度为落脚点,有利于绩效理念的树立和提升,以最少或最适当的钱为人民办最多和最好的事,减少"低效无效资金",这是人民当家作主的体现,不仅是保证预算绩效管理能够顺利推行的根本,也是"增强政府公信力和执行力",推动社会迈向现代化的重要内容。

此外,还应做好政府与市场关系的处理。在决定财政资金流向时,从绩效角度出发去考察资金配置目的及目标,往往会涉及如何厘清政府与市场关系,即应该以市场做不了的事政府"雪中送炭",市场可以做的事政府不再"锦上添花"。在当前,做好这一点也有利于合理引导社会预期,真正发挥好公共财政的"兜底"作用。

在资金配置机制应如何构建方面,则涉及决策机制及分配机制的改变。主要包括:一是涉及财政资金决策机制的改变。《意见》指出,各部门、各单位要结合预算评审、项目审批等,对新出台重大政策、项目开展事前绩效评估。各级财政部门要加强新增重大政策和项目预算审核,审核和评估结果作为预算安排的重要参考依据。这一要求实际上涉及我国预算决策机制的重大变革,它与问责机制相结合,将会改变我国长期存在的在花钱决策上的"长官意志主导""拍脑袋"决策等问题,也会助推预算决策中的科学预测、民主决策。二是涉及预算分配机制的改变。与市场经济不同的是,政府预算是通过政治程序决定的,我们通常说的预算编制中的"几上几下""上下结合"一般就是指预算部门及单位"自下而上"提出预算需求、财政部门根据所掌握的预算资源及财政政策重点参考部门预算需求下达预算限额,预算部门及单位再据此编制预算上报,获立法机关批准及财政部门批复后执行。这一理论上的编制程序无论在实践中如何演绎,在实际过程中就是财政与部门之间就有限财政资源的博弈,实践中不可避免会有偏离法律及制度约束的问题出现。但在预算绩效管理中,预算过程是以绩效目标的设置开始,即是将绩效目标作为预算安排的前置条件,在对绩效目标进行审核合格后与预算同步批复下达,预算执行完成后再对照绩效目标进行执行结果的绩效评价,并建立起评价结果与预算安排和政策调整的挂钩机制。这样一个围绕绩效的闭环系统将极大地改变以往的预算分配机制,使预算的安排走向资金使用结果导向。[①]

总体来看,全面实施预算绩效管理,不仅有利于为政府履行职能提供坚实的物

---

① 李燕.国家治理现代化视角下的全面预算绩效管理改革[J].中国财政,2019(7).

质基础和体制保障，督促各级政府部门认真履职尽责，提高行政效率，全面提升政府效能，增强政府公信力和执行力，加快实现国家治理体系和治理能力现代化，而且还有利于提升民众的满意度，确保全体人民在共建共享中的获得感稳步提高。为此，应着力消除预算管理与绩效管理分割的现象，使绩效管理覆盖所有财政性资金。科学制定预算绩效管理目标、绩效衡量指标等指标体系，建立预算安排与绩效目标、资金使用效果挂钩的激励约束机制。

二、预算绩效管理是公共管理发展的必经阶段

20世纪80年代，在全球化、信息化的大时代背景下，西方发达国家中社会对公共部门工作效率与服务水平提出了新的要求，以政府为代表的公共部门为适应社会监督的要求，开始探索以顾客导向为原则的目标管理，掀起了一场声势浩大的新公共管理和政府再造运动，重新定义了绩效和公共价值。绩效管理的方法从私人部门被引入公共部门，并将其看作提升公共部门管理水平和工作不可或缺的工具。各国在政府管理改革实践中也实现了公共服务改进、社会资源整合、政府行动力强化等方面的社会效益。

（一）公共管理范式的变迁

自工业革命以来，公共管理范式在市场经济发达国家经历了三次转换，即官僚制行政范式、民主制行政范式和新公共管理范式三个阶段。[1]公共管理范式的每一个发展阶段都是社会、政治、经济、文化和科学技术等方面综合作用的结果，都有相应的价值取向、原则和运行机制。

1.以"效率"为中心的官僚制范式。在公共管理学发展史上，以"效率"为中心的官僚制行政范式形成于19世纪末和20世纪初，以韦伯的理性官僚体制和威尔逊、古德诺的政治与行政相分离的二分法为理论基础。官僚制的诞生并非凭空而来，而是政治、经济、文化以及行政管理综合发展的产物。

从经济上看，19世纪末伴随着西方资本主义国家向城市化和工业化国家迈进，经济快速发展和社会事务的日趋增多，使国家的行政职能迅猛扩张，原有的政治制度和行政管理已经滞后于时代对于"效率"的要求，迫切需要一种新的管理方法和组织模式以回应时代的需求。官僚制即是基于新的公共权力体制建构需求而产生的。

从政治上看，在自由资本主义初期，人们普遍关注的是如何克服专制国王式的

---

[1] 所谓范式就是一个解决科学问题的具体范例，是一个学科内科学家一致认同的科学成就，是一套相互关联的定律、概念、假设、价值、技术的完整体系。

公共权力体制的弊端及防止其复辟，以最大化维护和实现民主，因而分权制衡的政治制度设计成为理论和实践的焦点，政府的行政管理被当作一个无足轻重的执行问题。英、美等西方国家以选举为依托的政党政治在这一时期较为盛行，形成所谓的"政党分肥制"，即在选举中最终获胜的政党把政府公职作为酬劳以答谢有功之臣。政党分肥制导致西方政府管理混乱、效率低下、腐败盛行。为了改变这一局面，西方各国纷纷兴起了文官制度建设，官僚制正是产生于文官制度的建设过程之中。

从文化上看，威尔逊在《行政学研究》中第一次系统阐述了将行政学从政治学中分离的观点。这一观点得到大多数行政管理学家的认同，并在理论上对威尔逊的观点进行了系统总结与完善。尤其是古德诺在《政治与行政》一书中着重对政治与行政的关系进行了一系列分析和阐述，倡导政治与行政两分的价值理念，为官僚制范式的形成奠定了理论基础。

2.兼顾效率与公平的民主制范式。官僚制范式适应了工业化和现代化的需要，具有与同期其他范式相比的优越性，但自诞生也同时带有不可克服的缺陷，官僚制犹如一个巨大的铁笼将人固定在其中，压抑了人的积极性和创造精神，使人成为一种附属品，只会机械地例行公事。管理的非人格化使人丧失了自我。同时，对效率的过分强调忽视了公平和民主，随着民主政治的发展和进步，社会民众要求发扬民主和参与政治积极性的提高，成为官僚制范式无法解决的现实问题，民主制范式随之产生。

民主制范式以兼顾效率和公平为基本价值取向，注重解决社会公众参与政治和社会公平问题，其基本观点为：（1）效率必须以公平的社会服务为前提和代价，强调提供公共服务的公平性；强调公共管理者在决策和组织推行过程中的责任与义务；强调公共行政管理的变革，即公共管理的目的是针对公众要求作出积极的回应，而非满足行政组织的自身需要。（2）强调政治与行政的连续性、公共权力的多中心，并寻求更加灵活的公共行政组织结构，而公共权力的分割和下放、公共组织的发展、公共行政的责任等诸多问题，成为其探讨的主要问题。（3）公平是每个人拥有的基本权利，该权利不受制于政治的交易或社会利益的权衡。同时，公平不但是一种伦理价值，而且是法律、社会制度和社会结构的体系，官员及组织的行为应保障公民基本平等自由权的实现，公共组织有责任和义务使最少受惠者获得公共服务和社会的帮助。

与官僚制范式相比，民主制范式除了强调社会公平外，还体现以下原则：（1）积极行政原则。官僚制范式的政治哲学基础是议会至上，议会是国家法律与政策的制定者，为整个国家权力设定运作的价值取向与基本目标，并通过机械法治原则控制行政活动。而民主制范式是适应社会事务日趋多样化和复杂化，行政国家出现、政府职能扩大的情况下产生的，纷繁复杂和快速变化的发展形势，行政部门的立法倡议、"委托立法"、行政命令、否决等变得越来越普遍，议会的立法职能受到很大的削弱，政府事务的增多和快速处理的需要，使议会对政府的监督也感到力不从心，以及政府行政自由裁量权的扩大和丰富化等，都使行政主导成为必然。（2）政府与社会互动的原则。在国家和社会关系上，官僚制范式坚持国家和政府是公共权力的中心，社会是公共权力的来源，但必须接受公共权力中心的领导和管理，执行公共权力中心的决策。领导、管理和执行都是单向的，社会只是履行义务。民主行政范式适应社会参与管理的需要，主张从政策制定、执行和结果的评估都应有社会民众的参与，通过民主的方式和渠道解决社会的公平问题，把社会是否同意、接受作为政府合法性的基础。

3.效率、效益、效果和公平统一的新公共管理范式。民主制范式将效率和公平统一起来，克服了官僚制范式唯效率的缺陷，将公平作为人的一种基本权利，并通过行政的途径和方式来解决，是对传统政治回避社会公平问题的一种扬弃。民主制范式把民主参与政府的决策和执行作为提高效率和公平的途径和方式，体现了政治民主化和社会化的趋势。但良好的愿望并不一定能够带来理想的效果，自20世纪40年代兴起，民主制范式虽极大地解决了诸多不公平问题，如福利国家政策的推行、民主参与等，但民主制范式在解决公平问题的过程中，又滑入政府效率低下、机构臃肿和财政赤字扩大的泥潭，政府扩大干预使社会经济陷入"滞胀"的局面，公共行政范式又一次面临创新和转换，在这种情况下，新公共管理范式应运而生。

20世纪80年代，英国采取了一系列以提高效率和减少财政支出为目的的行政改革，主要措施有：大规模的私有化、实行预算支出总量控制、分离公共服务的职能和公私合作等。继英国之后，澳大利亚、新西兰和美国也开展了大规模的公共行政改革运动。加拿大、荷兰、法国、德国、瑞典等经济合作组织成员国也先后开始类似改革。20世纪90年代，一些新兴工业化国家和发展中国家，如韩国、菲律宾等国也开始加入这一改革行列，从而掀起全球性新公共管理浪潮。[1]

21世纪以来，随着全球化以及互联网技术的迅猛发展，加速了人员、资本、信息等资源的流动性，一方面加剧了社会问题的不确定性、复杂性和棘手性，另一方面也使公共服务更加多元化。面对这一挑战，人们普遍认为政府绩效生产主体应该多元化，公共行政范式随之步入后新公共管理时代。与新公共管理范式下政府绩效民营化生产方式不同的是，后新公共管理范式强调政府绩效主体间合作生产方式，如美国奥巴马政府通过《透明和开放政府备忘录》提出了信息透明、公民参与、合作的改革措施。各国政府绩效合作生产的改革也形成了英国的协同型政府、加拿大的横向治理、澳大利亚的整体型政府和美国的协作型政府等实践模式。[2]

---

[1] 韦京，高兴武.行政范式的变迁与选择[J].经济与社会发展，2007（5）.
[2] 霍春龙，包国宪.论公共行政发展过程中的绩效范式变迁及其演化规律[J].兰州大学学报（社会科学版），2018（4）.

可见，新公共管理范式是在对传统公共行政范式进行批判的基础上逐步成长起来的，是西方迈入后工业社会后，全球化、信息化和市场化发展的必然产物。虽然它的出现与当代西方社会所面临的一系列现实社会问题密切相关，但同时也反映了当代人类社会进入全球化、信息化和知识经济时代对各国政府管理所提出的新要求，除以往的经济、效率、效益外，还增加了公平、合法、透明等诸多公共价值导向。

（二）预算绩效管理与公共管理范式变迁的关系

每一行政范式发展阶段都有其相应的价值取向、原则和运行机制，反映了该时期政治、经济、文化和科学技术等方面的发展需求，不仅指导着这一时期的行政改革，也对该时期的政府预算带来深刻的影响。

1.官僚制范式下的政府预算。在官僚制范式下，为解决政府效率和成本问题，1883年美国国会通过"彭德尔顿法案"，试图通过建立以个人"功绩制"为基础、不受政党竞争影响的独立政府组织，尽可能提高政府组织政策执行的效率，节约成本。同时，威尔逊、古德诺等学者提出了"政治—行政二分法"范式，在理论层面使政府从政治领域中独立出来，摆脱了政治博弈的藩篱，成为专心处理公务、减少闲杂事务的组织。并且，在韦伯、泰勒、法约尔、古利克等学者的影响下，一些"科学原则"被运用在政府组织变革上，以提升效率，降低成本。

在行政运作过程中，以经济和效率为标准，通过分项列支控制政府投入、提升公共组织绩的预算绩效管理模式开始出现。比如，1906年旨在推动纽约市预算改革、提升政府财政效率和节约财政支出的"纽约市政研究所"成立。1921年，美国正式设立预算局并建立预算制度，试图通过预算管理改善财政管理，提高效率、节约成本。同年美国的《预算和会计法案》通过后，美国联邦政府开始编制分项列支预算。在这种预算模式下，根据详细的预算科目体系，部门资金被分解到各个具体的支出科目，并被详细地分行罗列出来。每一行就是一个支出科目，表明具体的资金用途，对应着申请的或者可使用的资金数量。

分项列支预算主要关注预算支出的特定用途，其目标是对预算投入进行严格的控制，具体做法是将支出详细地科目化，对购买和雇用实行严格的集中控制，严格监督支出机构的支出行为。分项列支预算具有如下特点：（1）从预算技术上看，这是一种功能预算，首先将财政信息按照主要的组织单位分类，然后按其内部的组织单位分类，支出通常按预算或会计科目进一步进行分解，通常包括人员经费、公务费、各种职能性支出等。在分项列支预算中，各种成本科目被建立起来记录所有的支出，通过一个拥有详细的信息备份簿记系统，确保所有的支出都符合法律和预算的规定。（2）由于人事成本（工资、雇员福利等）通常占了预算的很大比例，分项列支预算重视人员数量的变化，并且常将政府部门雇员的变化纳入预算考虑。这就将预算控制和编制控制结合起来。（3）分项列支预算一般不允许将某一预算科目的资金转移到另一个预算科目中使用。在某些特殊情况下资金的转移被允许，但必须遵从严格的条件和程序。为了有效监督支出机构的支出行为，分项列支预算特别强调会计控制，即以系统的方式对收支进行记录、查账，同时也非常强调财务会计的完整和真实。自19世纪以来，分项列支预算被广泛运用，对政府行为产生了很大的影响。

2.民主制范式下的政府预算。民主制范式下，政府不仅需要有效地执行公共政策，还需要公平地提供公共服务。因此，民主制范式在传统公共行政追求效率和经济的基础上又添加了社会公平要素。为此，美国开始实施绩效预算。绩效预算不仅是预算方法的一种创新，而且是公共行政管理理念的一次革命，即政府预算不应只是资源分配的过程，还是促进公共服务水平和政府绩效改善的过程。

1949年美国国会修订了《国家安全法》，正式要求在国防部首次实施绩效预算，国会还通过了1950年的《预算与会计法案》，要求改进会计制度，将管理控制职能纳入预算程序，并要求总统呈交一份显示"按活动类型划分的债务预算"。这些举措不仅促使美国预算局和各部门积极推进组织变革以适应绩效预算改革的要求，提升绩效分析能力，还为各部门推动变革提供了法律依据。

1950年美国通过了《预算和会计程序法案》，要求在整个联邦政府及各地方政府实施绩效预算。绩效预算将政府职能、活动、成本和产出联系起来，其关注的重点从政府的投入转向政府的产出以及成本，产出和成本的测量成为绩效预算建立的关键（李·约翰逊、乔伊斯，2011）[①]。在实际的政府行为中，美国联邦预算局最先开始工作绩效测评与绩效标准的设定，并将这些新的测评手段和标准与一个机构的预算相联系，以确定这个机构的效率、效力和绩效的整体水平，并重新界定了"效率"标准。以往政府效率属于机械性效率，即可以用数字表示投入与产出的比率，而在民主制范式下效率有了新的界定，更注重结果和预期目标的统一。

同时，政府还采取一系列行政工具来促进政府绩效生产，比如胡佛委员会的计划—规划—预算系统（PPBS）、尼克松总统时期的目标管理（MBO）以及卡特总统时期的零基预算改革（ZBB）。

（1）计划—规划—预算系统（PPBS）。在第一届和第二届胡佛委员会改革建议和国防部20世纪50年代绩效预算实验的基础上，1961年美国林登·约翰逊总统（Lyndon Johnson）在国防部启动了"计划—项目—预算（PPBS）"改革，1965年此项改革被推广至所有联邦机构。PPBS将决策过程中的规划、计划和预算予以综合考虑，其基本观点是年度财政预算必须以计划和规划为依据，计划和规划必须以

---

① 曹堂哲，施青军.基于政府治理范式的政府绩效评估演变分析[J].财政研究，2018（3）.

任务和需求为出发点，而任务和需求又必须根据国家最高目标的优先序来确定。其中：①规划是指确定综合性的战略目标和研制规划，据此制订实现这些目标和规划的若干备选方案，并对这些备选方案进行成本效益分析，最终求得资源分配的最优方案；②计划是指将战略目标分解为若干具体目标，制订实施这些目标的有关方案，针对规划中的任务和需求制订出五年和年度计划，并对所需的各种资源作出估算；③预算是指以计划为依据制订每年的预算并分配资金。为便于将计划与预算结合起来，两者在结构上应完全相同，即计划中每一项目任务必须在相应的预算项目中获得经费。

计划—规划—预算系统（PPBS）的特点是：①树立明确的长期的总体发展目标；②从目标中选择最主要和最迫切的任务；③利用系统分析选出实现主要目标的最优方案；④制订长期支出计划以及年度预算，便于执行和检查；⑤衡量各项计划方案的实施成效，保证资金得到最有效的利用；⑥大量应用预算技术、系统分析、滚动计划等系统工程方法，以加强规划工作的预见性和科学性。

（2）目标管理（MBO）。20世纪70年代早期，美国理查德·尼克松总统（Richard Nixon）通过在预算审查过程中采用目标管理制度（Management by Objectives, MBO），继续实施以政策绩效结果为导向的预算改革。改革的目的是在预算决策过程中使计划活动和政策目标更紧密地联系在一起。目标管理要求部门将预算需求与设定的目标挂钩，部门需要为确定的产出和结果目标负责。

（3）零基预算改革（ZBB）。20世纪70年代后期，美国卡特总统引入零基预算改革（ZBB），试图进一步加强规划、预算和支出审查之间的联系，并强调利用绩效数据来评估计划替代方案，使联邦政府支出能够实现更好的成本效益目标，即低成本且高质量目标。零基预算是一种管理取向的预算模式，其目的在于在政府内部提高政府首脑和预算机构对各个部门预算申请的管理控制，进而改进资源配置效率。其基本特征是：对于所有的支出来说，现有的支出水平不再是神圣不可侵犯的预算基数，预算基数不再自动成为下一个预算年度决策或者拨款的基础和依据，现有的支出必须和新的支出一起进行比较和竞争，各个部门每年都必须为其全部预算申请进行辩护。零基预算的目标就是取代传统的"基数+增长"的预算模式。

3. 新公共管理范式下的政府预算。20世纪70年代末，新公共管理范式成为西方国家政府治理实践和理论的主流。新公共管理主张建立"结果导向"的市场化、社会化、分权化政府。对结果的评估成为绩效评估的基本导向，与传统的绩效评估相比，新公共管理范式下的绩效评估是实现新公共管理"结果导向""分权化""企业化"等"重塑政府"理念的有力工具。

在这一公共行政范式导向下，新绩效预算应运而生。新绩效预算是一种将资金配置与结果可测量联系起来的预算模式。新绩效预算通过重构预算过程和机制，系统地运用绩效信息，加强资金与结果和产出之间的联系，提高公共支出的"货币价值"。对于传统绩效预算来说，新绩效预算是革命性的。传统绩效预算强调依靠详细的预算科目对公共服务的投入进行分解，进而严格控制，希望通过实施预算控制使政府更加负责。新绩效预算则将预算决策的重点从投入转向产出和结果，使政府的治理过程从关注投入控制转向资金使用后所实现的效果。

新绩效预算希望预算过程中各个层级的决策者更好地理解所需要的资源和期望实现的结果之间的关系，将支出与结果联系起来，主张在一个长远的框架内以及总额约束的条件下，根据核心使命、整体性思考和计划，确定战略目标和支出重点，并在此基础上选择正确的活动，同时，通过对活动进行结果导向的绩效测量分配资源，促使最终效益的提升。新绩效预算具有如下四方面的基本特征：

（1）强调总额约束下战略计划对资金配置的引导。传统预算下，政策制定者基于各支出部门的预算要求形成政府总预算。新绩效预算下，由政策制定者事先确定支出重点及支出限制总额，在政策制定者制定了支出目标、支出总额和分类总额后，支出部门才开始编制预算。新绩效预算下预算决策权权力集中于高层政策制定者，采取的是自上而下的模式。目前，绝大多数OECD国家都通过政府范围的绩效计划或者部门及机构的战略计划，向议会和公众提交关于政策重点、支出重点和明确的绩效目标等方面信息。

新绩效预算强调运用战略计划引导资金分配。战略计划为绩效和成本信息确立了基本的框架和背景，为政策制定和项目选择指明了方向。实行新绩效预算的国家都非常重视战略性的资源分配，在这些国家中，政府的战略计划通常都在预算上具化为具有约束力的多年期支出框架。这个多年期支出框架建立在对支出的远期估计之上，并每年向前滚动。

战略计划对于新绩效预算改革必不可少，但是在实践中制订战略计划非常困难，运用战略计划引导资金分配则更加困难。因此，对于战略计划，尤其是全面性政府范围的战略计划，各国强调的程度有所不同，在不同时间里对其的重视程度也不相同。20世纪80年代和90年代初，澳大利亚要求所有的机构都遵守强制性的战略计划程序，但澳大利亚现已经放弃这一努力，转由各个机构自行制定战略计划。在美国，战略计划一直都是新绩效预算的重要组成部分。对于加拿大的一些地方政府来说战略计划也非常重要，如加拿大哥伦比亚省的新绩效预算就非常重视战略计划，该省各个部门都要制订三年工作计划，主要包括：部长的责任陈述、部门的战略计划、目标和核心业务领域、绩效指标和目标、与政府战略计划的一致程度、资源等。

（2）适度分权。传统预算模式在预算执行中对各个支出部门进行严格的外部控制，由核心预算机构从外部对支出部门的支出决策与支出行为进行事前审查。20

世纪50年代，西方国家开始放松外部控制转而采取内部控制，由各支出部门自己进行预算和财务方面的内部控制。无论外部控制还是内部控制，支出控制的重点都是基于详细的预算科目体系分解的预算投入。新绩效预算则放弃了这些控制，转而采取基于管理责任的支出控制模式，将支出控制的重点从投入转向产出与结果，在赋予各支出部门支出灵活性的同时，要求支出部门承担起对于产出或结果的管理责任。

在这样的模式下，在政策制定者决定了大致的支出方向和支出总额后，管理者可以像商业部门的经理那样灵活地、创造性地根据环境的变化使用资金。管理者可以自由决定用多少资金来雇用职员，如何支付他们的工资，购买哪些设备等，可以将某一支出项目的资金转移到其他支付项目。在这种模式下，对支出机构的支出决策及其预算交易的控制程度很低，支出机构的管理者在进行支出前并不需要获得更高级机构的同意，支出机构就是支出的最后决定者。除此之外，为了克服传统预算模式下普遍存在的"年底突击花钱"的现象，鼓励节约与创新，新绩效预算还允许支出部门及其管理者将预算节余的一定比例用于奖励组织成员，即企业管理中的"利润分享"，而在传统预算下，这些分享激励措施是不被允许的。

（3）对结果负责。新绩效预算赋予各个部门及其管理者支出上的自主权和灵活性是有条件的，这个条件就是支出部门必须有效率地完成其任务，最为重要的是，支出部门必须实现他们承诺的结果。"为结果而预算"是新绩效预算的一个基本特征。通常情况下，核心预算机构与各支出部门签订绩效合同，列出该部门的目标，并将目标按重要性排列，然后明确测量这些目标，衡量这些目标是否符合以结果为导向的绩效测量要求，并尽量将这些目标量化，即各个部门及其管理者应对结果的实现负责。相应的，对各个部门的审计也从传统的常规审计转为绩效审计。由于新绩效预算在支出控制中采取的是一种管理责任模式，所以，新绩效审计也是一种事后审计。核心预算机构在预算执行过程中并不控制支出部门的支出活动，而只关注支出部门最后是否实现了绩效合同中明确定义的结果。

新绩效预算与传统绩效预算的差别主要在于前者的重点是结果，后者的重点是产出。人们经常容易将产出和结果混淆，因此，对于理解和实行新绩效预算来说，必须在产出测量和结果测量之间进行区别。对于一个支出部门来说，实现结果目标的难度比实现产出目标的难度要大。原因在于：在现实中影响结果的因素众多，而有些因素是部门不能控制的。也就是说，影响产出的绝大部分因素是部门可以控制的，而影响结果的一些因素甚至许多因素是部门不能控制的。因此，一旦要实行新绩效预算，支出部门一定会要求放权，要求将使用资金的自主性和灵活性下放。因为在支出部门看来，没有支出的自主性和灵活性，是很难根据环境变化和自身特点选择最有效的公共服务投入组合，而无法灵活选择投入组合，就有可能出现因无法完成结果目标而必须承担相应责任的情况，这是支出部门不愿接受的结果，而这也是新绩效预算必须采取管理责任这种支出控制模式的主要原因。

（4）预算透明与沟通改善。新绩效预算重视预算透明与沟通改善。预算透明是指政府应尽可能地对选举官员、公民、利益集团等利益相关者开放和透明。新绩效预算要求的是一种高层次的预算透明，包括真实的财政状况、通过使用权责发生制的会计和预算体系使预算过程更加开放、信息更容易获得。

沟通改善意味着政府应提供关于项目、结果和成本方面的信息，这些信息的表达必须保证让各个利益相关者都能明白。对于政府是否实现了预算结果，最权威的评价者是公民（政府公共服务的消费者）及其代表。对于这些利益相关者来说，只有当预算高度透明，且关于政府项目、成本和结果方面的信息容易获得并容易理解，利益相关者才能准确判断政府预算是否实现了预期结果。

基于新绩效预算的上述特征，越来越多的实践者和研究者都认为，新绩效预算有可能成为一种现实的、理想的预算模式，越来越多的国家开始致力于新绩效预算改革的实践。

三、预算绩效管理是国家治理现代化的重要支撑

推行预算绩效管理不仅仅意味着改变现有的预算编制方式，从更宏观的意义上来说，是关于改变国家"取钱、分钱和用钱"方式的一场根本性革命，意味着在很大程度上将改变国家的做事方式，改变国家治理的手段、治理的方式和治理的制度。预算绩效管理与现代政府治理变革是内在统一的。现代政府治理理念、机制和手段的变革为预算绩效管理的应用提供了前提和条件，预算绩效管理则为现代政府治理提供了坚实的基础和保障。

（一）预算绩效管理与国家治理价值的共通性

预算绩效管理与现代政府治理在价值诉求上是一致的。合法性、透明性、责任性、法治、回应性和有效性是现代政府治理的五个基本特征。[1]预算绩效管理的事前绩效评估、绩效目标管理、绩效运行监控、绩效评价、信息公开和监督问责等方面都能体现政府治理的这些基本价值。

一是预算绩效管理要求在申请预算的时候填报绩效目标，开展事前绩效评估和事后绩效评价，确保将预算资源配置能够最大化地满足公共服务需求，这不仅仅是

---

[1] 俞可平. 治理与善治 [M]. 北京：社会科学文献出版社，2000.

一种预算技术，更体现了政府治理合法性和回应性的基本要求。

二是预算绩效管理是建立在《预算法》等法律法规要求的基础上，本身体现了政府治理法治化的要求。

三是预算绩效管理建立严格的绩效目标设定、测量、评估、监督、报告、审计和结果运用系统，并将这些信息公开，形成一个完整的闭环系统，在整个过程中，公众可以通过多种渠道参与到绩效预算的过程中，这有效地确保了公民受托责任的履行，这些与现代政府治理透明性、责任性和回应性价值是一致的。

四是预算绩效管理在设定绩效指标的时候，一般从经济、效率和效益方面设定指标，确保预算资金可以有效地使用，这一点也与现代政府治理倡导的有效性原则相契合。

（二）预算绩效管理与国家治理结构的同构性

预算绩效管理模式的演变与政府治理模式的演变是同步同构的关系。预算绩效管理大体上经历了旧绩效预算到新绩效预算的演变，这一演变过程与政府治理从经典阶段演变到新公共管理阶段是吻合一致的。

从1887年到20世纪40年代，政府治理以政治与行政分离理论、科学管理理论、管理过程理论、官僚组织理论为基础，具有效率主义、普遍主义和工具理性的特征。与此相一致，政府预算将投入控制和"效率"奉为圭臬，生产效率、技术效率、成本核算、工作效率等成为这个阶段预算制度设计的目标。此阶段的政府预算也从分项列支预算发展为（旧）绩效预算。

20世纪80年代以来，现代政府治理进入到新公共管理阶段，新公共管理倡导结果导向的管理，通过市场化和企业化手段实现提高公共产品和服务提供的经济性、效率性和效益性。与此相一致，新绩效预算在融合了计划—项目—预算系统、目标管理、零基预算等预算形式优点的基础上，拓展了传统预算的控制功能、政策功能、管理功能和问责功能，同时兼具控制、政策、管理、民主、问责等多项功能，成为现代政府治理的直接推动力量。

（三）预算绩效管理与国家治理过程的伴生性

预算绩效管理作为一种在预算管理全过程中讲求绩效的预算管理模式，预算本质上反映宏观政策、政府职能和政府活动范围，预算管理规范政府管理，预算绩效是政府绩效的核心指标之一，本质上反映各级政府各部门各单位的工作绩效。预算绩效管理与国家治理的诸多方面都具有伴生性。

一是预算绩效管理贯穿在政策过程的始终。预算绩效管理作为一种资源配置和管理工具，贯穿于政策过程的始终。预算绩效管理强调将政策过程与预算过程整合起来，将资金配置和利用与政策目标挂钩，确保政策目标的实现。预算绩效管理力求反映国家政策的要求和公众的诉求，通过战略分解、总额控制和支出审查等方式有效地将国家战略转化为可实施的绩效目标，为国家战略落地提供保障。预算绩效管理建立了结果导向的绩效指标体系，将产出带来的效果和公众满意度放在首位，用效果引导产出，从而形成了有效的公众需求回应机制。

二是预算绩效管理是国家治理主体发挥作用的舞台。多个国家治理行动者都关注部门预算绩效管理。党委政府、人大、审计、社会等国家治理的行动者都在各自职责范围内推动预算绩效管理。预算绩效管理讲求政府对公民意愿的回应，将社会公众纳入预算活动中来，使社会公众和社会团体可以有效地参与到预算治理的全过程，增加了社会公众对预算活动的接受程度与认同感。

三是预算绩效管理是现代政府治理的有效工具。分权化治理是现代政府治理的基本特点之一。政府分权主要包括横向分权、纵向分权和组织分权三个方面。预算绩效管理强调总额控制与预算分权并举，在实施部门总额控制的基础上，赋予预算单位和资金使用单位适度的灵活性，打造"去行政化""去官僚化"的组织形态。预算绩效管理成为支撑分权化改革的重要工具。

结果导向是现代政府治理的核心理念，其基本思想是，以结果为基础（决策重点、引领、依据）来设计政府治理体系。结果导向的治理体现在结果设定、结果测量、结果实现、结果责任等各个方面。预算绩效管理强调以结果为导向，根据结果的测量与评估结果确定预算资源分配和实施问责，同时主张弹性自主的预算执行方式。绩效预算的各个环节，恰好镶嵌在结果导向的现代政府治理的全过程中，成为贯穿现代政府治理的一条红线。

契约化治理是现代政府治理的重要特征。契约化治理包括契约签订主体的协作关系、契约的形成、契约任务的量化、契约履行和契约责任追究等环节。绩效问责是现代政府治理的重要特征，预算绩效管理通过建立绩效测量与评估系统，在绩效测量的基础上进行决策、监测与评估；建立绩效信息收集机制，发布绩效报告，提高绩效信息的透明度；引入权力机关、公众和第三部门等主体广泛参与的绩效评价机制；在绩效评价的基础上建立明确绩效责任，实现了绩效问责。

总之，预算绩效管理通过预算与绩效管理的一体化，在预算全过程中融入绩效的理念和方法，促进了预算的透明度和可问责性，提高了政府的执行力和公信力，有助于推进国家治理体系和能力现代化。[①]

---

① 部分参考了：曹堂哲、施青军.绩效预算与现代政府治理的共生性与协同性分析——兼论我国预算管理改革的发展路径与方向[J].广东行政学院学报.2017（06）.

▶ 本章小结

预算绩效管理与国家治理体系和治理能力之间天然地存在内在的联系和外在的契合。一是预算绩效管理不仅为国家预算治理注入诸如效率、秩序、透明、责任等良法的基本价值，同时也提供了依法治理、分权治理、协作治理等善治的创新机制，实现了预算治理的工具理性与价值理性的和谐共荣。二是预算绩效管理不仅明确了预算治理的目标定位、优化了预算权力结构配置、构建了完善的绩效评价指标及结果应用等预算治理体系，而且提高了运用法治思维与法治方式来实现善治的预算治理能力，实现了治理体系和治理能力现代化两个基本维度的统一。

但预算绩效管理又是一项庞大的系统工程，不可能一蹴而就。当前，我国正处于预算治理转型升级的"拐点"时期。预算绩效管理改革路径的多元化及预算治理理论与实践脱节的社会现实，预示着我国的预算绩效管理改革将是一个纷繁复杂、泥泞前行的过程。为此，还需要从宏观上厘清预算治理改革与全面深化改革之间的关系，将预算绩效管理改革置于国家治理现代化的框架体系之下，并将其作为国家治理现代化的物质基础和重要支柱，以及各个领域改革的交汇点和率先推进的突破口，以实现改革的顶层设计目标。

课后习题

名词解释
政府预算　预算绩效管理　现代财政制度　绩效目标　绩效评价

简答题
1. 请简要叙述政府预算的内涵及其特点。
2. 请简要说明绩效预算与预算绩效管理的异同。

论述题
1. 请详细说明预算绩效管理是国家治理现代化重要支撑的缘由。

2.请说明公共管理范式的演变特征及其对预算绩效管理改革的推进与影响。

本章推荐阅读文献

[1] [美] 戴维·奥斯本,彼德·普拉斯特里克.摒弃官僚制：政府再造的五项战略[M].北京：中国人民大学出版社,2002.

[2] [美] 阿伦·威尔达夫斯基,布莱登·斯瓦德洛编.预算与治理[M].上海：上海财经大学出版社,2010.

[3] 马海涛,肖鹏.现代预算制度概念框架与中国现代预算制度构建思路探讨[J].经济研究参考,2015（6）.

[4] 李燕.政府预算管理[M].北京：北京大学出版社,2016.

[5] 童伟.全面实施预算绩效管理改革：实践困境与解决路径探索[J].财政科学,2018（11）.

本章主要参考文献

[1] [美] 爱伦·鲁宾.公共预算中的政治：收入与支出,借贷与平衡[M].北京：中国人民大学出版社,2001.

[2] 李燕.政府预算理论与实务[M].北京：中国人民大学出版社,2018.

[3] 蔡立辉.西方国家政府绩效评估的理念及其启示[J].清华大学学报（哲学社会科学版）,2010（1）.

[4] Joseph S.Wholey, Kathryn E.Newcomer.Improving Government Performance: Evaluation Strategies for Strengthening Public Agencies and Programs[M] (1st Edition), Jossey-Bass, 1989.

[5] 张成福,党秀云.公共管理学[M].北京：中国人民大学出版社,2001.

[6] 孟蕾,卓越.21世纪美国、英国政府绩效管理新进展[J].澳门公共行政,2010（12）.

[7] Armstrong, M.Performance Management[M].London: The Gromwell Press, 1994.

[8] 方振邦,冉景亮.绩效管理[M].北京：经济科学出版社,2018.

[9] 李将军.美国预算制度变迁及其对我国预算改革的启示[J].经济论坛,2010（5）.

［10］王海涛.我国预算绩效管理改革研究［D］.中国财政科学研究院，2014.

［11］吴俊培，许建国，杨灿明.公共部门经济学［M］.北京：中国统计出版社，1998.

［12］［美］丹尼斯·穆勒.公共选择理论［M］.北京：商务印书馆，1999.

［13］［美］保罗·萨缪尔森.经济学（第16版）［M］.北京：华夏出版社，1999.

［14］陈共.财政学［M］.北京：中国人民大学出版社，2004.

［15］C. Hood.A Public Management for all Seasons［J］.Public Administration，1991.

［16］周志忍.当代外国行政改革比较研究［M］.北京：国家行政学院出版社，1999.

［17］高培勇.论国家治理现代化框架下的财政基础理论建设［J］.中国社会科学，2014（12）.

［18］张强.现代财政制度建设之路［J］.中央财经大学学报，2019（3）.

［19］李燕.国家治理现代化视角下的全面预算绩效管理改革［J］.中国财政，2019（7）.

［20］韦京，高兴武.行政范式的变迁与选择［J］.经济与社会发展，2007（5）.

［21］霍春龙，包国宪.论公共行政发展过程中的绩效范式变迁及其演化规律［J］.兰州大学学报（社会科学版），2018（4）.

［22］曹堂哲，施青军.基于政府治理范式的政府绩效评估演变分析［J］.财政研究，2018（3）.

［23］［美］乔纳森·卡恩.预算民主——美国的国家建设和公民权［M］.叶娟丽，等，译.上海：世纪出版集团，2008.

［24］何文盛，蔡泽山.新时代预算绩效管理推进国家治理现代化的多元维度审视［J］.上海行政学院学报，2018（3）.

［25］［美］阿伦·威尔达夫斯基，布莱登·斯瓦德洛.预算与治理［M］.苟燕楠，译.上海：上海财经大学出版社，2010.

第二章
预算绩效管理系统

内容提要

预算绩效管理行动者是一个多主体、全方位、多层面的立体结构，一般包括党委政府、预算部门、财政部门、人大、审计和社会公众6类行动者。要坚持党对全面实施预算绩效管理工作的领导，党委政府在全面实施预算绩效管理中主要发挥统筹指导、督查考核、奖惩激励、根据绩效编制预算等作用。预算部门作为部门预算绩效管理的责任人，主要职责包括制定具体实施方案、开展部门全过程预算绩效管理、实现部门预算绩效管理全覆盖、理顺内部工作机制等职责。财政部门主要职责包括建章立制、开展财政全过程预算绩效管理、组织协调、监督问责等。人大对预算绩效开展审查监督的要求主要体现在预算审查结果报告和决算草案审查两个方面。审计机关要依法对预算绩效管理情况开展审计监督，包括重大政策落实情况、公共资金运行绩效、专项资金绩效、国有资产运营绩效、预算绩效管理工作情况等方面。社会参与的主要形式是第三方参与全过程预算绩效管理。另外专家和公众也可以根据相关规定参与到预算绩效管理的全过程中。构建全方位、全过程、全覆盖的预算绩效管理体系是未来3—5年我国预算绩效管理的目标。全方位预算绩效管理格局，包括政府、部门和单位、政策和项目。全过程包括事前绩效评估、绩效目标实现、事中绩效监控、事后绩效评价、评价结果运用等环节。全覆盖包括覆盖一般公共预算、政府性基金预算、国有资本经营预算、社会保险基金预算。预算绩效管理的支撑体系是保证预算绩效管理活动持续开展的文化、制度、信息和配套体系。

第一节　预算绩效管理行动者

预算绩效管理系统是预算绩效管理诸要素构成的完整体系，包括预算绩效管理的行动者、覆盖范围、过程、推进支撑等要素，这些要素之间的结构关系、流程步骤与相互作用形成预算绩效管理系统。基本建成全方位、全过程、全覆盖的预算绩效管理体系，实现预算与绩效管理的一体化是我国预算绩效管理未来3—5年内要达到的目标。一是全方位。预算绩效管理涵盖政府、部门（单位）和政策、项目，构成全方位的格局。政策和项目涵盖了各级政府、各部门（各单位）的支出活动形式。二是全过程。全过程意味着将绩效理念和绩效管理方法完全融入预算管理全过程中，在预算管理的各个环节开展绩效管理。本章第三节将对此进行详细叙述。三是全覆盖。预算绩效管理覆盖所有财政资金，覆盖"四本预算"。建立有效的组织领导体系、加强人大监督和审计监督、推进信息公开、强化激励问责可以有效地推动全面实施预算绩效管理工作的进展。该体系如图2-1所示。

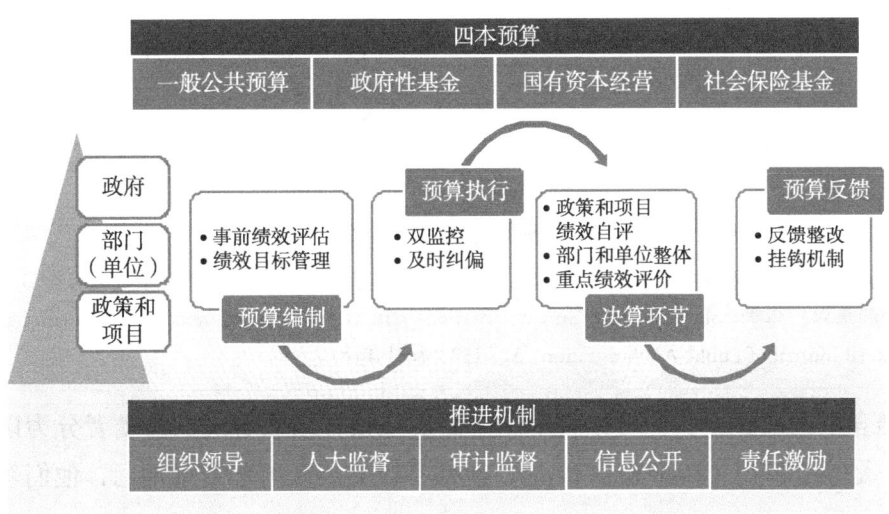

图2-1　预算绩效管理系统

在预算绩效管理系统中，预算绩效管理行动者是一个多主体、全方位、多层面的立体结构，一般包括党委政府、预算部门、财政部门、人大、审计和社会公众6类。不同行动者在预算绩效管理中的职责、作用不同。只有清晰划分各类行动主体的权责，形成协同一致的行动机制，才能确保预算绩效管理系统的协调高效运转。建构权责清晰、运转协调、精简效能的预算绩效管理体制，既是预算管理的要求，也是行政管理体制改革的基本要求。

塔尔博特（Colin Talbot）在系列研究中提出了绩效体制理论（Performance Regime Theory），该理论将绩效管理的机构职能体系简化为行政核心部门（Core Executive）、立法机构（Legislature）、直线职能部门（Line Departments and Agencies）。行政核心部门不承担社会管理或公共服务供给职责，而是为职能部门履职提供统筹协调、指导和辅助，比如英国的内阁办公厅、首相办公室、财政部，美国的管理和预算办公室等。在这个三角关系中，直线职能部门是绩效管理的直接行动主体，立法机构和行政核心部门则是其"外部"约束主体，共同推进和指导职能部门的绩效管理。立法机构的角色被分为三种类型：积极主动型（Active）、消极反应型（Reactive）和无所作为型（Minimal）。① 塔尔博特（Colin Talbot）的绩效体制理论（Performance Regime Theory）框架如图2-2所示。

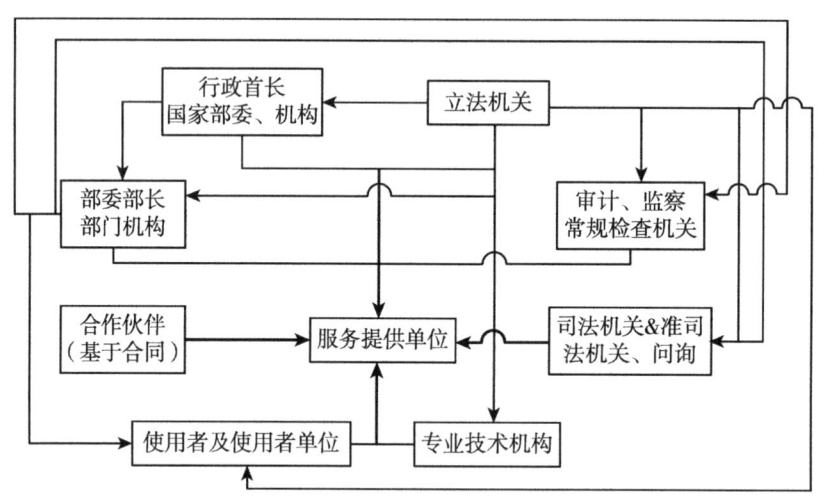

图2-2 塔尔博特的绩效体制理论

注：粗线表示对服务提供单位绩效的直接影响，细线表示对服务提供单位绩效的间接影响。
资料来源：根据ColinTalbot.Performance regimes-the institutional context of performance policies. International Journal of Public Administration, 31, 1583.原图翻译.

结合中国实践，我们可以将中国全面实施预算绩效管理的行动者分为以下几类：一是核心部门（Core Executive），包括各级党委政府和财政部门，他们领导统

---

① 周志忍，徐艳晴.政府绩效管理的推进机制：中美比较的启示[J].中国行政管理，2016（4）：139-145.

筹、组织协调推进全面实施预算绩效管理。二是直线部门，包括各部门（各单位），他们作为公共产品和服务的直接提供者，是全面实施预算绩效管理的第一责任人。三是监督部门，包括立法机关、审计机关、纪检监察机关等。四是支撑部门，包括第三方专业机构和社会参与。以下就我国全面实施预算绩效管理中相关行动者的职责进行分析。

一、党委政府

预算活动作为经法定程序审核批准的国家年度集中性财政收支计划，本质上反映国家规划和政策，反映各级政府职能和工作方向。预算绩效是衡量政府绩效的主要指标之一，本质上反映的是各级政府、各部门的工作绩效。加强党委政府对预算绩效管理的领导，才能确保预算绩效管理工作沿着正确的方向前进，才能确保预算绩效管理工作的权威性和执行力。

《中共中央 国务院关于全面实施预算绩效管理的意见》明确要求"要坚持党对全面实施预算绩效管理工作的领导，充分发挥党组织的领导作用，增强把方向、谋大局、定政策、促改革的能力和定力"。各级党委政府在预算绩效管理工作中要发挥好统筹指导、监督检查和奖惩激励的作用。

（一）统筹指导

《中共中央 国务院关于全面实施预算绩效管理的意见》明确了"地方各级政府是预算绩效管理的责任主体。地方各级党委和政府主要负责统筹，对本地区预算绩效负责。"加强本地区预算绩效管理的统筹和指导是地方各级党委政府的重要职责，具体方式包括：

1.出台实施意见。地方党委政府出台本地区全面实施预算绩效管理的意见，明确本地区预算绩效管理的指导思想、基本原则、重点任务、组织保障等基本问题，确定本地区全面实施预算绩效管理的基本政策。

2.研究重大问题。各级党委政府要组织研究全面实施预算绩效管理工作中的重大问题，通过专题研究和专题会议等形式，探讨本地区全面实施预算绩效管理的重大问题，推动政府层面全过程预算绩效管理制度的建立和实施。

3.统筹推进。各级党委政府推动出台本地区全面实施预算绩效管理的规划和行动计划，促进各部门、各主体协同推进预算绩效管理工作。通过扎实的调查研究，及时了解预算绩效管理工作中的难点，并给予针对性的指导。

（二）督查考核

加强预算绩效管理工作的监督检查是落实各部门预算绩效管理目标责任的重要举措。各级党委政府督查部门将预算绩效管理工作纳入督查范围，从全局出发，及时发现各部门预算绩效管理推进过程中的目标和重点任务完成情况。及时发现问题，制定整改意见并督促有效落实。

（三）奖惩激励

《中共中央 国务院关于全面实施预算绩效管理的意见》要求"各级政府要将预算绩效结果纳入政府绩效和干部政绩考核体系，作为领导干部选拔任用、公务员考核的重要参考，充分调动各地区各部门履职尽责和干事创业的积极性"。各级党委政府要在政府层面形成预算绩效管理的奖惩激励机制。以北京市为例，可采取以下措施。

1.成立政府绩效管理工作领导小组。2011年北京市成立了由常务副市长担任组长，市委组织部、市政府办公厅、市发展和改革委员会、市监察局、市民政局、市财政局、市人力资源社会保障局、市水务局、市审计局、市社会办、市安全生产监督管理局、市统计局、市政府法制办、市编办、市食品办等15家单位担任成员单位的政府绩效管理工作领导小组。财政局作为领导小组的成员单位，负责预算绩效管理工作的组织协调部门，有助于将预算绩效管理纳入政府绩效管理的全局工作。

2.将预算绩效管理执行情况纳入政府绩效考核。2011年《北京市市级国家行政机关绩效管理暂行办法的通知》在推进市级国家行政机关绩效考评时按"履职效率、管理效能、服务效果、创新创优"（简称"三效一创"）设定指标体系，将预算绩效管理工作情况作为评分依据之一。2012年北京市印发了《北京市"十二五"期间区县政府绩效管理工作实施意见（试行）》，在区县政府绩效考核中，将财政局对各区预算绩效管理情况专项考核评分作为区县政府绩效考核的指标之一。

3.预算绩效考核结果影响绩效奖金。每年年初，市政府召开市级行政机关和区政府绩效考评会议，市领导、部分市人大代表、市政协委员和社会各界代表等200余人现场听取述职并评分。预算绩效管理作为考核的打分项直接影响到机关和区县绩效的奖惩。《北京市市级国家行政机关绩效管理暂行办法》规定，市级机关年度绩效管理综合得分经市政府绩效管理联席会议审议，报市政府党组会审定后，进行通报。凡完成绩效管理任务的，发放年度绩效奖金；凡被行政问责或未完成市政府重大绩效管理任务的，由专项考评部门提出，经市政府绩效管理联席会议审议并报市政府党组审定，减发5%的年度绩效奖金。年度考评结果提交市委组织部门，作为考核领导班子职责绩效的重要依据。根据年度考评情况，形成绩效改进建议予以反馈，督促进行整改，促进工作水平提升。《北京市"十二五"期间区县政府绩效管理工作实施意见（试行）》规定区县政府绩效管理考评结果提交市委，作为对区县政府领导班子考核评价的重要内容和领导干部选拔任用、年度评先评优的重要依据。区县政府根据反馈报告，认真分析查找工作中的薄弱环节，及时制定整改方案，切实抓好绩效整改，不断提升工作绩效。领导小组组织相关成员单位对整改情况进行督促检查。

（四）根据绩效编制预算

各级政府开展预算支出绩效评价，是《预算法》的要求。《预算法》规定"各级政府、各部门、各单位应当对预算支出情况开展绩效评价。"《预算法》还要求在编制预算的时候，要参考绩效评价结果。"各级预算应当根据年度经济社会发展目标、国家宏观调控总体要求和跨年度预算平衡的需要，参考上一年预算执行情况、有关支出绩效评价结果和本年度收支预测，按照规定程序征求各方面意见后，进行编制。"政府在编制预算时，要参考上年度绩效情况，将绩效作为预算编制的重要参考。

二、预算部门

我国实施的部门预算制度决定了预算部门是实施预算绩效管理的重要主体，预算部门要在预算管理全过程中融入绩效管理理念和方法，提升部门预算资金的配置效率和使用效益。《预算法》明确规定"各部门、各单位应当按照国务院财政部门制定的政府收支分类科目、预算支出标准和要求，以及绩效目标管理等预算编制规定，根据其依法履行职能和事业发展的需要以及存量资产情况，编制本部门、本单位预算草案。""各级政府、各部门、各单位应当对预算支出情况开展绩效评价。"

预算部门作为部门预算绩效管理的责任人，"部门和单位主要负责同志对本部门本单位预算绩效负责，项目责任人对项目预算绩效负责，对重大项目的责任人实行绩效终身责任追究制，切实做到花钱必问效、无效必问责。"[①]预算部门需要在以下几个方面承担起部门预算绩效管理的主体责任。[②]

---

① 新华社北京9月25日电《中共中央 国务院关于全面实施预算绩效管理的意见》.
② 关于预算部门的职责参考了《关于贯彻落实〈中共中央 国务院关于全面实施预算绩效管理的意见〉的通知》（财预〔2018〕167号）.

（一）制订具体实施方案

各部门深入分析自身预算绩效管理工作实情，对照相关法律法规和政策要求，准确查找存在的差距和突出问题，研究制订具体化、针对性、可操作的实施方案，明确部门推动全面实施预算绩效管理的时间表和路径图。各部门按照各级财政部门制定的预算绩效管理制度办法，结合部门实情健全预算绩效管理操作规范和实施细则，建立上下协调、部门联动、层层落实的工作责任制，将绩效管理责任分解落实到具体预算单位、明确到具体责任人，确保每一笔资金花得规范、用得高效。

（二）开展部门全过程预算绩效管理

1.开展事前绩效评估。各部门对新出台重大政策、项目，结合预算评审、项目审批等开展事前绩效评估，评估结果作为申请预算的必备要件，防止"拍脑袋决策"，从源头上提高预算编制的科学性和精准性。

2.实现绩效目标管理全覆盖。各部门编制预算时要贯彻落实党中央、国务院各项决策部署，分解细化各项工作要求，结合本地区本部门实情，全面设置部门和单位整体绩效目标、政策及项目绩效目标。实现本级政策和项目、对下共同事权分类分档转移支付、专项转移支付绩效目标管理全覆盖，设立部门和单位整体绩效目标。

3.做好绩效运行监控。按照"谁支出、谁负责"原则，各部门各单位对绩效目标完成情况和预算执行进度实行"双监控"，发现问题要及时纠正，确保绩效目标如期保质保量实现。

4.开展绩效评价。部门在决算环节开展绩效评价，实现政策和项目绩效自评全覆盖，如实反映绩效目标实现结果，对绩效目标未达成或目标制定明显不合理的，作出说明并提出改进措施。开展预算部门和单位整体绩效自评，提高部门履职效能和公共服务供给质量。各部门各单位对预算执行情况以及政策、项目实施效果开展绩效自评，评价结果报送本级财政部门。

5.强化绩效评价结果刚性约束。各部门会同财政部门建立健全绩效评价结果反馈制度和绩效问题整改责任制，形成"反馈—整改—提升"绩效的良性循环。建立绩效评价结果与预算安排和政策调整挂钩机制，按照奖优罚劣的原则，对绩效好的政策和项目原则上优先保障，对绩效一般的政策和项目要督促改进，对低效无效资金一律削减或取消，对长期沉淀的资金一律收回，并按照有关规定统筹用于急需支持的领域。

（三）实现部门预算绩效管理全覆盖

部门将绩效管理覆盖所有财政资金，延伸到基层单位和资金使用终端，确保不留死角。推动绩效管理覆盖"四本预算"，并根据不同预算资金的性质和特点统筹实施。开展政府投资基金、主权财富基金、政府和社会资本合作（PPP）、政府购买服务、政府债务项目等各项政府投融资活动实施绩效管理，实现全过程跟踪问效。实现绩效管理实施对象从政策和项目预算向部门和单位预算、政府预算拓展，稳步提升预算绩效管理层级，增强整体性和协调性。

（四）理顺内部工作机制

各部门各单位按照预算和绩效管理一体化要求，结合自身业务特点，优化预算管理流程，完善内控制度，明确内部绩效目标设置、监控、评价和审核的责任分工，加强部门财务与业务工作紧密衔接。建立健全本行业、本领域核心绩效指标体系，明确绩效标准，规范一级项目绩效目标设置，理顺二级项目绩效目标逐级汇总流程，推动全面实施预算绩效管理工作常态化、制度化、规范化。

三、财政部门

财政部门除了开展部门自身的预算绩效管理以外，还需要做好组织协调工作，发挥推动预算绩效管理工作的发动机和方向盘作用。财政部门在推动预算绩效管理工作中的主要职责如下4个方面。[①]

（一）建章立制

财政部门围绕预算管理的主要内容和环节，完善涵盖绩效目标管理、绩效运行监控、绩效评价管理、评价结果应用等各环节的管理流程，制定完善预算绩效管理制度办法，组织指导本级部门、单位和下级财政部门全面实施预算绩效管理工作，重点关注预算收支总量和结构，加强预算执行监管，推动财政预算管理水平明显提升。建立专家咨询机制，引导和规范第三方机构参与预算绩效管理，严格执业质量监督管理。[②]

[①] 关于财政部门的职责参考了《关于贯彻落实〈中共中央 国务院关于全面实施预算绩效管理的意见〉的通知》（财预〔2018〕167号）。

[②] 新华社北京9月25日电《中共中央 国务院关于全面实施预算绩效管理的意见》.

（二）开展财政全过程预算绩效管理

1.预算编制环节突出绩效导向。各级财政部门对新增重大政策和项目预算进行审核，必要时组织第三方机构独立开展绩效评估，审核和评估结果作为预算安排的重要参考依据。财政部门严格绩效目标审核，未按要求设定绩效目标或审核未通过的，不得安排预算。

2.预算执行环节加强绩效监控。逐步建立重大政策、项目绩效跟踪机制，按照项目进度和绩效情况拨款，对存在严重问题的要暂缓或停止预算拨款。加强预算执行监测，科学调度资金，简化审核材料与程序，缩短审核时间，推进国库集中支付电子化管理，切实提高预算执行效率。

3.决算环节全面开展绩效评价。推动预算部门和单位开展整体绩效自评，提高部门履职效能和公共服务供给质量。各级财政部门负责建立健全重点绩效评价常态机制，对重大政策和项目定期组织开展重点绩效评价，不断创新评价方法，提高评价质量。逐步开展部门整体绩效评价。对下级政府财政运行情况实施综合绩效评价。必要时可以引入第三方机构参与绩效评价。

4.强化绩效评价结果刚性约束。健全绩效评价结果反馈制度和绩效问题整改责任制，加强绩效评价结果应用。具体内容同本章第二节"开展部门全过程预算绩效管理"部分所述。

5.推动预算绩效管理扩围升级。与各部门共同推动绩效管理覆盖所有财政资金、覆盖"四本预算"，并根据不同预算资金的性质和特点统筹实施。具体内容同本章第二节"开展部门全过程预算绩效管理"部分所述。

（三）组织协调

财政部门在预算绩效管理中发挥着重要的组织协调职能，主要包括：

1.制定预算绩效管理工作规划。在党委政府统筹领导下，按全面实施预算绩效管理的要求，制定落实意见、工作规划和计划，并对规划和计划实施情况进行监督检查。

2.指导各部门开展工作。在预算绩效管理全过程中处理好与部门的职责划分，指导部门和单位提高预算绩效管理水平。

3.完善绩效指标和标准体系。各级财政部门建立健全定量和定性相结合的共性绩效指标框架。基于共性绩效指标框架，组织建立分行业、分领域、分层次的个性化绩效指标体系，推动绩效指标和评价标准科学合理、细化量化、可比可测，夯实绩效管理基础。

4.推进绩效管理信息化建设。逐步完善互联互通的预算绩效"大数据"系统，为全面实施预算绩效管理提供重要支撑。

5.做好与各类行动主体的协调配合。加强与人大、监察、审计等机构的协调配合，健全工作机制，形成改革合力，确保全面预算绩效管理工作顺利实施。

6.创新评估评价方法。立足多维视角和多元数据，依托大数据分析技术，运用成本—效益分析法、比较法、因素分析法、公众评判法、标杆管理法等，提高绩效评价结果的客观性和准确性。

（四）监督问责

加强绩效管理监督问责是各级财政部门和预算部门的共同职责。

1.硬化预算绩效责任约束。财政部门会同审计部门加强预算绩效监督管理，重点对资金使用绩效自评结果的真实性和准确性进行复核，必要时可以组织开展再评价。财政部驻各地监管局发挥就地、就近优势，加强对本地区中央专项转移支付绩效目标和绩效自评结果的审核。对绩效监控、绩效评价结果弄虚作假，或预算执行与绩效目标严重背离的部门、单位及其责任人，提请有关部门进行追责问责。

2.加大绩效信息公开力度。财政部门大力推动重大政策和项目绩效目标、绩效自评以及重点绩效评价结果随同预决算报送同级人大，并依法予以公开。探索建立部门和单位预算整体绩效报告制度，促使各部门各单位从"要我有绩效"向"我要有绩效"转变，提高预算绩效信息的透明度。

3.推动社会力量有序参与。引导和规范第三方机构参与预算绩效管理，加强执业质量全过程跟踪和监管。搭建专家学者和社会公众参与绩效管理的途径和平台，自觉接受社会各界监督，促进形成全社会"讲绩效、用绩效、比绩效"的良好氛围。

4.强化工作考核。各级财政部门负责对本级部门和预算单位、下级财政部门预算绩效管理工作情况进行考核。建立考核结果通报制度，对工作成效明显的地区和部门给予表彰，对工作推进不力的进行约谈并责令限期整改。

▶ **专栏2-1：台州市路桥区财政局2018年度区级部门预算绩效管理工作考核办法**

台州市路桥区财政局2018年8月8日出台了《2018年度区级部门预算绩效管理工作考核办法》的通知，对考核对象、考核内容、考核实施等做了详细规定。考核对象为纳入部门预算管理的相关部门（单位）；考核内容主要包括绩效目标、绩效监控、绩效评价、结果应用及其他五方面；考核实施，即区财政局根据单位报送资料、相关数据等按照考核办法规定对各部门的预算绩效管理工作情况进行考核评分。

表1　　　　　台州市区级部门预算绩效管理工作考核指标体系

考核内容		计分办法	计分标准	备注
一、绩效目标管理		扣分项目（0.2分）	按要求进行申报的，不扣分，每少申报一个倒扣0.05分，限倒扣0.2分。	以预算"一上"项目为准。
二、绩效监控管理		加扣分项目（0.4分）	区级财政安排50万以上专项资金（无50万以上专项的单位为所有专项资金）的年末资金结余率为8%的不扣分、不加分，结余率每下降1个百分点加0.05分，限加0.4分；结余率每增加1个百分点倒扣0..05分，限倒扣0.4分。	以预算批复与年末实际支出为依据，结余率=区级安排项目结余资金/区级安排项目资金。
三、绩效评价管理	1.评价范围	加扣分项目（0.7分）	项目数1—3个的按要求进行全覆盖评价加0.4分，否则倒扣0.4分（整体评价按一个项目数计）；项目数4—6个的按要求进行全覆盖评价加0.6分，每少评价一个扣0.3分，限倒扣0.6分；项目数7个以上的按要求进行全覆盖评价加0.7分，每少评价一个扣0.2分，限倒扣0.7分。	评价范围见路财绩发〔2018〕1号、2号文件。
	2.报告质量	加扣分项目（0.2分）	随机抽取部分绩效评价报告进行质量评价，评价等次分"优秀""良好""合格""不合格"四个等次，每"优秀"一个加0.1分，每"良好"一个加0.05分，限加0.2分；每"不合格"一个倒扣0.1分，限倒扣0.2分。	
四、结果应用管理		扣分项目（0.2分）	未按要求落实财政部门整改意见或未对自评发现问题进行整改的倒扣0.2分。	
五、其他	基础工作	加分项目（0.3分）	建立绩效管理员制度的加0.2分；按时报送相关资料的加0.1分。	
	配合工作	加扣分项目（0.1分）	积极配合做好省、市联动项目和区级财政部门重点评价项目绩效评价相关工作的，酌情加0.1分，否则倒扣0.1分。	
	信息宣传	加分项目（0.3分）	积极报送预算绩效管理工作动态、信息，被区级录用的每篇加0.1分、被市级以上录用的每篇加0.1分。限加0.3分。	报送我局被市局录用的计入市级。
	预算执行进度	扣分项目（0.2分）	6月份开始，支出执行进度连续两个月排名倒数10位且低于序时的部门，每次扣0.1分，限扣0.2分。	详见路政办发〔2018〕50号。

四、人大

2014年8月31日修正的《预算法》通过，明确了预算"讲求绩效"原则。1995版预算法中通篇未提及"绩效"，而2014年《预算法》中"绩效"一词前后共出现6次。其中涉及人大对预算绩效开展审查监督的要求主要体现在预算审查结果报告和决算草案审查两个方面。

"过去政府预算审核管理和人大预算审查监督的重点主要是赤字规模和预算收支平衡状况，对支出预算和政策关注不够，对财政资金使用绩效和政策实施效果关注不够，不利于发挥政策对编制支出预算的指导和约束作用，不利于提高人大预算审查监督的针对性和有效性。"[1] 为了解决这一问题，中共中央办公厅印发了《关于人大预算审查监督重点向支出预算和政策拓展的指导意见》推动了人大预算审查监督的重点转向支出绩效的审查监督，要求"加强对支出绩效和政策目标落实情况的监督，推动建立健全预算绩效管理机制。"

（一）人大预算审查监督的主要环节

按照《预算法》的要求，人大预算审查监督涉及预算绩效的环节主要涉及预算审查结果报告和本级决算草案。

1.预算审查结果报告。《预算法》要求将"提高预算绩效"的意见和建议作为人大相关机构审查结果报告中必备的内容之一。"全国人民代表大会财政经济委员会向全国人民代表大会主席团提出关于中央和地方预算草案及中央和地方预算执行情况的审查结果报告。省、自治区、直辖市、设区的市、自治州人民代表大会有关专门委员会，县、自治县、不设区的市、市辖区人民代表大会常务委员会，向本级人民代表大会主席团提出关于总预算草案及上一年总预算执行情况的审查结果报告。审查结果报告应当包括下列内容：（一）对上一年预算执行和落实本级人民代表大会预算决议的情况作出评价；（二）对本年度预算草案是否符合本法的规定，是否可行作出评价；（三）对本级人民代表大会批准预算草案和预算报告提出建议；（四）对执行年度预算、改进预算管理、提高预算绩效、加强预算监督等提出意见和建议。"

2.决算草案审查。《预算法》要求将"支出政策实施情况和重点支出、重大投资项目资金的使用及绩效情况"作为决算草案审查的重点内容。"县级以上各级人民代表大会常务委员会和乡、民族乡、镇人民代表大会对本级决算草案，重点审查下列内容：（一）预算收入情况；（二）支出政策实施情况和重点支出、重大投

---

[1]《关于人大预算审查监督重点向支出预算和政策拓展的指导意见》.

资项目资金的使用及绩效情况；（三）结转资金的使用情况；（四）资金结余情况；（五）本级预算调整及执行情况；（六）财政转移支付安排执行情况；（七）经批准举借债务的规模、结构、使用、偿还等情况；（八）本级预算周转金规模和使用情况；（九）本级预备费使用情况；（十）超收收入安排情况，预算稳定调节基金的规模和使用情况；（十一）本级人民代表大会批准的预算决议落实情况；（十二）其他与决算有关的重要情况。"

（二）人大预算审查监督的主要内容

在预算法的基础上《关于人大预算审查监督重点向支出预算和政策拓展的指导意见》进一步明确了人大预算审查监督的的重点，其中涉及预算绩效的主要有以下5个方面。[①]

1.支出预算总量与结构。审查支出预算总量，重点审查预算安排是否符合党中央确定的年度经济社会发展目标、国家宏观调控总体要求、国民经济和社会发展相关规划、中期财政规划，审查支出政策的可持续性，更好发挥政府职能作用。审查支出预算结构，重点审查支出预算和政策是否体现党中央就各重要领域提出的重大方针政策和决策部署要求，切实提高财政资金配置效率。

2.重点支出与重大投资项目。加强对重点支出与重大投资项目的审查，保障党中央重大方针政策和决策部署确定的重点支出与重大投资项目。推动政府健全重点支出与重大投资项目决策机制，合理确定执行范围。加强对重点支出与重大投资项目执行情况的监督，督促实现支出绩效和政策目标。

3.部门预算绩效的审查监督。重点审查监督部门预算贯彻落实党中央重大方针政策和决策部署情况；部门预算编制的完整性情况；项目库建设、项目支出预算与支出政策衔接匹配情况；部门重大项目支出绩效目标设定、实现及评价结果应用情况；审计查出问题整改落实情况等。

4.财政转移支付绩效的审查监督。重点审查监督贯彻党中央重大方针政策和决策部署情况，转移支付与财政事权和支出责任划分的匹配情况；转移支付对促进实现各地区财政平衡及基本公共服务均等化情况；专项转移支付的清理整合情况；专项转移支付的整体绩效情况。监督转移支付预算执行和政策实施，重点是预算批准后在法律规定时间内批复下达以及资金使用绩效与政策实施效果情况等。

5.政府收支的绩效审查。将各级政府收支预算全面纳入绩效管理是各级政府的职责，人大重点对政府债务和收入预算编制开展审查。《关于人大预算审查监督重点向支出预算和政策拓展的指导意见》要求："地方政府债务审查监督要重点审查

[①] 中共中央办公厅《关于人大预算审查监督重点向支出预算和政策拓展的指导意见》.

地方政府债务纳入预算管理的情况；要根据各地的债务率、利息负担率、新增债务率等风险评估指标体系，结合债务资金安排使用和偿还计划，评价地方政府举债规模的合理性。积极稳妥化解累积的地方政府债务风险，坚决遏制隐性债务增量，决不允许新增各类隐性债务。"

《关于人大预算审查监督重点向支出预算和政策拓展的指导意见》要求："加强对政府预算收入编制的审查。政府预算收入编制要与经济社会发展水平相适应，与财政政策相衔接，根据经济政策调整等因素科学预测。强化对政府预算收入执行情况的监督，推动严格依法征收，不收'过头税'，防止财政收入虚增、空转。推动依法规范非税收入管理。"

（三）人大预算审查监督的主要形式

《关于人大预算审查监督重点向支出预算和政策拓展的指导意见》强化了预算绩效审查监督的能力，规定了人大开展预算审查监督的主要方式，包括认真贯彻落实党中央重大方针政策和决策部署、充分听取意见建议、深入开展专题调研、探索就重大事项或特定问题组织调查、探索开展预算专题审议、推动落实人大及其常委会有关预算决算决议、及时听取重大财税政策报告、加快推进预算联网监督工作等。

北京市出台的《预算审查监督条例》（以下简称《条例》）对市人大开展预算绩效审查监督的方式做出详细具体的规定，提升了人大开展预算绩效审查监督的能力，具体包括以下方面。

1.市人大常委会预算工作机构可以聘请第三方。《条例》第四条规定市人大常委会预算工作机构依法承担审查预算草案、预算调整方案、决算草案和监督预算执行等方面的具体工作。市人大常委会预算工作机构履行前款规定的职责时，可以聘请第三方机构对预算监督有关事项协助开展工作。

2.市人大常委会可以聘请预算监督顾问。《条例》第五条规定市人大常委会依法组织成立市人大财经代表小组，参与财经委员会组织的关于预算审查监督的相关活动。市人大常委会可以聘请预算监督顾问，参加财经委员会相关的预算审查监督和调研等活动，就有关专业性问题提出咨询意见。

3.研究、提出意见和建议。《条例》第十二条规定市人民代表大会有关专门委员会参加预算的初步审查。重点就预算安排中相关领域的市级预算单位的部门预算草案、相关重点支出和重大投资项目进行研究，提出意见和建议，由财经委员会汇总研究，纳入财经委员会对预算草案初步方案的初步审查意见。赋予人大专门委员会初步审查的研究、意见和建议权，有效地确保了初步审查的质量和能力。

4.专题评估与第三方专业性评估。《条例》第十五条规定市人大常委会预算工作机构收到市人民政府财政部门提供的市级预算草案初步方案后，对预算编制的重点内容和相关情况进行分析、提出意见，供财经委员会初步审查时参考。市人大常委会预算工作机构可以组织对有关市级预算单位的部门预算草案、重点支出和重大投资项目开展专题评估。专题评估的相关意见应当提交财经委员会初步审查会议，供委员审议时参考。必要时，可以聘请第三方机构提出专业性评估论证意见。

5. 专题审议。《条例》第十七条规定财经委员会召开初步审查会议时，可以选取市级预算单位的部门预算草案、重点支出和重大投资项目计划开展专题审议。被审议的相关部门的负责人应当到会听取审议意见，并回答询问。

6. 特定问题调查和审计。《条例》第二十六条规定在预算执行过程中，市人大常委会可以采取听取和审议专项工作报告、执法检查、规范性文件备案审查、询问和质询、特定问题调查等方式，对预算执行进行监督。必要时，可以作出决议、决定。市人民政府应当按照决议、决定的要求将执行决议、决定的情况向市人大常委会报告。市人大常委会可以要求市人民政府责成市人民政府审计部门进行专项审计，并报告审计结果。

7. 人大代表参与事前评估。2010年，北京市在全国创新推出了事前绩效评估模式，在开展事前绩效评估的过程中，邀请人大代表和政协委员参与监督，并独立出具意见（见专栏2-2）。《条例》第十三条明确市人大常委会预算工作机构可以邀请市人大代表参与政府部门组织的财政支出事前绩效评估。市人民政府财政部门在确定事前绩效评估项目前，应当征求市人大常委会预算工作机构的意见和建议。财政支出事前绩效评估的项目应当选取部分重点支出和重大投资项目。人大常委会预算工作机构通过给政府财政部门提出事前绩效评估项目遴选的建议和意见，并派代表参与事前财政支出绩效评估，确保了预算审查和监督的针对性。

▶ 专栏2-2：北京市人大代表参与政府重大投资项目事前评估

政府重大投资项目事前评估
2017年12月7日

近日，市发展改革委按照《中华人民共和国预算法》及《北京市预算审查监督条例》有关要求，制定了《市人大代表参与政府重大投资项目事前评估实施细则（试行）》((以下简称《实施细则》))，对政府预算安排的重大投资项目决策充分听取市人大代表意见，主动接受市人大监督。2017年12月2—3日，首次邀请了2位市人大代表及市人大预算监督机构参与轨道交通28号线（CBD线）项目事前评估。

一、发挥市人大代表参与政府重大投资项目事前评估监督作用

按照《中华人民共和国预算法》以及《北京市预算审查监督条例》中第十三条"市人大常委会预算工作机构可以邀请市人大代表参与政府部门组织的财政支出事前绩效评估"等有关要求，市发展改革委结合市政府固定资产投资项目咨询评估管理办法及工作实际，制定了《实施细则》，主动接受市人大监督，对政府预算安排的重大投资项目决策充分听取市人大代表意见，进一步提高政府投资决策的科学性和民主性，做到"花钱必有效，无效必问责"。这也是彻落实十九大精神，全面依法治国、更好发挥人大代表作用的具体举措。

二、市人大代表会参与事前评估程序和事项

《实施细则》对市人大代表参与政府重大投资项目事前评估有关程序和事项进行了规范和细化：一是，参与占年度市政府固定资产投资总额1%以上的项目事前评估。《实施细则》明确市人大代表参与政府重大投资项目的范围，即拟新安排的单个项目市政府固定资产投资总额占本市年度市政府固定资产投资总额1%以上的项目。二是，在市发改委批复项目之前参与事前评估。将市人大代表参与政府重大投资项目事前评估与市发展改革委现行对项目建议书、可行性研究报告、资金申请报告的评估论证有机衔接，由第三方咨询机构组织市人大代表参与项目现场踏勘、项目评审等环节，充分听取市人大代表的意见和建议。三是，注重对项目必要性、可行性、合理性的事前评估。事前评估的主要内容包括项目建设的必要性、建设方案的可行性、投资合理性、绩效目标设定和保障措施等9项内容，确保项目建设的各环节和成效得到充分论证，更加符合市民的需求。

三、目前参与的事前评估项目

《实施细则》自2017年11月2日出台后，轨道交通28号线（CBD线）是第一个达到事前评估标准的项目，市发展改革委主动邀请市人大代表参与事前评估论证并做好2018年市人代会的预算审查准备工作。2017年12月2—3日，首次邀请了两位市人大代表及市人大预算监督机构参与轨道交通28号线（CBD线）的事前评估，同时还邀请了14位该领域经济技术方面的知名专家以及市规划国土委、市重大项目办、市水务局、市公安消防局、北京铁路局、CBD管委会等11个部门和单位参加，经过2天的评估论证，市人大代表及专家组认为该项目符合北京市政府投资项目立项的相关要求，同时就折返方案、车站设置、技术标准、交通衔接、车辆选型等方面提出了25条意见和建议，市发展改革委要求项目单位要按照专家组意见对项目建设方案进行完善，确保该项目建成精品工程、民心工程。

资料来源：北京市发改委官网：http://fgw.beijing.gov.cn/zwxx/gzdt/201712/t11984947.htm.

五、审计

开展绩效审计是国际审计发展的重要趋势。1953年公布的《英国国家审计法》对绩效审计的定义为："检查某一组织为履行其职能而使用所掌握资源的经济性、效率性和效果情况。"1981年，美国当时的会计总署署长艾尔默·斯塔特在美国《政府机关、计划项目、活动和职责的审计评价标准》修订版前言中写道："40年前，审计人员主要致力于审计各项开支的付款凭证，而今，审计人员还需要审计政府各项业务活动的经济性、效率性和效果性。"

我国绩效审计发端于20世纪90年代，并取得了持续稳健的发展。1991年，在全国审计工作会议上，审计署首次提出："在开展财务审计的同时，逐步向检查有关内部控制制度和效益审计。"这是我国首次提出绩效审计的概念。2006年审计署在《2006至2010年审计工作发展规划》中提出，"全面推进效益审计，促进转变经济增长方式，提高财政资金使用效益和资源利用效率、效果，建设资源节约型和环境友好型社会"。

2014年国务院关于加强审计工作的意见（国发〔2014〕48号）明确要发挥审计促进国家重大决策部署落实的保障作用。

2015年中共中央办公厅 国务院办公厅印发《关于完善审计制度若干重大问题的框架意见》指出"对公共资金、国有资产、国有资源和领导干部履行经济责任情况实行审计全覆盖。"

2018年《关于人大预算审查监督重点向支出预算和政策拓展的指导意见》指出："各级审计机关应当加强对专项资金绩效和政策执行的审计监督，并在向本级人大常委会报告年度预算执行和其他财政收支的审计工作报告时予以重点反映，为人大常委会开展支出决算和政策审查监督提供支持服务。"

2018年《中共中央 国务院关于全面实施预算绩效管理的意见》指出"审计机关要依法对预算绩效管理情况开展审计监督，财政、审计等部门发现违纪违法问题线索，应当及时移送纪检监察机关。"

上述政策文件明确了审计机关开展绩效审计的主要职责，包括以下5个方面。

（一）开展重大政策落实的绩效审计

2014年《国务院关于加强审计工作的意见》指出，发挥审计促进国家重大决策部署落实的保障作用。要求"持续组织对国家重大政策措施和宏观调控部署落实情况的跟踪审计，着力监督检查各地区、各部门落实稳增长、促改革、调结构、惠民生、防风险等政策措施的具体部署、执行进度、实际效果等情况，特别是重大项目落地、重点资金保障，以及简政放权推进情况，及时发现和纠正有令不行、有禁不止行为，反映好的做法、经验和新情况、新问题，促进政策落地生根和不断完善。"[1]根据政策要求，2014年8月起，审计署组织全国审计机关，持续开展了对相关部门和地方各级人民政府的重大政策措施贯彻落实跟踪审计。2015年《关于完善审计制度若干重大问题的框架意见》进一步明确指出："坚持以公共资金运行和重大政策落实情况为主线，将预算执行审计与决算草案审计、专项资金审计、重大投资项目跟踪审计等相结合，对涉及的重点部门和单位进行重点监督，加大对资金管理分配使用关键环节的审计力度。"

（二）公共资金运行绩效

促进公共资金安全高效使用，开展公共资金及其绩效审计，是绩效审计的重要内容。《国务院关于加强审计工作的意见》（国发〔2014〕48号）指出，"把绩效理念贯穿审计工作始终，加强预算执行和其他财政收支审计，密切关注财政资金的存量和增量，促进减少财政资金沉淀，盘活存量资金，推动财政资金合理配置、高效使用，把钱用在刀刃上。"

（三）专项资金绩效

专项资金审计主要是针对改善民生和生态文明建设的专项资金开展绩效审计。《国务院关于加强审计工作的意见》（国发〔2014〕48号）要求加强对"三农"、社会保障、教育、文化、医疗、扶贫、救灾、保障性安居工程等重点民生资金和项目的审计，加强对土地、矿产等自然资源，以及大气、水、固体废物等污染治理和环境保护情况的审计，探索实行自然资源资产离任审计，深入分析财政投入与项目进展、事业发展等情况，推动惠民和资源、环保政策落实到位。专项资金绩效审计案例如专栏2-3所示。

---

[1]《国务院关于加强审计工作的意见》（国发〔2014〕48号）.

▶ 专栏2-3：深圳市强化绩效审计

深圳市是我国开展绩效审计的试点城市之一，近年深圳市的绩效审计强化了各类专项资金的审计力度。

《深圳市2018年度绩效审计工作报告》选取了财政资金扶持中的产业扶持、储备物资补贴方面，选取了2个项目开展专项审计调查。产业扶持方面，审计了全市2015年至2017年战略新兴产业专项资金扶持高新技术企业情况，重点关注专项资金资助的57个项目。储备物资补贴方面，审计了2017年粮食储备财政补贴管理使用情况，重点关注粮食储备管理体制、储备费用补贴、储备任务完成情况等。

服务民生发展项目绩效方面，市审计局本年度在交通、医疗、体育等领域，选取了3个项目开展专项审计调查。

交通建设方面，审计了福田交通综合枢纽换乘中心项目，重点关注2015年至2017年建设运营情况。

医疗卫生方面，审计了2013年1月至2018年5月市人民医院的项目建设及运营情况，重点关注内科大楼、外科大楼、龙华分院二期改造、"三名工程"等。

体育场馆方面，审计了2015至2017年全市体育场馆的建设管理情况，重点关注市体育中心、福田体育公园、大运中心、深圳湾体育中心等4个体育中心，深圳中学、深圳市高级中学等2所市属学校管理的体育场馆。

资源环境提升项目绩效。市审计局本年度在治水提质、自然资源资产管理和生态环境保护等方面，开展了3个审计项目。治水提质方面，继续跟踪审计了全市治水提质建设计划执行情况，重点关注项目建设和正本清源、污水管网建设完成情况。自然资源资产管理和生态环境保护方面，审计了罗湖区、盐田区的自然资源资产管理和生态环境保护，重点关注土地、森林、水、大气等自然资源的管理使用情况。

资料来源：《深圳市2018年度绩效审计工作报告》

（四）国有资产运营绩效

国有资产重大投资决策及投资绩效情况和促进提高国有资产运营绩效都是审计关注的重点内容。《国务院关于加强审计工作的意见》指出："审计机关要依法对行政事业单位、国有和国有资本占控股或主导地位的企业（含金融企业，以下简称国有企业）等管理、使用和运营的境内外国有资产进行审计。主要检查国有资产管理、使用和运营过程中遵守国家法律法规情况，贯彻执行国家重大政策措施和宏观调控部署情况，国有资产真实完整和保值增值情况，国有资产重大投资决策及投资绩效情况，资产质量和经营风险管理情况，国有资产管理部门职责履行情况，以维护国有资产安全，促进提高国有资产运营绩效。根据国有资产的规模、管理状况以及管理主体的战略地位等因素，确定重点审计对象。对国有企业资产负债损益情况进行审计，将国有资产管理使用情况作为行政事业单位年度预算执行审计或其他专项审计的内容。"除此之外，审计署还对国有资源和领导干部履行经济责任情况实行审计。

（五）预算绩效管理工作情况审计

2018年《中共中央 国务院关于全面实施预算绩效管理的意见》指出"审计机关要依法对预算绩效管理情况开展审计监督。"审计机关对照预算绩效管理制度，对各级政府各部门预算绩效管理情况开展审计。比如：《国务院关于2017年度中央预算执行和其他财政收支的审计工作报告》中就对预算绩效管理情况进行了报告，报告指出："1.预算绩效评价不到位。主要是实际推进中存在评价覆盖面小、指标不细化、自评不严格等问题。2017年，财政部对16个中央本级项目支出进行了绩效评价，项目资金覆盖面仅1.38%，结果也未全部公开；发展改革委未按要求对分配的中央本级项目开展绩效目标管理。抽查还发现，8个部门24个项目的绩效目标脱离实际或指标不够细化；8个部门14个项目自评结果不实，其中资金使用率自评100%的2个项目实际支出为零。"2018年《国务院关于2018年度中央预算执行和其他财政收支的审计工作报告——2019年6月26日在第十三届全国人民代表大会常务委员会第十一次会议上》用了三段对预算绩效管理工作进行了审计，如专栏2-4所示。

▶ **专栏2-4：2018年度预算绩效审计**

《国务院关于2018年度中央预算执行和其他财政收支的审计工作报告》关于预算绩效管理的审计结论如下：

（四）全面预算绩效管理机制尚不完善。

1.绩效目标设定不够科学。政府性基金预算、国有资本经营预算

402.65亿元未设立绩效目标，1个投资专项未填报绩效目标表。已设立目标的8个投资专项存在评价标准偏低、缺少关键因素等情形；10个部门138个一级项目（占抽查数的53.9%）绩效量化指标偏少、定性指标偏多；有9个项目量化指标超出项目内容或低于已完成情况。有17项专项转移支付和1项政府性基金、17个部门273个项目绩效目标设定不够明确，或相关管理规定要素不完整；12项专项转移支付的绩效目标未与预算同步下达。

2.绩效评价不够规范。3项专项转移支付、8个部门19个项目未按要求将以前年度绩效评价结果作为预算安排参考因素。6个投资专项、24个部门87个项目自评结果不够客观，有的未全面开工即自评满分；6个投资专项未严格按设定目标自评，其中1个专项将量化指标自行变更为不可量化指标并自评满分；2个投资专项自评内容不完整，缺少二三级指标的详细得分。

3.绩效信息公开比例较低。财政部2018年向全国人大报告了36个一级项目的绩效目标，仅占中央部门向其提交数的27.5%；尚未公开21项专项转移支付年度整体绩效目标，26个项目的绩效评价结果只公开了2个。

资料来源：《国务院关于2018年度中央预算执行和其他财政收支的审计工作报告——2019年6月26日在第十三届全国人民代表大会常务委员会第十一次会议上》.

六、社会参与

社会参与的主要形式是第三方参与全过程预算绩效管理。第三方是指向委托方提供预算绩效管理工作相关服务的法人或其他组织，主要包括会计师事务所、资产评估机构、政府研究机构、高等院校、科研院所、社会咨询机构及其他评价组织等。[1]另外专家和公众也可以根据相关规定参与到预算绩效管理全过程中。

在预算绩效管理工作中，委托方可将绩效目标论证评审、绩效跟踪、绩效评价等业务全部委托或部分委托第三方机构承担。全部委托是指在绩效目标论证评审中，将资料的收集与调研、绩效论证评审整体委托第三方承担；在绩效跟踪中，将绩效运行数据收集、分析和形成绩效跟踪报告等整体委托第三方机构承担；在绩效评价工作中，将绩效评价指标体系与基础报表体系研发、评价数据采集、问卷设计及调查、评价标准制定、实施评价、撰写报告等工作，整体委托第三方机构承担。

---

[1]《西藏自治区第三方机构参与预算绩效管理工作暂行办法》.

部分委托是指将绩效目标论证评审、绩效跟踪以及绩效评价的部分事项、业务，委托第三方机构承担。①

合理划分委托方和第三方机构在全过程预算绩效管理中的权责是确保第三方机构参与有效性的基本保障。委托方的主要职责包括需求确认、开展招标、入围遴选、与第三方机构签订委托合同、研究制定和调整预算绩效管理委托费用控制标准、对第三方工作进行监管和绩效评价、培训和业务指导等工作。第三方机构的职责主要包括根据合同（协议）开展工作、接受委托方的监督和评价等。②

第三方机构参与全过程预算绩效管理的一般程序包括入围遴选、签订委托协议、开展工作、验收等环节。第三方机构在开展全过程预算绩效管理的基本步骤包括"委托受理、方案设计、实施评价、撰写报告、提交审核"等环节。一是委托受理，即委托方与第三方机构签订协议，明确双方的权利和义务，并严格按协议条款执行。二是方案设计，即第三方机构在接受委托后，按照预算绩效管理要求制定具体实施方案并报委托方审定。三是实施评价，即第三方机构应采取以现场工作为主，非现场工作为辅的方式，收集核实有关资料，并进行分类、整理和分析；对重点、难点和疑点问题，应组织相关人员进行会审，在此基础上形成结论。四是撰写报告，即第三方机构要按照规定的文本格式和协议要求，撰写预算绩效管理报告，撰写时应做到依据充分、数据真实、内容完整、分析透彻。五是提交审核，即预算绩效管理报告经第三方机构负责人签章后，在规定时间内提交委托方审核。第三方机构对被评价项目单位有保密义务，应妥善保管工作底稿和有关资料，不得擅自对外提供。③

---

①②③《西藏自治区第三方机构参与预算绩效管理工作暂行办法》.

第二节 预算绩效管理的范围

一、覆盖所有财政资金

按照《预算法》的规定，我国预算包括一般公共预算、政府性基金预算、国有资本经营预算、社会保险基金预算。2018年9月《中共中央 国务院关于全面实施预算绩效管理的意见》明确提出要完善全覆盖预算绩效管理体系，加强"四本预算"之间的衔接。

（一）一般公共预算绩效管理

《预算法》规定，一般公共预算是对以税收为主体的财政收入，安排用于保障和改善民生、推动经济社会发展、维护国家安全、维持国家机构正常运转等方面的收支预算。中央一般公共预算包括中央各部门（含直属单位）的预算和中央对地方的税收返还、转移支付预算。中央一般公共预算收入包括中央本级收入和地方向中央的上解收入。中央一般公共预算支出包括中央本级支出、中央对地方的税收返还和转移支付。地方各级一般公共预算包括本级各部门（含直属单位）的预算和税收返还、转移支付预算。地方各级一般公共预算收入包括地方本级收入、上级政府对本级政府的税收返还和转移支付、下级政府的上解收入。地方各级一般公共预算支出包括地方本级支出、对上级政府的上解支出、对下级政府的税收返还和转移支付。

一般公共预算绩效管理包括收入和支出两端："收入方面，要重点关注收入结构、征收效率和优惠政策实施效果。支出方面，要重点关注预算资金配置效率、使用效益，特别是重大政策和项目实施效果，其中转移支付预算绩效管理要符合财政事权和支出责任划分规定，重点关注促进地区间财力协调和区域均衡发展。"①

一般公共预算支持的项目的预算绩效管理形式主要包括政府投资基金、主权财富基金、政府和社会资本合作（PPP）、政府采购、政府购买服务、政府债务项目等。

（二）政府性基金预算绩效管理

《预算法》规定，政府性基金预算是对依照法律、行政法规的规定在一定期限内向特定对象征收、收取或者以其他方式筹集的资金，专项用于特定公共事业发展的收支预算。政府性基金预算应当根据基金项目收入情况和实际支出需要，按基金项目编制，做到以收定支。

政府性基金预算绩效管理，重点关注基金政策设立延续依据、征收标准、使用效果等情况，地方政府还要关注其对专项债务的支撑能力。②以民航发展基金为例，见专栏2-5。

> **专栏2-5：民航发展基金预算绩效管理**
>
> 2012年3月17日，财政部发布《民航发展基金征收使用管理暂行办法》，对旅客和航空公司征收民航发展基金，同时，废止原来对旅客征收的机场建设费以及对航空公司征收的民航基础设施建设基金。民航发展基金属于政府性基金，收入上缴中央国库，纳入政府性基金预算，专款专用，使用范围包括民航基础设施建设；对货运航空、支线航空、中小型民用运输机场的补贴；民航节能减排；通用航空发展；民航科教、信息研发和应用；安全能力和适航审定能力建设；征管经费、代征手续费的支出等七方面。
>
> 2018年财政部将民航发展基金列入重点绩效评价项目，项目从基金征收标准、项目决策与管理、绩效产出和效果等方面对民航发展基金开展了绩效评价。
>
> 2019年4月3日国务院总理李克强主持召开国务院常务会议，确定2019年降低政府性收费和经营服务性收费的措施，进一步为企业和群众减负。
>
> 资料来源：根据相关资料汇编。

---

①②《中共中央 国务院关于全面实施预算绩效管理的意见》。

（三）国有资本经营预算绩效管理

《预算法》规定，国有资本经营预算是对国有资本收益作出支出安排的收支预算。国有资本经营预算应当按照收支平衡的原则编制，不列赤字，并安排资金调入一般公共预算。

《中央国有资本经营预算管理暂行办法》（财预〔2016〕6号）规定，中央国有资本经营预算收入是中央部门及中央企业上交，并纳入国有资本经营预算管理的国有资本收益，主要包括：国有独资企业按照规定应当上交国家的利润；国有控股、参股企业国有股权（股份）获得的股利、股息收入；国有产权（含国有股份）转让收入；国有独资企业清算收入（扣除清算费用），国有控股、参股企业国有股权（股份）分享的公司清算收入（扣除清算费用）；其他国有资本经营收入。

中央国有资本经营预算支出应当服务于国家战略目标，除调入一般公共预算和补充全国社会保障基金外，主要用于以下用途：解决国有企业历史遗留问题及相关改革成本支出；关系国家安全、国民经济命脉的重要行业和关键领域国家资本注入，包括重点提供公共服务、发展重要前瞻性战略性产业、保护生态环境、支持科技进步、保障国家安全，保持国家对金融业控制力，推进国有经济布局和结构战略性调整，解决国有企业发展中的体制性、机制性问题；国有企业政策性补贴。中央国有资本经营预算支出方向和重点，应当根据国家宏观经济政策需要以及不同时期国有企业改革发展任务适时进行调整。①

《中央国有资本经营预算管理暂行办法》（财预〔2016〕6号）对国有资本经营预算绩效管理提出了明确的要求。主要内容包括：合理设定绩效目标及指标，实行绩效执行监控，开展绩效评价，加强评价结果应用，提升预算资金使用效益。中央单位、投资运营公司和中央企业根据财政预算绩效管理的相关规定，开展国有资本经营预算支出绩效管理工作。财政部将绩效评价结果作为加强预算管理及安排以后年度预算支出的重要依据。对采取先建后补、以奖代补、据实结算等事后补助方式管理的专项转移支付项目，实行事后立项事后补助的，其绩效目标可以用相关工作或目标的完成情况代以体现。②

国有资本经营预算"重点关注贯彻市委市政府的决策部署、收益上缴、支出结构、使用效果等情况。"③

（四）社会保险基金预算绩效管理

《预算法》规定，社会保险基金预算是对社会保险缴款、一般公共预算安排和

---

①②《中央国有资本经营预算管理暂行办法》（财预〔2016〕6号）.
③ 新华社北京9月25日电《中共中央 国务院关于全面实施预算绩效管理的意见》.

其他方式筹集的资金，专项用于社会保险的收支预算。社会保险基金预算应当按照统筹层次和社会保险项目分别编制，做到收支平衡。

社会保险基金预算绩效管理重点关注"各类社会保险基金收支政策效果、基金管理、精算平衡、地区结构、运行风险等情况。"[①]

二、覆盖所有主体

2018年9月《中共中央 国务院关于全面实施预算绩效管理的意见》明确要求构建全方位预算绩效管理格局，包括政府、部门和单位、政策和项目。[②]

（一）各级政府

将各级政府收支预算全面纳入绩效管理。各级政府预算收入要实事求是、积极稳妥、讲求质量，必须与经济社会发展水平相适应，严格落实各项减税降费政策，严禁脱离实际制定增长目标，严禁虚收空转、收取过头税费，严禁超出限额举借政府债务。各级政府预算支出要统筹兼顾、突出重点、量力而行，着力支持国家重大发展战略和重点领域改革，提高保障和改善民生水平，同时不得设定过高民生标准和擅自扩大保障范围，确保财政资源高效配置，增强财政可持续性。

（二）预算部门和单位

将部门和单位预算收支全面纳入绩效管理，赋予部门和资金使用单位更多的管理自主权，围绕部门和单位职责、行业发展规划，以预算资金管理为主线，统筹考虑资产和业务活动，从运行成本、管理效率、履职效能、社会效应、可持续发展能力和服务对象满意度等方面，衡量部门和单位整体及核心业务实施效果，推动提高部门和单位整体绩效水平。

（三）政策和项目

将政策和项目全面纳入绩效管理，从数量、质量、时效、成本、效益等方面综合衡量预算资金使用效果。对实施期超过一年的重大政策和项目实行全周期跟踪问效，建立动态评价调整机制，执行到期、绩效低下的政策和项目要及时清理退出。

---

①② 新华社北京9月25日电《中共中央 国务院关于全面实施预算绩效管理的意见》（中发〔2018〕34号）.

第三节 预算绩效管理的过程系统

预算绩效管理是以"预算"为对象开展的绩效管理,也就是将绩效管理理念和绩效管理方法贯穿于预算编制、执行、决算等预算管理全过程,并实现与预算管理有机融合的预算管理模式。

一、预算编制环节

我国预算编制采取自下而上的汇总方式,从基层预算单位编起,逐级汇总。预算编制一般包括"准备""一上""一下""二上""二下"五个阶段。准备阶段的主要工作是上一年度预算批复项目的清理,预算基础资料的收集、分析、论证等前期准备事宜,是编制好新一年度部门预算的基础。"一上"阶段主要目的是由部门提出下一年度预算建议数。即从基层预算单位编起,由基层预算单位按照预算编制通知的精神和要求,在项目清理基础上编制项目预算建议数,并按照单位编制人数和实有人数以及上年基本支出定额标准编制基本支出预算,形成本单位年度部门预算;然后层层审核汇总,由一级预算单位审核汇编成部门预算建议数,报送财政部门。"一下"阶段主要任务是落实财政部门下达的各部门预算指标控制数。即财政部门对各部门单位上报的预算建议数进行审核、平衡,汇总形成本级预算初步方案报本级政府,经批准后向各部门单位下达预算控制限额。"二上"阶段主要目的是形成下一年度的各部门预算草案。该过程也是从部门所属基层预算单位编起,由基层预算单位编制本单位"二上"预算逐级上报,最后汇总形成"二上"部门预算草案。财政部门在对各部门上报的预算草案审核后,汇总成本级财政预算草案和部门预算，报本级政府审批后，再报人民代表大会预算工委和财经委审核，最后提交人代会审议。"二下"阶段主要工作是以法律文件的形式逐级批复下达下一年度预算通知。包括财政部门根据人民代表大会批准的预算草案批复部门预算，在财政部门批复各部门预算后。各部门开展对下属单位的预算批复工作。

预算编制阶段的预算绩效管理主要包括事前绩效评估和绩效目标管理。

（一）事前绩效评估

事前绩效评估是指预算部门（单位）、投资主管部门、财政部门根据部门战略规划、事业发展规划、项目申报理由等内容，运用科学、合理的评估方法，对政策和项目实施立项必要性、投入经济性、绩效目标合理性、实施方案可行性、筹资合规性等方面进行客观、公正的评估，必要时可以委托第三方开展。

事前绩效评估在项目立项之前进行，是项目立项和审批的前置程序。按照项目立项和审批主体，可将事前绩效评估分为部门（单位）实施的事前绩效评估、投资主管部门开展的事前绩效评估和财政部门开展的事前绩效评估。部门（单位）实施的事前绩效评估主要解决项目该不该立，能不能纳入部门项目库的问题。投资主管部门开展的事前绩效评估主要解决各部门和各单位申报的项目该不该批准的问题。财政部门开展的事前绩效评估主要解决项目该不该匹配财政资金的问题。

事前绩效评估是项目立项的第一道绩效关口，评估结论包括建议予以支持、不予支持和部分支持。不予支持的项目不能纳入项目库，不能进入年度预算编制程序。事前绩效评估丰富了传统的项目立项和项目审批制度，推动了项目立项评估决策制度的完善。

项目可行性和绩效目标是事前绩效评估的重要内容，事前绩效评估对项目可行性和绩效目标进行审查，有助于提高项目可行性研究和绩效目标填报的规范性和质量。

（二）绩效目标管理

绩效目标是指财政预算资金计划在一定期限内达到的产出和效果。预算绩效目标管理是全过程预算绩效管理的基础，是建设项目库、编制部门预算、实施绩效监控、开展绩效评价等的重要基础和依据。

绩效目标要能清晰反映预算资金的预期产出和效果，并以相应的绩效指标予以细化、量化描述。主要包括：预期产出，是指预算资金在一定期限内预期提供的公共产品和服务情况；预期效果，是指上述产出可能对经济、社会、环境等带来的影响情况，以及服务对象或项目受益人对该项产出和影响的满意程度等。绩效指标是绩效目标的细化和量化描述，主要包括产出指标、效益指标和满意度指标等。绩效标准是设定绩效指标时所依据或参考的标准。一般包括：历史标准、行业标准、计划标准、财政部认可的其他标准。

《中央部门预算绩效目标管理办法》（财预〔2015〕88号）明确了绩效目标管理包括三个基本的环节：一是绩效目标设定。部门（单位）申请预算时，要按要求申报绩效目标。未按要求设定绩效目标的项目支出，不得纳入项目库管理，也不得申请部门预算资金。其基本原则是"谁申请资金，谁设定目标"。二是绩效目标审核。预算部门、财政部门依据国家相关政策、财政支出方向和重点、部门职能及事业发展规划等对单位提出的绩效目标进行审核。绩效目标不符合要求的，财政部门应要求报送单位调整、修改；审核合格的，进入下一步预算编审流程。其基本原则是"谁分配资金，谁审核目标"。三是绩效目标批复。财政预算经各级人民代表大会审查批准后，财政部门应在单位预算批复中同时批复绩效目标。财政部门应加强纳入绩效目标管理试点范围项目的绩效目标审核，作为预算安排的前提和主要依据，并在批复单位预算时一并批复绩效目标。其坚持"谁批复预算，谁批复目标"的基本原则。

《中央对地方专项转移支付绩效目标管理暂行办法》（财预〔2015〕163号）明确了专项转移支付绩效目标管理办法。专项转移支付绩效目标管理是指以专项转移支付绩效目标为对象，以绩效目标的设定、审核、下达、调整和应用等为主要内容所开展的预算管理活动。专项转移支付绩效目标是编制和分配专项转移支付预算、开展专项转移支付绩效监控和绩效评价的重要基础和依据。

二、预算执行环节

预算执行环节的绩效管理主要是做好绩效运行监控。各级政府和各部门、单位根据"谁支出谁负责"原则开展绩效运行监控，包括对绩效目标实现程度和预算执行进度实行"双监控"。监控的目的是发现问题并及时纠正，确保绩效目标能如期保质、保量实现。

各级财政主要针对重大政策、项目开展绩效跟踪，对存在严重问题的政策、项目要暂缓或停止预算拨款，督促及时整改落实。各级财政部门按照预算绩效管理要求，加强国库现金管理，降低资金运行成本。

审计部门把绩效理念贯穿审计工作始终，对重大政策落实、公共资金运行、国有资金经营预算等开展绩效审计。

《北京市预算审查监督条例》规定人大在预算执行过程中，市人大常委会可以采取听取和审议专项工作报告、执法检查、规范性文件备案审查、询问和质询、特定问题调查等方式，对预算执行进行监督。必要时，可以作出决议、决定。市人民政府应当按照决议、决定的要求将执行决议、决定的情况向市人大常委会报告。市人大常委会可以要求市人民政府责成市人民政府审计部门进行专项审计，并报告审计结果。

三、决算与财务报告环节

决算与财务报告环节开展的绩效管理活动主要是绩效评价和绩效报告。

绩效评价指财政部门和预算部门（单位）根据设定的绩效目标，运用科学、合理的绩效评价指标、评价标准和评价方法，对财政支出的经济性、效率性和效益性进行客观、公正的评价。绩效评价不同于财政监督和绩效审计。从工作内容上看，财政监督侧重于对财政资金的规范性、安全性进行检查，主要看"花钱是否合规"，属于合法合规性检查。审计侧重于财政收支的真实合法性，主要审查资金使用过程中的真实性、合法性、规范性等问题。绩效审计类似于绩效评价，但主体、内容、程序和目的存在一定的差异，绩效评价一般由政府职能部门（如财政部门、主管部门）管理实施，绩效审计则通常由国家的审计部门管理实施。[①]

凡属财政性资金安排的支出，均属于绩效评价范围。财政性资金是指纳入财政综合预算管理的各项预算资金和以政府信誉或财产担保的借贷资金以及属政府所有或由政府管理的其他资金。按照预算编制层级，可将绩效评价对象分为纳入政府预算管理的资金和纳入部门预算管理的资金。纳入政府预算管理的资金是指经法定程序审核批准的、具有法律效力和制度保证的政府年度财政性资金收支计划，它规定财政性资金收入的来源、数量以及财政性资金支出的各项用途和数量，包括一般公共预算、国有资金经营预算、政府性基金预算和社保基金预算等，一级政府的一般公共预算包括各部门（含直属单位）的预算和税收返还、转移支付预算。纳入部门预算管理的资金是指由各预算部门编制、财政部门审核，并报本级政府和人大批准的部门资金收支计划，主要包括一般公共预算收支计划和政府性基金预算收支计划。

部门预算支出绩效评价分为基本支出绩效评价、项目支出绩效评价和部门整体绩效评价。

预算绩效评价可以分为部门单位自评、财政评价、第三方评价三种方式。预算执行结束后，各部门各单位对照设定的绩效目标，对政策、项目和部门整体绩效全

---

① 施青军.政府绩效评价与绩效审计差异比较[J].中国行政管理，2012（4）：25-27.

面开展绩效自评，实现自评资金全覆盖，自评报告向财政部门报告。各级财政部门主要对重大政策和项目预算开展重点绩效评价，逐步开展部门整体绩效评价，对下级政府财政运行情况实施综合绩效评价。部门和财政开展绩效评价时，必要时可以引入第三方机构参与。

评价结果要按照格式要求编写完成绩效报告，绩效报告按照程序向财政部门、政府和人大等相关主体报告，并按照相关规定公开绩效信息。

四、预算绩效反馈和预算监督环节的绩效管理

预算绩效反馈和监督贯穿在预算绩效管理各环节中，发挥着调节和控制预算系统的作用。

（一）预算反馈

预算绩效反馈意味着将预算编制、执行和决算等环节的绩效信息反馈给相关主体，实现绩效结果运用。按照《中共中央 国务院关于全面实施预算绩效管理的意见》的要求，预算绩效反馈的关键是"各级财政部门要抓紧建立绩效评价结果与预算安排和政策调整挂钩机制，将本级部门整体绩效与部门预算安排挂钩，将下级政府财政运行综合绩效与转移支付分配挂钩。对绩效好的政策和项目原则上优先保障，对绩效一般的政策和项目要督促改进，对交叉重复、碎片化的政策和项目予以调整，对低效无效资金一律削减或取消，对长期沉淀的资金一律收回并按照有关规定统筹用于亟需支持的领域。"

（二）预算监督

预算监督作为预算管理的控制系统，对预算编制、执行和决算各个环节都产生影响。监督环节的绩效管理主要包括人大的预算审查监督、审计监督和绩效信息公开。

预算审查和批准是立法机关的职责。预算审查和批准环节的绩效管理的内容是："全国人民代表大会财政经济委员会向全国人民代表大会主席团提出关于中央和地方预算草案及中央和地方预算执行情况的审查结果报告。省、自治区、直辖市、设区的市、自治州人民代表大会有关专门委员会，县、自治县、不设区的市、市辖区人民代表大会常务委员会，向本级人民代表大会主席团提出关于总预算草案及上一年总预算执行情况的审查结果报告。审查结果报告应当包括对执行年度预算、改进预算管理、提高预算绩效、加强预算监督等提出意见和建议。

审计监督主要对重大政策落实情况、公共资金、专项资金、国有资产运营、预算绩效管理工作情况等方面开展审计监督。审计监督是一种事后防御的免疫系统，为及时清除偏差和错误提供了最后一道防线。

绩效信息公开既是推动预算绩效的手段，也是对预算绩效监督的重要形式。《中共中央 国务院关于全面实施预算绩效管理的意见》要求"各级财政部门要推进绩效信息公开，重要绩效目标、绩效评价结果要与预决算草案同步报送同级人大、同步向社会主动公开，搭建社会公众参与绩效管理的途径和平台，自觉接受人大和社会各界监督。"近年来绩效信息随财政预决算公开的力度逐年加大。2017年中央政府预决算等信息全部纳入门户网站"中央预决算公开平台"。2017年财政部选择10个部门共计10个重点项目（每个部门1个重点项目）列入《中央部门预算草案》报全国人民代表大会审查。全国人民代表大会审查通过后，10个部门将这些重点项目的文本和绩效目标随部门预算一并向社会公开。2018年又增加了26个部门的26个项目，向社会公开项目文本和绩效目标。2017年中央部门决算中89个部门首次公开了97个项目的绩效自评结果和《项目支出绩效自评表》。[①]

2019年共有102个中央部门公开了部门预算，比2018年公开的89个中央部门增加13个。2019年中央部门公开重点项目绩效目标的个数由去年的36个扩大至今年50个。公开的绩效目标内容主要包括：项目中期目标和年度目标，具体的绩效指标，如产出的数量指标、质量指标、时效指标、社会效益指标、可持续影响指标、服务对象满意度指标等。[②]

除此之外，各级党委政府、纪委监委、人民群众都为预算绩效管理提供了强有力的监督。

---

① 2018年中央部门预算集中公开26个部门的26个项目公开了"绩效目标".人民日报，2018-04-15.
② 2019年中央部门预算公开答记者问.财政部，2019-04-03.http://www.mof.gov.cn/mofhome/yusuansi/zhengwuxinxi/gongzuodongtai/201904/t20190402_3211412.html.

第四节 预算绩效管理的支撑系统

预算绩效管理的支撑系统是保证预算绩效管理活动持续开展的文化、制度、信息和配套体系。

一、文化支撑

预算绩效文化是人们对预算过程中引入绩效的基本认知、价值取向和态度。传统的预算管理和公共管理模式强调投入和过程，新公共管理和新绩效预算强调"结果导向"，即从"结果"出发塑造管理过程、优化投入决策。

传统的分项列支预算强调投入控制，在预算编制的过程中只需要披露各项开支的细目，没有关于这些开支要实现的产出和结果等绩效信息。分项列支预算强调"打酱油的钱不能用来买醋"，强调预算执行过程中的严格控制，导致产出和结果信息被忽视了。与强调投入的预算模式相一致，传统的公共管理模式以官僚制作为组织形式和运作形态，注重过程控制、"循规蹈矩"和"繁文缛节"成为官僚制的显著特征。20世纪50年代兴起的绩效预算，开始将产出信息引入预算编制中，强调效率。20世纪90年代新绩效预算更加关注结果导向，关注产出是否有助于政策目标的达成和利益相关者利益的增进。与此相应，新公共管理和重塑政府运动倡导结果导向、顾客导向、分权化、市场化的治理，通过绩效评估来不断地调整和优化管理过程和投入决策。从投入、过程导向转为结果导向是预算绩效管理文化的基本特征，是预算绩效文化重大变迁，涉及公务员行政习惯的改变和行政能力的更新。结果导向意味着在编制预算时就要清晰阐明申请预算资金所要实现的产出和效果，这要求行政人员更具备前瞻性和预见性，更需要以一种中长期的观点来筹划未来的政策和资源分配，需要促使行政文化和行政习惯从"先要钱再找事"转化为"以事定费"。

转变绩效文化是OECD推进预算绩效管理的基本经验之一。"很多国家在实施改革的时候强调在改革过程中对工作人员进行培训和提供支持。这是在常规环境中实施变革和创造文化改变的重要特征。许多国家开发训练行动去协助组织转变认识方式和技能、文化和态度。"[①]

二、制度支撑

推动预算绩效管理工作，必须有法可依，有矩可循，通过建立完善的制度体系，有助于预算绩效管理的复制、推广和深化。预算绩效管理制度可以划分为以下几个层级：

一是法律法规层面。法律法规层面的制度具有根本性，是预算绩效管理的依据和保障。2014年8月31日修正的《预算法》通过，标志着我国预算绩效管理法律制度框架的确立。包括明确了"各级预算应当遵循统筹兼顾、勤俭节约、量力而行、讲求绩效和收支平衡的原则。"明确绩效评价结果是预算编制的依据之一"各级预算应当根据年度经济社会发展目标、国家宏观调控总体要求和跨年度预算平衡的需要，参考上一年预算执行情况、有关支出绩效评价结果和本年度收支预测，按照规定程序征求各方面意见后，进行编制。"绩效目标管理是预算编制的基本规定。"各部门、各单位应当按照国务院财政部门制定的政府收支分类科目、预算支出标准和要求，以及绩效目标管理等预算编制规定，根据其依法履行职能和事业发展的需要以及存量资产情况，编制本部门、本单位预算草案。"预算绩效是预算审查结果报告的必备内容。开展预算支出绩效评价是政府职责。"各级政府、各部门、各单位应当对预算支出情况开展绩效评价。"支出绩效是决算草案审查的重点内容。《预算法》明确了开展预算绩效管理的基本原则和基本内容。

另外《中华人民共和国各级人民代表大会常务委员会监督法》《审计法》以及地方出台的预算审查监督条例等法律和法规都奠定了预算绩效管理的法律基础。制定一部统一的预算绩效管理法律法规成为未来的一项重要任务。

二是政策规定层面。各级党委政府出台的推进预算绩效管理的政策，是开展预算绩效管理的基本遵循，比如《中共中央 国务院关于全面实施预算绩效管理的意见》明确了全面实施预算绩效管理的含义、指导思想、目标、内容、保障措施等内

---

① OECD.In Search of Results: Performance Management Practices [M].OECD Publishing 1997: 16-18.

容，为推动全面实施预算绩效管理提供了指南和方向。再如中央办公厅印发的《关于人大预算审查监督重点向支出预算和政策拓展的指导意见》则明确了人大预算审查监督的原则、重点、内容和方式等内容。各地区、单位也出台了预算绩效管理实施意见，推动各地区、部门及单位预算绩效管理工作开展。

三是办法措施层面。包括以下内容：其一围绕预算管理的主要内容和环节，完善涵盖绩效目标管理、绩效运行监控、绩效评价管理、评价结果应用等各环节的管理流程，制定预算绩效管理制度和实施细则。其二建立专家咨询机制、第三方机构参与预算绩效管理制度。其三预算绩效标准体系。包括建立健全定量和定性相结合的共性绩效指标框架和分行业、分领域、分层次的核心绩效指标和标准体系。其四评估评价方法体系。包括立足多维视角和多元数据，依托大数据分析技术，运用成本效益分析法、比较法、因素分析法、公众评判法、标杆管理法等，提高绩效评估评价结果的客观性和准确性。

三、信息支撑

绩效信息是预算绩效管理的血液，贯穿于绩效管理全过程，如何利用好绩效信息是绩效管理的关键。一是绩效信息与预算分配紧密相关。绩效信息包括投入、过程、产出和结果等方面的信息，这些信息为预算决策和政策调整提供了事实依据，在预算过程中，预算决策者需根据绩效信息提供的事实依据，在复杂的博弈过程中结合社会价值判断形成预算决策。二是绩效信息与信息公开相关。信息公开既是预算绩效管理的内在要求，也是推动预算绩效管理的重要手段，通过不断扩大信息公开的范围、内容、深度和广度，可以提升预算绩效管理的基础能力，有助于推动预算绩效管理工作。三是绩效信息为预算管理模式的转变提供了基础。传统的分项列支式预算仅仅关注投入信息，对投入带来的产出和结果并不关注。20世纪50年代的绩效预算（旧绩效预算），主要关注产出（Output）信息。20世纪90年代的新绩效预算重点关注成果（Outcome）信息。合理处理和利用绩效信息，有助于推动政府决策优化，促进政府职能转变、管理创新、提高服务质量。

随着"金财工程"不断推进，我国财政信息化工作取得了很大进展。预算绩效管理融入预算管理的步伐也在加快，财政部在预算编制系统中已经增加了绩效目标管理板块，实现绩效目标申请、审核、批复的线上操作。但是预算绩效管理还是一个新事物，各个环节尚未完全、有机地嵌入已有的预算管理信息化系统中。近年来，随着云计算、移动互联网和大数据等现代信息技术的发展，不仅对已有的财政信息系统带来了挑战，也为预算绩效系统的融入提供了机遇。在新信息技术平台上，加强顶层设计，统一规划，统一标准，将预算绩效管理全流程融入财政管理系统，实现"以数据为中心"的财政信息化，是未来的发展方向。

预算绩效管理信息系统设计要按照《中共中央 国务院关于全面实施预算绩效管理的意见》的要求加快预算绩效管理信息化建设，打破"信息孤岛"和"数据烟囱"，促进各级政府和各部门各单位的业务、财务、资产等信息互联互通。在功能模块设计上要涵盖事前绩效评估、绩效目标管理、绩效运行监控、绩效评价、评价结果运行等环节，实现预算与绩效管理一体化；要与项目库管理、部门预算管理、专项转移支付资金管理等系统对接；要完善评价指标和标准库、专家库、第三方机构库、资料档案库等支撑系统，通过系统设计为全方位、全过程、全覆盖的预算绩效管理提供保障。

四、配套支撑

全面实施预算绩效管理要加强预算绩效管理与机构和行政体制改革、政府职能转变、深化放管服改革等有效衔接，统筹推进中期财政规划、政府收支分类、项目支出标准体系、国库现金管理、权责发生制政府综合财务报告制度等财政领域相关改革，抓紧修改调整与预算绩效管理要求不相符的规章制度，切实提高改革的系统性和协同性。[1]涉及预算绩效管理的主要配套制度包括以下5个方面。

（一）中期财政规划

2015年1月3日，国务院印发的《关于实行中期财政规划管理的意见》指出"中期财政规划是中期预算的过渡形态，是在对总体财政收支情况进行科学预判的基础上，重点研究确定财政收支政策，做到主要财政政策相对稳定，同时根据经济社会发展情况适时研究调整，使中期财政规划渐进过渡到真正的中期预算。"[2]

一是中期财政规划有助于绩效目标管理。中期财政规划为中期绩效管理提供了基本的收支框架，为优先目标设定，年度目标和中期目标衔接提供了基本性参照。在中期财政规划的框架内制定中期绩效计划是增强绩效管理前瞻性的重要方向。

二是中期财政规划为事前绩效评估提供了前提基础。事前绩效评估是在政策出台和项目立项之前对政策和项目的立项必要性、目标合理性、投入经济性、方案可行性和筹资合规性等方面的评判活动，中期财政规划作为财力基本约束和未来筹

---

[1] 财政部关于贯彻落实《中共中央 国务院关于全面实施预算绩效管理的意见》的通知（财预〔2018〕167号），2018-11-08.

[2]《关于实行中期财政规划管理的意见》.

划,是事前绩效评估的重要参照,为事前绩效评估提供了基础。

三是中期财政规划为全覆盖预算绩效管理提供了基础。《中共中央 国务院关于全面实施预算绩效管理的意见》要求"各级政府还要将政府性基金预算、国有资本经营预算、社会保险基金预算全部纳入绩效管理,加强四本预算之间的衔接。"中期财政规划涵盖一般公共预算、政府性基金预算、国有资本经营预算和社会保险基金预算,为政府做好四本预算的衔接,将四本预算纳入绩效管理提供了基础。

(二)政府收支分类

政府收支分类体系由"收入分类""支出功能分类""支出经济分类"三部分构成,规范政府收支分类体系,有助于将全部收支纳入预算绩效管理,为不同政府、部门(单位)、支出类型之间的比较提供了统一标准和口径,有助于绩效管理和绩效信息的深入分析。

一是政府收支分类为绩效目标的归类提供了框架。政府收支分类体系从政府职能和经济属性两个维度刻画了政府支出方向,反映政府职能和宏观政策走向,收支分类框架为绩效目标分类提供了基本的框架。

二是政府收支分类为开展政府宏观层面的绩效分析提供了基础。政府收支分类框架将分散在各个项目、各部门各单位的开支归并为相对固定的政府职能类别,这就为开展特定职能类别的政府绩效分析和管理提供了基础。

三是政府收支分类有助于提高绩效公开的标准化程度。政府收支分类将政府公共产品和服务划分为不同类别,确定不同的财政供给数量,是提高政府透明度的基础技术条件。[1]通过政府收支分类体系改革,提供了统一的标准和口径,有助于绩效可比可测,为绩效信息公开的标准化提供了基础。

(三)项目支出标准

项目支出定额标准是指为满足项目支出预算管理需要,在对预算项目进行合理分类的基础上,结合经济社会发展水平,以项目的资产配置量、资产消耗量或业务工作内容为主要对象确定的预算支出标准。[2]

一是项目支出标准与成本信息直接相关。项目支出标准直接与绩效目标设置中的产出成本指标挂钩,是绩效标准体系的有机构成部分,完善项目支出标准体系,有助于预算绩效目标管理的科学化和标准化。

二是项目支出标准为开展全成本预算绩效管理提供了参照。2017年开始,北

---

[1] 国际货币基金组织.财政透明度[M].北京:人民出版社,2001.
[2] 财政部关于印发《中央本级项目支出定额标准管理暂行办法》的通知(财预〔2009〕403号).

京市开始试点全成本预算绩效管理改革，2019年印发的《中共北京市委 市政府发布关于全面实施预算绩效管理的实施意见》要求"在预算管理中实现成本定额标准、财政支出标准和公共服务标准相统一"，从而形成"预算安排核成本、资金使用有规范、综合考评讲绩效"的预算管理制度。项目支出标准为开展全成本预算绩效管理提供了参照。

三是项目支出标准是实现预算与绩效管理一体化的纽带。项目支出定额标准往往采用市场单价、综合单价等形式出现，反映了公共产品和服务的单位成本，为预算绩效的经济性、效率性和效益性评价奠定了基础。

（四）国库现金管理

国库现金管理是在确保国库资金安全完整和财政支出需要的前提下，对国库现金进行有效的运作管理，实现国库闲置现金余额最小化、投资收益最大化的一系列财政资金管理活动。

国库现金管理为提高资金使用效率提供了有效支撑，有利于预算绩效管理推进。

一是国库单一账户体系为政府预算绩效管理提供了数据支撑。2001年开始，我国正式实施了国库集中收付制度，深化国库集中收付制度改革，充分利用现代信息技术，对资金使用情况展开跟踪和调查，有助于及时掌握资金使用的绩效信息。

二是国库现金管理与债务管理紧密结合，有助于开展政府层面的预算绩效管理。《中共中央 国务院关于全面实施预算绩效管理的意见》要求开展政府收支的预算绩效管理，"国库现金管理中短期国债发行量和其余额在国库现金净流入月份会相应减少，相反在国库现金净流出月份则会相应增加。同时，定期、滚动发行短期债券将在一定程度上减少中长期债券的发行，有助于政府债券市场流动性的提高，可减少政府债券的总体筹资支出"，[①]对政府层面预算绩效形成显著影响。

三是国际现金管理的库底目标余额制度影响资金使用效益。"世界上主要市场经济国家建立了财政库底目标余额管理制度，财政库款资金仅在央行保留一定的目标余额，如美联储库底资金为50亿—70亿美元，英国在英格兰银行库底资金2亿英镑，澳大利亚为15亿澳元，荷兰、比利时和瑞典等为零，其余库款资金均进入商业银行或金融市场，提高资金效益"。[②]

（五）权责发生制政府综合财务报告

我国目前的政府财政报告制度实行以收付实现制政府会计核算为基础的决算报

---

① 刘辉，朱涛，王亚男.国库现金管理的国际经验与启示［J］.金融纵横，2017（8）：89-92.
② 周宇宏.深化国库现金管理改革 盘活财政存量资金［J］.中国财政，2017（21）：51-52.

告制度，主要反映政府年度预算执行情况的结果，对准确反映预算收支情况、加强预算管理和监督发挥了重要作用。但随着经济社会发展，仅实行决算报告制度，无法科学、全面、准确反映政府资产负债和成本费用，不利于强化政府资产管理、降低行政成本、提升运行效率、有效防范财政风险，难以满足建立现代财政制度、促进财政长期可持续发展和推进国家治理现代化的要求。因此，必须推进政府会计改革，建立全面反映政府资产负债、收入费用、运行成本、现金流量等财务信息的权责发生制政府综合财务报告制度。①

权责发生制，即按照收益、费用是否归属本期为标准来确定本期收益、费用的一种方法，本期的收入和费用以应收应付为原则入账。与收付实现制相比，权责发生制为政府绩效评价提供了有效的信息基础。权责发生制计量的重点是经济资源及其变化，可以记录政府拥有和运营资产的经常性成本，揭示特定政府行为的所有成本，为政府绩效的经济性和效率性评价提供了支撑。

总之，权责发生政府综合财务报告制度为绩效信息的核算和披露提供基本规范，建立以权责发生制为基础的会计制度，将所消耗资源的全部成本与所取得的绩效密切地联系起来，有助于财务信息与绩效信息的对接融合，有助于成本分摊和核算，有助于实现绩效信息的政府财务报告的有机衔接，推进权责发生制政府综合财务报为预算绩效管理的开展奠定了会计和财务基础。

---

① 《国务院关于批转财政部权责发生制政府综合财务报告制度改革方案的通知》（国发〔2014〕63号）.

本章小结

预算绩效管理系统是预算绩效管理诸要素构成的完整体系，包括预算绩效管理的行动者、覆盖范围、过程、推进支撑等要素，这些要素之间的结构关系、流程步骤与相互作用形成预算绩效管理系统。预算绩效管理行动者可以划分为核心部门、直线部门、监督部门和支撑部门四类，形成全方位预算绩效管理格局，需要理清各方职责。

全面实施预算绩效管理包括全方位、全过程、全覆盖三个维度，这三个维度是一个立体三维的关系，在这个三维坐标中，可以找到任何一项预算绩效管理活动的准确定位。

预算绩效管理过程是预算过程和绩效管理过程的有机融合与统一。预算编制阶段的预算绩效管理主要包括事前绩效评估和绩效目标管理；预算执行环节的绩效管理主要是做好绩效运行监控；决算与财务报告环节开展的绩效管理活动主要是绩效评价和绩效报告；预算绩效反馈和预算监督环节的绩效管理主要是做好绩效结果的运用、开展人大的预算审查监督、审计监督和绩效信息公开等。

预算绩效管理的支撑系统是保证预算绩效管理活动持续开展的文化、制度、信息和配套体系。

课后习题

名词解释

预算绩效管理系统　预算绩效管理行动者　预算绩效文化

简答题

1. 简述预算部门在全面实施预算绩效管理中的职责。
2. 简述财政部门在全面实施预算绩效管理中的职责。
3. 简述人大预算审查监督的主要形式。
4. 简述审计署开展绩效审计的主要内容。

论述题

1. 请说明全方位、全过程、全覆盖的预算绩效管理体系的基本构成。
2. 请说明在预算管理各环节开展的绩效管理活动。
3. 如何理解预算绩效管理的支撑体系。

本章主要参考文献

[1] A.Schick.A Contemporary Approach to Public Expenditure Management [R]. World Bank Institute, 1998, 68 (100): 120-123.

[2] A.Schick.Capacity to Budget [M]. Washington: The Urban Institute Press.1990: 1.

[3] Anwar Shanand Chunli Shen.A Primer on Performance Budgeting [R]. Washington D.C: World Bank, 2007.

[4] Dan A, Cothran.Entrepreneurial Budgeting: An Emerging Reform [J]. Public Administration Review. 1993 (5): 445-454.

[5] OECD.Modernizing Government: The Way Forward, Paris [M].OECD Publishing, 2005: 26.

[6] OECD. In Search of Results: Performance Management Practices [M]. OECD Publishing, 1997: 16-18.

[7] Talbot C.Performance Regimes and Institutional Contexts: Comparing Japan, UK and USA [J]. International Symposium on Policy Evaluation.2006 (6): 24.

[8] 肖捷.全面实施预算绩效管理提高财政资源配置效率 [N].中共中央党校学习时报社, 2018-03-16 (A1).

[9] 曹堂哲, 罗海元.部门整体绩效管理的协同机理与实施路径——基于预算绩效的审视 [J].中央财经大学学报, 2019 (6): 3-10.

[10] 第38届OECD预算高官会.OECD国家绩效预算改革最佳实践.里斯本, 2017-06.

[11] 马骏.新绩效预算 [J].中央财经大学学报, 2004 (8): 1-6.

[12] 施青军.政府绩效评价与绩效审计差异比较[J].中国行政管理, 2012 (4): 25-27.

[13] 汤姆·克瑞斯申森.后新公共管理: 比较视角下的公共部门改革最新趋势 [C].分析与比较: "行政改革与地方治理"国际学术研讨会论文集.北京: 中国社会出版社.2006: 27.

[14] 周志忍, 徐艳晴.政府绩效管理的推进机制: 中美比较的启示 [J].中国行政管理, 2016 (4): 139-145.

第三章
预算绩效计划与目标管理

内容提要

建立全过程预算绩效管理机制,是全面实施预算绩效管理的重要内容。预算编制环节加强绩效计划与绩效目标管理,确定预期要实现的主要产出和效果;预算执行环节做好绩效运行监控,跟踪年初设定的绩效目标实现程度和资金执行进度,纠正执行偏差,及时弥补管理"漏洞";决算环节实施绩效评价管理,全面反馈绩效目标完成情况,对财政支出绩效进行客观、公正的评价,并将其作为改进预算管理、政策调整和安排以后年度预算的重要依据。

事前绩效评估是绩效目标管理的重要内容,绩效目标管理是全过程预算绩效管理机制构建的起点,也是开展绩效评价的主要依据。各地区各部门编制预算时要贯彻落实党中央、国务院各项决策部署,分解细化各项工作要求,结合本地区本部门实际情况,全面设置部门和单位整体绩效目标、政策及项目绩效目标。绩效目标不仅要包括产出、成本,还要包括经济效益、社会效益、生态效益、可持续影响和服务对象满意度等绩效指标。绩效目标管理包括绩效目标的设定管理、审核管理和批复管理。

预算评审管理和项目库管理在绩效目标管理中发挥着重要作用。项目库管理是适应预算管理模式由"条目预算"向"项目预算"转变而引入的一种项目管理创新，实现了对部门项目进行分类、分级管理，具体分为一级项目和二级项目两个层次。对于不同类型、不同层级的项目应采取不同的管理方式，并按轻重缓急安排预算。凡是经过严格的预算评审程序、纳入项目库的项目，才有可能进入财政资金安排的流程。预算评审的内容主要包括对项目的完整性、立项的必要性、实施的可行性、预算资金的合理性进行审核。

第一节 事前绩效评估

事前绩效评估是绩效目标管理的重要内容,是政府预算决策的重要改革举措,旨在预算编审环节引入社会监督,推行科学民主决策,建立"参与式预算"机制。通过评估,进一步优化公共资源配置,提高政府理财和公共服务水平,推进"责任政府""阳光政府"和"服务型政府"建设。预算编制过程中的项目事前评估工作在每年9—11月完成;年中申请追加的项目事前评估工作应于财政部门下达评估任务后2个月内完成。

一、事前绩效评估的基本概念

(一)事前绩效评估的含义

事前绩效评估,是指各部门各单位和财政部门根据部门战略规划、事业发展规划、项目申报理由等内容,通过委托第三方的方式,运用科学、合理的评估方法,对项目实施必要性、可行性、绩效目标设置的科学性、财政支持的方式、项目预算的合理性等方面进行客观、公正的评估。

事前绩效评估与预算评审经常易被混淆。其中,事前绩效评估解决"是否支持"的问题,即这个项目是否纳入明年财政预算支持的范围,有哪些部分纳入明年预算支持的范围;预算评审,从时间顺序而言,处于事前绩效评估之后,解决"支持多少"的问题,即根据每一项预算内容的标准、数量等进行评审,控制预算支持规模。

(二)事前绩效评估主要内容

1.项目实施的必要性。项目实施的必要性评估，主要评估项目立项依据是否充分，项目内容与国家、地方的宏观政策、行业政策、主管部门职能和规划、当年重点工作是否相关；项目设立依据的宏观政策是否具有可持续性，项目所在行业环境是否具有可持续性；项目是否具有现实需求、需求是否迫切，是否有可替代性，是否有确定的服务对象或受益对象；是否有明显的经济、社会、环境或可持续性效益，项目预期效益的可实现程度如何。

2.项目投入的经济性。项目投入的经济性评估，主要是运用成本效益分析法，对项目投入的成本进行评估，通过对项目实施过程中不同方案的成本进行测算，选择成本最低的项目实施方案。

3.项目实施的可行性。项目实施的可行性评估，主要评估项目组织机构是否健全，职责分工是否明确，组织管理机构是否能够可持续运转；项目内容是否明确具体，是否与绩效目标相匹配；项目技术方案是否完整、可行，与项目有关的基础设施条件是否能够得以有效保障；项目单位及项目的各项业务和财务管理制度是否健全，技术规程、标准是否完善，是否得到有效执行；针对财政资金支持方式可能存在的风险，是否有相应的保障措施。

4.项目绩效目标的合理性。项目绩效目标的合理性评估，主要评估项目是否有明确的绩效目标，绩效目标是否与部门的长期规划目标、年度工作目标相一致，项目产出和效果是否相关联，受益群体的定位是否准确，绩效目标与项目要解决的问题是否匹配、与现实需求是否匹配，是否具有一定的前瞻性和挑战性；绩效指标设置是否与项目高度相关，是否细化、量化。

5.项目筹资的合规性。项目筹资的合规性，主要评估项目预算中不同性质来源的资金是否符合国家相关法律法规的要求，项目预算编制依据是否充分，项目预算是否与项目绩效目标相匹配，投入产出比是否合理等。项目资金来源渠道是否明确，各渠道资金到位时间、条件是否能够落实；财政资金支持方式是否科学合理，项目实施中来源于不同级财政资金配套方式和承受能力是否科学合理等。

(三)事前绩效评估的方式和方法

1.事前绩效评估主要方式。事前绩效评估的主要方式包括聘请专家、网络调查、电话咨询、召开座谈会、问卷调查、人大代表和政协委员参与等。(1)聘请专家，是指邀请行业技术、管理和财务等专家参与事前评估工作，提供专业支持。(2)网络调查，是指通过互联网及相关媒体开展调查，向评估对象的利益相关方了解情况或征询意见。(3)电话咨询，是指通过电话对行业专家、评估对象及其他相关方进行咨询。(4)召开座谈会,是指由第三方机构组织特定人员或专家座谈,对评估项目集中发表意见和建议。(5)问卷调查,是指运用统一设计的问卷向评估对象的利益相关方了解情况或征询意见。(6)人大代表和政协委员参与,是指邀请人大代表和政协委员参与事前评估工作,参与者可分别从预算监督和民主监督的角度提出意见和建议。

2.事前绩效评估主要方法。事前绩效评估方法包括成本效益分析法、比较法、因素分析法、最低成本法、公众评判法等。(1)成本效益分析法,是指通过将项目预算支出安排与预期效益进行对比分析,对项目进行评估。(2)比较法,是指通过对绩效目标与预期实施效果、历史情况、不同部门和地区同类预算支出(项目)安排的比较,对项目进行评估。(3)因素分析法,是指通过综合分析影响项目绩效目标实现、实施效果的内外因素,对项目进行评估。(4)最低成本法,是指对预期效益不易计量的项目,通过综合分析测算其最低实施成本,对项目进行评估。(5)公众评判法,是指通过专家评估、公众问卷及抽样调查等方式,对项目进行评估。(6)其他评估方法。

事前评估方式和方法的选用应坚持简便有效原则。根据评估对象的具体情况,可采用一种或多种方式、方法进行评估。

二、事前绩效评估流程

为确保事前评估工作的客观公正,事前评估工作应当遵守严格、规范的工作程序。程序一般包括事前评估准备、事前评估实施、事前评估总结及应用三个阶段。以北京市财政部门2018年度事前绩效评估为例,见专栏3-1。

(一)事前绩效评估准备阶段

1.确定事前绩效评估对象和范围。财政部门根据地区经济社会发展需求和年度工作重点确定事前评估的对象和范围。

2.下达事前绩效评估任务。各级财政部门下达事前绩效评估任务通知书,明确评估组织实施形式,确定评估目的、依据、内容、评估时间及其他要求等。

3.成立事前绩效评估工作组。第三方机构接受事前评估任务,成立事前评估工作组,组织开展事前评估各项工作。

(二)事前绩效评估实施阶段

1.拟定评估工作方案。评估工作组按要求拟定具体的事前评估工作方案。

2.前期沟通。评估工作组组织财政部门主管业务处室和项目单位等部门相关工作负责人开展前期见面会，了解项目整体情况，指导项目单位收集准备评估所需资料。

3.组建专家组。评估工作组依据项目内容遴选评估专家，组成评估工作专家组。

4.收集审核资料，现场调研。评估工作组收集审核项目资料，与行业专家、人大代表、政协委员到项目现场进行调研。通过咨询行业专家、查阅资料、问卷调查、电话采访、集中座谈等方式，多渠道获取项目信息。

5.进行预评估。评估工作组与专家组对项目相关数据进行摘录、汇总、分析，完成预评估工作。对于资料不全或不符合要求的，要求项目单位在5个工作日内补充上报，逾期视同资料缺失。

6.召开正式专家评估会。专家组通过审核项目资料和听取项目单位汇报，对项目的相关性、预期绩效的可实现性、实施方案的有效性、预期绩效的可持续性和资金投入的可行性及风险等内容进行评估，形成评估结论。

参与评估的人大代表、政协委员可单独出具评估意见，包括对事前评估工作的意见建议及项目的评估意见等。

（三）事前绩效评估报告及应用阶段

1.撰写事前绩效评估报告。评估工作组根据专家、人大代表和政协委员评估意见，按照规定的文本格式和要求，撰写事前评估报告，整理事前评估资料。

2.提交事前绩效评估报告。评估工作组在专家评估会后5个工作日内，向财政部门提交事前评估报告。

3.事前绩效评估结果反馈与应用。财政部门及时向主管部门、参与事前评估的人大代表和政协委员反馈事前评估结果，并根据事前评估结果做出预算安排决策；主管部门和预算单位根据事前评估意见进一步完善部门预算管理。

4.结果汇报。财政部门向本级人大和本级政府汇报事前评估结果。

▶ **专栏3-1：北京全面启动2018年度事前绩效评估，突出"五结合"**

北京市财政部门全面启动2018年度事前绩效评估工作。这是该市财政落实十九大报告提出的"全面实施绩效管理"要求开展的新探索。在进行事前绩效评估工作中，北京财政部门不断强化"五结合"：

一是在事前评估内容上，实现财政项目评估与财政支出政策评估相结合。在进一步扩大事前绩效评估项目规模的同时，北京市首次试点开展财政支出政策事前评估，从政策决策依据的充分性和决策的规范性、政策目标制定的明确性和合理性、政策资金投入的可行性和分配的合理性、政策实施保障措施和可持续性等方面进行政策事前评估，以促进公共政策决策优化，资源配置合理，推动政府政策目标的顺利实现。

二是在事前评估重点上，实现绩效目标审核与重点支出评估相结合。北京市本年度事前绩效评估工作采取"更大范围绩效目标审核"与"重点支出事前绩效评估"相结合的方式开展，具体分为绩效目标审核和事前绩效评估两个阶段开展工作。绩效目标的审核对象包括纳入政府绩效管理的54家部门（单位）填报绩效目标的项目、2018年新设立政策的填报绩效目标的项目、纳入市政府14项重点工作的填报绩效目标的项目以及重点支出填报绩效目标的项目。

三是在事前评估主体上，实现财政为主体与专家发挥作用相结合。北京市委托中介机构参与评估，充分利用专家、第三方机构、人大代表、政协委员等独立、客观、专业的特点，保障评估工作的客观公正性。重视借助专家的智力资源，除管理专家、财政专家、财务专家外，注重发挥项目自身领域专家的重要作用，提升评估工作的质量与深度。

四是在事前评估监督上，实现绩效评估与预算监督相结合。北京市引入人大代表和政协委员全程参与，把绩效评估与预算监督有机结合，让人大代表和政协委员代表社会公众对项目本身进行监督，确保项目实施符合社会公众的利益需求；同时对评估工作进行监督，确保评估工作客观、公开、公正开展。提高人大代表、政协委员评估意见比例，最后形成财政、专家、人大和政协总体评估意见。

五是在事前评估衔接上，实现事前绩效评估与预算评审工作相结合。北京市建立联合评审机制，项目资料信息共享，事前评估与预算评审同步进行。预算评审工作提前介入到事前绩效评估环节，真正将预算编制"科学化、精细化"的管理要求落到实处。

资料来源：中国财经报网站http：//www.cfen.com.cn/dzb/dzb/page_4/201712/t20171227_2789024.html.

三、事前绩效评估案例——北京市

(一)北京市事前绩效评估开展概况

事前绩效评估,是北京市率先将绩效概念引入事前决策中,是对预算绩效管理工作的一次有效创新与探索。2010年,在中央和国内大多数地方还聚焦于事后绩效评价的阶段,北京市财政就着手将预算绩效管理关口前移,于预算编审环节引入事前绩效评估工作。2011年9月,北京市公共预算"事前绩效评估"开始试点,并选择了市科委、市卫生局、市医管局三家单位试点,推行涵盖预算编制、执行、监督全过程的预算绩效管理。为加强预算科学化精细化管理,提高预算资金分配决策的科学性、公开性、公正性,进一步规范市级项目支出事前绩效评估工作,2012年12月北京市财政局先后印发了《关于推进市级项目支出事前绩效评估工作的通知》(京财预〔2012〕2891号)、《北京市市级项目支出事前绩效评估管理暂行办法》(京财预〔2012〕2892号),明确了事前绩效评估的内涵、基本原则、对象和内容、方式方法、工作程序和报告等核心内容。为了使事前绩效评估更加专业化、科学化,2013年10月,北京市又从43个项目中选择9个项目开始试点,对评估的方式和内容进行新的探索,形成全过程预算绩效管理的闭环机制。为细化事前绩效评估工作内容和流程,2014年9月北京市财政局又印发了《北京市市级项目支出绩效评估管理实施细则》(京财预绩效〔2014〕1933号)。2018年底,北京市财政局全面启动2019年度财政支出项目(政策)事前绩效评估工作,共选取预算部门申报的资金规模在500万元以上的新增事业发展类项目(政策)144个。此次事前评估主要强调,一是将绩效关口前移,严把入口关;二是为建立财政支出项目(政策)即时立项机制做好前期准备;三是创新评估方式。2019年10月北京市财政局印发了《北京市市级财政支出事前绩效评估管理办法》(京财绩效〔2019〕2129号),确立了北京市事前绩效评估的新制度规范。

2010—2014年,北京市市级预算项目开展事前绩效评估的项目数逐年增加,四年共评估市级预算项目180个,涉及预算金额186.79亿元,累计审减金额40.54亿元,平均审减率为20.74%。其中,2014年共评估60个项目,涉及预算金额48.08亿元,审减金额12.83亿元,审减率为26.68%(见表3-1)。

表3-1   2010—2014年北京市市级预算项目事前
绩效评估开展概况表   单位:个、亿元、%

年份	评估项目数	评估金额	评估审减额	审减率
2010	8	14.25	2.18	15.30
2011	33	48.67	8.92	18.33

续表

年份	评估项目数	评估金额	评估审减额	审减率
2012	36	35.96	6.31	17.55
2013	43	39.83	10.3	25.86
2014	60	48.08	12.83	26.68
合计	180	186.79	40.54	20.74

（二）事前绩效评估指标

2014年10月，北京市财政局开始了2015年各预算单位事前评估工作。北京市2015年度事前绩效分两批开展，第一批从各预算部门上报的2015年重点指出事项中选取了34个项目，第二批从各预算部门上报的2015年预算支出项目中选取了约20个项目。按事前评估准备、事前评估实施、事前评估总结及应用三个阶段开展评估，对预算单位申报的项目要围绕事前评估的指标进行评判，评估指标由五个方面构成。

1.项目相关性指标。包括政策相关性、职能相关性、需求相关性、财政投入相关性、产出和效果相关性。

2.项目绩效的可实施性。包括绩效目标明确和理性、绩效目标细化量化程度、项目预期效益可实现程度。

3.项目实施方案的有效性。包括项目内容明确性、决策程序规范性、预算编制科学和理性、项目资金保障条件、组织机构健全有效性、技术方案科学合理性、项目实施方案的有效性和项目管控措施健全有效性。

4.项目预期绩效的可持续性。包括政策的可持续性、预期产出及效果的可持续性、组织管理机构的可持续性。

5.财政资金投入的可行性及风险。包括财政投入能力风险、财政资金重复投入风险、支持方式导致的财政资金投入风险，项目执行风险导致的财政资金投入风险。

（三）事前绩效评估案例——以2016年度北京市中医药重点学科建设项目

1.基本情况。为实现北京在21世纪达到国际大城市医疗卫生先进水平，为进一步提高中医药科学技术水平，促进中医药科技进步及学术水平的提高，北京市中医药管理局和北京市财政局协同设了"北京中医药重点学科资金"。为规范该项资金的合理使用，北京市中医药管理局和北京市财政局出台了《北京中医药重点学科项目管理办法（试行）》（京中科〔1999〕44号），2001年4月《北京市中医药重点学科管理办法》（京中科〔2001〕14号）发布。京中科〔1999〕44号同时废止。

按照专项管理办法，北京市中医药重点学科的确定采取招标的办法，鼓励符合条件的北京市中医药高等院校、研究所和医疗机构组织申报资金投入采取多渠道支持、共同扶植。分为是专项经费资助、单位配套以及其他途径投入。北京市中医药管理局安排了专项经费后，承担单位要按100%配套自筹资金。资金采取核定建设进度的办法下拨，承担单位严格按照用款计划管理使用资金。

2.预算资金安排情况。预算资金安排情况见表3-2。

表3-2　　2016年度北京市中医药重点学科建设项目经费资助名单　　　单位：万元

承担单位	项目名称	资助额度
北京中医医院	中医针灸重点学科	20
北京中医医院	中医肿瘤重点学科	20
北京中医医院	中医外科重点学科	20
北京中医医院	中医皮科重点学科	20
北京中医医院	中医心血管内科重点学科	20
北京中医医院	科研处	10

3.项目申请报告。

北京市中医药大学民族医药研究所资金申请报告
（简略版）

一、建设背景

（一）民族医药事业呈现出强劲的发展形势

1.党和政府不断加大对民族医药的投入

2.民族医药服务能力不断提高

3.民族医药产业体系迅速壮大

（二）民族医药学科建设成效显著

1.学科框架初具规模

2.师资建设逐步成熟

3.人才梯队基本成型

（三）民族医药学科研工作日新月异

1.科研机构发展迅速

2.科研环境日益成熟

3.科研成果令人瞩目

二、必要性

（一）在我校开展民族医药研究，有利于打破民族医药的研究瓶颈

（二）在我校开展民族医药研究，有利于我校学科体系的建设和完善

（三）在我校开展民族医药研究，有利于我校科研工作取得原始创新

三、可行性

（一）我校作为中医药学科的国家队在民族医药领域具有良好的凝聚力

（二）我校在中医药领域的科研积累为本项目奠定良好基础

（三）我校在民族医药领域的工作基础为本项目提供了直接支持

四、建设目标

立足北京优势、面向国际学科前沿、联合各民族医药机构，建设国家级民族医药研究平台

五、建设原则

（一）资源重组原则

（二）广泛联合原则

（三）全局整合原则

（四）方法创新原则

（五）重点突破原则

（六）高端前沿原则

六、建设思路

（一）把本项目作为学习落实科学发展观的重要任务

（二）建设传统团队和现代团队互相促进的研究格局

（三）以本校研究骨干为核心，广泛联合国内外科研力量

（四）以独立研究室（中心）形式，把本项目作为我校科研体制创新的示范基地

（五）以科研为先导，探索科研、教学、产业的共同发展的新模式

（六）建设强势高效的领导核心和组织机构

七、研究重点

八、组织结构

九、建设步骤

4.事前绩效评估报告模板。

××省级财政支出预算事前绩效评估报告
（参考文本）

项目名称：
项目单位：
主管部门：
评估机构：
评估时间：
××省财政厅（北京市财政局） 制

一、评估对象

评估事项名称：

主管部门： 　　　　　　　　预算单位：

评估事项绩效目标：

申请资金总额： 　　　　　　其中申请财政资金：

评估事项概况：

二、评估方式和方法

（一）评估程序

（二）评估方式及方法（含专家名单）

三、评估内容与结论

（一）评估事项的必要性

（二）评估事项的可行性

（三）评估事项的绩效目标

（四）评估事项涉及资金预算和财政支持范围、方式，及其他自有资金保障渠道等

（五）总体结论

四、相关建议

五、其他需要说明的问题

（阐述评审工作基本前提、假设、报告适用范围、相关责任以及需要说明的其他问题等）

六、附件

主要包括评估事项相关资料、评审专家意见（打分表、表决统计表、专家签字等）

第二节 绩效目标管理

一、绩效目标管理的基本概念

（一）绩效目标管理的含义

绩效目标管理是指财政部门、各级预算部门及其所属单位以绩效目标为对象，以绩效目标的设定、审核、批复等为主要内容所开展的预算管理活动。财政部门和各级预算部门及其所属单位是绩效目标管理的主体。绩效目标管理的对象是纳入各级预算部门管理的全部资金，包括财政性资金和非财政性资金。

（二）绩效目标分类

绩效目标是指财政预算资金计划在一定期限内达到的产出和效果。绩效目标是建设项目库、编制部门预算、实施绩效监控、开展绩效评价等的重要基础和依据。

1.按照预算支出的范围和内容划分，包括基本支出绩效目标、项目支出绩效目标和部门（单位）整体支出绩效目标。基本支出绩效目标，是指部门预算中安排的基本支出在一定期限内对本部门（单位）正常运转的预期保障程度。一般不单独设定，而是纳入部门（单位）整体支出绩效目标统筹考虑。项目支出绩效目标是依据部门职责和事业发展要求设立，并通过预算安排的项目支出在一定期限内预期达到的产出和效果。部门（单位）整体支出绩效目标是指部门及其所属单位按照确定的职责，利用部门预算整体资金在一定期限内预期达到的总体产出和效果。

2.按照时效性划分，包括中长期绩效目标和年度绩效目标。中长期绩效目标是指部门预算资金在跨年度的计划期内预期达到的产出和效果。年度绩效目标是指中央部门预算资金在一个预算年度内预期达到的产出和效果。

（三）项目支出绩效目标设定方法

项目支出绩效目标设定的主要方法包括：（1）对项目功能进行梳理，包括资金性质、预期投入、支出范围、实施内容、工作任务、受益对象等，明确项目的功能特性。（2）依据项目功能特性，预计项目实施在一定时期内所要达到的总体产出和效果，确定项目所要实现的总体目标，并以定量和定性相结合的方式进行表述。（3）对项目支出总体目标进行细化分解，从中概括、提炼出最能反映总体目标预期实现程度的关键性指标，并将其确定为相应的绩效指标。（4）通过收集相关基准数据，确定绩效标准，并结合项目预期进展、预计投入等情况，确定绩效指标的具体数值。

部门（单位）整体支出绩效目标的主要设定方法包括：（1）对部门（单位）的职能进行梳理，确定部门（单位）的各项具体工作职责。（2）结合部门（单位）中长期规划和年度工作计划，明确年度主要工作任务，预计部门（单位）在本年度内履职所要达到的总体产出和效果，将其确定为部门（单位）总体目标，并以定量和定性相结合的方式进行表述。（3）依据部门（单位）总体目标，结合部门（单位）的各项具体工作职责和工作任务，确定每项工作任务预计要达到的产出和效果，从中概括、提炼出最能反映工作任务预期实现程度的关键性指标，并将其确定为相应的绩效指标。（4）通过收集相关基准数据，确定绩效标准，并结合年度预算安排等情况，确定绩效指标的具体数值。

（四）绩效目标管理主要内容

1.绩效目标设定管理。绩效目标设定是指各部门或其所属单位按照部门预算管理和绩效目标管理的要求，编制绩效目标并向财政部门或各部门报送绩效目标的过程。绩效目标是部门预算安排的重要依据。未按要求设定绩效目标的项目支出，不得纳入项目库管理，也不得申请部门预算资金。按"谁申请资金，谁设定目标"原则，绩效目标由中央部门及其所属单位设定。

2.绩效目标审核管理。绩效目标审核是指财政部门或中央部门对相关部门或单位报送的绩效目标进行审查核实，并将审核意见反馈相关单位，指导其修改完善绩效目标的过程。按"谁分配资金，谁审核目标"原则，绩效目标由财政部或中央部门按照预算管理级次进行审核。根据工作需要，绩效目标可委托第三方予以审核。

3.绩效目标的批复和应用管理。绩效目标批复和应用管理是各级人民代表大会批复本级政府预算后，指财政部门或中央部门对相关部门或单位报送的绩效目标进行转批复的过程。按"谁批复预算，谁批复目标"原则，财政部门和中央部门在批复年初部门预算或调整预算时，一并批复绩效目标。原则上，中央部门整体支出绩效目标、纳入绩效评价范围的项目支出绩效目标和一级项目绩效目标，由财政部批复；中央部门所属单位整体支出绩效目标和二级项目绩效目标，由中央部门或所属单位按预算管理级次批复。绩效目标确定后，一般不予调整。预算执行中因特殊原因确需调整的，应按照绩效目标管理要求和预算调整流程报批。中央部门及所属单位应按照批复的绩效目标组织预算执行，并根据设定的绩效目标开展绩效监控、绩效自评和绩效评价。

2018年财政部预算绩效管理改革措施见专栏3-2。

> **专栏3-2：财政部2018年预算绩效目标基本实现全覆盖**

按照党的十九大关于"建立全面规范透明、标准科学、约束有力的预算制度，全面实施绩效管理"的要求，2018年中央财政加快预算绩效改革步伐，着力完善预算绩效管理顶层设计，推动财政资源配置效率和使用效益不断提升。2018年财政部深化预算绩效管理改革的举措如下：

（一）绩效目标基本实现全覆盖。2018年，绩效目标管理已经覆盖一般公共预算、政府性基金预算中所有中央部门本级项目和中央对地方专项转移支付，以及部分中央国有资本经营预算项目，初步建立了比较全面规范的绩效指标体系。同时，将绩效目标随同预算批复和下达，强化资金使用单位的主体责任和效率意识。

（二）扩大绩效运行监控范围。在前两年试点的基础上，2018年绩效目标运行监控范围扩大到所有中央部门本级项目，跟踪查找薄弱环节，及时堵塞管理"漏洞"，纠正执行偏差。

（三）全面实施绩效自评。继续组织中央部门对上年所有本级项目开展绩效自评，首次组织地方对中央专项转移支付全面开展绩效自评。

（四）大力推进重点绩效评价。2016年开始建立重点绩效评价常态机制，每年选择部分重点民生政策和重大项目组织开展绩效评价工作，截至目前已经对100多个项目（政策）开展了绩效评价。同时，不断强化绩效评价结果反馈及应用，督促部门及地方进行整改，并推动将部分绩效评价结果应用于预算安排和政策调整。

（五）加大绩效信息公开力度。将中央部门本级36个重点项目和所有中央对地方专项转移支付绩效目标、15个重点项目绩效评价报告、93个中央部门182个项目绩效自评结果，提交全国人大常委会参阅或审议，并稳步推动上述绩效信息向社会公开。

资料来源：财政部.

二、绩效目标管理流程

（一）绩效目标设定

绩效目标设定是指各部门或其所属单位按照部门预算管理和绩效目标管理的要求，编制绩效目标并向财政部门或各部门报送绩效目标的过程。预算单位在编制下一年度预算时，要根据本级政府编制预算的总体要求和财政部门的具体部署、国民经济和社会发展规划、部门职能及事业发展规划，科学、合理地测算资金需求，编制预算绩效计划，报送绩效目标。报送的绩效目标应与部门目标高度相关，并且是具体的、可衡量的、一定时期内可实现的。预算绩效计划要详细说明为达到绩效目标拟采取的工作程序、方式方法、资金需求、信息资源等，并有明确的职责和分工。

按"谁申请资金，谁设定目标"原则，绩效目标由各部门及其所属单位设定。项目支出绩效目标，在该项目纳入各级政府部门预算项目库之前编制，并按要求随同各部门项目库提交财政部门。基层单位绩效目标，是指申请预算资金的基层单位按照要求设定绩效目标，随同本单位预算提交上级单位的过程。部门（单位）整体支出绩效目标，在申报部门预算时编制，设定本级支出绩效目标，审核、汇总所属单位绩效目标，并按要求提交本级财政部门。

绩效目标要能清晰反映预算资金的预期产出和效果，并以相应的绩效指标予以细化、量化描述。主要包括：（1）预期产出，是指预算资金在一定期限内预期提供的公共产品和服务情况；（2）预期效果，是指上述产出可能对经济、社会、环境等带来的影响情况，以及服务对象或项目受益人对该项产出和影响的满意程度等。

绩效指标是绩效目标的细化和量化描述，主要包括产出指标、效益指标和满意度指标等。（1）产出指标是对预期产出的描述，包括数量指标、质量指标、时效指标、成本指标等。（2）效益指标是对预期效果的描述，包括经济效益指标、社会效益指标、生态效益指标、可持续影响指标等。(3) 满意度指标是反映服务对象或项目受益人的认可程度的指标。

以中央部门项目绩效管理为例，其流程图见专栏3-3。

> **专栏3-3：中央部门项目绩效管理流程图**
>
> 中央部门预算项目实行分级管理，分为一级项目和二级项目两个层次（见图1）。2016年，中央层面已经实现绩效目标管理全覆盖，促进"花钱"和"办事"相结合。2016年财政部组织力量对153个中央部门的全部2024个一级项目以及93项中央对地方专项转移支付绩效目标进行集中会审，形成了包括产出数量、质量、时效、成本、经济效益、社会效益、生态效益、可持续影响以及服务对象满意度等9个维度在内的规范化绩效指标体系，初步建立了绩效目标与预算资金"同步申报、同步审核、同步批复"的机制。
>
>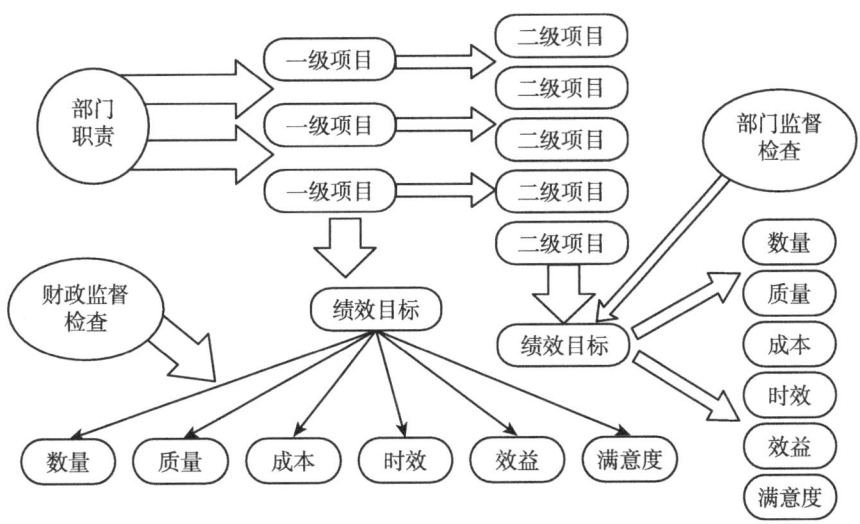
>
> 图1 中央部门项目绩效目标管理流程图

各部门、各单位设定项目或部门的绩效目标时，可以参考相关历史或横向的绩效标准。绩效标准是设定绩效指标时所依据或参考的标准。一般包括：(1) 历史标准，是指同类指标的历史数据等；(2) 行业标准，是指国家公布的行业指标数据等；(3) 计划标准，是指预先制定的目标、计划、预算、定额等数据；(4) 财政部门认可的其他标准。

各部门设定绩效目标的依据包括：（1）国家相关法律、法规和规章制度，国民经济和社会发展规划；（2）部门职能、中长期发展规划、年度工作计划或项目规划；（3）部门中期财政规划；（4）财政部门中期和年度预算管理要求；（5）相关历史数据、行业标准、计划标准等；（6）符合财政部门要求的其他依据。部门预算绩效目标管理流程图见图3-1。

（二）绩效目标审核

1.绩效目标审核内涵。绩效目标审核是指财政部门或各部门对相关部门或单位报送的绩效目标进行审查核实，并将审核意见反馈相关单位，指导其修改完善绩效目标的过程。按"谁分配资金，谁审核目标"原则，绩效目标由财政部门或各部门按照预算管理级次进行审核。根据工作需要，绩效目标可委托第三方予以审核。财政部门要依据国家相关政策、财政支出方向和重点、部门职能及事业发展规划等对单位提出的绩效目标进行审核，包括绩效目标与部门职能的相关性、绩效目标实现所采取措施的可行性、绩效指标设置的科学性、实现绩效目标所需资金的合理性等。

绩效目标审核是部门预算审核的有机组成部分。绩效目标不符合要求的，财政部门或中央部门应要求报送单位及时修改、完善。审核符合要求后，方可进入项目库，并进入下一步预算编审流程。各部门对所属单位报送的项目支出绩效目标和部门（单位）整体支出绩效目标进行审核。有预算分配权的部门应对预算部门提交的有关项目支出绩效目标进行审核，并据此提出资金分配建议。经审核的项目支出绩效目标，报财政部门备案。

2.绩效目标审核内容。绩效目标审核的主要内容包括：（1）完整性审核。绩效目标的内容是否完整，绩效目标是否明确、清晰。（2）相关性审核。绩效目标的设定与部门职能、事业发展规划是否相关，是否对申报的绩效目标设定了相关联的绩效指标，绩效指标是否细化、量化。（3）适当性审核。资金规模与绩效目标之间是否匹配，在既定资金规模下，绩效目标是否过高或过低；或者要完成既定绩效目标，资金规模是否过大或过小。（4）可行性审核。绩效目标是否经过充分论证和合理测算；所采取的措施是否切实可行，并能确保绩效目标如期实现。综合考虑成本效益，是否有必要安排财政资金。

3.绩效目标审核程序。绩效目标审核程序包括：（1）各部门及其所属单位审核。各部门及其所属单位对下级单位报送的绩效目标进行审核，提出审核意见并反馈给下级单位。下级单位根据审核意见对相关绩效目标进行修改完善，重新提交上级单位审核，审核通过后按程序报送财政部。（2）财政部门审核。财政部门对各部门报送的绩效目标进行审核，提出审核意见并反馈给各部门。各部门根据财政部门审核意见对相关绩效目标进行修改完善，重新报送财政部门审核。财政部门根据绩效目标审核情况提出预算安排意见,随预算资金一并下达各部门。部门预算绩效目标设定、审核、批复管理流程见图3-1。

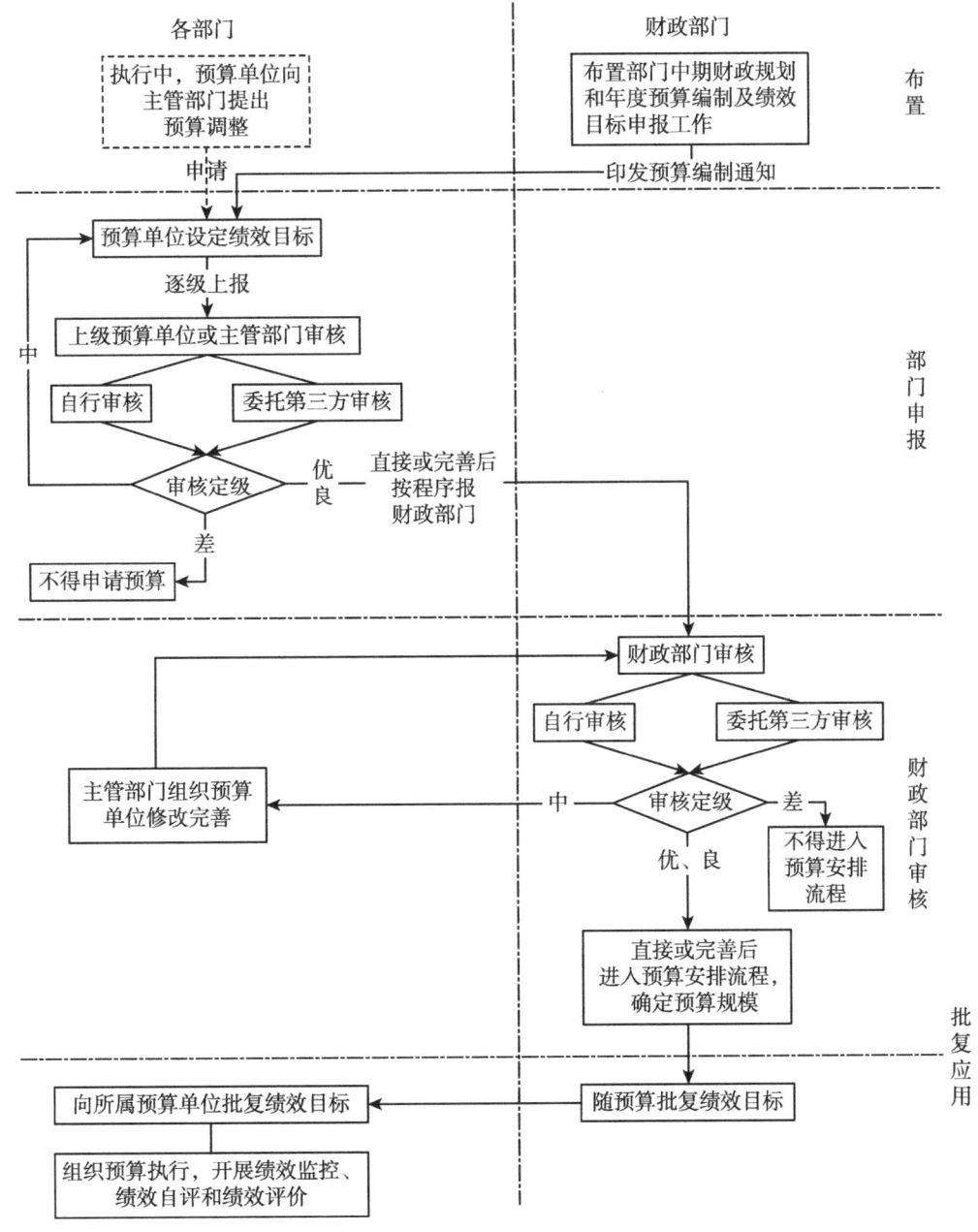

图3-1 部门预算绩效目标管理流程图

(三)绩效目标批复和应用

按"谁批复预算,谁批复目标"原则,财政部门和各部门在批复年初部门预算或调整预算时,一并批复绩效目标。批复的绩效目标应当清晰、可量化,以便在预算执行过程中进行监控和预算完成后实施绩效评价时对照比较。原则上，各部门整体支出绩效目标、纳入绩效评价范围的项目支出绩效目标和一级项目绩效目标，由本级政府财政部门批复；部门所属单位整体支出绩效目标和二级项目绩效目标，由各部门或所属单位按预算管理级次批复。

绩效目标确定后，一般不予调整。预算执行中因特殊原因确需调整的，应按照绩效目标管理要求和预算调整流程报批。各部门及所属单位应按照批复的绩效目标组织预算执行，并根据设定的绩效目标开展绩效监控、绩效自评和绩效评价。

（四）绩效目标公开

绩效目标设定情况应当按照政府信息公开有关规定在一定范围内公开。通过预算绩效目标公开，主动接受社会监督，强化各部门"花钱问效"的责任意识，推动预算资金使用效益不断提升。

三、绩效目标管理案例——广东省

（一）绩效目标管理制度

为规范省级部门预算财政项目支出绩效目标管理，增强项目支出预算的科学性，促进项目按照目标有效实施，切实提高财政资金使用效益，2011年4月15日广东省财政厅印发了《广东省省级部门预算项目支出绩效目标管理规程》（粤财评〔2011〕1号）。具体情况如下：

1. 适用范围。本规程适用于省级部门单位为完成其特定的行政工作任务或事业发展目标、纳入省级部门预算编制范围的项目支出绩效目标管理。项目支出包括：省财政安排资金500万元（含500万元）以上的项目支出；省财政连续2年（含2年）以上安排资金的跨年度项目支出；省财政厅确认的其他重要项目支出。

2. 绩效目标管理内容。具体包括：绩效目标申报、审核、下达、调整确认以及结果应用等内容。

3. 绩效目标申报。为编制省级部门预算并申请项目支出的省级部门单位，按绩效目标申报要求、申报时间、申报流程等要求，向专管部门提供正式项目支出绩效目标申报表，涵盖项目基本情况、项目资金情况、绩效目标情况、以前年度绩效评价情况和主管部门审核意见；其他与项目支出绩效目标相关的资料。

4.绩效目标审核。省财政厅依据国家相关法律法规和规章制度、经济社会发展规划或专项规划、政策或资金管理办法、行业政策和标准、部门职责及工作规划等有关依据,对主管部门报送的项目支出绩效目标进行形式审核或内容审核等。形式审核的重点包括绩效目标申报材料是否齐全,绩效目标申报表填列内容是否完整;内容审核的重点包括绩效目标申报内容是否符合本规程规定的绩效目标申报要求。

省级财政厅在"一上"20个工作日前,将项目支出绩效目标审核意见反馈给主管部门。符合申报要求的,可纳入部门预算申报范围;不符合申报要求的,由本级退回下属单位修改,于10个工作日内重新报送省财政厅审核。

5.绩效目标下达。省财政厅在部门预算"二下"后,将绩效目标审核结果下达给主管部门,并逐级下达给所属项目单位。

6.绩效目标调整确认。经省财政厅审核下达的绩效目标在项目实施过程中原则上不予调整。但项目单位如遇到特殊原因确实需要调整原绩效目标的,必须将调整后的绩效目标报主管部门审核同意后,报省财政厅审核确认。

7.绩效目标结果应用。省财政厅审核的项目支出绩效目标作为申报部门预算的前置条件和项目支出预算安排的重要依据。省财政厅下达的项目支出绩效目标作为项目支出预算执行和绩效评价的重要依据。

8.绩效目标管理职责。省级部门预算项目支出绩效目标管理由省财政厅统一组织,省财政厅、主管部门及项目单位分级实施。

广东省省级部门预算项目支出绩效目标管理流程图如图3-2所示。

(二)绩效目标管理情况

近年来,广东省不断强化绩效目标管理的龙头作用,推动绩效目标与预算管理同步布置、同步申报、同步审核、同步批复、同步公开,实现预算绩效管理进一步提质增效。[①]

1.扩大管理范围。将所有申请进入省级财政资金项目库的事业发展性支出项目、部门运转类支出中500万元以上(含500万元)的项目支出、省级财政专项资金使用总体计划、转移支付资金、部门整体支出均纳入省级预算绩效目标申报审核范围,由省财政部门在预算编制前进行统一布置,绩效目标管理基本实现了对一般公共预算各类型支出的全面覆盖。

---

① 广东省扎实推进预算绩效目标管理:http://czt.gd.gov.cn/jxglxxgk/content/post_181343.html。

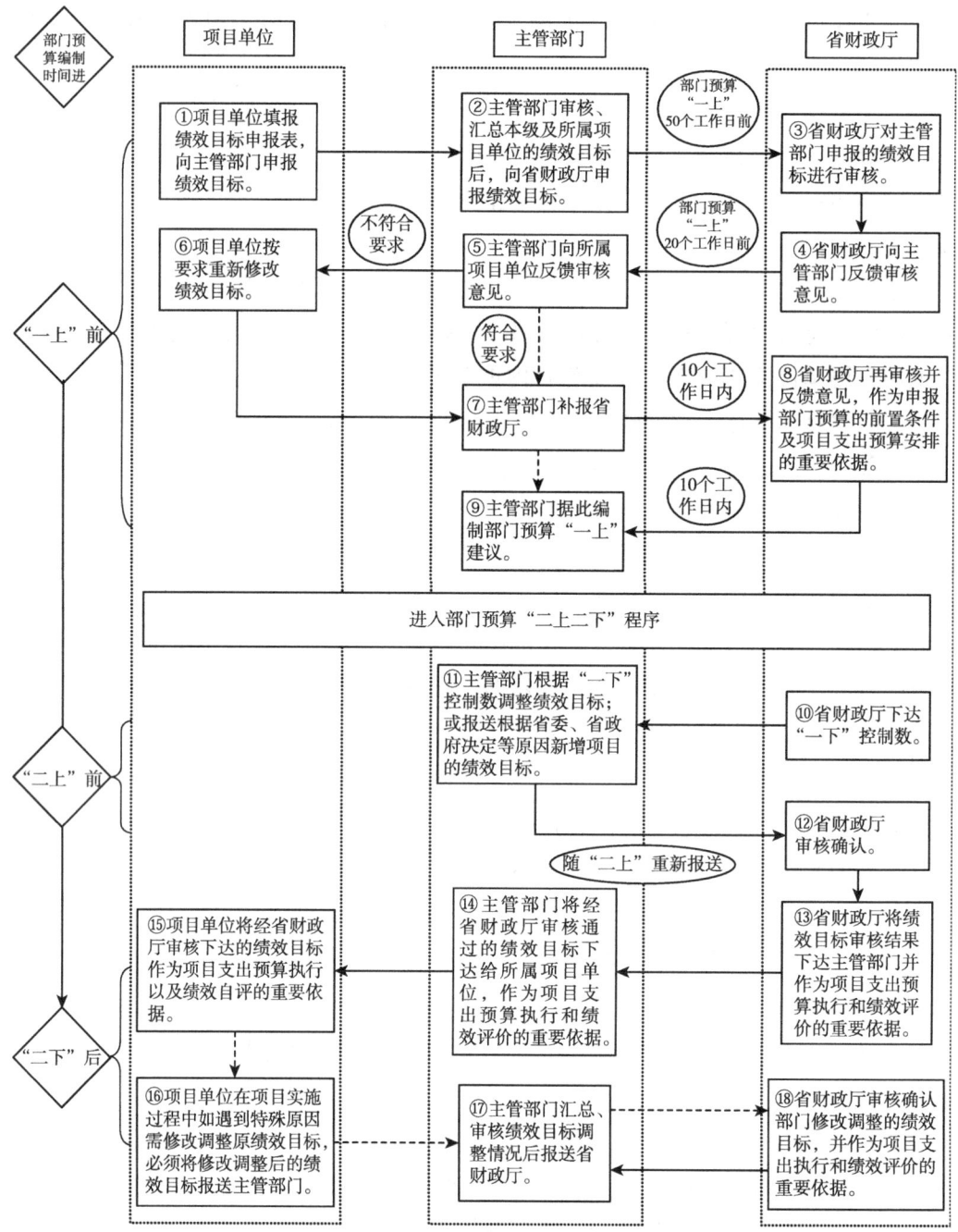

图3-2 广东省省级部门预算项目支出绩效目标管理流程图

2.设置数字指标。业务主管部门根据申报项目特点和属性，从广东省财政预算绩效管理指标库中选取适用的共性指标和个性指标外，还从指标库中选取指标出处（依据）、指标标准值、历史指标值、数据来源等信息项，科学设置数字指标，确保绩效目标的量化可测。绩效指标逐步从定性信息向定量数据转变，实现了指标数据的可衡量、可分析、可比较。目前，广东省财政预算绩效管理指标库已初步收集了20类266项资金用途，2000多个绩效指标，包含共性指标50个、个性化指标1900多个和备选指标700多个，并不断完善和拓展。绩效管理指标情况如表3-3所示。

3.创新审核模式。通过采用"业务部门绩效自审+第三方初审+财政部门复审"方式，对列入年度预算项目的绩效目标进行3家联审。在业务主管部门申报和自审的基础上，通过规范程序择优委托3家第三方专业机构对部门进行辅导和初审；在此基础上，由财政部门对初审项目进行复审，重点审核资金量大、安排周期长、影响面广的重点项目，审核的质量和效率得到显著提高。

4.细化审核标准。针对列入目标申报范围的一、二级项目和部门整体支出，分类制定了《广东省省级部门预算绩效目标审核指标表》，围绕"合规性、完整性、相关性、可行性、合理性"，建立了包括5个一级指标、12个二级指标的审核指标体系，明确了具体审核标准，由受托的第三方机构和财政部门对照审核指标评分和出具审核意见。

5.强化结果应用。绩效目标设置作为项目入库的资格条件，对未申报绩效目标的项目，不得进入项目库；绩效目标审核结果作为预算安排的重要依据，对未通过审核的项目，原则上不列入预算安排；绩效目标管理情况随同预算项目一并提交省人大参阅，并与预算同步批复、同步下达、同步公开。

表3-3　广东省××县民政局社会服务项目绩效目标申报表（2018年度）

项目名称	社会服务项目（城乡困难群众救助）		项目负责人及电话	
主管部门	××县民政局		实施单位	××县民政局
资金情况（万元）	年度资金总额：		××万元	
	其中：财政拨款（每项资金的名称和规模）		中央、省、市民政专项资金××万元	
	其他资金			
总体目标	年度目标			
	目标：1.城乡低保对象基本生活得到切实保障；2.特困人员救助供养全覆盖；3.临时救助及时高效；4.为生活无着流浪乞讨人员提供临时救助、协助其及时返乡，并做好回归稳固工作；5.为民政对象、建档立卡贫困户提供医疗救助，减轻困难群众就医负担；6.切实保障孤儿和事实无人抚养儿童生存，促进其成长，使其生活更有尊严，更好地融入社会。			
绩效指标	一级指标	二级指标	三级指标	指标值
	产出指标	数量指标	农村低保对象占当地农村人口比例	3%—5%
			贫困人口中接受临时救助的人次数	≥3000人次
			孤儿基本生活保障政策覆盖率	≥95%
			流浪乞讨人员救助服务保障率	≥95%

续表

一级指标		二级指标	三级指标	指标值
绩效指标	产出指标	数量指标	城乡特困人员救助供养覆盖率	≥95%
			贫困人口享受医疗救助的人次数	≥4000人次
			符合条件的建档立卡贫困人口享受健康扶贫医疗救助后报销比例	≥90%
			符合条件的民政对象个人自付医疗费用享受医疗救助的比例	≥60%
		质量指标	特困人员集中供养率	≥5%
			符合低保条件的建档立卡贫困人口应保未保比率	≤2%
			建立社会救助家庭经济状况核对机制的县比例	100%
		时效指标	补助资金及时发放率	≥90%
			"一站式"医疗救助即时结算覆盖乡镇率	≥80%
		成本指标	农村低保每人每年保障标准	3500元
			城乡特困人员集中、分散供养人员每人每月保障标准	665元
			孤儿基本生活保障集中供养每人每月补助标准	1769元
			孤儿基本生活保障分散供养每人每月补助标准	1069元
	效益指标	社会效益指标	农村低保对象生活水平提升情况	稳步提高
			政策知晓率	≥90%
	满意度指标	服务对象满意度指标	农村低保对象满意度	≥90%
			受助对象满意度	≥90%

经办人及电话：　　　　　　主要负责人：　　　　　　上报时间：

注：各地请根据实际情况，从上述绩效指标中选择适合的填报（可结合已下达的中央对地方专项转移支付绩效指标），也可自行增加或适当调整。指标设置要突出脱贫成效。

第三节 预算评审与项目审批

一、预算评审的基本概念

(一)预算评审的含义

顾名思义,评审一曰评议审查,或曰审核并加以评定。作为一种行为,评审是指"为确定主题事项达到规定目标的适宜性、充分性和有效性所进行的活动"。预算评审是财政部门为有效实施预算法,运用专业的技术和手段,对预算项目的基本情况、资金来源、财政预算编制和财政决算结果所进行的评判、监督活动。至于对财政预算的执行和调整所实施的监督,则不应归属于预算评审,以免与其他的过程监督机构之职责相重复。其中,编制阶段的预算评审,是指为提高预算编制质量而对财政预算编制结果所实施的监督活动。决算阶段的预算评审,是指为提高财政预算执行效果而对财政预算执行结果所实施的监督活动。

政府预算项目评审是指管理部门在审定项目预算前组织评审专家组,由专家组按照规范的程序和公允的标准对项目预算进行的咨询和评判活动,其主要任务是对项目申报预算的目标相关性、政策相符性和经济合理性进行评价,目的是为管理部门对项目预算决策提供咨询。预算评审坚持独立、客观、公正、科学的原则,并自觉接受有关方面的监督。

(二)预算评审的主要内容

1.项目的完整性、必要性、可行性和合理性审核。
(1)完整性主要是项目申报程序是否合规,项目申报内容填写是否全面,项目申报所需资料是否齐全等。对于财政支出项目而言,主要考量项目内容是否与项目功能匹配,是否涵盖项目全部功能,是否达到项目目标要求,与项目内涵与外延是否衔接等方面。

(2)必要性主要是项目立项依据是否充分,与部门职责和宏观政策衔接是否紧密,与其他项目是否存在交叉重复等。对于一个财政支出项目来说,立项的前提首先是该项目是否有立项的必要性。主要考察项目是否符合国家经济和社会发展的大政方针,是否符合中长期发展规划和目标等相关政策、法规、制度,是否符合部门工作目标,是否符合公共财政资金保障的范围和支持方向,是否符合单位工作职责,项目实施是否有利于完成行政工作任务或促进事业发展等进行判断等。

(3)可行性主要是项目立项实施方案设计是否可行,是否具备执行条件等。可行性重在考察预算项目实施内容的可操作性,实施条件是否具备,前期准备是否到位,与其他有相关项目或内容的衔接情况是否就绪,操作程序是否规范等方面。通过评审,对项目投资的预算约束、技术要求、人员组织、管理制度保障等方面考察,证明在目前的政治、经济、科学技术、社会条件下,结合经济效益、社会效益、生态环境效益考虑,财政对该项目的投资是切实可行的。

(4)合理性主要是项目支出内容是否真实、合规,预算需求和绩效目标设置是否科学合理等。根据项目实施内容是否符合项目功能定位,项目工作量与实施内容是否匹配,费用范围和结构是否合理,费用标准是否符合项目功能定位等进行评估判断。这里要注意两种倾向:一是夸大项目的投资额而形成浪费;二是为取得项目投资而故意减少投资额,结果形成"钓鱼工程"。

2.项目的绩效目标审核。

(1)审核绩效目标的格式是否规范、内容是否完整,绩效目标是否明确、清晰。

(2)审核绩效目标的设定与部门职能、事业发展规划、项目实施内容是否相关,是否选取了关键指标,绩效指标是否细化、量化。

(3)审核预期绩效是否显著、合理,资金规模与绩效目标之间是否匹配。

(4)审核绩效目标是否经过充分论证和合理测算,符合客观实际,所采取的措施是否切实可行,绩效目标能否如期实现。

(三)预算评审的模式

按照财政预算评审的开展方式,预算评审可以归纳为以下四种模式。

第一,由立法机关或政府出台财政预算评审管理的有关法规,授权财政预算评审机构全权负责对财政项目的预算、决算进行审核、评判。

第二,由财政部门出台财政预算评审管理的有关制度办法,授权财政预算评审机构实施财政预算评审业务,对需要委托社会中介机构的评审业务,也由财政预算评审机构组织实施。

第三，对年度基建工程项目的评审业务，由财政行政业务处于年初一次性全部委托给财政预算评审机构，由财政预算评审机构编制出财政预算评审年度计划，再分别向被审单位下达评审通知书，使评审机构加强计划性并合理配置力量，提高工作效率。

第四，由财政业务部门将预算评审业务委托给财政预算评审机构或社会中介机构进行评审，这种运作模式实际上把财政预算评审机构视同社会中介机构一样对待。

（四）预算评审的方式

根据预算管理级次的不同，各部门可实行集中评审或分级评审，具体形式由部门自行确定。根据不同类型项目的特点，可采取由部门所属评审机构、委托有相应资质的社会中介结构或组织专家组评审等方式开展预算评审。对技术性、专业性较强的项目，原则上应委托专业评审机构评审。委托社会中介机构评审的，要根据政府购买服务的要求，按照政府采购法规定的方式确定承接主体，签订委托合同。组织专家组评审的，原则上应设立专家库并从中随机抽取符合相关专业要求的专家。财政部的评审工作主要由预算评审中心和财政部驻各地监管局承担。

二、预算评审流程

具体操作上，根据项目复杂性和资料准备情况，评审工作组可灵活采取现场审核、资料送审、以及先现场沟通再集中审核等多种方式。对于项目资料较少，可采取资料送审的方式；对于项目资料较多，内容复杂，需与项目申报单位频繁沟通的项目，可采取现场审核方式。

财政支出项目的预算评审程序一般包括前期准备、制定评审方案、实施评审、报告撰写与稽核、出具报告和案卷归档等环节。具体如下：

1.前期准备。一般前期准备阶段包括评审任务接收、评审对象确定、评审工作组组建和基础资料收集审核等。具体如下：项目评审负责人接到评审任务通知书后，查询项目申报方案和绩效目标表等预算资料，确定评审对象、范围和评价主要目的等。组建评审工作组，一般包括评审中心工作人员、中介机构人员和行业专家，具体负责整个评价工作的组织指导，确定评价机构、制订或审定评价方案、审核。评审工作组及时联系项目单位，了解项目情况，拟定资料清单，进行资料的收集、审核及交接工作。同时，评审工作组要通过多种渠道收集相关政策制度文件和标准规范等，做好评审准备工作。

2.制订评审方案。在前期准备工作基础上，评审工作组对预算评审任务进行总体分析，初步确定评审方式、评审原则等，拟定评审工作方案。评审工作方案包括项目概况、评审依据、评审内容、评审思路及重点、评审方法、评审人员、时间安排等。批量项目可在合理分类基础上，制定整体评审方案，分类体现上述要素。

3. 实施评审。根据评审方案，实施项目预算评审。项目预算评审主要是对项目完整性、必要性、可行性以及预算合理性进行全面审核。

不同评审人员按照任务分工进行评审。评审中心工作人员主要负责评审业务联系、沟通协调、政策把握、评审进度控制、评审结论复核、事务所人员以及行业专家管理等组织管理工作。行业专家主要利用自身专业优势，评审项目的必要性和可行性，审核项目实施方案和绩效目标的合理性，以及项目预算与项目实施方案及目标的匹配性等。中介机构人员则主要负责审核项目资料和预算完整性、核实工作量、材料与设备市场询价以及资料收集整理等预算评审基础性工作。

对于项目预算合理性的评审，主要的方法有：已经制定相关支出标准的，按标准核定，如办公家具配备标准、会议费标准、培训费标准、出国费标准等；材料、设备等价格，通过市场询价确定；对于工程修缮类项目，按照工程造价审核的方法通过识图算量、套用定额和市场价格确定；需要调整项目实施方案的，通过评审专家的专业审核，形成专家意见后，按专家意见调整，相应调整预算。

评审过程中要形成评审工作底稿，评审工作底稿应包括评审事项、审核过程、审核依据、审核结论、编制人及编制日期等内容，重大事项工作底稿还需附原始凭证或取证材料。同时，要做好评审工作底稿的复核工作。

评审中可建立重大事项会商机制，充分讨论，必要时可进一步聘请专家进行咨询。项目评审负责人要做好沟通协调，以及质量、进度控制等工作，并对初步评审结论进行复核。在此基础上，与项目申报单位交换意见，并根据交换意见情况，对初步评审结论进行调整，形成最终评审结论，由项目申报单位签署意见、盖章。

4. 报告撰写与稽核。评审报告主要围绕评审内容展开，一般应包括基本情况、评审结论、问题和建议，如有特殊情况需要说明的，可在报告中体现。基本情况是对项目情况的介绍，包括项目背景、项目内容、项目申报预算、项目实施周期等，延续性项目还应包括以前年度预算批复及执行情况。评审结论主要阐述针对项目完整性、必要性、可行性和合理性以及绩效目标的评审意见。关于预算调整情况，应在合理归类的基础上，对预算调整内容、调整原因等进行准确描述。问题和建议主要是评审中发现的项目申报、预算编制和管理等方面存在的问题及建议，问题的定性应准确，建议应具有针对性。此外，应建立评审稽核机制，做好评审报告的内部稽核工作，对评审结论的客观公正性和科学合理性，以及评审报告的完整性和表述的准确性进行稽核。

5. 出具报告和案卷归档。根据稽核意见对评审报告进行修改完善，按照规定程序报有关部门。同时，及时整理项目评审资料，按规定将工作底稿、评审报告等整理归档。

三、预算评审要点

全面了解项目基本情况，掌握影响项目"四性"的各种因素，是开展评审的重要方法。在项目预算评审中需要关注以下要点。

（一）评审项目立项的必要性

通过了解部门职责和有关的行业发展规划，国家当前关于该行业或领域的有关政策等，确定评审项目立项的必要性。

（二）评审项目的统筹规划性

通过了解部门经费渠道与项目支出总体情况，判断评审项目与其他项目之间的关系，是否缺乏统筹，是否存在交叉重复等问题。

（三）评审项目的部门间协调问题

对于一个项目涉及中央部门内部不同部门的，通过了解部门内部机构设置和职责分工，评审项目不同内容之间是否存在衔接问题。

（四）评审项目的实施方式是否可行

了解项目实施方式，评审项目实施方式是否合理、合规，是否存在应招标未招标问题，通过优化调整项目实施方式，结合市场价格水平评审项目预算。

（五）评审项目的政府与市场边界问题

区分政府与市场的边界，确定预算支持重点。评审中，按理清政府与市场边界的思路确定评审原则，即具有公益性的事业活动或者服务于政府政策目标的企业活动应由中央财政给予补贴，而参与市场竞争、具有盈利能力的事业单位活动或者不具有公益性的企业活动不应纳入财政补贴范围。

（六）关注延续性项目的绩效监控

根据延续性项目以前年度执行和绩效情况，评审当年预算。对于延续性项目预算,不仅要审核当年预算申报情况的真实性、完整性和科学性,还要审核项目以前年度的执行情况和绩效状况。延续性项目预算以前年度的执行情况和绩效评价是核定当年预算的重要依据,对于执行情况不理想、资金大量结转的项目或者绩效目标完成较差的项目,应审减当年或以后年度预算,或中止项目。

(七)优化项目实施方案,提高项目实施的可行性

评审中,对于新增项目预算,重点评审其必要性和可行性。一方面深入到项目单位,如实了解项目实施的目标和条件,督促项目单位细化项目的具体内容,核实项目的工作量、费用标准。另一方面,发挥专家智慧,优化项目实施方案,并相应调整项目的费用结构,提高项目预算的可执行性。

四、预算评审案例——广东省东莞市财政局[①]

东莞市财政局从2008年开始探索实践财政事前评价形式,每年选取几十个项目作为试点开展支出项目预算评审,尤其近年来以构建项目库为契机,全面铺开了预算绩效评审工作,切实加强绩效评价结果与预算安排相结合,使绩效评价"关口"前移,建立起"先评审后入库、先入库后安排预算"的预算管理机制,并取得了事半功倍的效果。2016年共对326个项目进行了预算绩效评审,涉及2017年市级财政资金61.4亿元,评审建议安排金额45.75亿元,核减了15.65亿元,核减率为25.48%。

(一)明确绩效评审的目标

围绕构建全过程预算绩效管理的工作要求,东莞市预算绩效评审的目标,是以绩效评价为手段,全面开展预算绩效评审,规范评审行为,提高评价质量,从而进一步改进预算管理方式,科学合理地配置公共资源,把有限的财政资金分配好、使用好、管理好,增强支出责任和效率意识,真正树立"讲绩效、重绩效、用绩效""用钱必问效、无效必问责"的绩效管理理念。

(二)划分绩效评审的范围

考虑到评审工作经济性和避免重复评审,除专项补充公用经费外,申报金额在3年内总投资超200万元(含200万元)或一次性项目投资超200万元(含200万元)

[①] 资料来源:东莞市财政局(http://czt.gd.gov.cn/ds/content/post_178984.html)。

的事业发展性支出项目都纳入预算绩效评审范围。

（三）确定绩效评审的内容

主要包括项目实施的合规性和必要性、项目方案的可行性和经济性、绩效目标的规范性以及申报材料的真实性和完整性等。在构建评价模型时，东莞市财政局始终围绕"该不该、行不行、花多少"为原则，从完备性、必要性、可行性以及经济性等方面设计评价指标进行评审。通过上述的分析与评审，基本可以判断项目是否符合条件入库以及是否安排预算。

（四）创新绩效评审的方式方法

一是在评审方式方面，为解决财政部门专业人员不足的问题以及确保评价结果的科学性、公正性和权威性，东莞市财政局将评审方式分为自行组织专家组评审和委托第三方机构组织评审，其中：自行组织专家组评审方式主要针对专业性很强、评审任务时间很紧的重大项目，一般从东莞市专家库选择专业对口的专家团队，并由财政部门组织参与全过程评价，最终汇总专家意见上报；委托第三方机构组织评审主要针对评审任务量大、专业较为分散的项目，由第三方机构自行组建专家团队，并出具最终的评审报告上报财政部门审核。个别重大项目评审，根据实际情况，也会委托第三方机构组织专题评审，但评价团队成员由东莞市财政局严格把关，避免被"忽悠"。二是在评审方法方面，东莞市财政局根据项目的特性，将评审的类型分为一般性项目绩效评审和重点项目专题绩效评审，其中：一般性项目绩效评审侧重于评价项目的入库资料完整性、绩效目标设置合理性以及项目支出资金规模和下年度资金预算、项目可行性，评审过程根据需要召开答疑会，最终出具《评审意见表》，如购买商品、劳务、工程的资金项目；重点项目专题绩效评审主要从项目的完备性、必要性、可行性以及经济性等四个方面进行评审，专家组不但对预算单位提交的资料进行审核，还必须跟预算单位召开现场座谈会、答辩会，最终出具《评价技术分析报告》和《专题评审报告》。《评价技术分析报告》要求将结论的推导过程以及相关证据情况进行详细的阐述，确保结论逻辑合理，有依有据；《专题评审报告》要求按固定格式撰写。开展专题绩效评审的项目，一般属于项目投资金额较大（原则上接近或超2000万元），或专业性较强、技术难度高，或业务主管科室重点关注的项目。

（五）建立规范的绩效评审流程

东莞市在推进预算绩效评审过程中坚持多方参与、协调联动，既要发挥财政部门内部科室工作职能，也积极借助行业专家和第三方机构力量，各司其职，环环相扣，节省时间，提高效率，避免重复审核。具体工作流程如图3-3所示。

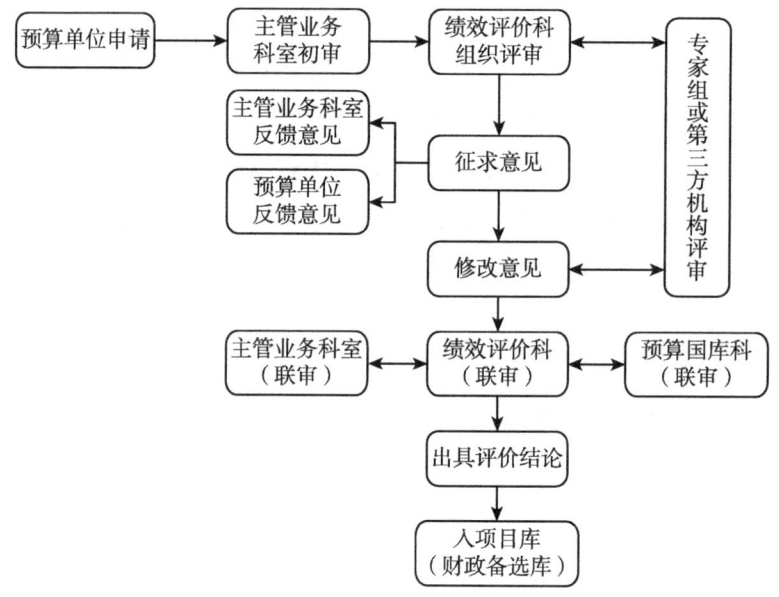

图3-3 东莞市预算绩效评审流程图

强化绩效评审的结果应用。东莞市在结果应用方面，一是将绩效评审意见作为项目入库的参考材料，项目排名作为择优选用的主要依据；二是绩效评审意见作为专项资金设立、调整的重要依据，主管部门根据评审意见修改实施方案后一并上报市政府审批。如某部门申请建设光伏农业园示范项目，专家组评审意见认为该项目具有一定的必要性，但由于功能定位还是不够很明确，导致投入产出关系不够清晰，建设内容不够合理，建设标准过高，后期运营机制不够科学合理，投资估算规模难以确定，其合理性和可行性仍有待进一步论证，建议先对功能定位进行论证后按相关程序报市政府审批，最后，该部门根据专家的意见重新论证，对实施方案进行完善后报市政府审批。

第四节 项目库管理

一、项目库管理的基本概念

（一）项目库管理的含义

按照支出的管理要求划分，部门预算支出可分为基本支出和项目支出。基本支出，是指各部门、各单位为保障其机构正常运转、完成日常工作任务所发生的支出，包括人员经费和公用经费。人员经费主要是指维持机构正常运转且可归集到个人的各项支出，公用经费主要是指维持机构正常运转但不能归集到个人的各项支出。项目支出，是指各部门、各单位为完成其特定的工作任务和事业发展目标，在基本支出之外所发生的支出。包括基本建设、有关事业发展专项计划、专项业务费、大型修缮、大型购置、大型会议等项目支出。基本支出实行定员定额项目，项目支出实行项目库管理。

项目库管理是项目支出预算管理方式的一种革新。为适应政府预算要从单纯的控制收支的工具向更加注重预算作为一种管理工具的转变，项目预算要由以往的"条目预算"制向"项目预算"制转变，主要目标是由传统的强调投入分配和支出保障功能，转向实现政府主要职能和中长期公共政策目标，突出预算的规划功能，发挥预算作为政策实施工具的作用。同时，促使各部门改善内部管理，转变行为方式，以更有效的方法和途径履行部门职责。

项目库管理，即对部门项目进行分类、分级管理，具体是将部门的具体项目按照部门职责、行业或领域规划、项目内容等归集，形成若干个相对稳定的支出项目。项目分类客观反映项目本质特征，采取有针对性的管理方式，并按轻重缓急安排预算。

（二）项目库管理的基本内容

1.项目设置管理。科学规范设置项目，集中反映中央部门主要职责，具备可执行性，在保障运行维护合理需要的前提下，更加突出重点，聚集国家的重大改革、重要政策和重点项目，有效避免交叉重复。

中央部门预算项目要体现中央本级支出责任，由中央部门直接组织实施。完善项目生成机制，项目要在深入的政策研究和充分论证的基础上设立，并具备可执行性，预算批复后即可实施。着力推进部门和行业规划的项目化，提高规划可实施性。项目内容要反映政府施政目标、部门主要职责和发展规划，并避免与公用经费及其它项目交叉重复。规范项目实施主体，部门预算项目实施主体为中央部门及所属单位，非部门所属单位不得作为项目的实施主体纳入部门预算。要按"职责与经费相匹配"原则确定部门内部项目实施主体，一般不得将应由本级承担的项目列入下级单位预算，或将应由下级单位承担的项目列入本级预算，也不得将应由行政单位承担的项目列入事业单位预算。

2.项目管理方式。

（1）中央部门预算项目实行分级管理，即分为一级项目和二级项目两个层次。一级项目明细到支出功能分类的款级科目，按照部门主要职责设立并由部门作为项目实施主体，根据部门履行职能的需要设置并包含若干二级项目。一级项目要有明确的名称、实施内容、支出范围和总体绩效目标，项目数量要严格控制，项目名称、实施内容和支出范围等在年度间要保持相对稳定。二级项目的设立要与其对应的一级项目相匹配，有充分的立项依据、具体的支出内容、明确合理的绩效目标。完善项目分类标准，构建多层次、多维度的分类体系，具体包括在现有项目基础上规范整合而成的项目和新设立的项目，立项单位为项目实施主体。二级项目的设立，要与对应的一级项目相匹配，二级项目明细到支出功能分类的项级科目，年初部门预算按二级项目批复。推进项目支出预算标准体系建设。

（2）按照使用范围，部门一级项目分为通用项目和专用项目。通用项目，指根据部门的共性项目设立并由各部门共同使用的一级项目。通用项目由财政部根据管理需要统一设立，主要包括有预算分配权部门管理的项目和归口管理的项目等。专用项目，指部门根据履行职能的需要自行设立和使用的一级项目。专用项目由中央部门提出建议，报财政部核准后设立。

（3）按照项目的重要性，二级项目划分为重大改革发展项目、专项业务费项目和其他项目三类。重大改革发展项目，指党中央、国务院文件明确规定中央财政给予支持的改革发展项目，以及其他必须由中央财政保障的重大支出项目等。专项业务费项目，指中央部门为履行职能，开展专项业务而持续、长期发生的支出项目，如：大型设施、大型设备运行费，执法办案费，经常性监管、监测、审查经费，以及国际组织会费、捐款及维和支出等。其他项目，指除上述两类项目之外，中央部门为完成特定任务需安排的支出项目。基本建设项目统一列为其他项目，并按管理主体分为国家发展改革委安排的基建项目、中央财政安排的基建项目和其他主管部门安排的基建项目。

除上述分类外，根据管理需要，中央部门和财政部可针对二级项目体系内容补充其他分类并加以标识。

3.项目库建设和管理。项目全部纳入项目库管理，做实项目库，充实项目储备，列入预算安排的项目必须从项目库中选取。入库项目必须有充分的立项依据、明确的实施期限、合理的预算需求和绩效目标等。纳入项目库的项目实行全周期滚动管理，建立中央部门项目库与财政部项目库的信息交流机制。

（1）关于项目库的构架和主要内容。中央本级项目库实行分层设立、分级管理。财政部、中央部门和所属单位按照项目管理的相关规定，分别设立项目库，对一级和二级项目进行维护和管理。财政部项目库由中央部门上报的项目构成；中央部门项目库由本级和下级单位上报的项目构成；基层单位项目库由本单位立项和实施的项目构成。

（2）关于项目库管理方式。中央部门和所属单位的项目库实行开放式管理。各单位可根据工作需要设置二级项目，审核后纳入单位项目库，实时或定期上报，经逐级审核后纳入中央部门项目库，作为部门预算备选项目。编制年度部门预算和部门三年滚动规划时，结合财政部下达的支出控制数，中央部门在预算备选项目中择优选取项目报财政部，未纳入部门项目库的项目原则上不得向财政部申报。各部门申报项目汇总形成财政部项目库，作为财政部进行项目管理、审核年度部门预算和部门三年滚动规划的基础。中央部门和单位如需对已入库项目进行调整，须编制项目调整计划，按上述审核程序报批。

（3）关于项目滚动管理。以项目库为载体，实现项目的全周期滚动管理。编制年度部门预算和部门三年滚动规划前，中央部门要完成项目储备工作，纳入部门项目库的项目需填写规范的项目文本，包括立项依据、实施主体、支出范围、实施周期、预算需求、绩效目标、可行性论证、评审结果等内容，作为项目审核和管理的依据。纳入预算安排的项目，中央部门和单位要在项目库中对项目的执行、调剂、结转结余、绩效等信息及时进行更新和维护。纳入预算安排的延续性项目，原则上滚动纳入下年度预算。未纳入预算安排的预算备选项目，可滚动进入以后年度项目库。

4.项目预算评审和绩效管理。将项目评审嵌入预算管理流程，进入部门项目库的项目原则上都要组织评审。纳入财政部项目库的项目，由财政部根据管理的需要组织开展再评审。推进全过程项目支出绩效管理，加强绩效目标管理，开展绩效监控，实施绩效评价，强化评价结果的运用。

5.项目执行管理。硬化预算约束，执行中除救灾等应急支出外，一般不出台增加当年支出的政策，必须出台的政策纳入以后年度预算安排，必须追加当年预算的，首先通过调整部门当年支出结构解决。提前做好预算执行准备工作，加强执行监管，加快预算执行进度。建立预算执行与预算编制相结合的机制。

6.项目中期财政规划管理。完善项目生成机制，将国家宏观政策和部门、行业发展规划落实到具体项目，提高政策和规划的可实施性。部门、行业规划确定的项目要与中期财政规划相衔接，合理安排项目实施节奏和力度，促进政策与预算相结合，提高预算的前瞻性。

（三）项目库管理职责

项目库是预算支出管理的一项重要制度，是对财政预算支出进行规范化、程序化管理的数据库系统。理论上政府所有的预算项目都应纳入项目库管理，列入预算安排的项目必须从项目库中选取。项目库应当包含当前年度和未来几个年度内的所有支出项目。入库项目的设置须科学规范，能够集中反映部门的主要职责，具备可执行性，在保障运行维护合理需要的前提下，要重点突出，聚焦国家的重大改革、重要政策和重点项目，同时还应避免交叉重复。

项目库备选项目选取的主体为政府各个部门，由政府各部门依照国家相关战略、政策优先方向、部门职能及部门长期和年度工作重点提出，然后根据项目的优先顺序和轻重缓急，结合部门相关年度财政资金情况，经过筛选而定。项目库备选项目需严格遵循相关的审查程序，提交填写规范的项目申报文本，包括立项依据、实施主体、支出范围、实施周期、预算需求、绩效目标、可行性论证等内容，以作为项目筛选的依据。通过筛选的项目即可成为项目库的备选项目，参加对项目库项目的正式评定。

二、项目库管理流程

（一）项目申报管理

1.项目支出预算的申报。按照财政部门要求的分年度项目支出控制规模，部门根据项目的优先排序情况，将项目列入预算和规划中，向财政部门申报预算。

2.项目库的申报。按照财政部门要求的分年度项目库控制规模（略高于年度项目支出规模），部门根据项目的优先排序情况，向财政部门申报项目。项目库的申报与项目支出预算的申报同步进行。申报的项目库中包含列入预算和规划的全部项目，其他未列入预算和规划的项目，根据优先排序情况选择申报。

（二）项目审核与评审管理

1.项目审核和评审的程序。部门内部的项目审核和评审程序，由部门自行确定。部门应结合部门内部的预算分配机制，对审核和评审程序进行设计。预算审核可以采取逐级审核、分级审核或部门集中审核等方式。

2.项目审核和评审的内容。部门审核和评审的内容主要包括完整性、必要性、可行性和合理性等方面。对应纳入评审范围的项目，评审的结果是项目审核信息的必要组成部分。

3.项目审核和评审中的项目调整。部门内部审核和评审过程中，如需调整，可以由下级单位调整后重新上报，也可以由上级单位直接进行调整。项目的相关信息，最终以部门审核同意为准。

4.项目排序。部门要对一级项目下的二级项目进行优先排序。排序将作为预算和规划安排的重要参考因素。

（三）项目支出预算管理

纳入项目库管理的项目都必须设定绩效目标，未按要求设定绩效目标或绩效目标不合理且未进行调整完善的，不得纳入项目库。纳入执行监控的项目，都应开展绩效监控，作为预算执行的重要组成部分。执行完毕的项目都要由项目承担单位对照事先设定的绩效目标开展绩效自评，在此基础上，中央部门和财政部门选择部分重大项目开展重点绩效评价，并积极推进中期绩效评价试点。绩效评价结果要与项目库建设和预算安排有机结合，健全项目退出机制。

（四）项目跟踪执行管理

严格按照预算批复的功能分类科目、用款计划、项目进度、有关合同和规定程序做好项目支出预算执行工作，涉及政府采购的应严格执行政府采购有关规定。硬化预算约束，年度预算执行中除救灾等应急支出和少量年初未确定事项外，一般不追加当年项目预算支出，必须出台的政策通过以后年度预算安排。如部门认为必须追加当年支出的，应首先在已批复的预算额度内，通过调整当年支出结构解决并按程序报批。加强预算执行监管，提高预算资金使用的规范性、安全性和有效性，并将预算执行结果与以后年度预算安排相结合。

三、项目库管理案例——云南省省级项目管理制度

（一）云南项目管理制度建设

为进一步推进预算管理改革，加强省级项目支出预算编制，提高省级项目资金使用效益，云南省财政厅于2015年9月23日印发《云南省省级项目库管理办法》。该办法规定，省级财政专项资金要实行项目库管理，按"统一规划、分工负责；保障重点，动态管理；全程监管，绩效引导"管理原则，积极推进横向到边、纵向到底、数据共享。根据管理部门不同，省级项目库分为省级部门项目库和省级财政项目库。未纳入项目库的项目，一律不得编入年度预算。具体情况如下：

1.项目库的含义。项目库主要包含项目目标、项目内容、项目计划、项目管理、财务管理、绩效目标等基础要素以及申报的其他基础信息。

2.项目库的建立。省级部门项目库由省级部门按照申报项目支出预算的要求，结合本部门职能职责，对所属单位和其他省级单位申报的项目进行审核、筛选、排序后设立。省级部门项目库由负责本部门预算管理工作的财务主管机构或部门指定的职能机构进行管理。省级财政项目库由省财政厅设立，对省级部门申报的项目进行审核、筛选、排序后，将符合规定的项目纳入省级财政项目库。

3.项目的申报。主管部门和基层项目单位分别按规定的文本格式填列《项目申报表》。申报预算时，主管部门将各要素导入部门预算编制系统，并对预算编审体系进行补充完善后，完成年度预算申报工作。

4.项目的审核和管理。每年编制部门预算工作前，省级主管部门完成省级部门项目库的项目审核工作，结合部门三年滚动规划，收集整理编制部门三年项目支出计划。省级主管部门逐级对省级部门项目库申报的项目进行逐项审核。省级主管部门审核意见分为三类：一是对于符合支持方向、具备实施条件、可在当年预算安排的项目，列为"预选项目"。二是对于符合支持方向、具备实施条件，但超出了当年部门预算规划可承受范围的项目，列为"备选项目"，滚动作为以后年度部门项目库储备的项目。三是对于不符合支持方向或不具备实施条件的项目，作为"淘汰项目"，不纳入省级部门项目库。

（二）云南省省级部门项目库业务操作指南

1.系统维护。省级部门项目库系统统一由省财政厅维护，设置基本框架和各类要素要求。各主管部门在确保《项目申报表》内容全面完整的情况下，可根据行业及项目管理需要自行增加相关要素及指标。

2.项目申报业务流程。

（1）根据本部门职责和行业领域发展规划，确定本部门中长期发展规划目标。

（2）根据部门中长期发展规划目标和部门三年滚动规划，确定部门本年度整体支出绩效目标，并按照部门年度整体支出绩效目标要求，明确工作重点，将部门年度整体支出绩效目标进一步分解为细化的工作措施。确定实施项目的范围和方向，按规定的文本格式填列相关项目信息，并按此征集项目。

（3）基层项目单位按规定的文本格式填列项目信息，并逐级审核上报到省级部门项目库。省级主管部门对基层项目单位申报的项目进行审核、排序后，分别确定"预选项目""备选项目"和"淘汰项目"，并将"预选项目"按程序填报省财政厅部门预算管理系统。

3.项目申报信息。主管部门和基层项目单位分别按规定的文本格式填列《项目申报表》。申报预算时，主管部门将各要素导入部门预算编制系统，并对预算编审体系进行补充完善后，完成年度预算申报工作。

（1）项目基本信息。包括部门征集项目名称、项目编码、项目名称、申请金额、主管部门联系电话、项目实施年度、项目实施周期等信息。

（2）项目申报依据。基层项目单位按要求填报政策依据基本信息。

（3）项目目标。包括项目工作重点及范围和方向，依照主管部门职责和整体支出绩效目标，进一步细化分解各项措施，并确定工作的重点及实施的范围和方向。项目的可行性论证，相应资质机构或专家认证的可行性论证报告或相关专家认证的工作、技术方案材料。项目的具体目标信息，基层项目单位对项目预期达到的效果进行阐述，并说明项目实施与中央和省委、省政府确定工作目标的关联度、与主管部门征集项目的范围和方向的一致性。项目的受益对象信息，通过项目实施而得到直接受益的对象或领（区）域。

（4）项目计划。主要反映项目前期准备情况及项目执行的计划方案。项目前期准备工作，项目前期准备工作开展情况，如为基本建设项目，应描述项目前期批复情况，并提供依据。项目具体实施计划，项目实施过程中，相关的时间安排情况，编制项目分年度分阶段的支出计划。

（5）项目管理。主要反映确保项目实施的组织机构、实施主体及采取的措施。项目单位组织机构情况，为确保项目顺利实施而构建的组织框架。项目实施主体，项目实施过程中，其责任主体、协作主体和参与主体的构成情况。保障项目顺利实施的措施，推进项目实施过程中，确保项目顺利实施所采取的措施。项目单位内控机制，为保障项目资金使用的安全性而建立的考核、监督检查、问责等内控制度。

（6）项目财务管理制度。主要反映保障项目资金安全有效的制度和措施。包括项目单位财务管理制度，单位财务管理制度建设情况；项目执行财务管理制度情况，是否严格执行财务管理制度，以及相关审计检查的有关情况；项目单位获得财政补助情况，基层项目单位以往年度获得财政补助情况及实施的主要内容、成效。由基层项目单位填列；实施项目资金落实情况，除申请补助资金外，其他需项目单位落实资金来源情况。

（7）项目绩效目标。主要反映项目实施后所产生的效果，应包含产出指标、效益指标和效率指标。上述信息填列完毕后，还需上传相关附件以及项目单位认为其他需上传的附件。

本章小结

政府预算绩效管理是政府绩效管理的重要组成部分，是一种以支出结果为导向的预算管理模式。强化政府预算为民服务的理念，强调预算支出的责任和效率，要求在预算编制、执行、监督的全过程中更加关注预算资金的产出和结果。事前绩效评估是绩效目标管理的重要内容，是政府预算决策的重要改革举措，旨在预算编审环节引入社会监督，推行科学民主决策，建立"参与式预算"机制。

绩效目标管理是构建全过程预算绩效管理机制的起点。绩效目标管理是财政部门、各部门及其所属单位以绩效目标为对象，以绩效目标的设定、审核、批复等为主要内容所开展的预算管理活动。项目库管理是项目支出预算管理方式的一种革新。为适应政府预算要从单纯的控制收支的工具向更加注重预算作为一种管理工具的转变，项目预算要由以往的"条目预算"制向"项目预算"制转变。绩效目标管理内容包括绩效目标设定管理、绩效目标审核管理、绩效目标批复和应用管理。

政府预算项目评审是指管理部门在审定项目预算前组织评审专家组，由专家组按照规范的程序和公允的标准对项目预算进行的咨询和评判活动。预算评审的内容主要包括完整性、必要性、可行性和合理性四大方面。

项目库管理是项目支出预算管理方式的一种革新，是对部门项目进行分类管理。实施项目分级管理，将部门的具体项目按照部门职责、行业或领域规划、项目内容等归集，形成若干个相对稳定的支出项目。项目分类客观反映项目本质特征，采取有针对性的管理方式，并按轻重缓急安排预算。

课后习题

思考与讨论题

1. 事前绩效评估和预算目标管理的区别与联系。
2. 绩效预算与投入预算的区别。
3. 我国全面实施预算绩效管理的意义。
4. 简述全面实施预算绩效管理的关键着力点是什么。

5.简述绩效目标管理的工作程序。

本章推荐阅读文献

[1][美]罗伊·T.梅耶斯.公共预算经典(第一卷):面向绩效的新发展[M].苟燕楠,董静,译.上海:上海财经大学出版社,2005.

[2]苟燕楠.绩效预算——模式与路径[M].北京:中国财政经济出版社,2011.

[3]楼继伟,刘尚希.新中国财政发展70年[M].北京:人民出版社,2019.

[4]财政部.美国政府绩效评价体系[M].北京:经济管理出版社,2004.

[5]谢旭人.中国财政管理[M].北京:中国财政经济出版社,2011.

[6]谢旭人.中国财政改革三十年[M].北京:中国财政经济出版社,2008.

本章主要参考文献

[1]马骏.公共预算:比较研究[M].北京:中央编译出版社,2011.

[2]财政部预算司.中央部门预算编制指南(2017)[M].北京:中国财政经济出版社,2017.

[3]李燕.政府预算管理[M].北京:北京大学出版社,2016.

[4]李燕.预算法释解与实务指导[M].北京:中国财政经济出版社,2016.

[5]肖鹏.美国政府预算制度[M].北京:经济科学出版社,2014.

[6]肖捷.全面实施预算绩效管理提高财政资源配置效率.学习时报,2018-03-16(A1).

[7]夏先德.全过程预算绩效管理机制研究[J].财政研究,2013(4).

[8]全国人大.中华人民共和国预算法(2014).

[9]《财政部 财政部办公厅关于开展中央部门项目支出绩效自评工作的通知》财办预〔2016〕123号.

[10]《财政部关于预算绩效管理工作考核办法的通知》(财预〔2015〕25号).

[11]《财政部关于中央对地方专项转移支付绩效目标管理暂行办法的通知》(财预〔2015〕163号).

[12]《财政部关于预算绩效评价共性指标体系框架的通知》(财预〔2013〕53号).

[13]《财政部关于财政支出绩效评价管理暂行办法的通知》(财预〔2011〕285号).

[14]《财政部关于预算绩效管理工作规划（2012—2015年）的通知》（财预〔2012〕396号）.

[15]《财政部关于中央部门预算绩效目标管理办法的通知》（财预〔2015〕88号）.

[16]《财政部关于加强和改进中央部门项目支出预算管理的通知》财预〔2015〕82号.

[17]《财政部关于开展2016年度中央部门项目支出绩效目标执行监控试点工作的通知》,（财办预〔2016〕85号）.

[18]《财政部关于地方财政管理绩效综合评价方案的通知》（财预〔2014〕45号）.

[19]《财政部关于财政管理绩效考核与激励暂行办法》（财预〔2016〕177号）.

[20]《财政部财政管理工作绩效考核与激励办法》（财预〔2018〕4号）.

[21]《中共中央 国务院关于全面实施预算绩效管理的意见》（中发〔2018〕34号）.

[22]《北京市财政局北京市市级项目支出事前绩效评估管理暂行办法》（京财预〔2012〕2892号）.

[23]《北京市财政局北京市市级项目支出事前绩效评估管理实施细则》（京财绩效〔2014〕1933号）.

第四章
预算绩效运行监控

内容提要

预算绩效运行监控是连接绩效目标和绩效评价的中间环节，指财政部门和预算部门及其所属单位依照职责，运用科学、合理的绩效信息汇总分析方法，对财政支出的预算执行和绩效目标实现程度开展的监督、控制和管理活动。在绩效运行监控中实现预算与绩效管理一体化，要坚持预算执行和绩效目标"双监控"，主要内容包括绩效目标完成情况、预算资金执行情况、重点政策和重大项目绩效延伸监控和其他情况。按照绩效运行监控对象的差异，可以将绩效运行监控分为政策绩效运行监控和项目绩效运行监控。政策绩效运行监控，在有些文献中亦被称为战略运行监控，是对战略或政策目标和预算执行信息的收集、分析、纠偏，以及延伸开来对方案在执行阶段是否有所缺失，行政机关的作业流程是否有效率，资源分配是否经济，政策执行人员的态度以及其所运用的标的团体是否恰当的分析。项目运行监控就是在项目实施阶段，根据项目预期目标，从经济效益与社会效益兼顾的整体角度对项目的设计、计划、实施等过程环节进行全方位的技术、经济、社会影响等监测、论证和评价，从而做出综合判断，为项目发展提供可靠的处理依据。目标控制是项目管理的核心任务，项目开展的所有相关工作都是为了实现对目标的有效控制。绩效运行监控的实施流程包括绩效运行监控规划、实施和结果运用三个环节。绩效运行监控的规划阶段主要包括做好监控准备、达成成效的共识、选择成效关键指标三个环节；实施阶段主要包括建立绩效运行监控的组织体系、确定监控方式、收集基线数据和现实据等内容；监控报告和结果运用阶段要加强结果运用的刚性约束。

第一节　预算绩效运行监控概述

一、预算绩效运行监控的含义

预算绩效运行监控（以下简称绩效运行监控），是指财政部门和预算部门及其所属单位依照职责，运用科学、合理的绩效信息汇总分析方法，对财政支出的预算执行和绩效目标实现程度开展的监督、控制和管理活动。

通过对预算过程和结果的绩效监控，可以有效地监测项目进展的情况、完成的情况和产生的社会效益。这些监测信息有助于及时发现实施情况与预定目标之间的差距，从而为预算的控制、调适和修正提供依据。

二、绩效运行监控的原则

绩效运行监控要遵循以下基本原则。

一是"双监控"原则。预算绩效管理将绩效管理理念和方法引入"预算"全过程，实现预算与绩效管理的一体化，因此，绩效运行监控应该同时监控预算执行情况和绩效目标实现情况，实施"双监控"。

二是权责统一原则。绩效运行监控作为预算执行环节的重要绩效管理活动，要按"谁支出，谁负责"原则开展绩效运行监控活动。预算部门和单位是绩效是监控的责任主体，承担具体的监控工作。财政部门发挥财政监督作用，同时会同各部门做好绩效运行监控结果的运用。

三是突出重点原则。坚持全面论和重点论的统一，预算部门和单位将绩效运行监控覆盖所有财政资金，财政部门在全面覆盖的基础上对重大政策和项目建立全过程绩效跟踪机制。

四是统筹协调原则。在政府运作和政策执行过程中，行业主管部门、党委政府督查部门、人大、审计都会对重大政策、投资和项目的实施从各自的履职角度开展监督，都发挥着一定的运行监控作用，为了避免交叉重复和力量分散，可以通过部门会商机制，形成绩效运行监控的政策和项目清单、统一方案、统一行动，形成监控合力，确保政策和项目有效执行。

三、绩效运行监控的内容

绩效运行监控的内容包括绩效目标实现程度、预算执行情况和延伸情况等。

1.绩效目标完成情况。一是预计产出的完成进度及趋势，包括数量、质量、时效、成本等。二是预计效果的实现进度及趋势，包括经济效益、社会效益、生态效益和可持续影响等。三是跟踪服务对象满意度及趋势。

2.预算资金执行情况，包括预算资金拨付情况、预算执行单位实际支出情况以及预计结转结余情况。

3.重点政策和重大项目绩效延伸监控。必要时，可对重点政策和重大项目支出具体工作任务开展、发展趋势、实施计划调整等情况进行延伸监控。具体内容包括：政府采购、工程招标、监理和验收、信息公示、资产管理以及有关预算资金会计核算等。

4.其他情况。除上述内容外其他需要实施绩效监控的内容。[①]

2017年财政部印发《中央财政专项扶贫资金管理办法》要求对中央专项扶贫资金开展绩效运行监控，专栏4-1是中央扶贫专项资金绩效运行监控的范围和内容情况。

▶ **专栏4-1：中央扶贫专项资金绩效运行监控**

2017年3月13日关于印发《中央财政专项扶贫资金管理办法》的通知（财农〔2017〕8号）要求对扶贫资金开展绩效运行监控。要求"预算执行中，市县级有关部门应当建立扶贫项目资金绩效目标执行监控机制，组织资金使用单位定期对预算和绩效目标执行情况进行跟踪分析，并向本级财政和扶贫部门报送绩效目标执行监控结果。扶贫项目资金实际执行与绩效目标偏离的，应当及时予以纠正。市县级财政部门应当加强监控结果应用，发现问题的，应

---

① 关于印发《中央部门预算绩效运行监控管理暂行办法》的通知（财预〔2019〕136号）.

当及时予以处理；问题严重的，应当及时收回或暂缓拨付财政资金"。

2018年12月25日财政部印发《财政部贯彻落实打赢脱贫攻坚战三年行动指导意见的实施方案》（以下简称《实施方案》（财办〔2018〕40号）。《实施方案》中明确提出，建立财政扶贫资金动态监控机制，进一步完善监控平台功能，尽快实现对各级各类扶贫资金的实时动态监控。推动扶贫项目资金全面实施绩效管理要求，建立全过程绩效管理机制，强化资金使用部门和单位的绩效管理主体责任，建立健全扶贫资金"花钱必问效，无效必问责"的管理格局。从编制2019年预算起，扶贫项目绩效目标与预算同步申报、同步审核、同步下达，加强执行中的绩效监控和完成后的绩效评价。2018财政部关于印发《财政扶贫资金动态监控工作实施方案》的通知（财办〔2018〕25号）、2019年6月25日财政部印发《财政部财政扶贫资金动态监控工作规程》（财办〔2019〕37号），这些文件的印发和实施，建立了较为完备的扶贫资金绩效运行监控体系。2019年印发的《财政部财政扶贫资金动态监控工作规程》（财办〔2019〕37号）明确了财政扶贫资金动态监控的含义和范围。财政扶贫资金动态监控是指财政部根据财政扶贫资金预算管理、国库管理和绩效管理等制度规定，以财政扶贫资金总台账为基础，以财政扶贫资金动态监控平台为支撑，对各级各类财政扶贫资金预算分配下达、资金支付、扶贫项目资金绩效目标执行等情况进行动态监控，及时发现问题、纠正偏差、反映情况、督促工作，推动加强财政扶贫资金管理、提高资金使用效益的监管活动。动态监控的资金范围包括纳入财政扶贫资金总台账管理的各级各类扶贫资金。动态监控的基本要素信息包括指标文件文号、资金名称、资金性质、支出功能分类科目、政府支出经济分类科目、预算项目、金额等指标信息；付款人和账户、支付金额、支付时间、用途、结算方式、支付方式、收款人和账户等支付信息；扶贫项目资金绩效目标、绩效指标及其执行情况等绩效信息；建档立卡贫困人口等外部信息；预算分配下达、资金支付、绩效相关管理等工作流信息。

资料来源：作者根据《财政部贯彻落实打赢脱贫攻坚战三年行动指导意见的实施方案》（财办〔2018〕40号）、《中央财政专项扶贫资金管理办法》《财政部财政扶贫资金动态监控工作规程》（财办〔2019〕37号）等相关材料整理.

其中预算执行情况和绩效目标实现程度是监控的重点，当在监控中发现预算执行和绩效目标偏离的情况时，需要对管理制度及其执行情况进行分析，找出原因，并采取纠偏措施。

表1是中央部门绩效运行监控分析表,列出了绩效运行监控的主要内容,包括绩效目标实现情况、预算执行情况、偏差原因分析和完成目标的可能性等方面。

表1　　　　中央部门项目支出绩效目标执行监控表

(　　年度)

项目名称													
主管部门及代码				实施单位									
项目资金（万元）			年初预算数	1-7月执行数		1-7月执行率				全年预计执行数			
	年度资金总额：												
	其中：本年一般公共预算拨款												
	其他资金												
年度总体目标													
绩效指标			年度指标值	1-7月执行情况	全年预计完成情况	偏差原因分析					完成目标可能性			备注
	一级指标	二级指标	三级指标				经费保障	制度保障	人员保障	硬件条件保障	其他	原因说明	确定能	有可能	完全不可能	
	产出指标	数量指标														
		质量指标														
		时效指标														

续表

一级指标	二级指标	三级指标	年度指标值	1-7月执行情况	全年预计完成情况	偏差原因分析					完成目标可能性			备注
						经费保障	制度保障	人员保障	硬件条件保障	其他	原因说明	确定能	有可能	完全不可能	
绩效指标	产出指标	成本指标													
		……													
	效益指标	经济效益指标													
		社会效益指标													
		生态效益指标													
		可持续影响指标													
		……													
	满意度指标	服务对象满意度指标													
		……													

注：各地实践中，北京市对于市级项目支出绩效运行监控重点关注的九项内容：项目初始绩效目标、项目调整情况、绩效目标调整情况、项目资金到位情况、项目财务管理情况、制度建设及执行情况、组织机构情况、项目进度情况、阶段性完成情况。

四、绩效运行监控的对象[①]

按照绩效运行监控对象的差异，可以将绩效运行监控分为政策绩效运行监控和项目绩效运行监控。

政策是党和国家为实现一定时期的路线而制定的一系列行动准则。正如公共政策学者戴伊所言："公共政策是关于政府所为和所不为的所有内容。它所关心的问题是政府行为涉及到的许多内容。"[②] 财政支出政策是政策的一大类，"是政府根据党中央重大方针政策和决策部署、预算法等法律规定制定的财政支出安排措施，包括财政支出的方向、规模、结构和管理制度等。"[③] 财政支出政策在实施过程中会以若干层级项目的形式加以实施。

（一）政策绩效运行监控

政策绩效运行监控，亦称作战略运行监控，是对战略或政策目标和预算执行信息的收集、分析、纠偏，以及延伸开来对方案在执行阶段是否有所缺失，行政机关的作业流程是否有效率，资源分配是否经济，政策执行人员的态度以及其所运用的标的团体是否恰当的分析、研判和纠偏。

政策绩效运行监控可以看作管理控制的一部分。通常地，从政策的最初实施到最终实现预期目标需要投入大量资源，展开大量的活动，同时组织外部环境状况和组织内部状况都会发生变化，因此组织领导者有必要通过持续的绩效监测和评估，系统地检查、评价和控制政策过程，从而实现政策与内外部环境的契合。

（1）政策监督。政策监督用来监视广泛的组织内外部的影响因素，这些因素可能造成对政策过程的干扰。所谓政策监督主要是通过对多重信息来源的整体事件来获取那些重要但预料之外的信息，从而对政策的促进和阻碍因素加以甄别与判断。政策监督活动应当尽可能地保持一种"非集中状态"，它应该是一种宽松的、不间断的"环境扫描"活动。

（2）政策实施控制。政策的实施通常按照既定的系统化步骤展开，包括进行计划、投资和对未来做出对策，执行特殊计划，职能部门发起与政策相关的活动，增加或调动重要的人员，使资源流动起来等活动。

政策实施的控制必须在政策执行过程中进行，其目的是根据政策实施活动所导

[①] "绩效运行监控的主要形式"参考了曹堂哲等.政府绩效测量与评估方法［M］.北京：经济科学出版社，2017：339-344.
[②] 托马斯·戴伊.理解公共政策［M］.北京：华夏出版社，2004：2.
[③] 《关于人大预算审查监督重点向支出预算和政策拓展的指导意见》（中办发〔2018〕15号）.

致的结果来评价是否应该对整体政策做出改变。它有两种基本形式：监控政策重点任务和里程碑审查①。

第一，监控政策重点任务。政策任务本身是一个有机系统，具备相对稳定地结构次序，有整体和局部、主要环节和次要环节之分。对政策过程进行监测可聚焦政策的重要部分和环节，这就要求在政策规划阶段就对政策成功实施的重点进行甄别并达成共识，在实施过程中着重观察政策重点的实际状况。

第二，里程碑审查。管理者常常试图识别出在政策实施期间能到达的重要里程碑。这些里程碑可以是关键的事件、主要的资源分配，或政策进程中的时间节点。里程碑审查通常需要全方位地对政策进行重新的评价，并决定组织的方向是应该延续抑或需要加以调整。

政策绩效运行监控包括三项基本活动：一是检查政策的内在基础；二是比较实际结果和预期结果；三是采取纠正措施。实施政策控制也能通过运作控制系统来进行，比如预算、进度和关键成功因素等。设立绩效标准、衡量实际绩效、识别标准集的偏差、开始改善措施是建立有效运作控制系统的基本步骤。

在实践中，全面质量管理（TQM）和公共部门平衡计分卡是被广泛运用的政策监测评估工具。全面质量管理聚焦于政策实施过程中的业务运行监控。公共部门平衡计分卡需要对平衡计分卡通用模板进行调整，"将顾客或者利益关系人构面移到最上层"，②突出了公共部门的特殊使命，并且兼顾了公共部门的其他关键层面，在完成公共部门使命的同时保证了执行的有效性，成为政府政策运行监控的重要方法。③此外，定期召开运营回顾会议和政策回顾会议是对政策进行有效运行监控的重要方法。一般来说，运营回顾会议是以周或月为单元召开，主要聚焦部门内部政策事项的日常状况。政策的日常运行情况通过运营指标来观察，运营指标是一种持续的政策监测指针。政策回顾会议以月度或季度为单元召开，对有关政策的跨流程、跨部门的重要事项进行深入交流讨论，根据实际需要对政策绩效准则和指标进行必要调整。

政策的绩效运行监控不但可以用于了解执行政策者尽职的程度，而且它在管理的功能上也扮演着重要的角色。许多政策并未按原来设计的内容执行。影响的因素包括多种：执行人员与设备不足；执行人员受政治或其他外在因素阻挠，无法按目标执行；执行人员欠缺执行任务的知识；标的团体难以确定或不合作。这些影响因

---

① ［美］约翰·A.皮尔斯二世，小理查德·B.鲁滨逊著.战略管理——制定、实施和控制（第8版）［M］.王丹，等，译.北京：中国人民大学出版社，2004.
② ［美］罗伯特·卡普兰，戴维·诺顿.策略核心组织：以平衡计分卡有效执行企业策略［M］.ARC远擎管理顾问公司策略绩效事业部，译.台北：台北城邦事业股份有限公司，2001：206.
③ 张国庆，曹堂哲.平衡计分卡与公共行政执行的有效性［J］.湖南社会科学，2005（2）.

素都可以作为管理措施修正的依据，我们可以借此探讨管理上的一些问题：政策执行时可能遭遇的问题及解决策略，决定政策执行的可行性、执行人员所需要的能力与条件，在政策执行过程中，如有其他因素影响，应如何调整政策内容，以达成政策目的[①]。

美国学者莫里斯和吉本（L. Morris & C. T. Fitz-Gibbon）从政策执行的角度，总结了政策运行监控的基本框架。该框架包括以下内容[②]。

1. 内容摘要。其内容主要说明政策执行运行监控的对象。包括政策名称、进行评估的理由，由评估所要达到的功能及评估后的主要发现和建议。

2. 政策背景与政策环境。意在描述政策形成的过程，所要达到的目标，以及可资利用的资源。其详细的区分包括政策背景、政策渊源、政策目标、历史背景、政策的标的团体以及行政措施与安排。

3. 既定政策的主要特性。包括政策执行计划的内涵，执行时所用的材料，负责执行的人员，标的团体的情形以及执行的进度等。

4. 描述执行评估。这个部分讨论评估的政策活动，包括执行评估的重点、执行评估的环境；也就是了解原定政策与执行的政策是否相符合，以及是否有时间或经费上的限制。

5. 结论与相关考虑。主要内容包括每个地方是否按计划与标的团体的期望执行，哪些政策要素需要删除或修正，所有资源分配是否恰当，执行活动是否适合政策目的，标的团体的参与以及执行人员遵守规则与负责的情形。

专栏4-2给出了美国联邦政府开展战略审查，监控政府和部门绩效目标的实践，美国政府通过战略审查，有效地确保了各层级绩效目标的有效实现。

▶ **专栏4-2：美国的战略审查**

2010年美国国会通过了《政府绩效与成果法案现代化法案（2010）》（GPRAMA, 2010）要求制订跨机构和机构优先目标，并需要由高级领导层以数据为基础按季度进展审查。建立了联邦政府绩效促进委员会，以便分享最佳作法并进行能力建设。GPRAMA要求全面、深入的审查开展"战略审查"，形成了三种绩效审查的形式。

[①] 李允杰，丘昌泰. 政策执行与评估 [M]. 北京：北京大学出版社，2008：177-178.
[②] [美] Morris L. L., Fitz-Gibbon. C. T. How to Measure Program Implementation [M], Beverly Hills: Sage Publications, 1978.

表1　　　　　　　　　　美国的三种绩效审查形式

目标	时间间隔	绩效审查	目前的数目
1.联邦跨机构优先（CAP）目标	每4年一次	季度审查 由总统管理和预算办公室（OMB）主任和联邦绩效促进委员会（PIC）进行	14
2.机构优先目标（APG）督促部门领导把重点放在通过改进工作来实现结果上	每2年一次（当期时间段为2018—2019年）	季度审查 由机构首席运营官（COO）和绩效促进管（PIO）进行	85
3.战略目标	每4年一次（当期时间段为2018—2022年）	年度战略审查 由各机构和总统管理和预算办公室（OMB）进行	330

资料来源：Performance.Gov；预算绩效管理国际发展趋势——预算绩效管理国际研讨会综述（上）[N].中国财经报，2019-07-06.

美国联邦机构的战略目标每4年更新一次（当期时间段为2018—2022年），每个年度年度由各机构和OMB进行战略审查。战略审查的内容包括对一个部门的机会、威胁、风险和机会的分析（SWOT）。在对每一个因素进行分析的同时列出影响因素和可控因素。跨机构优先（CAP）目标审查目的是推动高优先目标跨越机构和项目的边界，使用证据来为重大的开支、税收、监管方案的战略政策选择提供依据。

战略审查的重点是选定的短期优先目标：大部分活动是在部委、机构中进行；OMB在春天参与"战略审查"；夏天各机构与OMB工作人员见面讨论审查结论，为预算建议提供依据。分为三个部分：一是评估任务绩效。使用评估、研究得到的数据、其他证据来讨论每个战略目标（战略、项目）的审查结论；确定取得显著进展的目标；确定作为改进重点的目标。二是评估事业风险。使用机构风险评估过程得到的证据，美国责任总署（GAO）"高风险"名单来评估和报告最大的绩效风险；估计GAO的"高风险"建议被考虑的日期；确定OMB、各机构、国会为应对风险而需要采取的行动。三是管理优先事项。使用机构战略审查得出的结论来报告总统管理议程（President's Management Agenda，PMA）目标取得的进展；评估机构的管理和决策支持能力；报告"基于证据的政策基础法案"（2019年新修订）的实施情况。

（二）项目绩效运行监控

项目绩效运行监控是在项目的实施阶段，根据项目预期目标，从经济效益与社会效益兼顾的整体角度对项目的设计、计划、实施等过程环节进行全方位的技术、经济、社会影响等监测、论证和评价，从而做出综合判断，为项目发展提供可靠的处理依据。目标控制是项目管理的核心任务，项目开展的所有相关工作都是为了实现对目标的有效控制。项目的绩效运行监控主要就是规范项目实施行为，避免问题的出现，确保项目能够实现项目目标。

针对项目进行的绩效运行监控，主要包括范围控制、时间与进度、质量控制、风险控制和组织管理等方面。以政府投资项目的绩效运行监控为例，见专栏4-3。

1. 项目范围监测：项目的范围监测包括项目最终产品或服务以及提供产品或服务的各项具体工作。相对来说，项目涉及的利益关联者复杂多样，项目工期长，投资额度大，在长期的项目实施过程中，造成范围变更的因素错综复杂，因此项目范围的调整往往会导致项目时间和项目支出等方面的变更。所以保证项目范围的合理性，防止出现不必要的范围扩张，是项目监测评估的关键任务。因此，在项目设计之初就应该明确界定整个项目的范围，并建立一套完善的项目变更的监测评估管理流程。

2. 项目进度监测：项目进度控制主要是指保证项目按照预先设定的时间期限完成项目各阶段的任务，确保项目整体工作协调有序开展并得以如期完成。在项目进度监测评估中，项目管理者应明确计划进度的关键时间节点，并对各个细分的工作任务进行跟踪，将实际进展与计划进度进行比较，监控项目工作的日程和预算执行情况。在监测过程中，一旦发现实际情况与计划不符，即出现时间偏差时，必须认真分析寻找其成因及评估对后续工作产生的影响，提出并采取必要的调整措施。

3. 项目质量监测：项目质量管理是在项目质量方针政策和标准规范等制度框架下对项目本身及其产品和服务的质量进行持续的计划、执行、监测和改进的过程。质量监测和评估是质量管理体系的重要组成部分，也是保障项目质量品质的主要手段。开展质量监测和评估应具有持续性，需随着项目进程跟踪检测并记录项目执行活动的质量结果，分析造成项目低效和质量不佳的问题及其原因，通过采取质量改进措施来提升项目品质。在评估时，需要兼顾项目管理和项目产品两个方面，质量标准既包括项目过程的质量标准，也包括项目产品的质量标准。质量监测评估的方法主要有控制图法、核验清单法、帕累托图等。

4. 项目风险监测：风险监控伴随着整个项目的实施过程，包括风险监测和风险控制两层含义，它是对项目风险状况进行持续监测评估并加以控制的过程，主要工作包括建立项目风险评估与控制制度，跟踪已识别的风险，监视残余风险，识别新出现的风险，完善风险管理计划，不断减轻风险等级，确保项目安全。在项目生命周期中，风险的形成既有规律性，也有偶然性，因而风险监控应该定期或不定期地进行。风险监控的主要方法和技术包括：项目风险应对审计、定期项目评估、净值分析、技术因素度量、附加风险应对计划、独立风险分析等。

> **专栏4-3：政府投资项目绩效运行监控**

财政部 2013 年印发的《经济建设项目资金预算绩效管理规则》第八条"绩效运行监控"规定："预算执行中，主管部门可根据工作需要，通过建立项目建设情况报告制度、中期评估等方式对绩效运行实施监控；如需调整，主管部门应根据规定程序进行调整、审批。财政部可根据工作需要，选择部分项目资金，对照相关绩效目标，通过信息网络平台等，对项目建设进度、累计完成投资等绩效运行情况实施监控，并对按绩效目标规范有序开展的项目，按规定下达预算和支付资金；对与绩效目标发生较大偏离的项目，视情况暂缓下达、停止下达投资预算。"

2019年"两会"上，李克强总理在《政府工作报告》中明确提出，要推进"双随机、一公开"跨部门联合监管，推行信用监管和"互联网＋监管"改革。《政府投资条例》对政府投资项目的监督管理做出明确规定，要求监管部门采取在线监测、现场核查等方式，加强对政府投资项目实施情况的监督检查。同时，《政府投资条例》还规定，监管部门应建立项目信息共享机制，通过投资项目在线审批监管平台（以下简称在线平台）实现信息共享。项目单位应通过在线平台如实报送项目开工建设、建设进度、竣工的基本信息。这表明，在线平台将在政府投资项目的监管中扮演重要角色，各监管部门、各项目单位应当充分认识到这一平台在项目建设、项目监管中的重大作用，并主动利用平台、善于利用平台做好各项工作。

2019年国家发展改革委印发的《关于加强中央预算内投资绩效管理有关工作的通知》（发改投资〔2019〕220号）要求"各地方、中央和国家机关有关部门和单位在中央预算内投资计划执行中，结合日常调度、在线监测、现场监督检查等，依托全国投资项目在线审批监管平台和国家重大建设项目库等信息化手段，可根据工作需要对绩效目标实现和投资计划执行等情况实行跟踪监控，动态掌握中央预算内投资管理情况。对绩效监控中发现的问题，要立行立改、即知即改，及时改进 完善绩效管理工作，确保绩效目标落到实处；对绩效监控中发现的好的经验做法，要加强交流借鉴和宣传推广，进一步提高绩效管理水平。"中央预算内投资绩效运行监控的方式有：

1.现场巡查。监管责任人根据建设计划，到项目建设现场进行巡查，重点了解项目进度等。现场稽查检查采用"双随机、一公开"方式进行。建立随机抽查工作机制，完善稽察检查项目、稽察检查人员"双名录库"，随机抽取被稽察检查项目和赴现场稽察检查人员，加大稽察检查结果公开力度，确保稽察检查行为的公正性、规范性和有效性。[①]

2.在线监测。监管责任人通过国家重大建设项目库，在线监测非涉密项目的建设信息，及时发现项目建设中存在的疑点和问题，必要时到现场核查。将所有中央预算内投资项目纳入监管范围，其中绝密级项目按国家有关规定实施监管。对每个项目计划下达、计划实施的全过程进行在线监测，实现常态化监管。

中央预算内投资项目绩效运行监控的主要内容包括：1.建设手续是否齐全规范；2.建设进度是否符合投资计划要求；3.建设资金是否及时到位，资金使用是否规范；4.建设内容、规模、标准、筹资方式等与批复是否相符；5.项目信息和进度数据上报是否及时、准确、完整；6.法律法规规定的其他内容。

资料来源：根据相关政策与资料整理。

---

① 《中央预算内投资计划实施综合监管暂行办法》.

第二节 预算绩效运行监控的实施流程

预算绩效运行监控主要包括以下三个阶段。

一、绩效运行监控的规划

绩效运行监控的规划，旨在做好监控准备、形成成效的共识、选择成效关键指标三个环节。

（一）做好监控准备

在建立监控体系之前，"了解政府是否已经具备条件建立、运用并持续实施监测与评价体系"，就属于监控准备，主要关注监控的动机和需求、职责人工分工和机构能力等。

首先是要明确绩效运行监控的意图，清晰界定监控对象。按照公共政策学者邓恩（William Dunn）的观点，监控目的主要包括以下几个方面：（1）服从（Compliance），用以监测政策执行主体是否忠实地执行政策制定者的意愿和目标。（2）审计（Auditing），用以监测公共政策的标的团体是否真正地得到了政策所进行的利益、资源和服务分配。（3）会计（Accounting），在政策执行过程中，发布经济社会统计指标和信息。（4）解释（Explanation），通过对政策过程的监测，解释政策结果产生的原因和政策成败的原因。[1]

除此之外，还需要进一步审视绩效运行监控的能力储备。常见的能力包括项目计划和管理能力、数据分析能力、制定

---

[1] 威廉·N·邓恩（William N.Dunn）.公共政策分析导论（第四版）[M].北京：中国人民大学出版社，2011.

项目和计划目标的能力、预算管理能力、绩效审计能力。①

（二）形成成效的共识②

绩效运行监控要以结果为导向，设定成效是建立以结果为导向的监控体系的一个重要环节。该体系从本质上说是一个推断过程，要从成效的设定中推断出投入、活动以及产出。

形成成效共识的程序主要包括：一是确定具体利益相关者代表；二是确定利益群体的主要观点；三是将问题转化为积极成效；四是分解抓住关键成效；五是确定计划评价政府或组织如何达成成效。

（三）开发监控指标体系③

成效指标是对成效的量化描述。比如"改善国内儿童的学前教育状况"是成效，衡量这一成效的指标则可以设置为"城市适龄儿童接受学前教育的比率；农村适龄儿童接受学校教育的比例"。设置成效指标应该同时满足CREAM原则，即清晰性（Clears）：准确而不含糊；相关性（Relevant）：与当前目标相适应；经济性（Economic）成本控制在合理的范围内；充足性（Adequate）为评价绩效提供大量依据；可监测性（Monitorable）能够独立考核。

设置成效指标的时候，除了独立开发以外，还可以使用代理指标和预设指标。代理指标是找不到合适的直接指标、数据成本过高、或是定期收集数据不可行的情况下，可以采用一些相关的替代指标。预设指标则是事前设定的，已经被广泛采用的成熟指标。

完成上述工作后，需要制定绩效运行监控的实施计划，它包括时间进度、人员配置和成本核算等方面的内容。

二、绩效运行监控的实施

绩效运行监控的实施阶段主要包括建立绩效运行监控的组织体系、确定监控方式、收集基线数据和现实数据等内容。

---

① 乔迪·扎尔·库赛克（Kusek.J.Z.）.绩效监测与评价手册·十步法：以结果为导向［M］.北京：中国财政经济出版社，2011：45-49.

② 乔迪·扎尔·库赛克（Kusek.J.Z.）.绩效监测与评价手册·十步法：以结果为导向［M］.北京：中国财政经济出版社，2011：64.

③ 乔迪·扎尔·库赛克（Kusek.J.Z.）.绩效监测与评价手册·十步法：以结果为导向［M］.北京：中国财政经济出版社，2011：66-68.

（一）建立组织体系

合理划分绩效运行监控的责任主体是绩效运行监控的关键。

1.财政部门职责。一般而言财政部门的职责是：

（1）建章立制。财政部门制定绩效运行监控的制度和工作规范，为部门（单位）开展绩效运行监控提供基本框架和指导原则。

（2）指导监督。对预算部门开展绩效监控进行总体组织和指导，通过监督检查等方式对部门（单位）开展绩效运监控的情况进行监督和指导。

（3）开展重大政策和项目的监控。财政部门独立或者会同各部门开展重大政策和项目的绩效运行监控。

（4）督促绩效监控结果应用。财政部门对存在严重问题的政策、项目要暂缓或停止预算拨款，督促及时整改落实。对绩效好的政策和项目原则上优先保障，对绩效一般的政策和项目要督促改进，对交叉重复、碎片化的政策和项目予以调整，对低效无效资金一律削减或取消，对长期沉淀的资金一律收回并按照有关规定统筹用于急需支持的领域。[1]

（5）应当履行的其他绩效监控职责。

2.预算部门（单位）的职责。各部门各单位是实施预算绩效监控的主体。主要职责包括：

（1）组织实施。预算部门（单位）根据本单位的实际和特点，制定本部门（单位）绩效运行监控的实施办法和细则，为开展绩效运行监控提供组织、管理和技术方面的指引。主管部门牵头负责组织本部门本级开展预算绩效监控工作，对所属单位的绩效监控情况进行指导和监督，明确工作要求，加强绩效监控结果应用等。按照要求向财政部报送绩效监控结果。[2]

（2）开展日常监控。按"谁支出，谁负责"原则，预算执行单位（包括部门本级及所属单位）负责开展预算绩效日常监控，并定期对绩效监控信息进行收集、审核、分析、汇总、填报；分析偏离绩效目标的原因，并及时采取纠偏措施。

（3）整改落实。接受财政部门和相关部门的监督检查，根据整改意见，完善预算支出管理和绩效管理。

3.第三方参与。对于任务繁重、技术复杂的项目，财政和部门可委托专家、中介机构等第三方具体实施。

---

[1]《中共中央国务院关于全面实施预算绩效管理的意见》（中发〔2018〕34号）.
[2]《中央部门预算绩效运行监控管理暂行办法的通知》（财预〔2019〕136号）.

（二）确定绩效运行监控的方式

绩效运行监控可以分为日常跟踪和半年总结分析。

日常跟踪是指预算部门（单位）在预算执行过程中，不定期对预算执行和绩效情况进行的监督、检查和审查活动。一般要求财政会同各部门（单位）对重点项目实施全过程日常运行监控，及时发现问题，及时调整、纠正。

半年总结分析是指预算部门（单位）根据项目特点和绩效目标的重要程度，半年根据日常跟踪情况，对部门（单位）整体和项目财政支出情况进行的总结分析。总结分析结果需要报送财政部门，并接受财政部门监督检查。比如财政部关于印发《中央部门预算绩效运行监控管理暂行办法》的通知（财预〔2019〕136号）要求：每年8月，中央部门要集中对1—7月预算执行情况和绩效目标实现程度开展一次绩效监控汇总分析，具体工作程序如下：

1.收集绩效监控信息。预算执行单位对照批复的绩效目标，以绩效目标执行情况为重点收集绩效监控信息。

2.分析绩效监控信息。预算执行单位在收集上述绩效信息的基础上，对偏离绩效目标的原因进行分析，对全年绩效目标完成情况进行预计，并对预计年底不能完成目标的原因及拟采取的改进措施做出说明。

3.填报绩效监控情况表。预算执行单位在分析绩效监控信息的基础上填写《项目支出绩效目标执行监控表》，并作为年度预算执行完成后绩效评价的依据。

4.报送绩效监控报告。中央部门年度集中绩效监控工作完成后，及时总结经验、发现问题、提出下一步改进措施，形成本部门绩效监控报告，并将所有一级项目《项目支出绩效目标执行监控表》于8月31日前报送财政部对口部门司和预算司。①

（三）收集指标的基线数据和现实数据

基线数据是项目实施之前各项指标的起点数据和参照数据。在为每一个指标建立基线数据的时候，要重点关注数据的来源；数据收集的方法；谁负责数据的收集；数据收集的频率；收集数据的成本和难度；谁负责分析数据；谁负责报告数据；谁将使用数据等问题。②数据收集的方法是多元的，包括观察、访谈、问卷、量表、统计资料、样本调查、现场试验等各类获取数据的方法。表4-1给出了绩效运行监控基线数据的设定示例。

---

① 《中央部门预算绩效运行监控管理暂行办法》（财预〔2019〕136号）.

② 乔迪·扎尔·库赛克（Kusek.J.Z.）.绩效监测与评价手册·十步法：以结果为导向［M］.北京：中国财政经济出版社，2011：90.

表4—1　　　　　　　　　绩效运行监控指标的设置示例

成效	指标	基准	具体目标
使全国更多的儿童加入学前教育计划	1.城市适龄儿童接受学前教育的比例 2.农村适龄儿童接受学前教育的比例	1. 1999年，3—5岁孩子的入学率为75% 2. 2000年，3—5岁孩子的入学率为40%	1. 到2006年，3—5岁的儿童入学率为85% 2. 到2006年，3—5岁的儿童入学率为60%

资料来源：乔迪·扎尔·库赛克（Kusek.J.Z.）.绩效监测与评价手册·十步法：以结果为导向[M].中国财政经济出版社，2011：104.

三、绩效运行监控报告和结果运用

（一）绩效运行监控报告

绩效运行监控报告包括正文和附件两部分，报告应当依据充分、真实完整、数据准确、客观公正。

绩效运行监控报告正文应当包括以下主要内容：

（1）绩效运行监控工作组织实施情况；

（2）年度预算执行情况；

（3）绩效目标完成情况；

（4）存在的问题及原因分析；

（5）下一步改进的工作建议；

（6）其他需要说明的问题。

（二）绩效运行监控结果应用

绩效运行监控结果运用包括以下两个方面[①]：

1.财政部门。财政部门在绩效监控结果运用中主要职责包括：

（1）财政部门将绩效监控结果作为以后年度预算安排和政策制定的参考。

（2）对中央部门绩效监控结果进行审核分析，对发现的问题和风险进行研判，督促相关部门改进管理，确保预算资金安全有效，保障党中央、国务院重大战略部署和政策目标如期实现。

（3）绩效监控工作情况作为中央部门预算绩效管理工作考核的内容。

（4）将是否开展绩效运行监控作为实施财政绩效评价的重要参考因素。

---

① 《中央部门预算绩效运行监控管理暂行办法》（财预〔2019〕136号）.

2.预算部门。部门通过绩效监控信息深入分析预算执行进度慢、绩效水平不高的具体原因,对绩效监控中发现的绩效目标执行偏差和管理漏洞,应及时采取分类处置措施予以纠正:

(1)对于因政策变化、突发事件等客观因素导致预算执行进度缓慢或预计无法实现绩效目标的,要本着实事求是的原则,及时按程序调减预算,并同步调整绩效目标。

(2)对于绩效监控中发现严重问题的,如预算执行与绩效目标偏离较大、已经或预计造成重大损失浪费或风险等情况,应暂停项目实施,相应按照有关程序调减预算并停止拨付资金,及时纠偏止损。

对绩效监控过程中发现的财政违法行为,依照《中华人民共和国预算法》《财政违法行为处罚处分条例》等有关规定追究责任,报送同级政府和有关部门作为行政问责参考依据;发现重大违纪违法问题线索,及时移送纪检监察机关。

▶ **专栏4-4:广州市"五结合"探索绩效运行监控新模式**

2017年,广州市深化全过程预算绩效管理改革,加大绩效运行监控力度,建立部门自行跟踪、财政部门监控、第三方重点监控相结合的多层次预算绩效监控机制,探索绩效运行监控新模式。整体工作呈现"五结合"的特点。

一是广度与深度相结合,全面推进绩效监控。从监控对象上看,广州市突出点面结合,拓展绩效监控的广度和深度。其一广度覆盖。印发《关于报送项目绩效运行跟踪监控信息表的通知》,对全市预算资金在500万元以上的843个支出项目开展监控,涉及68个部门的预算资金541.27亿元。其二深度探索。印发《广州市本级2017年度全过程预算绩效运行跟踪监控管理实施方案》,要求市残联、市知识产权局两个全过程预算绩效管理试点部门按照方案开展绩效监控,并尝试第三方监控、部门整体监控等新举措。

二是进度与绩效相结合,细化绩效监控内容。从监控内容上看,广州市将项目支出进度和绩效目标完成情况作为监控重点,进一步细化《财政支出项目绩效运行跟踪监控表》,在填报项目支出进度和绩效情况的基础上,增加支出进度较慢项目原因分析的内容,按预算编制、项目管理、资金拨付等因素进行归类;对预期无法完成的项目,要求项目单位填报原因并提出处理意见。

三是部门与财政相结合,形成绩效监控合力。从监控方式上看,广州市采用预算部门自行监控和市财政局重点监控相结合的方式。其一预算部门按照预算绩效管理有关规定，对本部门纳入监控范围项目的资金使用情况和绩效目标完成情况进行跟踪监控。其二市财政局组织预算部门报送绩效跟踪监控情况，并汇总、分析监控数据，促使部门加强项目管理；同时，市财政局首次委托第三方机构对试点部门进行绩效监控，提升绩效监控的独立性和客观性。

四是项目与整体相结合，探索绩效监控新路。从监控范围上看，广州市以实施项目监控为主，尝试开展部门整体绩效监控。2017年市财政局委托第三方机构对市知识产权局开展绩效监控，包括该局17个支出项目和1个专项资金，在此基础上对该局整体资金运行绩效进行了监控，涉及预算资金14946.13万元。通过监控，评判部门整体支出绩效情况，反映该局总体支出率偏低，支出进度不够均衡，培训、调研类项目支出进度较慢等问题，并提出相关建议，有利于预算部门从整体上掌握资金情况，加强绩效管理。

五是预警与调整相结合，加强监控结果应用。从监控应用上看，广州市强化监控结果的预警和预算调整功能。其一预警支出进度较慢或偏离绩效目标的项目，要求预算部门及时分析原因并采取措施完善项目管理，优化绩效目标实现路径，促进绩效目标如期实现；其二督促确实无法完成绩效目标的项目单位及时申请调整预算，市财政局将参考项目绩效运行跟踪监控情况，做好年中预算调整工作，减少资金沉淀。

资料来源：http://www.mof.gov.cn/xinwenlianbo/guangdongcaizhengxinxilianbo/201712/t20171205_2767907.htm。

第三节 预算绩效运行监控的案例分析

专栏4-5节选了上海市嘉定区2017年美丽乡村建设村庄改造项目绩效运行监控评价报告，报告包括摘要，项目基本情况，绩效目标的核对和确定情况，项目组织实施情况，项目绩效情况、问题、纠偏措施和建议，其他需要说明的问题，附件等部分，这份分析报告体现了绩效运行监控的基本内容，即预算执行、绩效目标和组织管理情况的监控。

> **专栏4-5：上海市嘉定区2017年美丽乡村建设村庄改造项目绩效跟踪评价报告（节选）**

摘要

根据《上海市村庄规划编制和管理导则（试行）》要求，村庄应综合部署各类公共服务设施、道路交通设施、市政设施，引导生产、生活、生态空间的合理布局，形成符合当地特点，与经济社会发展水平相适应的村庄环境。为加快推进上海市城乡一体化建设，促进乡村地区经济社会发展，结合上海市村庄规划试点工作和美丽乡村建设要求，引导曹王村和伏虎村村庄合理发展、指导村庄具体建设，规划按照新型城镇化和上海美丽乡村建设的要求，结合曹王村和伏虎村的核心特征及问题，统筹村域生产、生活和生态，探索上海市郊工业化、集镇居住点村庄转型升级发展的新模式、新机制。

徐行镇《美丽乡村建设村庄改造项目》包括曹王村村庄改造工程和伏虎村村庄改造工程，依据《关于下达2015年村庄改造项目建设计划的通知》

（嘉美村办〔2015〕6号）通知文件及《关于上海市嘉定区徐行镇伏虎村道路交通设施改造工程可行性研究报告（含概算）的批复》（嘉发改审项〔2017〕67号）批复文件，项目整体由上海市嘉定区徐行镇人民政府主管，委托上海市嘉定区徐行镇规划建设办公室负责具体实施，按照年度提交预算申请，由嘉定区徐行镇人民政府批复后按照预算工作任务开展专项建设工作，该项目初步预算经费为4878万元左右，其中曹王村村庄改造工程总预算2892万元（嘉定区财政资金预算2410万元，徐行镇财政资金预算482万元），预算资金主要用于"道路桥梁""宅间路灯""文化活动室""宅间排水管道"等改造工程，伏虎村村庄改造工程总预算1986万元（嘉定区财政资金预算1655万元，徐行镇财政资金预算331万元），预算资金主要用于"道路工程""桥梁工程""排水工程""附属工程"等改造工程。

《美丽乡村建设村庄改造项目》涉及的曹王村村庄改造工程初期总预算为2892万元，区财政预算调减1200.61万元，调整后曹王村村庄改造工程总预算为1691.39万元（区财政1209.39万元、镇财政482.00万元），截至跟踪日期（2017年9月20日），曹王村村庄改造工程实际使用资金为1828.13万元，资金使用率108.08%，工程涉及的道路桥梁改造工程、宅间路灯改造工程、文化活动室改造工程、宅间排水管道改造工程已全部完成并通过竣工验收，目前正在进行工程审计工作。

《美丽乡村建设村庄改造项目》涉及的伏虎村村庄改造工程初期总预算1986万元，区财政预算调增896.70万元，镇财政预算调增119.30万元，调整后伏虎村村庄改造工程总预算为3002.00万元（区财政2551.70万元、镇财政450.30万元），截至跟踪日期（2017年9月20日），伏虎村村庄改造工程实际使用资金为32万元，资金使用率1.07%，"道路工程""桥梁工程""排水工程""附属工程"等改造工程均未开始施工，目前处于公开招标阶段。

评价工作组对项目单位及施工单位提供的资料、数据、情况进行了独立、客观、科学的审核、分析，对项目目前实施完成的情况和取得的实际成效开展调研，并通过项目数据采集及分析，形成了财政支出绩效跟踪评价报告。

一、项目基本情况

（一）项目名称：美丽乡村建设村庄改造项目

（二）项目起止日期：2016年04月18日—工程竣工验收。工期及各阶

段的进度节点要求以会议纪要方式确定

伏虎村村庄改造工程正处在招投标阶段，还未施工。项目跟踪日期：2017年08月01日—2017年09月20日。

（三）项目主要内容

1.主要内容。徐行镇《美丽乡村建设村庄改造项目》包括曹王村村庄改造工程和伏虎村村庄改造工程，工程主要内容如下：

①曹王村主要内容：根据村域内实际交通需求，对村域内村庄内相关村庄主路、村庄支路、宅间道路和桥梁进行改造升级，主要涉及华东组、俞村组、西巷组、陈吕组、东巷组、镇南组、吕家组、梅园组、戴家组、北戴组、唐家组、刘厅组对外交通道路及桥梁。改造后村庄主路路面宽度将达到5.5m，村庄支路路面宽度将达到4.5m、5m，宅间路路面宽度将达到2.5—3m，基本能满足村民日常出现需求。

为满足村民对村域内公共服务设施的需求，对村域内现有公共服务设施进行改造升级，对行政村级服务设施—村委会等进行建筑和绿化改造升级，保证人口比较集聚的村民小组基本配置文化活动室、体育健身点和便民店。

对村域内现有公厕和垃圾收集房进行改造升级，并在人口密集的村组内新建公厕和垃圾收集点。村内公厕建设标准为二级及以上，并需配备无障碍通道和厕位，与周围建筑物距离不小于5m，同时设置不小于3m的绿化隔离带。

②伏虎村主要内容：该项目道路改造包括村主路9条，村支路35条以及宅间路若干，道路全长为13.36千米，其中村主路车行道宽度4—5米，道路长度5115米，车行道面积22410平方米；村支路车行道宽度2.5—4米，道路长度6240米，车行道面积18790平方米；宅间路宽度1—1.5米，道路长度2000米，面积2500平方米。新建桥梁5座，其中伏耀路1号桥、2号桥、3号桥和南河塘桥均为单跨13米，桥梁宽度5.6米；顾家宅桥单跨10米，桥梁宽度4.6米。新排DN300-DN600雨水管3650米，砖砌窨井140座，新建雨水连管及雨水口344米、出水口16座，同步实施道路照明、绿化、交通设施附属工程。

（四）项目资金投入安排情况

1.项目初期预算及资金来源。项目初步预算经费为4878万元左右，其中曹王村村庄改造工程总预算2892万元，嘉定区财政资金预算2410万元，徐行镇财政资金预算482万元；伏虎村村庄改造工程总预算1986万元，嘉定区财政资金预算1655万元，徐行镇财政资金预算331万元，详情见表1。

表1　　　　美丽乡村建设村庄改造项目初期预算汇总表　　　单位：万元

序号	名称	区财政	镇财政	合价
1	曹王村村庄改造工程	2410	482	2892
2	伏虎村村庄改造工程	1655	331	1986
合计		4065	813	4878

2.预算调整情况。项目初步预算经费为4878万元左右，其中曹王村村庄改造工程总预算2892万元，嘉定区调整后预算1209.39万元，徐行镇调整后预算482万元；伏虎村村庄改造工程总预算1986万元，嘉定区调整后预算2551.7万元，徐行镇调整后资金预算450.3万元，详情见表2。

表2　　　　美丽乡村建设村庄改造项目预算调整汇总表　　　单位：万元

序号	名称	区预算	区调	区调整后	镇预算	镇调	镇调整后预算	合计
1	曹王村村庄改造工程	2410.00	−1200.61	1209.39	482.00	0	482.00	1691.39
2	伏虎村村庄改造工程	1655.00	+896.70	2551.70	331.00	+119.30	450.30	3002.00
合计				3761.09	/	932.3	4693.39	

3.预算资金执行率。截至跟踪日期（2017年9月20日），徐行镇《美丽乡村建设村庄改造项目》涉及的曹王村村庄改造工程已100%完成并通过工程竣工验收，目前处于工程审计阶段，伏虎村村庄改造工程目前处于招投标阶段，资金使用主要用于支付工程前期费用，详情见表3。

表3　　　　美丽乡村建设村庄改造项目资金执行率汇总

序号	费用名称	项目总预算（万元）	2016年支出（万元）	2017年支出（万元）	实际使用（万元）	预算资金执行率（%）
1	曹王村村庄改造工程	1691.39	1673.89	154.24	1828.13	108.08
2	伏虎村村庄改造工程	3002	32	0	32	1.07

二、绩效目标的核对和确定情况

（一）项目绩效目标设定情况

《美丽乡村建设村庄改造项目》项目整体由上海市嘉定区徐行镇人民政府主管，委托上海市嘉定区徐行镇规划建设办公室负责实施，主要包括曹王村村庄改造工程、伏虎村村庄改造工程，绩效目标设定如表4所示。

表4　　　　　　　　　　绩效目标设定情况

序号	目标	目标值
1	①曹王村村庄改造工程依据《关于下达2015年村庄改造项目建设计划的通知》（嘉美村办〔2015〕6号）开展；②伏虎村村庄改造工程按照政策文件制订"项目建议书、可行性研究报告、初步设计"等报告，提交嘉定区发展和改革委员会，取得相关批复。	①依据嘉美村办的改造计划执行曹王村村庄改造工程；②嘉定区徐行镇村镇规划建设管理办公室向嘉定区提交"伏虎村村庄改造工程项目建议书、可行性研究报告、初步设计"，报告中明确了项目名称、地理位置、建设内容、项目总投资、资金来源等。
2	按照政府招标流程和工作量进行公开招标工作。	符合政府招标规范和流程，通过公开招标的方式进行招标；招标流程、制度和相关程序规范。
3	双方签订《曹王村村庄改造工程》《曹王村村庄改造工程》招投标代理、施工、监理、设计等合同并严格按照合同开展工作。	严格按照双方签订的合同开展工作，明确双方权利和义务，施工组织设计和工期、质量与验收、安全施工规定、合同价款及支付、材料设备供应、工程变更、竣工验收与结算、违约、索赔、争议等。
4	项目按合同提交阶段性进度计划和实际完成情况。	严格按照合同，及时提交项目进度计划或专项施工方案。
5	做好《曹王村村庄改造工程》《伏虎村村庄改造工程》工程验收审核及工程款发放工作。	严格按照合同内容，按时拨付工程款，保障项目顺利实施，工程竣工后，及时进行验收工作，审核通过及时支付工程尾款。

（二）项目绩效目标核对和确定情况（如有调整，应说明原因）

《美丽乡村建设村庄改造项目》的实施有利于改善路面通行状况，提升道路服务水平，进一步完善地区基础设施条件，促进乡村地区经济社会发展，加快推进本市城乡一体化建设，根据实际调研、走访和行业专家咨询，在与主管部门协商的情况下，对绩效目标进行了一定的调整，主要将"财政资金到位情况、项目社会效益和影响力"纳入项目绩效目标，调整后的绩效目标如表5所示。

表5　　　　　　　　　　　绩效目标调整情况

序号	目标	目标值
1	①曹王村村庄改造工程依据《关于下达2015年村庄改造项目建设计划的通知》（嘉美村办〔2015〕6号）开展；②伏虎村村庄改造工程按照政策文件制订"项目建议书、可行性研究报告、初步设计"等报告，提交嘉定区发展和改革委员会，取得相关批复。	①依据嘉美村办的改造计划执行曹王村村庄改造工程；②嘉定区徐行镇村镇规划建设管理办公室向嘉定区提交"伏虎村村庄改造工程项目建议书、可行性研究报告、初步设计"，报告中明确了项目名称、地理位置、建设内容、项目总投资、资金来源等。
2	按照政府招标流程和工作量进行公开招标工作。	符合政府招标规范和流程，通过公开招标的方式进行招标；招标流程、制度和相关程序规范。
3	双方签订《曹王村村庄改造工程》《伏虎村村庄改造工程》招投标代理、施工、监理、设计等合同并严格按照合同开展工作。	严格按照双方签订的合同开展工作，明确双方权利和义务，施工组织设计和工期、质量与验收、安全施工规定、合同价款及支付、材料设备供应、工程变更、竣工验收与结算、违约、索赔、争议等。
4	项目按合同提交阶段性进度计划和实际完成情况。	严格按照合同，及时提交项目进度计划或专项施工方案。
5	嘉定区、徐行镇财政资金到位率	资金到位符合规定，项目开展顺利。
6	做好《美丽乡村建设村庄改造项目》工程验收审核及工程款发放工作。	严格按照合同内容，按时拨付工程款，保障项目顺利实施，工程竣工后，及时进行验收工作，审核通过及时支付工程尾款。
7	项目社会效益和影响力。	通过项目实施，改善了路面通行状况，提升了道路服务水平，进一步完善了地区基础设施条件，促进了乡村地区经济社会发展，加快了推进本市城乡一体化建设。
8	可持续发展能力。	项目留有工程结算造价5%的保修金以及预备费用于后期维护。

三、项目组织实施情况

（一）项目组织情况

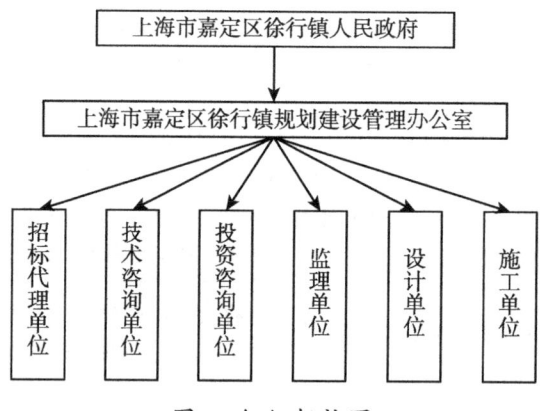

图1 组织架构图

曹王村村庄改造工程参建单位及职责如下：

主管部门：上海市嘉定区徐行镇人民政府，统筹协调该工程全过程管理，负责编制年度总计划，筹措装修工程建设资金，及时拨款给相关单位，督促工程进度；

项目单位：徐行镇村镇规划建设管理办公室，文案管理、统筹协调其行政区域内装修过程全过程监督与管理；

施工单位：上海缘菊市政工程有限公司，《主要施工方案与技术措施》，主要包括道路桥梁改造、宅间路灯改造、文化活动室改造、宅间排水管道改造等工程施工；

监理单位：上海嘉誉工程监理有限公司，施工图所含的工程量，工程质量、进度、投资（工程量）控制，安全、资料管理、现场工作的协调；

设计单位：上海江南建筑设计院有限公司，美丽乡村建设村庄改造项目全套施工图；

招标代理单位：上海定佳商务咨询有限公司，主要负责招标咨询及策划、协助嘉定区徐行镇人民政府审查投标人资格、编制招标文件、组织踏勘现场和澄清答疑、组织招标的开标、评标、决标、办理中标通知书等；

伏虎村村庄改造工程参建单位及职责如下：

主管部门：上海市嘉定区徐行镇人民政府，统筹协调该工程全过程管理，负责编制年度总计划，筹措装修工程建设资金，及时拨款给相关单位，督促工程进度；

项目单位：徐行镇村镇规划建设管理办公室，文案管理、统筹协调其行政区域内装修过程全过程监督与管理；

设计单位：上海江南建筑设计院有限公司，美丽乡村建设村庄改造项目全套施工图；因工程处于公开招标阶段，其他参建单位待定。

（二）项目管理及实施情况

1.项目管理情况。曹王村村庄改造工程：上海缘菊市政工程有限公司在中标后第一时间成立了项目经理制领导小组，制定《主要施工方案与技术措施》，主要包括道路桥梁改造、宅间路灯改造、文化活动室改造、宅间排水管道改造等工程施工方案，科学合理的安排施工工序和施工进度，同时制订了配套的项目管理制度、财务管理制度，具体管理组织架构详情见表6及表7。

表6 上海缘菊市政工程有限公司组织架构

项目经理（全面领导、宏观调控）	项目总工程师（1.施工方案优化）（2.促进施工进度）	工程技术部：施工方案的落实及编制施工计划
	项目副经理（1.负责施工组织）（2.施工计划落实）	设备物资部：负责物资供应及设备保障
		计划财务部：负责资金的统筹安排
		安质部：负责安全质量

表7 上海缘菊市政工程有限公司项目管理制度、财务管理制度

所属项目类型	制度名称	主要用途
项目管理制度	技术管理制度	图纸会审、技术交底，施工组织
	质量管理制度	图纸会审、技术交底，施工组织
	进度管理制度	工程各节点检验
	安全生产管理制度	施工进度计划与控制及实施
	材料管理制度	施工现场对于安全的检查
	工程项目经理安全生产岗位责任制	材料采购及验收
	项目部技术人员、安全员、施工员、质量员、材料员、资料员、安全生产岗位责任制	保障项目生产安全
财务管理制度	出纳管理制度	做好出纳账目
	会计管理制度	对专项资金使用的跟踪监督

伏虎村村庄改造工程：项目整体由徐行镇人民政府主管，委托徐行镇村镇规划建设管理办公室进行村庄改造工程实施，截至跟踪日期（2017年9月20日），项目处于公开招标阶段。

2.项目实施情况。曹王村村庄改造工程：通过委托第三方招标代理公司（上海定佳商务咨询有限公司）公开招标，确定上海缘菊市政工程有限

公司为徐行镇曹王村村庄改造工程施工单位，项目实施过程中有项目单位、监理单位等监理，确保了工程进度和质量，同时制定了一些管理制度、工作程序和财务办法，申报审批管理严格、资金使用规范，财务凭证完整、符合财务管理要求，资金使用规范，不存在挪用、拖欠等现象，形成了较好的项目运作机制。

伏虎村村庄改造工程：嘉定区徐行镇村镇规划建设管理办公室向嘉定区提交"伏虎村村庄改造工程项目建议书、可行性研究报告、初步设计"，报告中明确了项目名称、地理位置、建设内容、项目总投资、资金来源等，并取得《关于上海市嘉定区徐行镇伏虎村道路交通设施改造工程可行性研究报告（含概算）的批复》（嘉发改审项〔2017〕67号）批复文件，截至跟踪日期（2017年9月20日），项目处于公开招标阶段。

（三）项目组织实施的实际情况与目标的差异情况说明

通过多方协同建设，截至跟踪日期（2017年9月20日），该项目实际完成整体情况见表8。

表8　　　　　　　　工作规划及实际完成情况汇总

序号	项目名称	子项目名称	工作内容	工程进度（截至跟踪日期）
1	美丽乡村建设村庄改造项目	徐行镇曹王村村庄改造工程	道路桥梁改造工程	100%
			宅间路灯改造工程	100%
			文化活动室改造工程	100%
			宅间排水管道改造工程	100%
		徐行镇伏虎村庄改造工程	道路工程改造工程	0
			桥梁工程改造工程	0
			排水工程改造工程	0
			附属工程改造工程	0

说明：徐行镇伏虎村庄改造工程正处于公开招标阶段，各项工程均未开始。项目组织实施的实际情况与目标未发现明显差异。

四、项目绩效情况

（一）项目产出目标、效果目标的实现情况

项目能够按照嘉定区徐行镇美丽乡村建设村庄改造项目建议书、可行性研究报告及相关标准开展各项工作，整体开展顺利，项目跟踪日期为2017年8月至2017年9月，跟踪期间项目目标实现情况如表9所示。

表9　　　　　　　　　　项目目标实现情况

一级目标	二级目标	三级目标	三级目标值	目标完成（截至跟踪日期）
产出目标	质量目标	符合上级政策标准	按照相关政策文件，完成村庄改造项目所有工作。	按照相关政策文件，完成村庄改造项目所有工作。
	数量目标	区、镇财政资金到位率（曹王村）	100%	100%
		区、镇财政资金到位率（伏虎村）	100%	100%
		道路桥梁改造完成率（曹王村）	100%	100%
		宅间路灯改造完成率（曹王村）	100%	100%
		文化活动室改造完成率（曹王村）	100%	100%
		宅间排水管道改造完成率（曹王村）	100%	100%
		道路工程改造完成率（伏虎村）	100%	0
		桥梁工程改造完成率（伏虎村）	100%	0
		排水工程改造完成率（伏虎村）	100%	0
		附属工程改造完成率（伏虎村）	100%	0
		预算资金执行率（曹王村）	90%执行率100%	108.08%
		预算资金执行率（伏虎村）	90%执行率100%	1.07%
效果	社会效益	城乡一体化建设提升情况	100%	100%
	影响力目标	村民满意度	90%及以上	/
	可持续目标	项目留有工程结算造价5%的质量保修金	项目留有工程结算造价5%的保修金以及预备费用于后期维护。	项目留有工程结算造价5%的保修金以及预备费用于后期维护。

（二）项目绩效情况分析

曹王村村庄改造工程：

1.曹王村村庄改造工程依据《关于下达2015年村庄改造项目建设计划的通知》（嘉美村办〔2015〕6号）通知文件要求，及时组织并开展了村庄改造项目建设计划；

2.曹王村村庄改造工程配套的区、镇两级财政补贴资金到位及时，保障了项目的顺利实施；

3.曹王村村庄改造工程整体施工在上海市嘉定区徐行镇规划建设办公

室、投资监理、工程监理等多方的监督下进行，保障了项目的进度和完成质量。

伏虎材村庄改造工程：

1. 伏虎村村庄改造工程依据《关于上海市嘉定区徐行镇伏虎村道路交通设施改造工程可行性研究报告（含概算）的批复》（嘉发改审项〔2017〕67号）批复文件执行，项目立项依据充分；

2. 伏虎村村庄改造工程目前正在进行招投标工作。徐行镇《美丽乡村建设村庄改造项目》改造规划按照新型城镇化和上海美丽乡村建设的要求，改造完成后，将统筹村域生产、生活和生态，加快推进上海市城乡一体化建设，促进乡村地区经济社会发展，提高村民满意度。

（三）项目实际绩效与目标的差异情况，以及对差异原因的详细说明

1. 曹王村村庄改造工程。

（1）曹王村村庄改造工程区财政预算调减1200.61万元，调整后曹王村村庄改造工程总预算为1691.39万元（区财政1209.39万元、镇财政482.00万元）。

（2）截至跟踪日期（2017年09月20日），曹王村村庄改造工程实际使用资金为1828.13万元，资金使用率108.08%。

2. 伏虎材村庄改造工程。

（1）伏虎村村庄改造工程区财政预算调增896.70万元，镇财政预算调增119.30万元，调整后伏虎村村庄改造工程总预算为3002.00万元（区财政2551.70万元、镇财政450.30万元）。

（2）截至跟踪日期（2017年09月20日），伏虎村村庄改造工程实际使用资金为32万元，资金使用率1.07%。

偏差原因：曹王村村庄改造工程项目前期规划不足，工程预算由初期的2892万元调减为1691.39万元，截至跟踪日期（2017年09月20日）正在进行工程审计工作，审计完成后，各项费用均按审计报告支付；伏虎村村庄改造工程目前处于公开招标阶段，资金主要用于工程前期费用。

五、问题、纠偏措施和建议

（一）主要问题

1. 曹王村村庄改造工程预算调整变动较大，资金执行超项目预算资金。曹王村村庄改造工程初期总预算为2892万元，区财政预算调减1200.61万元，调整后曹王村村庄改造工程总预算为1691.39万元（区财政1209.39万元、镇财政482.00万元），截至跟踪日期（2017年9月20

日），曹王村村庄改造工程实际使用资金为1828.13万元，资金使用率108.08%，目前正在进行工程审计工作。

2.伏虎村村庄改造工程预算调整变动较大，工程进度相对较慢，预算资金执行率较低。伏虎村村庄改造工程初期总预算1986万元，区财政预算调增896.70万元，镇财政预算调增119.30万元，调整后伏虎村村庄改造工程总预算为3002.00万元（区财政2551.70万元、镇财政450.30万元），截至跟踪日期（2017年9月20日），伏虎村村庄改造工程于2016年已经使用了32万元用于工程前期费用，预算资金使用率1.07%，目前处于公开招标阶段，整体实施进度相对较慢。

（二）改进措施

1.科学、合理编制项目预算，缩小预算与执行之间的误差。建议项目单位在编制预算时，严格按照财政要求，做到支出明细化，将每项支出内容明细化到具体的数量（工作量）、单价、支出总额、资金来源等，以便明确资金的具体用途和使用方向，为预算编制提供充分的测算依据，提高预算编制的规范性，结合上年度预算执行情况，可预见性的编制2017年预算，资金执行超出预算资金时，应及时申请调增预算并配有相关材料，尽量提高运算的精准度和吻合度，保障项目顺利完成。

2.项目单位应加强项目立项前的规划管理，制定更精准的工作计划。对项目进行充分的规划、深入涉及前提下，项目单位在取得工程相关批复文件后，尽早委托第三方招投标代理单位组织公开招标开展村庄改造工程，按施工进度计划及时支付资金，提高项目预算资金执行率，确保各分项工程按照预定计划进行。

（三）纠偏情况

针对曹王村村庄改造工程预算调整变动较大，资金执行超项目预算资金问题，曹王村村庄改造工程已委托第三方审计单位编制审计报告，报告出具后，按审计报告进行结算；针对伏虎村村庄改造工程进度较慢问题，项目单位目前正在积极公开招标确定专业的第三方施工单位负责伏虎村村庄改造工程施工。

（四）有关建议

结合该项目绩效跟踪存在的问题，对今后类似工程项目给出以下建议：项目单位在注重项目质量与资金管理的同时，还应加强对项目时效管理，通过加强项目立项前的勘察与沟通等工作，对于影响项目进度的不确定因素，采取对应的解决措施和方法，不断优化方案，从而制定出合理的项目规划，尽早开展村庄改造工程，及时按合同支付资金，提高项目预算资金执行率。

六、其他需要说明的问题

该项目主要跟踪上海市嘉定区徐行镇《美丽乡村建设村庄改造项目》，重点跟踪《美丽乡村建设村庄改造项目》完成率和资金到位率，并对《美丽乡村建设村庄改造项目》建成后的项目效果和效益进行分析，从多角度对项目进行跟踪评价，对项目整体健康运行起到监督、指导作用，为后继项目开展提出建议。

该项目跟踪阶段处于项目实施阶段。

附件略。

报告来源：上海市嘉定区财政局绩效信息公开资料。

▶ 本章小结

预算绩效运行监控指财政部门和预算部门及其所属单位依照职责，运用科学、合理的绩效信息汇总分析方法，对财政支出的预算执行和绩效目标实现程度开展的监督、控制和管理活动。绩效运行监控的内容包括绩效目标实现程度、预算执行情况和延伸情况等。可以将绩效运行监控分为政策绩效运行监控和项目绩效运行监控。制定好绩效运行监控计划、建立绩效运行监控的组织体系、确定监控方式、收集基线数据和现实数据、完成绩效运行监控报告、对绩效监控结果进行运用是绩效运行监控的关键流程。上海市嘉定区徐行镇《美丽乡村建设村庄改造项目》的绩效运行监控报告呈现了绩效运行监控的基本内容。

课后习题

名词解释
绩效运行监控　双监控　政策运行监控　战略运行监控　项目运行监控

简答题
1. 简述绩效运行监控的基本原则。
2. 简述绩效运行监控的实施流程。
3. 简述绩效运行监控报告的主要内容。

论述题
1. 请说明如何合理地建构绩效运行监控的组织体系。
2. 请说明绩效运行监控的结果运用机制。
3. 请结合案例分析绩效运行监控的主要内容。

本章主要参考文献

[1] Morris L. L., Fitz-Gibbon. C. T. How to Measure Program Implementation [M]. Beverly Hills: Sage Publications, 1978.

[2][美] 罗伯特·卡普兰, 戴维·诺顿. 策略核心组织. 以平衡计分卡有效执行企业策略 [M]. ARC远擎管理顾问公司策略绩效事业部译. 台北: 台北城邦事业股份有限公司, 2001.

[3][美] 约翰·A.皮尔斯二世, 小理查德·B.鲁滨逊. 战略管理——制定、实施和控制 (第8版). 王丹, 等, 译. 北京: 中国人民大学出版社, 2004.

[4] 曹堂哲, 罗海元, 孙静. 政府绩效测量与评估方法 [M]. 北京: 经济科学出版社, 2017.

[5] 李允杰, 丘昌泰. 政策执行与评估 [M]. 北京: 北京大学出版社, 2008.

[6] 乔迪·扎尔·库赛克. 绩效监测与评价手册·十步法: 以结果为导向 [M]. 北京: 中国财政经济出版社, 2011.

[7] 威廉·N.邓恩. 公共政策分析导论 (第四版) [M]. 北京: 中国人民大学出版社, 2011.

[8] 张国庆, 曹堂哲. 平衡计分卡与公共行政执行的有效性 [J]. 湖南社会科学, 2005 (2).

[9] 中央部门预算绩效运行监控管理暂行办法 (财预〔2019〕136号).

第五章
预算绩效评价

内容提要

2017年，党的十九大报告指出，加快建立现代财政制度，要"建立全面规范透明、标准科学、约束有力的预算制度，全面实施绩效管理"；2018年9月，《中共中央 国务院关于全面实施预算绩效管理的意见》（中发〔2018〕34号）下发，进一步要求"加快建成全方位、全过程、全覆盖的预算绩效管理体系"，将预算绩效管理的内容全面扩展至政府、部门和单位、项目和政策，并指出"开展绩效评价"是"建立全过程预算绩效管理链条"的重要内容。我国的预算绩效评价工作起步于2005年，经过10多年的发展，现已初步构建起符合我国国情的绩效评价体系。当前，进一步推进和完善预算绩效评价，不仅是全面实施绩效管理，构建全方位、全过程、全覆盖预算绩效管理体系的重要内容，更是建立现代预算制度，充分发挥财政之于国家治理的基础性、支柱性作用的内在要求。根据《中共中央 国务院关于全面实施预算绩效管理的意见》，按照评价对象的不同，预算绩效评价可具体分为部门整体绩效评价、政策预算绩效评价和项目预算绩效评价，本章，我们将分三节对其论述。第一节是部门整体绩效评价，主要围绕部门绩效评价的重点内容、共性指标体系进行展开，同时引入广东省林业厅 2016 年度部门整体绩效评价的具体案例，进一步了解实践中部门整体绩效评价的工作流程。第二节是政策绩效评价，主要围绕政策绩效评价的基本内容、指标体系进行展开，同时引入 2017 年广东省生态保护补偿转移支付政策绩效评价的具体案例，以期更加清楚地了解政策绩效评价的整体框架。第三节是项目绩效评价，主要围绕项目绩效评价的重点内容、共性指标体系进行展开，同时引入 2017 年上海市道路交通管理设施整治项目绩效评价的具体案例进行深入理解。

在全面实施预算绩效管理的背景下，预算绩效评价是指各级政府、财政部门和预算部门（单位）根据设定的绩效目标，运用科学、合理的绩效评价指标、评价标准和评价方法，对各部门各单位预算执行情况以及政策和项目实施效果、政府整体财政运行情况进行客观、公正的评价。其中，绩效目标是绩效评价的对象计划在一定期限内达到的产出和效果，由预算部门在申报预算时填报，具体应该包括预期产出，预期效果（经济效益、社会效益、环境效益和可持续影响等），服务对象或项目受益人满意程度，达到预期产出所需要的成本资源，衡量预期产出、预期效果和服务对象满意程度的绩效指标等。绩效评价指标是指衡量绩效目标实现程度的考核工具，可分为共性指标和个性指标，前者是适用于所有评价对象的指标，主要包括预算编制和执行情况、财务管理状况、资产配置、使用、处置及其收益管理情况以及社会效益、经济效益等，由财政部门统一制定；后者是针对预算部门或项目特点设定的，适用于不同预算部门或项目的业绩评价指标，由财政部门会同预算部门制定。绩效评价标准是指衡量财政支出绩效目标完成程度的尺度，具体包括：计划标准，即以预先制定的目标、计划、预算、定额等数据作为评价的标准；行业标准，即参照国家公布的行业指标数据制定的评价标准；历史标准，即参照同类指标的历史数据制定的评价标准。绩效评价方法主要采用：成本效益分析法，指将一定时期内的支出与效益进行对比分析，以评价绩效目标实现程度；比较法，指通过对绩效目标与实施效果、历史与当期情况、不同部门和地区同类支出的比较，综合分析绩效目标实现程度；因素分析法，指通过综合分析影响绩效目标实现、实施效果的内外因素，评价绩效目标实现程度；最低成本法，指对效益确定却不易计量的多个同类对象的实施成本进行比较，评价绩效目标实现程度；公众评判法，指通过专家评估、公众问卷及抽样调查等对财政支出效果进行评判，评价绩效目标实现程度。

预算绩效评价的基本内容包括绩效目标的设定情况、资金投入和使用情况、为实现绩效目标制定的制度、采取的措施等、绩效目标的实现程度及效果以及绩效评价的其他内容。预算绩效评价应当遵循以下基本原则：第一，科学规范原则。绩效评价应当严格执行规定的程序，按照科学可行的要求，采用定量与定性分析相结合的方法。第二，公正公开原则。绩效评价应当符合真实、客观、公正的要求，依法公开并接受监督。第三，分级分类原则。绩效评价由各级财政部门、各预算部门根据评价对象的特点分类组织实施。第四，绩效相关原则。绩效评价应当针对具体支出及其产出绩效进行，评价结果应当清晰反映支出和产出绩效之间的紧密对应关系。

绩效评价的组织管理工作由财政部门和预算部门共同负责。其中，财政部门负责拟定绩效评价规章制度和相应的技术规范，组织、指导本级预算部门、下级财政部门的绩效评价工作；根据需要对本级预算部门、下级财政部门支出实施绩效评价或再评价;提出改进预算支出管理意见并督促落实。预算部门负责制定本部门绩效评价规章制度;具体组织实施本部门绩效评价工作;向同级财政部门报送绩效报告和绩效评价报告;落实财政部门整改意见;根据绩效评价结果改进预算支出管理。与此同时,根据需要,绩效评价工作可委托专家、中介机构等第三方实施。财政部门应当对第三方组织参与绩效评价的工作进行规范,并指导其开展工作。绩效评价工作一般按照以下程序进行:第一,确定绩效评价对象;第二,下达绩效评价通知;第三,确定绩效评价工作人员;第四,制订绩效评价工作方案;第五,收集绩效评价相关资料;第六,对资料进行审查核实;第七,综合分析并形成评价结论;第八,撰写与提交评价报告;第九,建立绩效评价档案。具体工作流程如图5-1所示。依照绩效评价主体的不同,绩效评价具体可分为三种形式:一是绩效自评。根据"谁用款、谁担责"原则,预算部门、资金使用单位需要对本部门(单位)的项目支出、整体预算情况及政策实施进行自我评价,这一过程称为绩效自评。二是财政部门绩效评价。财政部门选取重点部门、单位、项目、政策实施绩效评价,或是在预算部门(单位)绩效自评的基础上实施再评价,这一过程称为财政部门绩效评价。三是第三方绩效评价。此类评价形式实则是上述两类形式的延伸,是指预算部门和财政部门可根据需要,将绩效评价工作委托给研究机构、高校、中介等第三方机构进行。

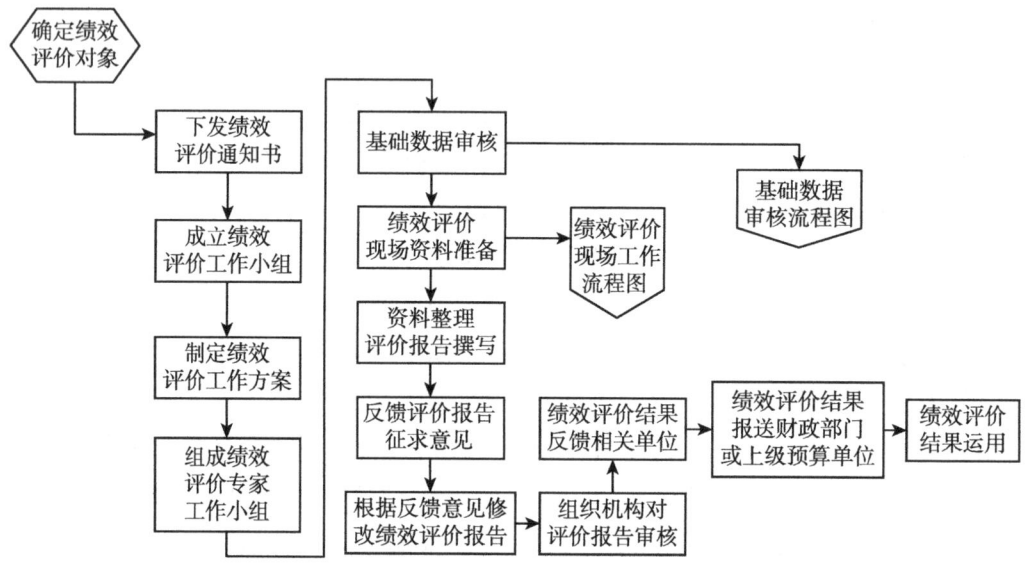

图5-1 预算绩效评价工作流程图

第一节　部门整体绩效评价

部门整体绩效评价，是指财政部门和预算部门（单位）根据设定的绩效目标，运用科学、合理的绩效评价指标、评价标准和评价方法，对预算部门（单位）整体预算配置情况、预算执行情况、预算管理情况以及资金使用效益等进行客观、公正的评价。可进一步从以下几个方面进行理解：第一，部门整体绩效评价的主体是各级财政部门和预算部门（单位）（以下简称预算部门）。预算部门（单位）是指与财政部门有预算缴拨款关系的国家机关、政党组织、事业单位、社会团体和其他独立核算的法人组织。财政部门是评价人，预算部门是被评价人。第二，部门整体绩效评价的对象是各级预算部门的全部预算收支。第三，部门整体绩效评价的目的是为了推动提高部门和单位整体绩效水平。第四，部门整体绩效评价的重点是从运行成本、管理效率、履职效能、社会效应、可持续发展能力和服务对象满意度等方面衡量部门和单位整体运行效果，基本内容包括绩效目标的设定情况，资金投入和使用情况，为实现绩效目标制定的制度、采取的措施，绩效目标的实现程度及效果等。第五，部门整体绩效评价必须按照既定的原则和程序进行，要有科学标准的绩效指标体系，以保证评价结果的客观和公正。

为充分认识部门整体绩效评价，本节我们首先在理论层面进行探讨，重点就"部门整体绩效评价的重点"和"部门整体绩效评价的共性指标"进行展开。在此基础上，引入我国开展预算绩效评价工作的先进地区、先进部门的典型案例，从实践层面进一步了解部门整体绩效评价的工作状况。

一、部门整体绩效评价的重点

根据《中共中央 国务院关于全面实施预算绩效管理的意见》(中发〔2018〕34号),部门整体绩效评价的重点包括运行成本、管理效率、履职效能、社会效应、可持续发展能力和服务对象满意度六个方面。

(一)运行成本

运行成本是指政府部门日常运转所产生的费用,即预算部门在履行部门职能、实现部门目标的过程中,为维持部门正常运转在一定时期内支付的费用总和。从发生的相应支出来看,根据财政部2017年下发的《支出经济分类科目改革方案》,部门的运行成本主要包括四大类:工资福利支出、商品和服务支出、对个人和家庭的补助以及资本性支出。

1.工资福利支出。工资福利支出,是指单位开支的在职职工和编制外长期聘用人员的各类劳动报酬,以及为上述人员缴纳的各项社会保险费等。具体包含基本工资、津贴补贴、奖金、伙食补助费、绩效工资、机关事业单位基本养老保险缴费、职业年金缴费、职工基本医疗保险缴费、公务员医疗补助缴费、其他社会保障缴费、住房公积金、医疗费、其他工资福利支出。工资福利支出反映的是预算部门为维持正常运转所耗费的人员经费。

2.商品和服务支出。商品和服务支出,是指单位购买商品和服务的支出,但不包括用于购置固定资产、战略性和应激性物资储备等资本性支出。具体包含办公费、印刷费、咨询费、手续费、税费、电费、邮电费、取暖费、物业管理费、差旅费、因公出国(境)费用、维修(护)费、租赁费、会议费、培训费、公务接待费、专用材料费、被装购置费、专用燃料费、劳务费、委托业务费、工会经费、福利费、公务用车运行维护费、其他交通费用、税金及附加费用、其他商品和服务支出。商品和服务支出反映的是预算部门为维持正常运转所耗费的公用经费。

3.对个人和家庭的补助。在对个人和家庭的补助中,反映部门运行成本的主要有三项:离休费、退休费和退职(役)费。其中离、退休费是指对本单位离、退休人员的离、退休费、提租补贴、购房补贴、采暖补贴、物业服务补贴等;退职(役)费是指对本单位退职人员的生活补贴、补助、退役费、退役金。

4.资本性支出。在资本性支出中,反映部门运行成本的主要是本单位购置自用的、并采取会计制度纳入固定资产核算范畴的房屋建筑物、办公设备、专用设备、信息网络及软件、公务用车等。

(二)管理效率

一般认为,管理效率是反映特定组织在管理活动中投入和产出的比例关系,对于政府部门而言,管理效率则集中体现为行政管理效率。行政管理是指政府行政机关依法对公共事务及其内部事务管理的总和①,行政管理效率(以下简称行政效率)是指政府行政机关在行政管理活动所获得的成果同所耗费的成本的比例。其中,成果是指行政管理产生的各种社会、经济、文化成果,成本是指在行政管理过程中所投入的人力、物力、财力、时间。效率区别于效益,效益侧重于管理成果对经济、社会、生态产生的辐射性效果,效率则强调用最少的成本投入,产生最大的成果收益②。

政府行政效率代表政府的生产力,是衡量政府管理效率的重要指标,提升行政效率是政府行政管理的出发点和落脚点。按照行政管理的层次划分,行政效率可分为三种类型③:一是决策效率,即行政部门决策层体现出来的效率,如部门设置、人员配置、顶层设计等。二是执行效率,即行政部门执行层体现出来的效率,如制度管理、预算管理、资产管理等。三是工作效率,即行政部门基层体现出来的效率,如公职人员的工作技能、自身素质,日常工作中的办公条件、基础设备等。传统的关于政府部门行政效率的检测方法有四种:一是行政费用测量法,即对行政部门的行政费用(如人员经费、"三公经费"等重点行政成本)进行测量,在产出成果相同的情况下,行政费用越高,行政效率就越低。二是行政职能测量法,是指依据行政部门的职能设定,测量其职能目标的完成程度,完成度越高,行政效率越高。三是标准比较法,即根据统一的或第三方专家评定的指标,衡量行政管理的投入和产出是否达到相应标准,达到标准,则视为高效率。四是综合测量法,即通过对行政管理过程中的各种因素(如制度、政策、人员、经费、监督、公开等)进行评分,并依据各因素所起的作用给予相应权重,最终加权得到行政效率的总分,分数越高,代表行政效率越高。

(三)履职效能

部门的履职效能指预算部门绩效目标的实现程度、部门的履职情况以及重点工作的完成情况,主要体现为输出职责范围内的公共产品或公共服务的结果。实践中,由于各预算部门的部门职能有异,不同预算年度工作任务不同,因此,此处引入具体案例进行说明。

---

① 孔昭林.实用行政管理[M].北京:高等教育出版社,2013:5.
② 孔昭林.实用行政管理[M].北京:高等教育出版社,2013:271-272.
③ 孔昭林.实用行政管理[M].北京:高等教育出版社,2013:273.

以广东省林业厅为例，其部门的履责效能体现在各项林业项目管理、实施及监督等职责的产出情况，重点关注具体业务工作目标的实现程度。以2016年度为例，广东省林业厅的工作任务和产出如表5-1所示[①]。

表5-1　　　　广东省林业厅2016年度主要工作任务和产出

	工作任务	工作产出
深入推进新一轮绿化广东大行动	启动森林碳汇第二期工程建设，建设防护林工程80.4万亩。	森林碳汇工程100.5万亩；防护林造林84.567万亩。
	计划实施中幼龄林抚育1042.6万亩。	森林抚育1072.99万亩。
	加快推进林业碳汇计量监测体系建设。	—
	建设生态景观林带、森林公园、湿地公园，开展乡村绿化美化工作。	建设生态景观林带1657.9公里，新建森林公园265个、湿地公园36个，绿化美化村庄2609个。
	大力建设珠三角国家森林城市群。	珠海、肇庆市于2016年9月20日被国家林业局批准成为国家森林城市。深圳、佛山、中山、江门、汕头、梅州等市已获得国家林业局创森备案。
	推动珠三角绿色生态水网建设。	珠三角新建湿地公园23个。
	推进实施雷州半岛森林生态修复工程。	已统筹安排林业工程专项资金5512万元，启动实施并建设完成3000亩热带季雨林示范林和1000亩重要饮用水源地水源涵养林，改造提升3000亩桉树纯林和21000亩沿海基干林带，建设完成1000亩热带树种苗木生产基地。
依法依规推进林业改革	推进全省国有林场改革。	广州、深圳、佛山、韶关等市共35个国有林场改革方案已获批复实施。
	深化集体林权制度改革。	在40个林改重点县的基础上，2016年再增加10个县，扎实推进深化林改工作。
	积极推进（省立）国家公园试点工作。	新增国家湿地公园试点建设7个。
	推进林业碳汇交易。	—
严格森林资源保护管理	开展新一轮全省森林资源二类调查。	完成了珠三角地区广州、深圳、珠海、佛山、东莞、中山6个市的调查试点。
	全面划定落实林业生态红线。	全省138个县（市、区）已完成林业生态红线划定。
	落实林地定额管理和用途管制。	共审核审批使用林地项目613宗，面积7581.8508公顷。

[①]《广东省林业厅2016年部门整体支出绩效评价报告》，广东省财政厅网站.

续表

	工作任务	工作产出
严格森林资源保护管理	配合做好全省高尔夫球场清理整治工作。	—
	强化林木采伐监督管理。	林木消耗蓄积为660.06万立方米，占年总限额的43.0%。
全面落实林业灾害处置	抓好森林防火工作。	全省共发生森林火灾46起，受害森林面积202公顷，森林火灾受害率为0.02‰，没有发生重大山火和重大人员伤亡。
	推进林业有害生物防治，全面履行目标责任制。	林业有害生物普查完成踏查里程5万多公里、踏查面积1.5亿亩；林业有害生物成灾率控制在4‰以下，无公害防治作业面积390多万亩次。
发展绿色产业和绿色经济	加大产业转型升级的力度。	林业产业产值达7696亿元；林业三产结构持续优化。以林业旅游和休闲服务为主体的第三产业在总体产值中的占比逐年提高，由2012年19.1%提高至2016年的23.3%。
	发展林下经济产业，大力扶持发展林业合作组织。	在梅州、肇庆、揭阳等市开展国家级林下经济示范基地建设，大力推动连南县林下经济示范区建设；林下经济面积达到2982万亩，年产值489.4亿元，受益农户192.4万户；省级以上生态公益林补偿标准提高到平均每亩26元，已下达4批次共186213.36万元生态公益林效益补偿资金。
强化科技支撑和法治保障体系	通过鼓励科技创新和打造创新平台，提高绿色化的质量和水平。	组织鉴（认）定林业科技成果共18项，推荐申报2016年度省科学技术奖项目有4项通过形式审查，2015年度省农业技术推广奖申报项目中有13项林业项目通过行业组初评，组织申报第七届梁希林业科学技术奖项目2项。
	配合省人大出台《广东省林权争议调解处理条例》。	《广东省林地林木权属争议调解处理条例》5月1日起施行；全省共成功调处山林纠纷427宗，解决争议面积13.4万亩。
	积极推进林业行政执法改革，强化市县林业部门属地执法责任。	森林公安机关共受理森林和野生动物案件2927起，查处2346起；受理林业行政案件2112起，查处1983起，查处率为93.9%；共处理各类违法犯罪人员4245人（次），为国家挽回直接经济损失2835万元。

资料来源：《广东省林业厅2016年部门整体支出绩效评价报告》.

(四)社会效应

财政支出的公共性决定了必须把其产生的社会效应摆在突出位置,因此,社会效应评价是构成部门整体绩效评价的重要内容。在社会生活中,人们的公共需求体现在社会、经济、政治、环境等各个方面,基于"社会共同需要"的财政活动会不同程度的对这些方面产生影响。因此,部门支出的社会效应评价可以从经济效益、社会效益、政治效益、环境效益四个方面进行。

首先,在经济效益方面,由于财政支出是实现财政资源配置、经济稳定与发展职能的关键政策手段,因而无论是支出规模还是支出结构,都要服从于经济效益的不断提升。通常财政支出的经济效益可以体现在对宏观经济发展的影响,对经济结构及产业结构的影响,对社会收入分配及就业的影响,通过社会基础设施建设、政府购买、政府投资等对社会总需求的拉动等。其次,在社会效益方面,一般而言,财政支出的社会效益往往是长期性和间接性的,难以使用定量的、货币化的指标进行衡量,但对于整个社会的发展是至关重要的。通常财政支出的社会效益可以体现在教育支出对全民素质的提升,科技投入对国家科技水平的提升,医疗投入对全民健康的提升等。再者,在政治效益方面,财政支出的社会效应主要体现在通过制度安排、制度改进和制度创新,实现社会公平和效率。具体可以包括社会制度,政府行政管理体制、管理效率,政府决策效率等。最后,在环境效益方面,财政支出的社会效应主要体现在对社会环境以及各种社会福利制度的影响,如教育支出对整个社会教育环境、公众教育观念的改善,文化支出对社会文化环境、社会主义精神文明建设的改善,国防支出对国家安全环境的改善,社保支出对社会保障制度的改善等[①]。

(五)可持续发展能力

可持续发展能力评价可以分为两个部分,一是项目的可持续发展能力,反映项目完成后,后续政策、资金、人员机构安排和管理措施等影响项目持续发展的因素,以及项目实施对人、环境、资源是否带来可持续发展。

二是部门整体的可持续发展能力。一方面体现在制度安排层面。如是否具有部门中长期事业发展规划,是否具有明确的年度工作任务和目标,是否具有重点领域部门中期财政规划,机构设置上是否配备专业管理单位,人员配置上是否拥有专业的高素质人才,管理措施上是否制定了长期的、详细的工作规划、实施方案、资金管理办法等。另一方面体现在部门支出方面。通常而言,政府的可持续发展能

---

① 王韶华. 中国财政支出绩效评价研究 [M]. 武汉:湖北科学技术出版社,2016:23-28.

力与其偿还到期债务的能力相联系,关键的影响因素主要有二:收入和支出。对于预算部门而言,其可持续发展能力的核心问题在于财政支出。具体来看,部门支出可以从两个层面影响部门的可持续发展能力:首先是部门支出的广度,指政府活动的范围。理论上,政府活动的范围取决于市场失灵的范围,因此,市场的动态变化是影响部门支出广度的决定性因素。然而在实践中,由于我国社会主义市场经济体制仍处于完善阶段,在政府职能不断扩大的情况下,政府活动的范围不断扩大,增加了部门的支出压力,进而影响了其可持续发展能力。其次是部门支出的深度,是指政府使用财政资金提供公共产品及服务的限度。理论上,部门支出的深度取决于市场失灵的程度,但在实践中,由于难以正确处理政府与市场的关系,导致部分领域政府干预过多,这使得一些本应由社会或个人承担的支出一味纳入部门支出的范畴,而本该予以财政保障的公共事务难以持续改善和加强,影响了部门的可持续发展能力。

(六)服务对象满意度

公众需求是服务型政府履职效能的出发点,服务对象满意度是政府提供公共物品和公共服务的落脚点,因此,服务对象满意度评价是构成部门整体绩效评价的重要内容之一。具体来说,服务对象满意度是用于衡量社会公众、预算部门的服务对象对部门履职效果的满意程度,其中,社会公众或服务对象是指部门履行职责而影响到的部门、群体或个人。当前阶段,服务对象满意度一般采取社会调查的方式,主要是依据标杆管理法的基本原理,通过实际调查测定的满意度与预先设定的目标进行对比,分析其实现程度,进而得到其评价分值。这需要在调查过程中注重两个问题:一是调查方式的科学性。实践中,问卷调查是社会调查的主要方式,其突出弊端在于主观性较强。因此必须根据调查内容和目标,客观公正、科学规范、逻辑明确地精细化设计问卷设计;与此同时,合理选择参与调查的利益各方,清晰界定问卷发放的范围,以此提升调查结果的科学性与可信度。二是调查内容的全面性。服务对象满意度指标不能仅限于"服务对象的满意率""满意人数达到多少人"等结果性的调查指标,而是应该贯穿于整个部门财政活动的始终,才能更好地发现问题和解决问题,加强绩效评价结果的应用性。因此,服务对象满意度应从部门财政活动的资金投入、管理过程、运行结果等各个环节进行综合调查,对服务对象的满意之处、不满意之处以及各自的原因进行充分了解,对公众期望的改进之处进行深刻反思。

二、部门整体绩效评价的共性指标

根据财政部《财政支出绩效评价管理暂行办法》(财预〔2011〕285号),绩效评价指标是指衡量绩效目标实现程度的考核工具。绩效评价指标的确定应遵循五大原则:第一,相关性原则,即应与绩效目标有直接的联系,能够恰当反映目标的实现程度;第二,重要性原则,即应优先使用最具评价对象代表性、最能反映评价要求的核心指标;第三,可比性原则,即对同类评价对象要设定共性的绩效评价指标,以便于评价结果可以相互比较;第四,系统性原则,即应将定量指标与定性指标相结合,系统反映财政支出所产生的社会效益、经济效益、环境效益和可持续影响等;第五,经济性原则,即应通俗易懂、简便易行,数据的获得应当考虑现实条件和可操作性,符合成本效益原则。从类别上看,绩效评价指标可以分为共性指标和个性指标。共性指标是适用于所有评价对象的指标,主要包括预算编制和执行情况、财务管理状况、资产配置、使用、处置及其收益管理情况以及社会效益、经济效益等,通常由财政部门统一制定。个性指标是针对预算部门或项目特点设定的,适用于不同预算部门或项目的业绩评价指标,通常由财政部门会同预算部门制定。

2013年,为进一步推进我国的绩效评价工作,提高绩效评价的科学性与权威性,财政部下发了《预算绩效评价共性指标体系框架》(财预〔2013〕53号),分别为项目支出、部门整体支出、财政预算绩效评价设立了统一的共性指标体系框架。其中,部门整体支出绩效评价共性指标包含投入、过程、产出、效果4个一级指标,目标设定、预算配置、预算执行、预算管理、资产管理、职责履行、履职效益7个二级指标,以及下设的绩效目标合理性、"三公经费"变动率、支付进度率等28个三级指标,具体各指标所占的权重,由各级财政部门和预算部门在预算绩效评价工作中根据实际情况进行确定。

(一)投入

1.目标设定。

(1)绩效目标合理性。是用于衡量预算部门所设立的整体绩效目标依据是否充分,是否符合客观实际,用以反映和考核部门整体绩效目标与部门履职、年度工作任务的相符性情况。评价要点为:①是否符合国家法律法规、国民经济和社会发展总体规划;②是否符合部门"三定"方案①确定的职责;③是否符合部门制定的中长期实施规划。

(2)绩效指标明确性。是用于衡量预算部门依据整体绩效目标所设定的绩效指

---

① "三定"是指定职能配置、定内设机构和定人员编制。

标是否清晰、细化、可衡量，用以反映和考核部门整体绩效目标的明细化情况。评价要点为：①是否将部门整体的绩效目标细化分解为具体的工作任务；②是否通过清晰、可衡量的指标值予以体现；③是否与部门年度的任务数或计划数相对应；④是否与本年度部门预算资金相匹配。

2.预算配置。

（1）在职人员控制率。是指预算部门本年度实际在职人员数与编制数的比率，用以反映和考核部门对人员成本的控制程度。具体计算公式为：

$$在职人员控制率 = \frac{实际在职人员数}{编制数} \times 100\%$$

其中，实际在职人数以财政部确定的部门决算编制口径为准，编制数是机构编制部门核定批复的部门人员编制数。

（2）"三公经费"变动率。是指预算部门本年度"三公经费"预算数与上年度"三公经费"预算数的变动比率，用以反映和考核部门对控制重点行政成本的努力程度。其中，"三公经费"，是指因公出国（境）费、公务车辆购置及运行费和公务招待费。具体计算公式为：

$$"三公经费"变动率 = \frac{本年度"三公经费"总额 - 上年度"三公经费"总额}{上年度"三公经费"总额} \times 100\%$$

（3）重点支出安排率。是指预算部门本年度预算安排的重点项目支出与部门项目总支出的比率，用以反映和考核部门对履行主要职责或完成重点任务的保障程度。具体计算公式为：

$$重点支出安排率 = \frac{重点项目支出}{项目总支出} \times 100\%$$

其中，重点项目支出，是指预算部门年度预算安排的，与本部门履职和发展密切相关、具有明显社会和经济影响、党委政府关心或社会比较关注的项目支出总额；项目总支出，是指预算部门年度预算安排的项目支出总额。

（二）过程

1.预算执行。

（1）预算完成率。是指预算部门本年度预算完成数与预算数的比率，用以反映和考核部门预算完成程度。具体计算公式为：

$$预算完成率 = \frac{预算完成数}{预算数} \times 100\%$$

其中，预算完成数，是指预算部门本年度实际完成的预算数；预算数，是指财政部门批复的本年度部门预算数。

（2）预算调整率。是指预算部门本年度预算调整数与预算数的比率，用以反映和考核部门预算的调整程度。具体计算公式为：

$$预算调整率 = \frac{预算调整数}{预算数} \times 100\%$$

其中，预算调整数，是指预算部门在本年度内涉及预算的追加、追减或结构调整的资金总和，但不包括因落实国家政策、发生不可抗力、上级部门或本级党委政府临时交办而产生的调整。

（3）支付进度率。是指预算部门实际支付进度与既定支付进度的比率，用以反映和考核部门预算执行的及时性和均衡性程度。具体计算公式为：

$$支付进度率 = \frac{实际支付进度}{既定支付进度} \times 100\%$$

其中，实际支付进度，是指预算部门在某一时点的支出预算执行总数与年度支出预算数的比率；既定支付进度，是由预算部门在申报部门整体绩效目标时，参照序时支付进度、前三年支付进度、同级部门平均支付进度水平等确定的，在某一时点应达到的支付进度。

（4）结转结余率。是指预算部门本年度结转结余总额与支出预算数的比率，用以反映和考核部门对本年度结转结余资金的实际控制程度。具体计算公式为：

$$结转结余率 = \frac{结转结余总额}{支出预算数} \times 100\%$$

其中，结转结余总额，是指预算部门本年度的结转资金与结余资金之和（以决算数为准）。

（5）结转结余变动率。是指预算部门本年度结转结余资金总额与上年度结转结余资金总额的变动比率，用以反映和考核部门对控制结转结余资金的努力程度。具体计算公式为：

$$结转结余变动率 = \frac{本年度累计结转结余资金总额 - 上年度累计结转结余资金总额}{上年度累计结转结余资金总额} \times 100\%$$

（6）公用经费控制率。是指预算部门本年度实际支出的公用经费总额与预算安排的公用经费总额的比率，用以反映和考核部门对机构运转成本的实际控制程度。具体计算公式为：

$$公用经费控制率 = \frac{实际支出公用经费总额}{预算安排公用经费总额} \times 100\%$$

（7）"三公经费"控制率。是指预算部门本年度"三公经费"实际支出数与预算安排数的比率，用以反映和考核部门对"三公经费"的实际控制程度。具体计算公式为：

$$\text{"三公经费"控制率} = \frac{\text{"三公经费"实际支出数}}{\text{"三公经费"预算支出数}} \times 100\%$$

（8）政府采购执行率。是指预算部门本年度实际政府采购金额与年初政府采购预算的比率，用以反映和考核部门政府采购预算执行情况。具体计算公式为：

$$\text{政府采购执行率} = \frac{\text{实际政府采购金额}}{\text{政府采购预算}} \times 100\%$$

其中，政府采购预算，是指采购机关根据事业发展计划和行政任务编制的、并经过规定程序批准的年度政府采购计划。

2.预算管理。

（1）管理制度健全性。是用于衡量预算部门为加强预算管理、规范财务行为而制定的管理制度是否健全完整，用以反映和考核部门预算管理制度对完成主要职责或促进事业发展的保障情况。评价要点为：①是否已制定或具有预算资金管理办法、内部财务管理制度、会计核算制度等管理制度；②相关管理制度是否合法、合规、完整；③相关管理制度是否得到有效执行。

（2）资金使用合规性。是用于衡量预算部门使用预算资金是否符合相关的预算财务管理制度的规定，用以反映和考核部门预算资金的规范运行情况。评价要点为：①是否符合国家财经法规和财务管理制度规定以及有关专项资金管理办法的规定；②资金的拨付是否有完整的审批程序和手续；③项目的重大开支是否经过评估论证；④是否符合部门预算批复的用途；⑤是否存在截留、挤占、挪用、虚列支出等情况。

（3）预决算信息公开性。是用于衡量预算部门是否按照政府信息公开有关规定公开相关预决算信息，用以反映和考核部门预决算管理的公开透明情况。其中，预决算信息是指与部门预算、执行、决算、监督、绩效等管理相关的信息。评价要点为：①是否按规定内容公开预决算信息；②是否按规定时限公开预决算信息。

（4）基础信息完善性。是用于衡量预算部门基础信息是否完善，用以反映和考核基础信息对预算管理工作的支撑情况。评价要点为：①基础数据信息和会计信息资料是否真实；②基础数据信息和会计信息资料是否完整；③基础数据信息和会计信息资料是否准确。

3.资产管理。

（1）管理制度健全性。是用于衡量预算部门为加强资产管理、规范资产管理行为而制定的管理制度是否健全完整，用以反映和考核部门资产管理制度对完成主要职责或促进社会发展的保障情况。评价要点为：①是否已制定或具有资产管理制度；②相关资金管理制度是否合法、合规、完整；③相关资产管理制度是否得到有效执行。

（2）资产管理安全性。是用于衡量预算部门的资产是否保存完整、使用合规、配置合理、处置规范、收入及时足额上缴，用以反映和考核部门资产安全运行情况。评价要点为：①资产保存是否完整；②资产配置是否合理；③资产处置是否规范；④资产账务管理是否合规，是否账实相符；⑤资产是否有偿使用及处置收入及时足额上缴。

（3）固定资产利用率。是指预算部门实际在用固定资产总额与所有固定资产总额的比率，用以反映和考核部门固定资产使用效率程度。具体计算公式为：

$$固定资产利用率 = \frac{实际在用固定资产总额}{所有固定资产总额} \times 100\%$$

（三）产出

产出主要衡量预算部门的职责履行情况，具体包括：

1.实际完成率。是指预算部门履行职责而实际完成工作数与计划工作数的比率，用以反映和考核部门履职工作任务目标的实现程度。具体计算公式为：

$$实际完成率 = \frac{实际完成工作数}{计划工作数} \times 100\%$$

其中，实际完成工作数，是指一定时期内部门实际完成工作任务的数量；计划工作数，是指预算部门整体绩效目标确定的一定时期内预计完成工作任务的数量。

2.完成及时率。是指预算部门在规定时限内及时完成的实际工作数与计划工作数的比率，用以反映和考核部门履职时效目标的实现程度。具体计算公式为：

$$完成及时率 = \frac{及时完成实际工作数}{计划工作数} \times 100\%$$

其中，及时完成实际工作数，是指预算部门按照整体绩效目标确定的时限实际完成的工作任务数量。

3.质量达标率。是指预算部门达到质量标准或绩效标准值的实际工作数与计划工作数的比率，用以反映和考核部门履职质量目标的实现程度。具体计算公式为：

$$质量达标率 = \frac{质量达标实际工作数}{计划工作数} \times 100\%$$

其中，质量达标实际工作数，是指一定时期内预算部门实际完成工作数中达到部门绩效目标要求或绩效标准值的工作任务数量。

4.重点工作办结率。是指预算部门年度重点工作实际完成数与交办或下达数的比率,用以反映部门对重点工作的办理落实程度。具体计算公式为:

$$重点工作办结率 = \frac{重点工作实际完成数}{交办或下达数} \times 100\%$$

其中,重点工作是指党委、政府、人大、相关部门交办或下达的工作任务。

(四)效果

效果主要衡量预算部门的履职效益情况,具体包括:

1.经济效益。是用于衡量预算部门履行职责对经济发展所带来的直接或间接影响。

2.社会效益。是用于衡量预算部门履行职责对社会环境所带来的直接或间接影响。

3.生态效益。是用于衡量预算部门履行职责对生态环境所带来的直接或间接影响。

4.社会公众或服务对象满意度。是用于衡量社会公众、预算部门的服务对象对部门履职效果的满意程度。其中,社会公众或服务对象是指部门履行职责而影响到的部门、群体或个人。一般采取社会调查的方式。

上述经济、社会、生态效益三项指标是设置部门整体支出绩效评价指标时必须考虑的共性要素,在实践中,一般根据部门实际并结合部门整体支出绩效目标设立情况有选择地进行设置,并将其细化为相应的个性化指标。

三、部门整体支出绩效评价的案例分析

2003年,广东省财政厅下发《关于进一步加强财政支出管理意见的通知》(粤府办〔2003〕100号),开始试点财政支出绩效评价工作,成为我国最早推行预算绩效评价的省份之一。2015年,为进一步规范部门财政支出预算管理,强化政府部门履职效能,切实提高财政性资金使用效益,广东省财政厅下发《广东省省级部门整体支出绩效评价暂行办法》(粤财评函〔2015〕132号),在省级部门推开包含基本支出和项目支出在内的部门整体绩效评价。本章,以广东省林业厅2016年度部门整体支出绩效评价为例,进一步了解实践中部门整体支出绩效评价的工作状况[①]。

---

① 绩效管理信息公开专题.广东省林业厅2016年部门整体支出绩效评价报告.广东省财政厅网站.

（一）评价的基本方面

1.评价对象和范围。根据《广东省省级部门整体支出绩效评价暂行办法》(财评函〔2015〕132号)，部门整体支出绩效评价是衡量省级预算部门在一个完整财政年度内基本支出和项目支出的整体绩效，资金范围包括省财政安排给省级预算部门及其下属单位的所有省级财政性资金，资金类型涵盖一般公共预算、政府性基金预算、国有资本经营预算。因此，广东省林业厅2016年度部门整体支出绩效评价的评价范围包括广东省林业厅2016年度部门整体财政支出资金81303.68万元，其中，"基本支出"28944.60万元、"项目支出"52359.08万元；评价时段为2016年1月1日至12月31日。

2.评价内容。

（1）预算编制情况。主要评价省林业厅的部门预算是否符合财政部或者省财政厅关于预算编制的要求和规范、绩效目标设置是否规范完整、绩效目标是否明确、绩效目标的覆盖面等情况。

（2）预算执行过程。主要体现省林业厅在资金、项目、资产和人员等方面管理的情况。资金管理，包括预算执行情况、财政资金结余结转情况、财务合规性、预决算信息公开情况等；项目管理，包括项目申报、批复、调整、监督、完成等方面的情况，以及控制财政供养人员的人员管理情况。

（3）资金使用绩效。主要体现为省林业厅绩效目标的实现程度、部门的履职情况以及省委省政府重点工作的完成情况。包括部门整体支出的经济性（预算控制）、效率性（完成进度和完成质量）、效果性（社会、经济、生态方面的效益和可持续性）和公平性（服务对象满意度）。

3.评价方法。根据部门整体支出的实际情况，省林业厅在绩效评价中综合应用了四种方法：一是成本效益分析法，指将一定时期内的支出与效益进行对比分析以评价绩效目标实现程度，适用于成本、效益都能准确计量的项目绩效评价；二是目标结果比较法，指通过对绩效目标与实施效果、历史与当期情况、不同部门和地区同类支出的比较，综合分析绩效目标实现程度；三是因素分析法，指通过综合分析影响绩效目标实现、实施效果的内外因素，评价绩效目标实现程度；四是公众评判法，指通过专家评估、公众问卷及抽样调查等对财政支出效果进行评判，评价绩效目标实现程度。

评价按百分制计分，评价结果根据综合评价意见分为优、良、中、低、差五个等级：100—90分为优，89—80分为良，79—70分为中，69—60分为低，59分以下为差。

4.评价过程。

（1）绩效目标申报。绩效目标申报是绩效评价程序的第一步。省林业厅需根据本部门单位中期财政规划、年度计划和单位职能等，按照绩效目标表编报整体支出的绩效目标，并将其转化为可量化或可衡量的绩效指标。时间上，绩效目标应同申请加入项目库或编制中期财政规划、年度预算时一并申报。广东省财政厅规定了统一的绩效目标申报表，如表5-2所示。

（2）绩效自评。绩效自评是绩效评价程序的第二步。省林业厅需按照省财政厅部署，组织开展财政性资金整体支出使用绩效的自评工作，真实、客观填报评价指标表信息及提供有关佐证材料，按时完成自评报告。时间上，绩效自评工作一般在财政部批复省级部门决算后开始，2个月内完成。

（3）第三方绩效评价。第三方绩效评价是绩效评价程序的第三步，省财政厅委托独立的第三方评价机构，在林业厅绩效自评的基础上，对其部门整体支出进行第三方绩效评价。具体而言，第三方绩效评价包括专家书评、现场评价和综合评价三个环节。首先在专家书评阶段，第三方机构组织专家对省林业厅的绩效自评报告及提供的所有材料进行审核，并进行书面评价。其次在现场评价阶段，第三方机构针对省林业厅的不同财政资金类型，设置个性化指标体系，通过现场分组访谈、重点项目座谈、材料核实等进行现场评价，一般在2个月内完成。最后在综合评价阶段，省财政厅和第三方机构根据现场评价结果，参考自评情况和配合程度，对部门整体支出使用绩效进行全面、综合评价，一般在完成现场评价任务后的1个月内完成。

（二）评价指标体系及评价标准

1.绩效自评。广东省林业厅根据省财政厅统一制定的部门整体支出绩效评价指标体系，分别从预算编制、目标设置、保障措施、资金管理、项目管理、资产管理、人员管理、资金使用绩效的经济性、资金使用绩效的效率性、资金使用绩效的效果性、资金使用绩效的公平性11个方面进行了绩效自评，指标体系及评分标准如表5-3所示。

表5-2

广东省省级部门整体支出绩效目标申报表

（_____年度）

部门（单位）名称					
上年度已完成工作目标（简要介绍）					
职责履行	预期完成的事项（结合工作计划填写，其中属重点工作事项的要注明）	任务1： 任务2： 任务3： ……			
本年度整体支出绩效指标		绩效指标	本年度计划完成水平	指标解释及计算公式	1.职责履行：主要描述本年度的主要工作任务。 2.绩效指标中，前三个是必填内容，其他指标则根据自身特点设置。 3.重点工作是指省委、省政府、省人大、中央相关部门交办或省的工作任务，以及在全省重大工作规划中确定的任务。
		总体工作完成率			
		重点工作完成率			
		预决算公开程度			
		其他指标			
		……			
	履职效益	部门履行职责带来的效果	目标1： 目标2： ……		
		绩效指标	本年度计划完成水平	指标解释及计算公式	履职效益，主要填写通过职责履行，带来的直接的社会、经济和环境效益部门（单位）根据自身特点设置。
		指标1			
		指标2			
		指标3			
		指标4			
		……			

续表

		名称	上年度资金	本年度申请资金	预算计划完成率	
资金管理	支出预算（万元）	合计				根据实际情况填写。
		1 基本支出				
		2 项目支出				
		3 其他资金（如自筹资金）				
保障机制	确保绩效目标实现的措施	组织机构				罗列绩效管理的组织机构和相关资金、项目的管理制度。
		相关管理制度				
其他需要说明的情况						

填表人（签名）：　　　　　　　　　　　　填表日期：

填表单位负责人（签名）：　　　　　　　　联系电话：

资料来源：《广东省省级部门整体支出绩效评价暂行办法》（财评函〔2015〕132号）.

表5-3 广东省林业厅部门整体支出绩效自评指标体系
（广东省省级部门整体支出绩效评价指标体系）

评价指标						指标说明	评分标准
一级指标		二级指标		三级指标			
名称	权重(%)	名称	权重(%)	名称	权重(%)		
预算编制情况	14	预算编制	4	预算编制合理性	2	考核部门（单位）预算的合理性，即是否符合本部门职责，是否符合省委省政府的方针政策和工作要求，资金有无根据项目的轻重缓急进行分配。	部门预算编制，分配符合本部门职责，符合省委省政府方针政策和工作要求的，得1分，符合不同项目，不同用途之间分配合理的，得1分。本项指标由专家根据实际情况酌评定。
				预算编制规范性	2	考核部门（单位）预算编制是否符合省财政当年有关预算编制的原则，在规范性和细致程度方面是否符合要求。	预算编制符合省财政当年有关预算编制的原则和要求的，得2分；其他情况酌情扣分。本项指标由专家根据实际情况酌评定。
		目标设置	8	目标合理性	3	部门（单位）所设立的整体绩效目标是否符合客观实际，用以反映部门（单位）整体绩效目标与年度工作任务的相符性情况。	1. 整体绩效目标与年度工作任务相符的，得3分。 2. 整体绩效目标符合客观实际情况的，得2分； 3. 整体绩效目标包括预期提供的公共产品或服务达到的效果性的，成本以反预期成本，数量、质量、成本以反预期目标达到的效果性的，得1分； 4. 其他情况酌情扣分。
				绩效目标覆盖率	3	部门（单位）整体支出绩效目标设置了绩效目标的金额与部门考核部门（单位）绩效目标设置的占比情况。	1. 比率≥80%的，得3分； 2. 80%>比率≥60%的，得2分； 3. 60%>比率≥30%的，得1分； 4. <30%的，得0分。
				绩效指标明确性	2	部门（单位）依据整体绩效目标所设定的绩效指标是否清晰、细化，可量化，用以反映和考核部门（单位）整体绩效目标的明确细化情况。	1. 绩效指标能反映绩效目标的，得1分； 2. 绩效指标明确可量化的，得1分； 3. 其他情况酌情扣分。

续表

评价指标						指标说明	评分标准
一级指标		二级指标		三级指标			
名称	权重(%)	名称	权重(%)	名称	权重(%)		
预算编制情况	14	保障措施	2	制度措施	2	反映部门（单位）是否制定并严格执行了相应的财务、项目管理制度以及实施方案（计划）。	1. 管理办法或实施方案（计划）等制度健全、规范的，得1分； 2. 所制定的制度或方案得到切实执行的（须有相应佐证材料，如日常检查、稽查的底稿等），得1分； 3. 其他情况酌情扣分。
预算执行情况	40	资金管理	18	支出完成率	4	部门（单位）本年度预算实际支出数（以实际用款为准）与财政下达资金总额（预算总额）（包括年初预算数、年中追加预算数和考核部门（单位）结转数）的比率，用以反映和考核部门（单位）支出完成程度。	1. 比率=100%的，得4分； 2. 100%>比率≥90%的，得3分； 3. 90%>比率≥80%的，得2分； 4. 80%>比率≥60%的，得1分； 5. 比率<60%的，得0分。
				结转结余率	3	部门（单位）当年度结转结余额与当年度预算总额（预算总额以一般公共预算、政府性基金预算、国有资本经营预算下达到部门的当年度资金之和计算，不计上年结转资金）的比率，用以反映和考核部门（单位）对结转结余资金的实际控制程度。	1. 比率≤5%的，得3分； 2. 5%<比率≤10%的，得2分； 3. 10%<比率≤15%的，得1分； 4. 比率>15%的，得0分。
				转移支付下达效率	2	考核部门主管的转移支付资金是否按新《预算法》要求，一般性转移支付资金在预算批复后30天内下达，专项转移支付资金在预算批复后60天内下达。	所有转移支付资金均达到要求的，得2分；有一项转移支付资金未达到要求即不得分。

续表

评价指标						指标说明	评分标准
一级指标名称	权重(%)	二级指标名称	权重(%)	三级指标名称	权重(%)		
预算执行情况	40	资金管理	18	财务合规性	4	反映部门（单位）资金支出规范性，包括资金管理、会计核算等支出规范反映资金支出是否严格执行；会计核算是否合规，是否依据不合规，虚列项目支出的情况；是否存在截留、挤占、挪用项目资金情况；是否存在超标准开支情况。	1.预算执行规范性1分，按规定履行调整报批手续或未发生调整的，且按事项完成进度支付资金的得满分，否则酌情扣分； 2.事项支出的合规性2分，资金管理、费用标准、超范围，符合有关制度规定的得满分，挪用资金的、超标准支出、虚列支出、截留、挤占、挪用，视情节严重情况扣分，直至扣到0分； 3.会计核算规范性1分，规范支出专账核算，或支出凭证不符合规定、或其他未按规定设专账核算，视具体情况扣分。
				存量资金清理情况	3	考核部门（单位）当年结转额度是否达标，以及年末财政存量资金规模较上一年是否下降。以省财政厅开展的省直属部门综合支出考核中的存量资金考核结果为依据。	得分=3×省直部门综合支出考核中省直部门存量资金考核得分/100
				预决算信息公开性	2	主要考核部门（单位）在被评价年度是否按照政府有关规定公开公开（单位）的预决算信息，用以反映预决算管理的公开透明情况。	1.按规定内容、在规定时限和范围内公开的，得2分； 2.进行了公开，但未达到时限、内容或范围要求的，得1分； 3.没有进行公开的，得0分； 4.涉密单位不需要公开相关信息并及时提供涉密依据的，计2分；涉密单位不需要公开相关信息但未及时提供涉密依据的，计0分。

续表

评价指标					指标说明	评分标准
一级指标名称	权重(%)	二级指标名称	权重(%)	三级指标名称	权重(%)		

一级指标名称	权重(%)	二级指标名称	权重(%)	三级指标名称	权重(%)	指标说明	评分标准
预算执行情况	40	项目管理	13	项目实施程序	8	反映部门（单位）所有项目支出实施过程是否规范，包括项目是否符合申报条件；申报、批复程序是否符合相关管理办法；项目招投标、调整、完成验收等是否履行相应手续等。	1.项目或方案调整按规定履行报批手续，得2分； 2.项目招投标、建设、验收等或方案实施严格执行相关制度规定的，得3分； 3.项目实施过程规范的，得3分； 4.其他情况酌情扣分。
				项目监管	5	部门（单位）对所实施项目（包括部门的各级专项资金分配给市、县实施的项目）的检查、监控、督促等管理的情况。	1.资金使用单位或基层资金管理单位建立有效管理机制，且执行情况良好的，得2分； 2.各级业务主管部门按规定对项目建设或方案实施开展有效的检查、监控、监督整改的，得3分（需提供检查底稿或其他材料证明，否则不得分）； 3.其他情况酌情扣分。
		资产管理	6	资产管理安全性	3	部门（单位）的资产是否保存完整，使用、配置、处置规范，收入及时足额上缴，用以反映部门（单位）资金安全运行情况。	1.资产保存完整的，得1分； 2.资产配置合理，使用合规的，得1分； 3.资产是否有偿使用及处置收入及时足额上缴，处置规范的，得1分； 4.其他情况酌情扣分。
				固定资产利用率	3	部门（单位）实际在用固定资产总额与所有固定资产总额的比例，用以反映和考核固定资产使用效率程度。	1.比率≥90%的，得3分； 2.90%>比率≥75%的，得2分； 3.75%>比率≥60%的，得1分； 4.比率<60%的，得0分。
		人员管理	3	财政供养人员控制	3	部门（单位）本年度在编人数（含工勤人员）与核定编制数（含工勤人员）的比率。	1.比率≤100%的，得3分； 2.比率>100%，每增加5%扣1分，直至扣完。

续表

评价指标						
一级指标		二级指标		三级指标		
名称	权重(%)	名称	权重(%)	名称	权重(%)	指标说明	评分标准

一级指标名称	权重(%)	二级指标名称	权重(%)	三级指标名称	权重(%)	指标说明	评分标准
资金使用绩效	46	经济性	4	"三公经费"控制率	1	部门（单位）本年度"三公经费"实际支出数与预算安排的三公经费数的比率，用以反映和考核部门（单位）对"三公经费"的实际控制程度。	以省财政厅行政政法处的考核结果为准。符合标准的得1分，没达到标准的得0分。
				公用经费控制率	1	部门（单位）本年度实际支出的公用经费总额与预算安排的公用经费总额的比率，用以反映和考核部门（单位）对机构运转成本的实际控制程度。	以省财政厅行政政法处的考核结果为准。符合标准的得1分，没达到标准的得0分。
				预算调整率	2	部门（单位）本年度预算调整数与预算数的比率，用以反映和考核部门（单位）预算的控制程度。	1. 比率≤3%的，得2分； 2. 3%＜比率≤10%的，得1分； 3. 比率＞10%的，得0分。
		效率性	10	重点工作完成率	3	反映部门（单位）完成省委、省政府、人大重要指示或项目的完成情况。	重点工作完成率＝重点工作实际完成数/交办下达数 本项得分＝重点工作完成率×3 重点工作是指党委、政府、人大、中央相关部门交办或下达的工作任务。
				绩效目标完成率	5	反映部门（单位）整体绩效目标完成的情况。	本项得分＝绩效目标完成率×5 绩效目标完成率由单位自行评估，但需要提出合理的依据，财政部门进行现场评价的，由评价小组根据实际情况评定。
				项目完成及时性	2	反映部门（单位）项目完成情况与预期时间对比的情况。	所有项目均按计划时间完成的，得2分； 部分项目未按计划时间完成的，本项得分＝已完成项目数/未完成项目数×2

续表

评价指标						评分标准
一级指标		二级指标		三级指标		
名称	权重(%)	名称	权重(%)	名称	权重(%)	
资金使用绩效	46	效果性	30	社会经济环境效益	25	反映项目实施直接产生的社会、经济、环境效应，主要通过项目资金使用效果的个性化指标反映。	根据项目实际并结合绩效目标设立情况，有选择地设置个性化绩效指标，且通过绩效指标完成情况与目标值对比分析，进行核定得分。
				项目可持续发展	5	反映项目完成后，后续政策、资金、人员机构安排和管理措施等影响项目持续发展的因素，以及项目实施对人、环境、资源是否带来可持续发展。	1.人员机构安排可持续得1分，政策、制度可持续得1分； 2.管理机构（如管护和资金投入等）可持续得1分； 3.环境可持续得1分； 4.其他情况酌情扣分。
		公平性	2	公众或服务对象满意度	2	反映部门（单位）履行职责与增加公共利益、公共福利和保障公共安全方面的相关联程度，是否造成社会不公而引起纠纷、诉讼、信访、上访甚至违法犯罪。	社会公众或服务对象是指部门（单位）履行职责而影响到的部门、群体或个人，一般采取社会调查的方式。如难以单独开展满意度调查的，可参考权威调查机构（如统计局、社科院等部门或机构）发布的有关满意度调查结果评分。

资料来源：《广东省省级部门整体支出绩效评价暂行办法》（财评函〔2015〕132号）。

2.第三方绩效评价。第三方评价机构受广东省财政厅的委托，在省林业厅绩效自评的基础上开展了第三方绩效评价。在评价指标的设计上，第三方机构依据省财政厅的共性指标体系，并结合省林业厅的部门职能及工作特点，专门设计了一套细化的三级评价指标体系（见表5-4）。总体来看，该评价指标体系涵盖了对该厅在宏观政策层面上的总体工作规划及公共效益情况、在微观层面上内部管理效率及具体业务产出情况的考核，同时，结合了部门整体支出的动态管理过程，以预算编制情况、预算执行情况、预算资金使用效益三个维度作为一级指标并通过细化形成三级指标评分量表。另外，考虑到林业厅的工作特性，对一些三级指标如"重点工作完成率""绩效目标完成率""项目完成及时性"及"社会经济环境效益"设计了专门的个性化评分表（见表5-5和表5-6）。

评价标准方面，第三级评价指标可分为定性指标和定量指标两类。定性类指标包括预算编制合理性、预算编制规范性等15项。针对此类指标，第三方机构根据省林业厅绩效目标设定所依据的国家发展规划、"三定方案"职责内容、部门中长期规划等政策，制定指标的评价要点。专家依据要点进行评分，全部符合，得满分；相应评分要点不符合，不得分。定量类指标包括财政拨款收入预决算差异率、部门预算资金支出率、结转结余率等12项。针对定量指标，第三方机构依据省林业厅职责范围内的可量化的工作内容或目标设定相应的测算公式并制定评分标准，如：评价项小于（大于）或等于某设定置，得满分；大于（小于）某设定置得0分；介于二者之间，给予相应配分计，百分比标准是参照国家或行业规定或标准进行设置。专家组根据测算数据配分。最后，根据此绩效评价指标评分表，对广东省林业厅2016年度部门整体支出绩效进行量化评级。评价结果分为优、良、中、低、差五等，根据计算结果的总分，总分≥90为优，80≤总分<90为良，70≤总分<80为中，60≤总分<70为低，总分<60为差。

表5-4 广东省林业厅部门整体支出第三方绩效评价指标体系

评价指标					指标说明	评分标准
一级指标名称	权重(%)	二级指标名称	权重(%)	三级指标名称	权重(%)		

一级指标		二级指标		三级指标		指标说明	评分标准
名称	权重(%)	名称	权重(%)	名称	权重(%)		
预算编制情况	18	预算编制	10	预算编制合理性	3	考核部门（单位）预算的合理性，即是否符合本部门职责，是否符合省委省政府的方针政策和工作要求，资金有无根据项目的轻重缓急进行分配。	1. 部门预算编制，分配符合本部门职责，分配符合省委省政府方针政策和工作要求的，得1分； 2. 部门预算资金能根据年度工作重点，在不同项目、不同用途之间分配合理的，得1分。 3. 预算编制符合省财政当年度有关预算编制的原则和要求的，得3分；发现一项没有满足的省级预算编制的扣0.5分，扣完为止。
				预算编制规范性	3	考核部门（单位）预算编制是否符合省财政当年有关预算编制的原则，例如在规范性和细致程度方面是否符合要求等。	预算编制符合省财政当年度有关预算编制的原则和要求的，得3分；发现一项没有满足的扣0.5分，扣完为止。本指标由评价组对照相应的省级预算编制文件和部门（单位）的部门预算，根据实际情况评定。省级预算编制文件是指由省财政厅印发的省级预算编制工作方案和年度省级部门预算编制工作通知，以及其他与部门预算编制相关的文件和制度。
				财政拨款收入预决算差异性	4	反映部门收入预算编制的准确性。	财政拨款收入预决算差异率=（收入调整预算数-收入年初预算数）/收入调整预算数×100%（取绝对值）。差异率=0，本项指标得满分；差异率（绝对值）>0时，每增加5%（含）扣减0.5分，直至扣完为止。
		目标设置	8	绩效目标合理性	4	部门（单位）所设立的整体绩效目标是否依据充分，是否符合客观实际，用以反映和评价设立的绩效目标与部门履职和年度工作任务的相符性。	1. 整体绩效目标能体现部门（单位）"三定"方案规定的职能的，得1分； 2. 整体绩效目标能体现部门（单位）中长期规划和年度工作计划的，得1分； 3. 整体绩效目标能分解成具体年度部门预算资金相匹配的，得1分； 4. 整体绩效目标与本年度部门预算资金相匹配的，得1分； 对上述4项标准，没有完全符合的，可酌情扣分。

续表

评价指标					指标说明	评分标准
一级指标名称	权重(%)	二级指标名称	权重(%)	三级指标名称	权重(%)	
预算编制情况	18	目标设置	8	绩效指标明确性	4	部门（单位）依据整体绩效目标所设定的绩效指标是否清晰、细化、可量化，用以反映部门（单位）整体绩效目标的明细化和考核部门（单位）整体绩效目标的明细化情况。	1. 绩效指标中能够包含体现部门（单位）履职效果的主要的社会、经济效益指标的，得1分； 2. 绩效指标具有清晰、可衡量的指标值的，得1分； 3. 绩效指标包含可量化的指标的，得1分；完全没有可量化的目标的，不得分； 4. 绩效目标值能提供相关依据或符合各客观实际情况的，得1分。 对上述4项标准，没有完全符合的，可酌情扣分。
预算执行情况	51	资金管理	30	部门预算资金支出率	6	部门（单位）预算实际支付进度和既定支付进度的匹配情况，反映和考核部门（单位）预算执行的反映时性和均衡性。	本指标得分=本指标满分分值×全年平均执行率。 其中：全年平均执行率=Σ（每个季度的执行率）÷4 分季执行率=当季部门预算资金支出进度÷该季序时进度×100%。预算均衡性考核性的资金范围不含当年12月下达的资金。
				结转结余率	3	部门（单位）当年度转结余额与当年度预算总额的比率，用以反映和考核部门（单位）对结转结余资金的实际控制程度。	1. 比率≤5%的，得3分； 2. 5%＜比率≤10%的，得2分； 3. 10%＜比率≤15%的，得1分； 4. 比率＞15%的，得0分。
				存量资金效率性	3	部门（单位）的财政存量资金，考核部门财政存量资金的变动情况。	部门财政年末存量资金变动率=（当年年末存量规模÷上一年年末存量规模-1）×100% 1. 部门财政存量资金变动率≤-15%的，得3分； 2. 部门财政存量资金变动率≤-10%但是大于-15%的，得2分；

续表

一级指标		二级指标		三级指标		指标说明	评分标准
名称	权重(%)	名称	权重(%)	名称	权重(%)		
预算执行情况	51	资金管理	30	存量资金效率性	3	部门（单位）的财政存量资金，考核部门财政存量资金的变动情况。	3. 部门财政存量资金变动率≤0且大于-10%的，得1分； 4. 部门财政存量资金变动率>0的，不得分。存量资金效率性指标评分时不含科研项目（课题）及当年12月下达的资金。
				政府采购执行率	2	部门（单位）本年度实际政府采购金额与年初政府采购预算的比率，用以反映年初部门（单位）政府采购预算执行情况。	本指标得分=本指标满分分值×（实际政府采购金额/政府采购预算数）×100%；如实际政府采购金额大于政府采购预算数则本项不得分。政府采购预算是指采购机关根据事业发展计划和科研任务编制的，并经过规定程序批准的年度政府采购计划。
				财务合规性	4	反映部门（单位）资金支出规范性，包括资金管理、费用支出等规范反映支出是否严格执行；会计核算规范反映项目支出是否存在支出依据不合规，虚列项目支出的情况；是否存在截留、挤占、挪用项目资金超标准开支情况。	1. 预算执行规范性1分，按规定履行调整报批手续或未发生调整的，目按事项完成进度支付资金的得满分，否则酌情扣分； 2. 事项支出的合规性1分，资金管理、费用标准、支付符合有关制度规定的得满分，超标准支出，以及其他不符合制度规定支出的，视情节严重情况扣分，直至扣到0分； 3. 会计核算规范性1分，规范执行会计核算制度得满分，或其他核算规定不规范，或核算事项不符合规定，或未按规定设专账核算，视具体情况扣分； 4. 重大项目支出经过评估论证和必要决策程序的得1分，否则酌情扣分。

续表

一级指标		二级指标		三级指标		指标说明	评分标准
名称	权重(%)	名称	权重(%)	名称	权重(%)		
预算执行情况	51	资金管理	30	资金下达合法性	5	反映部门下达其主管的一般性转移支付和专项转移支付的及时性以及批复下属单位预算的及时性。	1.转移支付部分：按规定，一般性转移支付和专项转移支付分别在省人大批复预算后的30日和60日内正式下达；对于中央转移支付，需在收到预算后30日内正式下达。转移支付部分得分＝在要求时限内下达的转移支付资金÷经省人大批复的转移支付×2.5分。 2.部门预算部分：按规定，部门在接到财政部门批复的本部门预算后，15日内向所属各单位批复预算。部门预算部分得分：按时批复的得2.5分，每超过一天扣0.5分，扣完2.5分为止；未批复的不得分。 本指标总得分＝转移支付部分得分＋部门预算部分得分。 如被评价部门没有主管的转移支付资金，则部门预算部分计入部门预算部分得分，每超过一天扣1分，扣完为止。
				提前下达率	3	反映部门是否按要求提前申请下达其主管的一般性转移支付和专项转移支付。	除自然灾害等突发事件处理的资金和据实结算的体制补助等特殊项目外，提前下达专项转移支付比例应达90%，一般性转移支付提前下达比例应达70%。专项转移支付比例达到90%的，得1.5分；未达到提前下达比例70%的，得1.5分，未达到提前下达比例的，按比例扣分。一般性转移支付提前下达比例达到70%的，得1.5分；未达到提前下达比例的，按比例扣分。
				预决算信息公开性	4	主要考核部门（单位）在被评价年度是否按照政府信息公开有关规定公开相关预决算信息，用以反映部门（单位）预决算管理的公开透明情况。	1.部门预算公开得分： （1）按规定时限和范围内公开的，得2分； （2）进行了公开，但未达到时限、内容或范围要求的，得1分；

续表

评价指标					指标说明	评分标准
一级指标名称	权重(%)	二级指标名称	权重(%)	三级指标名称	权重(%)	
预算执行情况	51	资金管理	30	预决算信息公开性	4	主要考核部门（单位）在被评价年度是否按照政府信息公开有关规定公开相关预决算信息，用以反映部门（单位）预决算管理公开透明情况。	（3）没有进行公开的，得0分； （4）涉密部门经批准不需要公开相关信息的，计2分。 2.部门决算公开得分： （1）按规定时限和范围内公开的，得2分； （2）进行了公开，但未达到时限、内容或范围要求的，得1分； （3）没有进行公开的，得0分； （4）涉密部门经批准不需要公开相关信息的，计2分。 本指标得分=部门预算公开得分+部门决算公开得分
		项目管理	8	项目实施程序	3	反映部门（单位）所有项目支出实施过程是否规范，包括是否符合申报条件；申报、批复程序是否符合相关管理办法；项目招投标、调整、完成验收等是否履行相应手续等。	1.项目或方案调整按规定履行报批手续，得1分； 2.项目招投标、建设、验收等方案严格实施相关制度规范的，得1分； 3.项目实施过程规范的，得1分； 4.其他情况酌情扣分。
				项目监管	5	反映部门的省级专项资金分配给市、县实施的项目（包括部门主管部门对所实施项目（包括部门、县实施部门）的检查、监控、督促等管理情况。	1.资金使用单位或基层资金管理单位建立有效管理机制，且执行情况良好的，得2分； 2.各级业务主管部门按规定对主管的专项资金和经费开展有效的检查、监控、督促整改的，得3分（需提供检查底稿或其他材料证明，否则不得分）； 3.其他情况酌情扣分。

▶ 第五章 预算绩效评价

续表

一级指标		评价指标				指标说明	评分标准
名称	权重(%)	二级指标		三级指标			
		名称	权重(%)	名称	权重(%)		
预算执行情况	51	资产管理	6	资产管理安全性	3	部门（单位）的资产是否保存完整、配置合理、处置规范、收入及时足额上缴，用于反映部门（单位）资产安全运行情况。	1. 资产配置合理，保管完整，得1分； 2. 资产账务管理合规、账实相符的，得1分； 3. 资产有偿使用及处置收入及时足额上缴，得1分。
				固定资产利用率	3	部门（单位）实际在用固定资产总额与所有固定资产总额的比率，用以反映和考核部门（单位）固定资产使用效率程度。	1. 比率≥90%的，得3分； 2. 90%＞比率≥75%的，得2分； 3. 75%＞比率≥60%的，得1分； 4. 比率＜60%的，得0分。
		人员管理	3	财政供养人员控制率	3	部门（单位）本年度在编人数（含工勤人员）与核定编制数（含工勤人员）的比率。	1. 比率≤100%的，得3分； 2. 比率＞100%的，得0分。
		制度管理	4	管理制度健全性	4	部门（单位）是否制订并严格执行了相应的预算资金、财务管理和预算绩效管理制度等，用以反映部门和预算管理制度对其职责和促进事业发展的保障情况。	1. 部门制订了财政资金管理、内部财务、内部控制等制度的，得1分； 2. 上述资金、财务和内控制度得到有效执行，能提供相关佐证材料的，得1分； 3. 部门制订了本部门预算绩效管理制度的，得1分； 4. 部门落实了预算绩效管理制度，在本级及下属单位开展绩效评价等工作，能提供相关佐证材料的，得1分。
资金使用效益	31	经济性	4	"三公经费"控制率	2	部门（单位）本年度"三公经费"实际支出数与预算安排的"三公经费"数的比率，用以反映和考核部门（单位）对"三公经费"的实际控制程度。	"三公经费"实际支出数≤预算安排的"三公经费"数，得2分；"三公经费"实际支出数＞预算安排的"三公经费"数，不得分。

续表

评价指标					指标说明	评分标准
一级指标名称	权重(%)	二级指标名称	权重(%)	三级指标名称	权重(%)		

一级指标		二级指标		三级指标		指标说明	评分标准
名称	权重(%)	名称	权重(%)	名称	权重(%)		
资金使用效益	31	经济性	4	公用经费控制率	2	部门（单位）本年度实际支出的公用经费总额与预算安排的公用经费总额的比率，用以反映部门（单位）对机构运转成本的实际控制程度。	本年度实际支出的公用经费总额≤预算安排的公用经费总额，得2分；本年度实际支出的公用经费总额>预算安排的公用经费总额，不得分。
		效率性	9	重点工作完成率	3	部门（单位）完成党委、政府、人大和上级部门下达或交办的重要事项或重点工作的办理落实程度。	本指标得分＝重点工作完成率×3。其中：重点工作实际完成数÷重点工作总数×100%，重点工作是指省委、省政府、省人大、中央相关部门交办和下达的工作任务。
				绩效目标完成率	3	部门（单位）整体绩效目标中各项目标的完成情况，反映部门整体支出绩效目标的实现程度。	本指标得分＝绩效目标完成率×3。绩效目标完成率＝绩效目标完成项数/绩效目标总项数×3。
				项目完成及时性	3	反映部门（单位）项目完成情况与预期时间对比的情况。	所有部门预算安排的项目均按计划时间完成的，得3分；部分项目未按计划时间完成的，本指标得分＝已完成项目数/未完成项目数×3。
		效果性	10	社会经济环境效益	10	反映部门（单位）履行职责对经济发展、社会发展和生态环境所带来的直接或间接影响。	根据部门（单位）"三定"方案确定的职责，实际并结合绩效目标"三定"方案确定的职责，实际并结合绩效目标设立情况，有选择地设置个性化绩效指标，且通过绩效指标完成情况与目标值对比分析，进行核定得分。社会、经济、环境三个方面的效益，根据部门工作的性质，至少选择一个方面，可以从两个角度对效益进行评价：

续表

一级指标		二级指标		三级指标		指标说明	评分标准
名称	权重(%)	名称	权重(%)	名称	权重(%)		
资金使用效益	31	效果性	10	社会经济环境效益	10	反映部门（单位）履行职责对经济发展、社会发展和生态环境所带来的直接或间接影响。	1.部门管理的行业和领域的主要指标能否体现部门当年履职的效果。主要指标均体现效果的，得5分；只有部分指标体现效果的，酌情扣分。 2.部门当年支出的项目支出是否实现了预期的效果，由评价对照项目支出是否实现了预期的效果进行评分。所有项目都能体现效果的，得5分；只有部分项目体现效果的，酌情扣分。
		公平性	8	群众信访办理情况	4	部门（单位）对群众信访意见的完成情况及及时性，对群众意见的重视程度。	1.设置了便利的群众意见反映渠道和群众意见办理回复机制的，得1分。 2.当年度所有群众信访意见均有回复，得2分，否则按比例扣分。 3.回复意见均在规定时限内的，得1分，否则按比例扣分。
				公众或服务对象满意度	4	反映社会公众对部门（单位）的服务对象对部门履职效果的满意度。	社会公众或服务对象是指部门（单位）履行职责而影响到的个人、群体或社会组织，一般采取的方式为：如难以单独开展满意度调查的，可参考年度省首民主评议政风行风评价结果、群众信访反馈问题、本部门或授权第三方机构开展满意度调查等进行合理的评分。

资料来源：《广东省林业厅2016年部门整体支出绩效评价报告》。

表5-5　　　　　　　　　　　效率指标评分表

序号	2016年工作目标	具体工作任务	可参考指标
1	深入推进新一轮绿化广东大行动	启动森林碳汇第二期工程建设，建设防护林工程80.4万亩。全面提高森林质量，计划森林抚育505万亩。加快推进林业碳汇计量监测体系建设，开展广东省土地利用和变化监测工作。建设生态景观林带、森林公园、湿地公园，开展乡村绿化美化工作。深入实施《珠三角规划纲要》，大力建设珠三角国家森林城市群。加大湿地生态系统保护建设力度，推动珠三角绿色生态水网建设。推进实施雷州半岛森林生态修复工程。	重点工程建设完成率、雷州半岛新增生态修复建设面积（万亩）、森林公园建设数量
2	依法依规推进林业改革	积极稳妥推进全省国有林场改革，不断深化集体林权制度改革，积极推进（省立）国家公园试点工作，持续推进林业碳汇交易。	国有林业改革任务完成率、林业总产值同比增长率、涉林信访处理数、山林纠纷调处数、集体林权确权情况
3	严格森林资源保护管理	开展新一轮全省森林资源二类调查工作，全面摸清全省森林资源状况。全面划定落实林业生态红线，严守生态底线。严格执行林地保护利用规划，落实林地定额管理和用途管制，配合做好全省高尔夫球场清理整治工作。强化林木采伐监督管理，逐步将所有天然林纳入保护范围。	林地清理排查违法违规数、违法违规案件查处情况
4	全面落实林业灾害处置	全力抓好森林防火工作，以贯彻《广东省落实森林防火责任制实施办法》为契机，切实强化地方行政首长负责制和部门分工负责制。强化基层护林员队伍建设，强化巡山护林，严防死守，狠抓野外火源管理，坚决遏制森林火灾多发、高发态势。扎实推进林业有害生物防治，全面履行目标责任制。	森林火灾受害率、林业有害生物成灾率
5	大力发展绿色产业和绿色经济	积极探索绿色发展产业化的路子，加大产业转型升级的力度，逐步实现由直接利用资源向间接利用资源转变。积极发展林下经济产业，大力扶持发展林业合作组织。	2016年申报国家林业重点龙头企业成功率、林业科技进步贡献率、林业科技成果转化率、林业经济产值
6	强化科技支撑和法律保障体系	实施科技兴林战略，充分应用新技术，通过鼓励科技创新和打造创新平台，提高绿色化的质量和水平。配合省人大出台《广东省林权争议调解处理条例》。大力推进林业依法行政。加强林业法治监督和保障体系建设。积极推进林业行政执法改革，强化市县林业部门属地执法责任。	林业信息化系统建设目标完成情况、林业执法情况

注：通过判断2016年项目单位的工作任务完成情况，对绩效目标完成率（3分）、项目完成及时性（3分）做出判断。

资料来源：《广东省林业厅2016年部门整体支出绩效评价报告》.

表5-6　　　　　　　　　　效益指标评分表

类别	指标名称	单位	现状值（2015年）	现状值（2016年）	目标值（2020年）	属性
生态安全（8个）	森林保有量	万hm²	1086.11	1086.66	1087.34	约束性
	森林覆盖率	%	58.88	58.98	60.5	约束性
	森林蓄积量	亿m³	5.61	5.73	6.43	约束性
	湿地保有量	万hm²	175.34	175.34	175.34	约束性
	自然保护区占国土面积比例	%	6.9	7.24	7	约束性
	湿地保护率	%	47	48.9	50	预期性
	生态公益林占林地面积比例	%	43.9	44.03	50	预期性
	生态公益林一、二类林比例	%	82.7	82.7	85	预期性
生态经济（2个）	林业总产值	亿元	7150	7696	9500	预期性
	森林生态效益	万亿元	1.3	1.4	1.8	预期性
生态文化（2个）	森林公园面积占国土面积比例	%	5.9	6.8	6.5	预期性
	全民义务植树尽责率	%	80	86.5	82	预期性
林业治理（2个）	森林火灾受害率	‰	1	0.02	≤1	预期性
	林业有害生物成灾率	‰	5	4	≤4	预期性

注：通过对比2015年、2016年以及2020年的指标达成情况，对部门工作所产生的经济社会环境效益做出判断。

资料来源：《广东省林业厅2016年部门整体支出绩效评价报告》.

（三）评价结果

广东省林业厅2016年部门整体绩效评价的绩效指标得分情况如表5-7所示，总得分为81.68分，绩效等级为"良"。结果显示：一是各维度评价指标得分率在75%以上，表明林业厅2016年部门整体支出在管理和监督等各方面相对规范，一定程度上达到预期效果。二是各维度结果存在一定差距，不同维度得分率极差为9.85%。相比而言，预算使用效益得分率较高，表明部门的工作产出对经济社会环境效益产生了不错的积极影响；预算编制情况得分率在80%之上，在预算编制的准确性及绩效目标设定上还有一定的提升空间；预算执行情况相对不足，部门预算资金整体支出率欠佳。

2016年，林业厅在预算编制上表现略有不足。一是在预算编制的合理性上，部分地区支出率及支出进度偏低，有的专项甚至出现未支出的情况，一定程度上反映了部分地区在预算编制的准确性上还有待提升；二是在绩效目标合理性和明确性上，长期规划与年度目标的衔接不够紧密，所设定的年度绩效指标细化程度不够，各年度对长期规划绩效指标的贡献率不明确。

在预算执行情况上，部门绩效表现一般，还存在较大的改善空间。在资金管理上，2016年部门预算资金分季执行率分别为43.3%、42.98%、59.25%、72.75%，在省直单位的支出排名分别为84，102，89，96，支出进度较缓，结转结余率为29.51%，政府采购执行率为26.77%。支出进度较缓的原因一方面是项目实施进度与资金支出进度不匹配，另一方面在对专项资金的延伸性监管上表现略有不足，对国有资产处置监管的薄弱影响了资产管理的安全性。另外，部分固定资产存在闲置现象。

经核查，2016年财政拨款支出81303.68万元，年末财政拨款结转和结余34036.98万元，其中，基本支出28944.60万元，项目支出52359.08万元。在2016年，林业厅以重点林业生态工程为着力点，推动林业各项工作的实施开展，并取得了不错的成效。从内部绩效情况来看，该厅管理规范，积极推进阳光行政，林业信息化管理水平的不断增强促使部门行政效率得到进一步提升；部门厉行节约，内部管理成本控制良好。这些都较好推动了部门职能工作顺利、有效地开展，为外部输出提供了基础，从而推动经济社会环境效益的产出。

表5-7　广东省林业厅2016年部门整体绩效评价的绩效指标得分情况

一级指标	二级指标	三级指标	得分率（%）	得分
预算编制情况 得分率：81.23%	预算编制得分率： 86.22%	预算编制合理性	66.67	2
		预算编制规范性	100.00	3
		财政拨款收入预决算差异性	90.55	3.62
	目标设置得分率： 75%	绩效目标合理性	75.00	3
		绩效指标明确性	75.00	3
"预算编制情况"评级：良				
预算执行情况 得分率：78.05%	资金管理得分率： 76.02%	部门预算资金支出率	54.50	3.27
		结转结余率	33.33	1
		存量资金效率性	66.67	2
		政府采购执行率	26.77	0.54
		财务合规性	100.00	4

续表

一级指标	二级指标	三级指标	得分率（%）	得分
预算执行情况 得分率：78.05%	资金管理得分率： 76.02%	资金下达合法性	100.00	5
		提前下达率	100.00	3
		预决算信息公开性	100.00	4
	项目管理得分率： 75%	项目实施程序	100.00	3
		项目监管	60.00	3
	资产管理得分率： 66.67%	资产管理安全性	66.67	2
		固定资产利用率	66.67	2
	人员管理得分率： 100%	财政供养人员控制率	100.00	3
	制度管理得分率： 100%	管理制度健全性	100.00	4
"预算执行情况"评级：中			
资金使用效益 得分率：87.9%	经济性得分率： 100%	"三公"经费控制率	100.00	2
		公用经费控制率	100.00	2
	效率性得分率： 75%	重点工作完成率	75.00	2.25
		绩效目标完成率	83.33	2.5
		项目完成及时性	66.67	2
	效果性得分率： 85%	社会经济环境效益	85.00	8.5
	公平性得分率： 100%	群众信访办理情况	100.00	4
		公众或服务对象满意度	100.00	4
"资金使用效益"评级：良			
评价总分：81.68，评价等级：良			

资料来源：《广东省林业厅2016年部门整体支出绩效评价报告》.

（四）主要问题及建议

1.主要问题。

首先是有关预算编制科学性的问题。一是预算编制合理性相对不足，主要表现为预算调整数较大，部分专项支出率较低；另外，预算编制的不合理性还表现在政府采购执行率较低上。二是绩效目标设置不够具体明确，年度目标与长期规划衔接的紧密程度需要增强。

其次是有关预算执行有效性问题。一是部门资金支出进度普遍偏低，结转结余金额较大，对资金支出的控制能力不足。二是对专项资金的延伸性监管不够到位。三是对于固定资产处理监管还存在一定缺失。四是林业高层次技术人才缺乏，部分地区引才、留才困难。

2.改进建议。

一是加强预算制定过程的科学性管理，提升预算方案的质量。首先在预算管理上，加强预算编制的合理性及会计核算的规范性。一方面针对由于部门不可控因素出现的预算调整率较大、资金支出率低的问题，预算单位应及时与政府及上级部门沟通，向上争取政策支持，在政策实施条件上进行有序改善；另一方面，在预算申报上，预算单位要结合实际需求填报资金需求，在不同项目、不同用途之间做到合理分配预算资金。其次依据项目进展或单位工作实际情况，及时对预算安排进行必要调整。在项目受阻的情况下，资金使用单位应及时向主管部门反馈项目进展情况，主管部门就单位上报的项目实际情况对预算安排进行必要调整，以免导致资金闲置，降低公共预算资金使用效益。

二是注重长短期目标的衔接，合理设置年度绩效指标。根据广东省林业厅的"十三五"规划，在"十三五"期间，林业厅对于将要达成的各绩效指标已经设立有明确的数量或标准，在具体年度工作计划的安排上，可通过对比历年各项指标的增长情况，将"十三五"规划中要实现的各项指标合理分配到年度的工作任务中，设定各年度绩效指标的目标增长率，从而确保"十三五"规划目标的顺利实现。对于在当年度提前完成的绩效指标，应及时总结绩优经验，调整规划的绩效指标值，从而促进各规划的绩效指标对林业发展指导激励作用的有效发挥。

三是重视对项目和资金的过程化管理，加强对项目的延伸性监管，建立健全项目监督管理制度，落实各级项目监督管理责任。一方面，主管部门应加强对项目实施过程的监管意识，建立重点项目实施过程的绩效反馈机制。另一方面，资金使用单位应加强对项目实施的风险管控意识，加强对项目实施的过程控制。

四是提高资产安全管理责任意识，设计并运行内部控制规范体系建立并完善各部门内部资产管理制度、风险防控及处置制度等重要的内部控制体系，使资产管理及各项业务活动在内控体系完善的环境下实施运作。与此同时，建立资产管理责任机制，增强相关人员的责任意识，对于资产处理，严格执行文件要求，履行必须的审批程序。

第二节 政策绩效评价

一、政策绩效评价的基本内容

(一)政策绩效评价的含义

公共政策是由公共权力机关为解决公共问题、达成公共目标、实现公共利益而采取的策略方案,通过对社会资源进行最优分配,促进国家和社会经济发展,满足广大人民群众的利益诉求。由于公共政策的影响力大、关注度高,它的出台到执行是否科学、是否具有可执行性、是否充分反映了民意、是否具有严肃的法律地位,都反映着政府公共管理的有效性问题。公共政策绩效评价是公共政策过程的重要一环,通过对政策出台或实施过程各阶段可能得到的结果进行分析评价,以确定该政策是继续、调整还是终止。

公共政策绩效评价最早的定义等同于公共政策评估,由哈罗德·拉斯维尔在《决策过程:功能分析的七种类别》一文提出[①],他将其定义为"就公共政策的因果关系做事实上的陈述"。后来查尔斯·琼斯在《公共政策研究导论》一书中对公共政策评估作了进一步阐释[②],指出公共政策评估就是政府等有关机关对政策执行情况通过说明、检核、批评、量度和分析来检验政策执行效果,及时反馈相关信息,为决定政策走向提供参考。美国"都会研究所"(Urbaninstitute)从绩效评价的视角提出了公共政策评价的具体内容,包括三个方面:一是衡量一项进行中的计划所

---

① H.D.Lasswell, The Decision Precess: Seven Categories of Function Analyses.College Park:University of Maryland, 1963:87.

② Charles O.Jones. An Introduction to the Study of Public Policy. North Scituate: Duxbury Press, 1977.

达成预期目标的效果;二是根据研究设计的原则区分该方案所产生的效果与其他环境力量作用的效果差异;三是通过执行过程中对方案进行修正使计划得以完善。这一观点强调了政策全过程的评价,为政策绩效评价的专业化发展奠定了基础。我国学者陈振明在《公共政策分析》一书中将公共政策评价定义为[1]:是依据一定的标准和程序,对政策的绩效、效率及价值进行判断的一种评价行为,目的在于取得有关这些方面的信息,作为决定政策变化、政策改进和制定新政策的依据。

相对于政策评价,公共政策绩效评价更加强调结果导向,更加关注政策目标群体的满意程度,可以说公共政策绩效评价是以绩效为导向的公共政策评价,它与政府整体绩效评价、公共部门绩效评价、公共项目绩效评价共同组成现代政府绩效评价的内容体系。政策绩效评价所要判断的内容主要是[2]:政策执行之后,是否达到了政策制定者预期的目标?该项政策给国家(政策实施地区或部门)及公众社会生活带来了何种影响?完整的政策绩效评价需要涵盖四个方面的内容:(1)规范,即确定公共政策绩效评价的指标体系与评价标准;(2)测度,收集并统计有关评估对象的各种信息;(3)分析,评估者运用所收集到的各种信息用定量分析方法,对政策的价值做出判断;(4)建议,提出下一步行动方案,建议的内容可以是针对政策项目本身,也可以针对政策过程或面向政策执行的有关政府机构。因此,公共政策绩效评价就是围绕政策效果而进行的规范、测度、分析、建议等一系列活动的总称[3]。

(二)政策绩效评价的发展历程

现代意义上的公共政策评价,首先是在以美国为代表的西方发达国家诞生和发展起来的,大致可划分为四个阶段[4]:第一代评价为效果评价(19世纪末至第二次世界大战前夕),这一阶段是政策评价发展的最初阶段,关注效果的政策评估,强调的是政策实施的效率和政策目标的实现程度。即评价政策对现实世界产生的所有效果,包括对目标群体或现状的作用、对未来情况的作用。第二代为使用取向评价(第二次世界大战至20世纪70年代初),这一阶段关注的是评价结果的价值和实用性分析,政策评价的焦点由对效果的关注转为对结果的利用,通过关于政策效果的评价来不断改进政策,给予了政策评价活动的本质以新的理解。第三代为批判性评价(20世纪70—80年代中期),这一阶段关注的是政策价值取向,即政策所体现的社会公平、公正问题,政策评价的目的是为了推动资源与利益的再分配,因此政策

---

[1] 陈振明.公共政策分析[M].北京:中国人民大学出版社,2003.
[2] 上海社会科学院政府绩效评估中心.公共政策绩效评估:理论与实践[M].上海:上海社会科学院出版社,2017.
[3] 刘国永.预算绩效管理概述[M].镇江:江苏大学出版社,2014.
[4] 余芳梅,施国庆.西方国家公共政策评估研究综述[J].国外社会科学,2012(4):17-24.

评价的首要任务是评判公共政策的公正性，在公正的前提下再去衡量效率和效能。第四代为回应性建构主义评价（20世纪80年代中期以后），这一阶段综合了对政策效率、政策公正性的共同关注，运用多种评价技术与方法去评价。前三代的政策评价是遵循"事实—价值两分法"原则，主要从市场与个体经济学角度分析公共政策问题，忽视了评价过程中的价值判断、价值取向。第四代评价拥护政治民主理念，采取价值坚持和价值批判的立场，将利益相关者与社会价值有机衔接，强调评价的社会责任。从政策评价的演进过程看，通过公共政策对社会资源进行分配，这种分配能否代表公众的利益，分配方式是否有效，这是衡量每项政策价值的核心问题。在明确公共政策的基本目标和核心问题后，对政策制定与开展中的合规性、合理性及政策最终产生的效果进行测度分析。

（三）政策绩效评价的维度

政策效果通常可分为政策影响、政策效率和政策效益三大方面，相应地，政策绩效评价也分为以下三个维度：

1.政策影响评价：其目的是确定某项政策是否形成了预期的影响，一项政策对其对象产生的作用受各种因素的制约而产生正、反两种结果，需要在排除政策本身以外的因素后，衡量政策的影响范围，并尽可能消除其中不良的影响。与此同时，需要了解到，政策是在一定社会环境中运行的，即使没有政策的影响，社会中的其他因素也会使政策对象发生变化，因此，排除政策本身以外的因素，能够有助于我们去评价出政策的真正影响力。

2.政策效率评价：主要是对政策在其运行过程中的速度、影响范围等功效能力进行分析，评价该政策是否在较短的时间内确定可行的政策方案；是否以最快速度组织政策实施；是否高质量地将政策予以落实；是否在政策执行中加强了监督。只有对政策效率进行充分评价，才能更好地掌握一项政策实施的可行性与实施难度并确定政策的调整方向与调整目标。

3.政策效益评价：主要指对于政策运行中或政策运行结束后所产生的收益与成果进行的评价和估计。通过对政策实行所产生的不同结果进行分析，解释其中差异原因，明确在何种情况下能够达到最佳的政策执行效果，从而更好地控制那些会阻碍政策执行效果的因素。

（四）政策绩效评价的层次

根据政策实施主体不同，可以将政策绩效评价分为三类层次：

1.国家层次：宏观政策绩效评价。宏观政策绩效评价是评价中央层面制定和实施的政策绩效，宏观政策是国家要在相对较长历史阶段内实现的战略目标与基本任务。例如"国民经济和社会发展五年规划""供给侧结构性改革"等，由于宏观政策具有代表国家发展战略的特定功能，具有涉及面广、综合性强的特点，在社会发展的每一个阶段都会与多个政策发生作用，在具体的政策体系中更是具有指导性与原则性的作用。因此宏观政策的稳定性尤为重要，该政策绩效评价应立足于政策的有效性、社会效应、经济效应、环境效应、国际效应、可持续影响力等方面，使其作为顶层设计能够为下级政府的政策确定一个稳定的大方向。

2.部门层次：基本政策绩效评价。基本政策是在宏观政策的制约下，各级政府或国家部委为解决经济社会基本领域中存在的主要问题而推出的政策，是政府公共管理中关系到各个公共部门运行和发展的政策，如货币政策、财政金融政策、节能减排政策。它是连接宏观政策与具体政策的中间环节，具有特定的地位和功能，在政策制定的方向和基本原则上，不能与宏观政策相违背，同时又能够对具体政策制定与实施形成指导作用。由于基本政策主要是聚焦在某特定领域，对其绩效评价需要更强的专业性，评价指标体系的设计需要更多考虑该政策领域需要包含的内容。

3.地方层次：具体政策绩效评价。具体政策是为解决社会发展中某个区域或领域内的具体问题而实施的某一政策项目或提出的某一政策举措。由于是针对具体的公共政策问题做出的规定，所以其实施过程是由地方具体的部门或机构来组织，制定一系列的政策执行步骤和执行方案。具体政策所带来的影响往往可以在经验基础上直接观察，它的绩效评价中涉及的指标体系在政策评价指标的共性框架下也会更详细明确。

（五）政策绩效评价的目标

从政策绩效评价所包含的理论基础，如政府绩效管理理论、公共选择理论、民主行政理论等看，公民参与政策绩效评价是把民主因素引入公共管理领域的一种新模式，但在评价过程中，主体公众和政府都会基于自身的利益得失，以理性经济人角度去评析公共政策。因此，为有序开展具体评价工作，首要环节是确立绩效评价的宗旨与目标，在其指导下再确定具体的评价指标、要素与细则。政策绩效评价的宗旨是以人为本，更好地实现公众利益。而评价的目标可以归纳为三个方面：一是通过梳理政策的出台背景、政策依据、决策过程和政策目标，对政策决策程序的规范性、政策内容的完整性、政策目标的合理性进行分析，发现政策决策中存在的问题，对优化政策决策程序、调整完善政策内容和政策目标提出客观建议。二是通过回顾政策执行过程，对政策管理要素展开分析，判断政策实施过程中的规范性和有效性，考察政策资金分配、使用的实际情况，总结政策执行过程中的经验做法，发现政策落实过程中组织管理方面存在的问题，有针对性地提出改进政策执行的建议。三是通过客观全面地分析政策产生的结果，判定该项政策对实施对象产生的作用或对其预期目标的实现程度，结合政策受益相关方的满意度调查，形成初步结论，即该项政策的实施是否具有经济效益、社会效益，从而为政策终结、调整或延续提供决策参考依据。

（六）政策绩效评价的基本原则

1. 客观性原则：作为政策绩效评价的基本原则之一，它要求政策评价须在充分调研的基础上进行，以问题为导向，以事实为准绳，运用相关资料、信息与数据客观、真实地反映政策执行情况以及政策实施主要目标的实现程度。

2. 价值中立原则：价值中立原则包括三方面的内容：一是要求政策绩效评价机构或单位以及具体评价人员能够尊重事实和公共价值标准，避免用主观价值替代客观事实；二是要求采用通用指标体系，按照一定标准得到精确量化的政策评价结果，而非给定笼统或模糊的评价结论；三是在评审过程中，无论是采取内部评估还是外部评估，与评价方直接相关的利益人应该回避，避免评价结果代表某些单位或个人的局部利益，从而使结果走向片面性。

3. 财政效率原则：对于政策的绩效评价需要用财政效率来审视政府为执行这一政策所产生的财政支出行为。它与一般意义上的经济效率不同的是，财政效率是对公共支出与社会效果之间的衡量，不能因为需要对成本进行控制，而无限减少公共成本，也不能因为需要更好地满足社会公众的需求，而无限地扩充公共成本。而是要根据政策执行时所处的经济社会发展水平，寻找成本适度与绩效最佳的结合点，以实现政策预算绩效最大化。

4. 结果导向原则：相较于部门绩效评价、项目绩效评价，公共政策绩效评价更加强调结果导向，它是关于公共政策行为对目标群体需要、价值与机会的满足程度的评价。因此在政策绩效评价过程中，要明确其目标是为了充分利用政策评价结果，对政策加以修正完善，推动政策科学化执行，最大程度地发挥政策积极效应。

（七）全过程绩效管理与政策评价

无论是从国家、部门还是地方层次看，公共政策是为解决公共事务或公共问题所采取的政策选择。财政作为国家治理的基础和重要支柱，为了实现社会经济持续稳定发展，财政政策的制定与实施也理当发挥它的应有之义。财政政策属于特殊的公共政策，公共政策评价的一些方法和手段可以为财政政策绩效评价提供参考和借鉴。而财政政策本身由财政收入政策、财政支出政策[①]、财政管理政策组成，其中

[①] 财政支出政策是指通过政策预算支出的增减及财政赤字的增减影响总需求。财政支出政策运用方式多种多样，既包括财政直接支出政策，如政府拨款、政府采购等，也包括财政间接支出政策，如财政担保、财政资助等。

研究和做好财政支出政策评价是实现财政政策目标最重要的手段。财政部于2009年6月出台了《财政支出绩效评价管理暂行办法》(财预〔2009〕76号),在2011年4月对76号文件进行修订,下发了《财政支出绩效评价管理暂行办法》(财预〔2011〕285号),其中包含绩效评价对象和内容,绩效目标,绩效评价标准和方法,绩效评价组织管理和工作程序,绩效评价报告,绩效评价结果及其应用等。由于财政支出资金量大、覆盖面广,效益影响面大且支出效果评价涉及主体较多,为确保支出政策的预期效果,往往需要依托科学的预算决策来保障支出预算方案设计的周密性和严谨性,在此基础上,引入全过程预算绩效管理机制。

2012—2017年作为预算绩效管理改革的推进阶段,财政部出台了《预算绩效管理工作规划(2012—2015年)》(财预〔2012〕396号),内容上明确了到"十二五"期末"绩效目标逐步覆盖,评价范围明显扩大,重点评价全面开展,结果应用实质突破,支撑体系基本建立"的总体目标,并在2015年1月1日正式实施的《中华人民共和国预算法》,明确提出了"各级预算应当遵循统筹兼顾、勤俭节约、量力而行、讲求绩效和收支平衡的原则"。2018年进入预算绩效管理改革全面深化的新阶段后,9月中共中央、国务院印发《关于全面实施预算绩效管理的意见》(中发〔2018〕34号)(以下简称《意见》),其中在政策和项目预算绩效管理层面,除了要从数量、质量、时效、成本、效益等方面进行绩效评价外,还提出要综合衡量政策和项目预算资金使用效果,通过绩效评价对政策到期、绩效低下的政策和项目要及时清理退出,以加强绩效评价的结果反馈和结果应用。

既然是全过程的预算绩效管理,《意见》强调要建立绩效评估机制、强化绩效目标管理、做好绩效运行监控、开展绩效评价和结果应用,这就在时间维度上,将事前绩效目标设置、事中绩效目标动态监控、事后绩效目标评价和结果运用都纳入到了预算绩效管理的链条中来,构建起"闭环管理系统"。那么在政策绩效评价流程中也应包括政策目标、预算安排的前期评价和政策运行过程和结果的事中、事后评价。因此将绩效管理与政策评价相结合,按时间段表示,如图5-2所示。

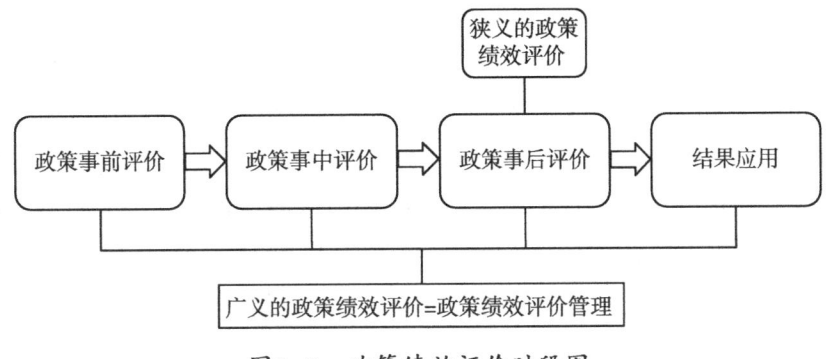

图5-2 政策绩效评价时段图

事实上，地方政府也在积极推进预算绩效管理改革。如北京市于2002年开展绩效评价工作试点，逐步建立了以预算全过程为主导的绩效管理体系，并于2010年首创了事前绩效评估管理模式，将重大政策及民生项目纳入事前绩效评估范围，通过邀请人大代表、政协委员和业内专家参与预算的审核和评估，严把入口关。2018年，又对所有新增政策和新增事业发展类项目全部开展事前评估，评估结果作为政策入库和预算安排的必备条件。杭州市于2015年出台了《杭州市绩效管理条例》，对总则、绩效管理规划与年度绩效目标、过程管理、年度绩效评估、结果运用、绩效问责等内容进行了规定。广东省则在财政预算绩效指标库方面有所创新，建立了体系完整、分类科学、设置规范的财政预算绩效指标库，可通过类型检索，直接抽取可用指标，这为全过程预算绩效管理提供了参考和依据[①]。因此，将政策评价与预算绩效相结合，包括建立完善政策绩效评价框架体系，探索引进社会第三方机构技术和服务，研究政策绩效评价成果应用的途径，加快培育和发展预算绩效管理专业人才队伍，强化预算绩效管理信息系统建设等，能够更好地满足全面实施预算绩效管理的新要求和新方向。

二、政策绩效评价的指标体系

构建科学、规范、全面、可行的公共政策绩效评价机制和制度框架是绩效评价工作开展的依据，评价指标的设计既要全面系统，又要抓住重点，能够满足评价实践的需要。指标的构造除了体现公正客观外，还要充分反映满意度评价要求，使政策评价具有针对性、前瞻性与导向性。

（一）政策绩效评价的指标类型

从指标类型看，政策绩效评价指标的设定应包括以下几种类型。

1.总量指标。总量指标反映某项政策在一定时间、一定区域范围内、一定实施条件下规模、水平的一种综合性指标，是评价政策实施的基本状况、对评价结果进行综合分析的基础。具体包括反映总体本身规模大小的总体各组单位的总量指标（总体单位数）；反映总体各单位某一标志值总量大小的总体各组标志值的总量指标，如工业总产值、工业增加值等；一定时期内发展过程的总量指标，如投资额，消费量；某一时点上所处状况的总量指标，如年末人口数、年末固定资产总额等。

2.强度指标。强度指标是评价政策对象某一总量指标与另一相关联的总量指标

[①] 中国财政学会绩效管理研究专业委员会课题组.中国财政绩效报告（2019）——地方经验[M].北京：经济科学出版社，2019.

之间的比，反映公共政策实施后在某一方面的强度、密度、普遍程度等方面的绩效。例如能耗强度，它是单位国内生产总值的能源消费量，即能耗强度=能源消费量/单位国内生产总值。用该强度指标可以考察环保政策、污染减排政策等带来经济发展在生态效率方面的变化。

3.结构指标。结构指标是反映评估对象各组成部分的内部结构。以政府财政支出政策为例，分析其支出结构，可按经济性质分类、按财政支出的用途分类等进行分析。如当政府实行扩张性的财政支出政策以刺激经济增长时，为考察这种支出对经济发展的影响，可考察其用于经济建设支出所带来的短期增长效应，以及用于科教文卫等民生领域的支出对人力资本的培养所带来的长期增长效应。在总量绩效分析的基础上，通过结构指标的测算，可以进一步深入评价、判断公共政策实施的实际绩效，以调整政策目标的各作用对象，达到更加合理的比例以实现更高的绩效水平。

在上述三大类指标测算基础上，可再进行不同形式的计算或比较。如计算某一指标在政策实施一段时间内的均值变化，计算政策实施对象发展程度和增长速度的动态变化，比较评价政策对象在不同条件下的同类数值，与历史数据比较，与最初制定的目标进行对标测算，评价该指标的完成情况。与其他经济、社会发展状况相似且未实行该项政策的地区进行比较，能更准确识别该项政策带来的影响。

（二）政策绩效评价的指标构建经验

关于政策绩效评价体系目前并没有一个固定的标准，但梳理当下的一些实践经验，我们可以找到关于政策绩效评价的一些共性以供参考。从政策执行过程的角度看，1975年，两位美国学者霍恩（C.E.Van Horn）和D.米特（D.S.Meter）提出的一个政策执行模型。包括政策标准与目标、政策资源、组织沟通与强化行动、执行机构特性、经济与政治环境、执行人员意向等相关因素在内的政策执行系统模型。从政策影响的视角看，瑞典学者Vedung在其专著中归纳出10种政策评价模型。从指标体系设计看，1993年美国国家绩效评估委员会建立了一套衡量政府部门和个人工作绩效的评估体系，对于公共政策绩效评价体系构建具有重要的借鉴意义。该体系包含六大类指标，分别是投入指标（衡量某一项目或服务消耗的资源）、能量指标（度量机构提供服务的能力）、产出指标（衡量为服务人口提供的产品数量或服务单位）、结果指标（衡量项目和服务的结果）、效率和成本效益指标（衡量单位产出或结果的成本）、生产力指标（将效率和效益结合成单一指标）等六大类指标，从不同的角度反映经济、效率、质量等绩效标准[①]。2002年日本颁布的《关于行政机

---

① 朱立言,张强.美国政府绩效评估的历史演变[J].湘潭大学学报（哲学社会科学版），2005,29（1）:1-7.

关实施政策评价的法律（评价法）》中提出政策要包括必要性、效率性、有效性、公平性及优先性等维度，根据评价的目的和评价对象的性质等对不同维度的指标有所侧重，而后进行组合、综合统筹分析①。

就我国而言，目前已经出台或颁布的相关制度规定中涉及财政支出绩效、预算绩效评价类的指标相对较多。如2013年预算司发布《预算绩效评价共性指标体系框架》（财预〔2013〕53号）对全国的绩效评价共性指标体系建设进行指导。2015年财政部印发了《中央部门预算绩效目标管理办法》（财预〔2015〕88号）和《中央对地方专项转移支付绩效目标管理暂行办法》（财预〔2015〕163号），规定在编制2016年一般公共预算时，加强绩效目标审核论证，形成包括产出数量、质量、时效、成本、经济效益、社会效益、生态效益、可持续影响和服务对象满意度9个维度的规范化绩效指标体系。2017年，进一步将绩效目标覆盖范围扩大到政府性基金预算和国有资本经营预算。从地方政府看，最先系统提出财政支出政策绩效评价内容和指标体系的是北京市财政局②，其与第三方机构及绩效评价专家共同梳理了政策绩效评价的重点关注内容③。结合政策评价自身特点，构建出了主要包括政策相关性、政策效率性、政策效益性、政策公平性以及政策效果可持续性在内的"五性维度"④为一级指标，需求充分性、目标明确性等12项为二级指标，涵盖了政策决策与执行的全过程。具体而言：（1）政策相关性：主要考察政策目标现实需要的满足程度，以及政策目标与国家政策和规划的相符程度和政策任务落实保障程度；（2）政策效率性：主要考察政策执行中的管理是否到位、计划执行是否可控及政策产出目标是否按照计划达成；（3）政策效益性：主要考察政策的执行效果和服务对象满意度；（4）政策公平性：主要考察政策资金分配的公平性和政策效益的普惠性；（5）政策可持续性：主要考察政策效果的可持续条件和环境是否具备。详细评价指标体系框架如表5-8所示。

表5-8　　　　　　　　政策绩效评价指标体系共性框架

一级指标	二级指标	三级指标
政策相关性 （权重分值15分）	目标明确性	政策目标与国家发展战略相关程度
		政策目标与省级（市级）政策相关程度
		政策目标与主管部门职责相关程度

---

① 姜国兵，蓝光喜.重构公共政策评估——基于公民权与行政权相对平衡的分析[J].中国行政管理，2008（8）：50-53.
② 杨光.北京首试财政支出政策绩效评价[N].中国财经报，2016-01-23（003）.
③ 北京市财政局关于印发《北京市财政支出绩效评价实施细则的通知》（京财绩效〔2013〕2722号）.
④ 王罡，负晓哲.财政政策绩效评价的"五性维度"[J].新理财（政府理财），2016：88-89.

续表

一级指标	二级指标	三级指标
政策相关性（权重分值15分）	需求充分性	政策目标的现实需求性
		政策目标的现实可行性
	政策分解任务系统性	政策分解任务与政策目标相关性
	规划落实科学性	政策分解任务实施条件的充分性
政策效率性（权重分值30分）	过程控制有效性	政策规划落实的科学性
		政策分解任务实施计划落实的科学性
	目标达成性	实施进度的可控性
		实施质量的可控性
		实施过程的合法合规性
		资金使用的合法合规性
	政策执行效果	资金的落实及执行程度
		产出的及时程度
		产出的达标程度
政策效益性（权重分值30分）	服务对象满意度（根据政策特点设置个性化指标）	
	政策资金分配公平性	
政策公平性（权重分值10分）	政策效益普惠性	政策分解任务之间资金分配的公平合理性
		区域之间资金分配的公平合理性
	可持续条件	政策效益的公共性
		政策效益的无差异性
		政策效益的非排他性
政策效果的可持续性（权重分值15分）	可持续环境	内部保障条件的可持续性
		外部环境的可持续性

资料来源：钟玮.我国财政支出政策绩效评价浅析［J］.财政监督，2016（18）：50-52.

李春瑜（2017）[①]则认为"五性维度"评价框架虽然有很强的前瞻性，但却打散了以往部门绩效评价和项目绩效评价所遵循的决策——执行——绩效的逻辑顺序，不利于绩效评价的有效分工。于是按照"政策制订（决策）——政策执行——政策绩效"的基本逻辑，提出了另外一种政策绩效评价内容框架和相应的指标体系。其中政策制定评价，主要是评价政策出台的必要性、可行性、合规性、合理性和公平性。政策执行与管理评价，主要是评价政策执行计划方案合理性、计划预算执行率、执行保障充分性、过程管理严谨性、政策调整适当性。政策产出绩效评

---

① 李春瑜.财政支出政策绩效评价指标体系设计及实践要点［J］.地方财政研究，2017（9）：13-19.

价，主要是评价政策产出、政策效果以及产出和效果的可持续性。另外，李春瑜（2017）[①]给出了一个参考性的评价指标权重配置方案，对政策制定、政策执行管理、政策产出绩效分别给予了30%、25%和45%的权重，详细评价指标体系框架如表5-9所示。

表5-9　　　　　　　　财政支出政策绩效评价指标框架

一级指标	二级指标	评价要点
政策制定（30%）	政策必要性（5%）	适应形势程度
		满足需求程度
		政策交叉程度
	政策可行性（5%）	条件具备程度
		环境允许程度
	政策合规性（5%）	是否符合法律法规
		方针规划符合程度
		部门职责符合程度
	政策合理性（10%）	依据充分程度
		定位准确程度
		目标清晰、恰当程度
		路径方法合适程度
		实施主体得力程度
		财政投入额度恰当程度
	政策公平性（5%）	资金分配公平性（无差异性和排他性）
		政策预期效应的公平性（无差异性和排他性）
政策执行（25%）	计划方案合理性（5%）	计划合理性
		方案合理性
	计划预算执行率（5%）	计划执行率
		预算执行率
	保障充分性（5%）	资金保障程度
		人员保障程度
		技术保障程度
		其他保障程度
	过程管理严谨性（5%）	管理制度的完备性
		法规、制度的执行性

---

① 李春瑜.财政支出政策绩效评价指标体系设计及实践要点[J].地方财政研究，2017（9）：13-19.

续表

一级指标	二级指标	评价要点
政策执行 （25%）	政策动态调整性 （5%）	调整适时性
		调整合理性
		调整程序合规性
政策产出与效果 （45%）	政策产出 （15%）	数量产出目标达成程度
		质量产出目标是否达成
	政策效果 （20%）	经济效益
		社会效益
		环保效益
		其他效益
	产出与效果可持续性 （10%）	环境可持续性
		条件可持续性

资料来源：李春瑜.财政支出政策绩效评价指标体系设计及实践要点[J].地方财政研究，2019（7）.

（三）政策绩效评价的指标设计要点

从上述的政策绩效评价指标体系构造思路看，无论是以结果导向，按照政策实施产生的不同维度的影响去划分一级指标还是按照政策实施流程去划分评价一级指标，都体现出了政策绩效评价特点与共性。且随着全面实施预算绩效管理改革的不断深化，《关于全面实施预算绩效管理的意见》（中发〔2018〕34号）中也强调要建立健全共性绩效指标框架并加快构建核心绩效指标和标准体系，特别是对新出台的重大政策开展事前绩效评估，并给出必要性、投入经济性、绩效目标合理性、实施方案可行性、筹资合规性五个论证立项的重要考察点。通过科学决策从源头上防控财政资源配置的低效无效，而后开展政策的跟踪评价和后评价，关注政策阶段性的目标兑现情况和政策完成的效率、效益、公平性等。如果从投入、过程和产出结果看，政策评价的逻辑如图5-3所示，相应的指标体系需包含如下几个要点：

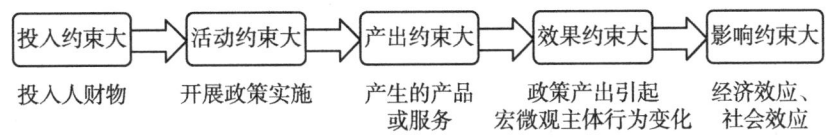

图5-3 政策评价逻辑

1.政策实施投入阶段。关注政策实施的必要性与可行性，即评价政策的基本方向和具体内容是否符合国家对于国民经济、社会发展、行业发展规划或地区发展的总体规划，是否符合当前的法律法规；评价政策实施是否有利于解决或缓解现实客观存在的问题，满足现实存在的迫切需求；评价政策目标是否具体、是否明确，出台政策之前，是否经过充分的调研论证来判断出台和实施该政策的内外部基础条件是否允许；评价该项政策是否满足公共性要求，政策出台是否以民众诉求为导向。

2.政策实施过程阶段。关注政策的执行与管理，即评价是否拟定了详实、合理的实施计划与方案作为实施路径依据；评价政策实施涉及的各个机构或组织的职责是否清晰、分工是否明确，人员是否充足，是否能严格按照计划执行任务；评价政策涉及的财政资金保障是否充分，资金的分配是否公平以及资金的使用率、使用方向是否合规；评价政策实施中是否有做到及时监控与政策调整，保证政策在较长周期内能灵活适应形势和环境变化。

3.政策产出结果。关注政策产出效果和政策产出效率：首先，任何一项公共政策都有自己特定的目标和方向，公共政策是否达到预期的政策效果（包括数量和质量两方面）应是公共政策绩效评价的核心内容。公共政策的效果评价包含两方面的内容，一是政策实际效果与理想效果间的差距，另一个是政策实施前后的状态差距。具体效果则包含政治、社会、经济、民生等多个层面的内容，即评价该政策是否满足了政策目标群体的需要，是否获得了公众的满意、满意程度多大，是否利于社会生产力发展、是否坚持了社会公正的原则，是否有助于保障公民权利等。其次，政策投入的成本大小以及达成政策效果所需要的时间是衡量政策效率的关键因素，即从成本与受益的角度来衡量政策产出与政策投入之间的比例关系，从时间与速度的角度去衡量某项政策在实现其目标或对政策客体产生作用并达成政策效果。与此同时，要注意到，政策产出效果与政策产出效率是两个既有区别又有联系的概念，效果是表面的直观反映，是效率评价的基础，而效率评价则是效果评价在投入产出比以及时间变化上的反映，二者之间的关系并不一定呈现正相关关系，即未必政策产出效果好，政策产出效率就一定高；反之，政策产出效率高不代表产出效果好。但是，如果评判一项政策是否具有高质量，那么其在政策效果评价与政策效率评价两方面的评价结果应该是一致的。

总之，公共政策绩效评价指标的构建既要包含衡量政策执行效果的事实标准，也要重视价值标准；既有客观的衡量标准，也要有主观参考标准。将政策执行前、中、后的全过程融入指标体系，以公共性、实施主体责任、公民满意度为三大核心要点，强化结果导向，理顺评价权责，实现公共政策绩效评价本质。在确定一级指标后，二级指标将从指标维度的目标层转变为领域层和维度层，三级指标则可以将二级指标从概念变为具体，通过层层分解，使公共政策绩效评价指标体系全面而又具有针对性。

三、政策绩效评价的案例分析

以 2017 年广东省生态保护补偿转移支付政策绩效评价为例,从它的评价指标体系设计、政策绩效综合分析以及政策优化改进建议等方面学习,更清楚地了解政策绩效评价的整体框架。

(一) 基本情况

1.政策背景。2012 年,广东省人民政府为完善生态保护补偿机制,推动重点生态功能区所在地政府加强生态环境保护,维护生态安全,制定了《广东省生态保护补偿办法》(粤府办〔2012〕35 号),规定"按照国家实施主体功能区规划的要求并结合我省实际,在现行激励型财政机制的基础上,积极探索建立生态保护补偿机制,不断加大对生态保护的投入力度,通过转移支付对重点生态功能区的县(市)给予适当补偿,增强其提供基本公共服务的能力,有效调动其保护生态环境的积极性,促进我省经济发展与生态环境相协调,可持续发展水平不断提高。"

2014 年,广东省修订完善《广东省生态保护补偿办法》(粤府办〔2014〕57 号),明确了《生态环境保护指标考核实施细则》和《生态保护补偿资金分配实施细则》,建立完善了生态环境保护考核指标体系。2017年广东省生态保护补偿转移支付年初下达资金为251800万元,2018年清算资金总额为270200万元,其中重点生态功能区转移支付资金255200万元、禁止开发区补助15000万元。

2.政策目标。广东省生态保护补偿转移支付政策的绩效目标:一是推进广东省生态文明建设和绿色发展,进一步完善广东省生态保护补偿机制;二是增强重点生态功能区和禁止开发区所在地政府提供基本公共服务的能力,充分调动其保护生态环境的积极性;三是促进广东省经济社会发展与生态环境相协调,不断提高各地区可持续发展水平。

(二) 政策主要绩效

通过分析实施该政策项目单位提供的相关资料、现场核实和问卷调查等情况,综合评定"2017 年广东省生态保护补偿转移支付政策"的绩效得分为 85.5 分,绩效等级为"良",具体得分指标如表 5-10 所示。

表5-10 2017年广东省生态保护补偿转移支付政策绩效评价指标体系及得分表

一级指标	二级指标	三级指标	指标解释	指标得分
政策制定（15）	政策设立的必要性（4）	政策设立的依据（2）	政策制定是否符合国家和广东省相关法律法规的规定，是否符合省、市国民经济发展规划和政府决策	2
		政策设立的合规性（2）	政策决策程序是否科学，论证是否公开、充分、合理	2
	政策设立的可行性（6）	政策补偿范围的明确性（2）	补偿对象的明确性	2
		扶持方式的科学性（2）	补偿方式的科学性	2
		扶持标准的合理性（2）	补偿标准的合理性	2
	目标设定（5）	目标设置完整性（3）	目标设置是否包含总目标和阶段性目标，是否包括预期提供的公共产品或服务的产出数量、质量、成本指标，预期达到的效果性指标	2.5
		可衡量性（2）	资金绩效目标设置是否量化、是否包括可衡量的绩效指标	2
政策执行（35）	预决算管理（15）	预算管理规范性（3）	生态保护补偿转移支付资金预决算管理情况	2.5
		决算管理规范性（3）		3
		预决算信息公开（3）		2
		资金分配的规范性（3）		3
		国家级禁止开发区资金到位情况（3）		1
	资金管理（20）	资金到位率（5）	生态保护补偿转移支付资金到位情况	5
		资金支出率（5）	生态保护补偿转移支付资金支出情况	4.5
		支出合规性（10）	生态保护补偿转移支付资金支出是否符合相关财务管理制度和资金管理办法等规定	7
政策效果（50）	保障水平（12）	底线民生支出保障水平（4）	各地统筹使用生态保护补偿转移支付资金，落实底线民生政策情况	3
		基本民生支出保障水平（4）	各地统筹使用生态保护补偿转移支付资金，落实国家和省确定的基本民生政策目标情况	3.5

续表

一级指标	二级指标	三级指标	指标解释	指标得分
政策效果（50）	保障水平（12）	运转支出保障水平（4）	各地统筹使用生态保护补偿转移支付资金，落实政权运转经费保障情况	4
	水源保护类指标（9）	集中式饮用水源地水质达标（3）	反映重点生态功能区生态环境考核指标完成情况	3
		跨行政区域河流交界断面水质达标（3）		2
		地表水环境功能区水质达标（3）		3
	大气保护类指标（9）	环境空气质量优良天数比率（5）		3
		可吸入颗粒物（PM10）/细颗粒物（PM2.5）年均浓度（4）		3
	森林保护类指标（9）	森林覆盖率（3）		3
		森林蓄积量（3）		3
		重点林业生态工程建设和森林抚育任务完成（3）		3
	其他指标（6）	重点重金属污染物排放量（2）		1.5
		污水处理率（2）		1.5
		生活垃圾无害化处理率（2）		1.5
	公平性指标（5）	重点生态保护区所在地政府满意度（5）	重点生态保护区所在地政府对生态保护补偿资金实施的满意程度	5
总分				85.5

注：原政策绩效评价报告里有详细的评分标准，限于篇幅，本表中未列出。
资料来源：广东省财政厅 http://czt.gd.gov.cn/jxglxxgk/content/post_2207297.html。

从综合绩效得分情况看，总体而言，2017年广东省生态保护补偿转移支付政策实施取得了一定成效。生态补偿转移支付资金有效地补充了各县（市、区）政府财力缺口，在维持基层政权运转等方面起到了积极作用，有效提高县级"保工资、保运转、保民生"的能力。通过实施生态保护补偿转移支付政策，国家和省重点生态功能区保护生态环境的内在动力得到有效激发，生态保护取得初步成效，生态环境保护与经济社会发展的关系变得更加协调。从五个二级指标的评价得分情况来看，2017年广东省生态保护补偿转移支付政策在预决算管理、国家禁止开发区资金到位、支出合规性等方面有待加强。

具体而言：

第一，在政策制定方面，广东省人民政府根据国家相关政策要求，制定了有关办法与意见，明确了生态保护补偿的资金筹集和分配方式，推动中央政策进一步在本地落实。在政策设立过程中，决策程序科学，论证过程公开、透明，符合政策设立合规性要求。本项政策的补偿对象包括国家重点生态功能区所属县、国家禁止开发区、省级重点生态功能区所属县，补偿对象明确、无歧义。生态保护补偿资金来源主要是省财政预算安排用于生态保护补偿的一般性转移支付资金。其分配方式采用的是"奖补结合"、强化激励，基础性补偿和激励性补偿两者占比分别为40%和60%。该资金主要使用于"行政区域内生态环境保护和修复、保障和改善民生、维持基层政权运转和社会稳定"。符合扶持方式的科学性和扶持标准的合理性。但在目标设置的完整性中，存在的主要问题是：项目单位提供的材料中，缺少2017年度资金使用的绩效目标。

第二，在政策执行方面，得分率为78.57%，存在的主要问题是：针对预算管理规范性指标，部分市在收到省级政府下达的资金后，没能在规定的时间内将资金下达到县（市、区）。针对预决算信息公开指标：一是省级政府资金下达公示手续不完备，二是少数预决算公示时间较晚，三是部分地区的公示内容不完整。针对国家级禁止开发区资金到位情况指标：存在国家级禁止开发区资金未下达到禁止开发区管理单位现象，以及资金未能及时足额拨付现象。从调查情况看，补偿资金实际下达到禁止开发区并用于生态环境保护、修复及运营的比例较低，该指标完成情况较差。针对资金支出指标：清算增加部分资金支出以及国家级禁止开发区的资金支出情况较差，支出率偏低，部分市县的支出项目不规范，资金拨付程序不合规。

第三，在政策效果方面，针对底线民生支出保障水平指标：在低保标准不断提高的情况下，部分城市投入的资金总额没有提高，从而导致被保障的人数在不断减少，总体保障水平实际在降低。针对基本民生支出保障水平：从一个持续的时间来看，部分指标的增长低于经济增长速度，存在一定程度的不合理。针对跨行政区域河流交界断面水质达标率：一是其没有100%达标。二是2017年与2016年相比，不达标的占比在增大。针对环境空气质量、污染物年均浓度、污水处理率、生活垃圾处理率等指标，都存在部分城市表现恶化现象。

（三）存在问题与改进建议

通过对该项政策的绩效评估发现：（1）广东省生态补偿资金的考核办法仍不够完善。在当前考核体系中，横向考核和纵向考核均是以当年度考核对象最好的为100分，其余进行内插。这种计算方式不够直观，实际上其纵向考核指标中的某个或几个单项指标是负增长。且生态考核指标包括水质保护、大气保护、森林保护、节能减排等16项指标，涉及5个部门，实施的难度较大。（2）生态补偿资金分布比较零散，缺乏统筹。本项目评价的生态保护补偿资金针对的是禁止开发区和重点生态功能区的生态补偿，除此之外，还有针对耕地保护的基本农田保护补偿、针对生态公益林的补偿等多个单项补偿。这些不同的生态补偿资金，归口在各个主管部门，资金使用较为分散。同时，由于不同部门之间信息沟通不畅，还存在补助对象交叉的现象。（3）多元化生态保护补偿机制尚未建立。目前，生态保护补偿资金主要来源于省财政的投入，其资金来源比较单一，是一种纵向补偿。由资源保护方和受益方之间直接进行的横向补偿尚未建立，对生态保护地区的正向激励尚存在不足，没有充分调动生态保护地区对生态环境保护的积极性。（4）市县对生态补偿政策的认识存在不足，部分市县将重点生态功能区转移支付等同于全部生态补偿资金，没有将环保、林业、水利、海洋等各领域下达的大量生态补偿类资金也看作是生态补偿资金的一部分。

因此，该项政策在后续完善方面需要对生态保护补偿类资金进行统筹整合，对各单项生态保护补偿类资金进行整合，进一步协调各主管部门生态保护补偿资金的投入，加大县级行政部门对资金使用的自主权。建立生态补偿与监测评估体系评价结果及生态整治结果挂钩机制。依托环保、林业、水利等重点领域相关业务主管部门统计的各项环境指标，健全生态补偿评价指标体系。由于横向补偿最大的特点是针对性强、约束性高，补偿提供方在提供补偿时，有明确的目标，有充足的动力去对受补偿方进行监督，所以可加快推进横向生态补偿，构建纵向补偿和横向补偿相结合的生态保护补偿机制。

第三节　项目绩效评价

项目是一个特殊的将被完成的有限任务,它是一定时间内,满足一系列特殊目标的多项相关工作的总称[1]。作为项目的组成部分,公共项目是政府为满足公众需要,生产和提供公共物品或公共服务的项目,是直接或间接向社会提供公共消费品,以促进国民经济和社会发展,为公共生活服务、为提高社会科学文化水平和人民素质为目的,着眼于创造社会效益,进行组织和配置社会资源的一次性活动[2],如举行一次大型环保服务咨询活动、实施光伏扶贫工程或设立"工业和信息化发展专项资金"都可视为一个项目。尽管公共项目的供给方式是以政府为主导、市场机制参与的多元化机制,但是公共项目产出品的非排他性和非竞争性属性决定了公共项目的主要资金来源是公共财政支出。公共项目生命周期的形成是复杂的,项目运行过程和项目运行结果会受到预算资金、时间和公共资源等的限制和影响。为了提高公共项目管理水平,更好地进行公共项目管理,全面发挥公共项目的最大效益,针对项目生命周期每阶段的特点,采用科学、规范的评价方法,对照统一制定的评价标准,基于预期目标,对公共投资行为过程及其结果的经济性、效率性、有效性和公平性进行科学、客观、公正、全面的衡量比较和综合判断。公共项目绩效评价是在公共项目建成竣工验收并运行一段时间以后,对该项目的立项、决策、设计、实施和运营,以及项目的经济绩效、社会绩效、生态绩效等进行系统客观的分析、总结和评价[3]。根据项目的评价时点分析,公共项目绩效评价

---

[1] 张启振,张阿芬.投资项目评估[M].厦门:厦门大学出版社,2007:1.
[2] 齐中英,朱彬.公共项目管理与评估[M].北京:科学出版社,2004:4.
[3] 朱衍强,郑方辉.公共项目绩效评价[M].北京:中国经济出版社,2009:170.

包括跟踪评价、实施效果评价和影响评价。项目跟踪评价指的是在项目开工之后到项目竣工验收之前任何一个时点进行的评价；实施效果评价指的是项目后评价，是指在项目竣工后一段时间内所进行的评价；项目影响评价是指以项目后评价报告为基础，通过调查项目的经营状况，分析项目发展趋势及对社会、经济和环境的影响，从宏观层面总结项目决策的经验教训。综上所述，项目绩效评价是指在公共项目建成竣工验收并运行一段时间后，为检查确定项目活动达到预期效果的程度以及为新项目的战略导向、政策选择和预算管理反馈信息，财政部门和预算部门根据设定的绩效目标，运用科学、合理的绩效评价指标、评价标准和评价方法，对项目资金的经济性、效率性、效益性进行客观、公正的评价活动。

项目绩效评价的操作流程（见图5-4）包括前期准备阶段、实施评价阶段、撰写报告阶段和评价结果应用阶段。其中，前期准备阶段包括六个方面：第一是确定项目评价对象。按照财政支出功能分类，项目绩效评价对象包括农林水、教育、科学技术、文化娱乐、医疗卫生、社会保障、环境保护、一般公共服务和公共安全等。第二是确定绩效目标。预算部门在编制部门预算、申请财政资金时，应确定项目的绩效目标，并同时提供相关的评价专业指标：确定项目申报是否设置绩效目标，包括总目标和阶段性目标；项目申报的绩效目标是否经过充分论证和合理测算，是否清晰明确，能否予以量化并对目标实现程度进行衡量；是否根据绩效目标的实际情况对申报的绩效目标设定专业指标来衡量与量化测算、反映绩效目标实现程度；设定的专业评价指标是否与绩效目标相关联；是否结合上年度的单位自评情况，提供本单位以前年度项目绩效评价情况。第三是成立评价组织机构，评价组织机构包括三类：一是自评项目，单位应联合与该项目实施有关的部门及本单位内审机构成立评价组织机构，并明确牵头部门及相关人员的职责；二是主管部门的评价，项目可能涉及若干个子项目，应联合本部门相关科室和本单位内审机构及子项目承担单位的负责人成立评价组织机构；三是财政部门的评价，由财政部门内部有关处室相关人员组成。第四是确定评价机构。评价机构有三类：一是内部评价组，由项目单位或主管部门内部相关专业人员组成的评价组；二是评价专家组，由项目单位、主管部门或财政部门组织的专家组成；三是中介机构，具有相应资质的社会中介机构。第五是设计评价方案，包括评价的依据、评价的方法、评价指标和评价标准和时间安排等。第六是下达评价通知，评价通知的内容包括评价标准、评价指标、目标完成情况表、资金使用情况表以及绩效满意度调查等。

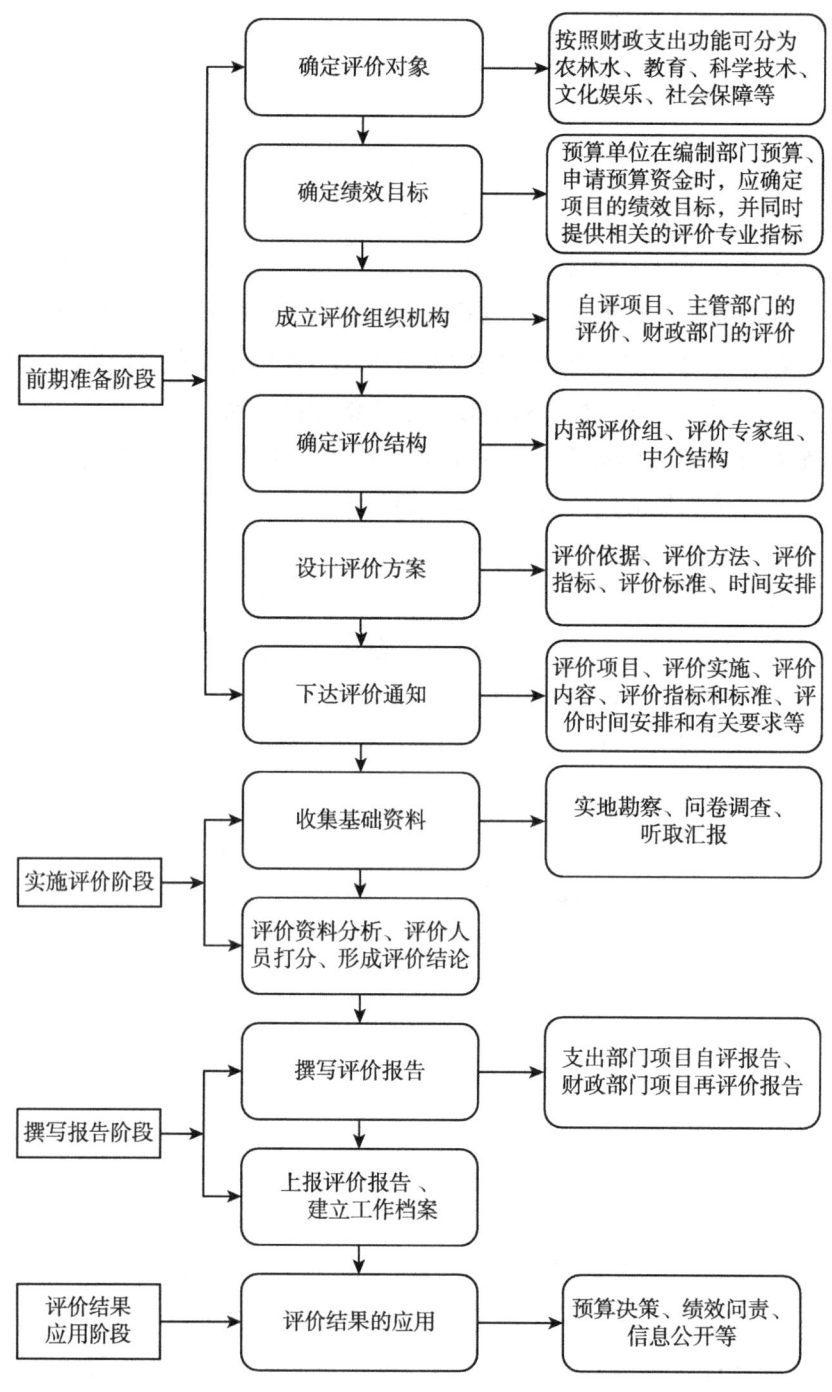

图5-4 项目绩效评价操作流程图

实施评价阶段包括两个方面：一是收集基础资料，评价机构根据评价工作要求，采取实地勘察、问卷调查以及听取汇报等方式收集基础资料，包括评价对象的基本情况、财政资金的使用情况、评价标准体系所需的各项相关数据等；二是评价资料分析、评价人员打分、形成评价结论，通过对收集的基础评价资料以及每位评价人员所掌握情况进行相互交流和分析，使评价机构的所有参评人员充分了解足够的信息，严格按照要求对项目的经济性、效率性、效益性以及公平性进行评价，形成评价结论，并对每位评价人员提出的问题和建议进行综合和分析。

撰写报告阶段包括两个方面：一是撰写评价报告，包括支出部门的项目自评报告和财政部门的项目再评价报告；二是上报评价报告、建立工作档案，评价报告撰写后于评价结束20天内同时将书面和电子文本报主管部门或财政部门，同时需附有相关资料，如预算批复文件、预算执行决算报告、审计报告、验收报告、项目目标完成情况以及财政资金使用情况表等；评价组织应妥善保管绩效评价报告和有关资料，建立评价工作档案并归档，以备存查。

评价结果应用阶段是项目绩效评价工作能否取得实效的保证，也是确保该项工作持续、深入发展的重要保障，将项目绩效评价结果应用于预算资金分配、绩效问责以及公开预算绩效信息以期能够实现预算绩效评价结果的有效应用，推进全过程预算绩效管理链条建立。

一、项目绩效评价的重点

设定科学、合理的项目支出绩效目标是设置绩效评价指标、选择评价方法和确定评价标准的重要基础，也是准确反映项目预算资金经济性、效率性和效益性的基本前提。可以说，开展项目绩效评价活动的重点和先决条件是确定项目支出的绩效目标。

项目支出绩效目标是项目预算资金在一定期限内达到的产出和效果，包括数量目标、质量目标、时效目标、成本目标和效益目标五个方面。

（一）数量

项目支出的数量目标是指在公共项目建成竣工验收并运行一段时间后，该项目能为项目实施范围内提供的公共产品和公共服务数量。例如，上海市"徐浦大桥大修项目"的实施是为了改建主桥车道2132米、维修徐浦大桥桥面138800平方米、对桥面涂装翻新102207平方米、安装斜拉索护套20000平方米、改建斜升降机及养护桁车10台以及新建风障设施1100米（如表5-11所示）；为项目实施范围内提供的公共产品和公共服务的收益对象，例如"徐浦大桥大修项目"实施的受益对象是所有通过大桥的司乘人员。

表5-11　　　　上海市"徐浦大桥大修项目"产出数量目标

> 产出数量：
> ·主桥车道改建数量2132米；
> ·桥面维修数量138800平方米；
> ·涂装翻新数量102207平方米；
> ·斜拉索护套数量20000平方米；
> ·斜升降机及养护桁车改建数量10台；
> ·新建风障设施数量1100米。
> 受益对象：
> ·通过大桥的司乘人员。

资料来源：由"上海财政"门户网站公布的上海市"徐浦大桥大修项目"绩效评价报告资料整理所得．

（二）质量

项目支出的质量目标是指在公共项目建成竣工验收并运行一段时间后，该项目为项目实施范围内提供的公共产品和公共服务要达到一定的质量标准，并且需要提出所提供的全部公共产品和公共服务能达到质量标准的比率目标。主要包括该项目能够为项目实施范围内提供公共产品和公共服务的质量标准以及整体达标率，例如上海市"徐浦大桥大修项目"实施的质量目标包括主桥车到改建质量应达到"优良"、桥面维修质量应达到"优良"、涂装翻新质量应达到"优良"、斜拉索护套质量应达到"优良"、斜升降机及养护桁车改建质量应达到"优良"、电器设施改造质量应达到"优良"、监控设施改造数量质量应达到"优良"、新建风障设施质量应达到"优良"（如表5-12所示）；上海'十二五'城镇污水处理厂主要污染物超量消减补贴项目的产出质量目标是补贴发放金额的准确率应达到100%（如表5-13所示）。

表5-12　　　　上海市"徐浦大桥大修项目"产出质量目标

> 产出质量：
> ·主桥车道改建质量——优良；
> ·桥面维修质量——优良；
> ·涂装翻新质量——优良；
> ·斜拉索护套质量——优良；
> ·斜升降机及养护桁车改建质量——优良；
> ·电器设施改造质量——优良；
> ·监控设施改造数量质量——优良；
> ·新建风障设施质量——优良。

资料来源：由"上海财政"门户网站公布的上海市"徐浦大桥大修项目"绩效评价报告资料整理所得．

表5-13　　　　"上海'十二五'城镇污水处理厂主要污染物超量消减补贴
项目"产出质量目标

产出质量：
· 补贴发放金额准确率——100%。

资料来源：由"上海财政"门户网站公布的"上海'十二五'城镇污水处理厂主要污染物超量消减补贴项目"绩效评价报告资料整理所得.

（三）时效

项目支出的时效目标是指在公共项目建成竣工验收并运行一段时间后，该项目在项目实施范围内提供公共产品和公共服务的时间和人民群众受益的时间。主要包括该项目实施范围内提供公共产品和公共服务的产出时间，例如上海市"徐浦大桥大修项目"项目于2015年8月开工，要求在2016年10月15日完成该项目的建设任务（如表5-14所示）；项目工作完成的及时率，例如"2016年促进上海电影发展扶持资金"项目的产出时效目标是项目工作的及时完成率应达到100%（如表5-15所示）。

表5-14　　　　　上海市"徐浦大桥大修项目"产出时效目标

产出时效：
· 完成及时性——在2016年10月15日完成建设任务。

资料来源：由"上海财政"门户网站公布的上海市"徐浦大桥大修项目"绩效评价报告资料整理所得.

表5-15　　　　"2016年促进上海电影发展扶持资金"项目产出时效目标

产出时效：
· 项目工作及时完成率——100%。

资料来源：由"上海财政"门户网站公布的"2016年促进上海电影发展扶持资金"项目绩效评价报告资料整理所得.

（四）成本

项目支出的成本目标是指在公共项目建成竣工验收并运行一段时间后，该项目在项目实施范围内提供公共产品和公共服务的产出成本，它是判断项目资金安排是否合理的重要据，主要包括该项目实施范围内提供公共产品和公共服务的单位成本、项目资金中纯管理费用所占比例、项目资金扣除纯管理费用后的单位公共产品及公共服务的直接成本，例如上海市"徐浦大桥大修项目"项目产出成本目标为建安费以及其他的工程费用不应超过预算所批复的金额（如表5-16所示）。

表5-16　　　　　上海市"徐浦大桥大修项目"产出成本目标

产出成本： ·建安费——不超批复金额； ·其他工程费——不超批复金额。

资料来源：由"上海财政"门户网站公布的上海市"徐浦大桥大修项目"绩效评价报告资料整理所得.

（五）效益

效益目标是指项目预算资金的执行和完成对整个社会所起到的作用，主要包括经济效益、社会效益、生态效益、可持续影响和社会公众或受益对象对项目的满意程度。项目的经济效益是指通过项目的实施能够对国家或地区的经济发展所做的贡献和产生的影响，包括通过项目的实施对国家或地区的经济增长的促进作用、对国家或地区的居民收入增长的促进作用、对国家或地区的特定产业发展的促进作用或对实施范围内的消费能力提升的促进作用等。项目的社会效益是指通过项目的实施能够国家或地区的社会发展所做的贡献和产生的影响，包括通过项目的实施对国家或地区的物质文明和精神文明建设所发挥的积极作用、对国家或地区的居民道德素养的提高所发挥的积极作用、对国家或地区的社会结构和社会进步所发挥的积极作用或对国家或地区开发或创造新技术和新方法等科研成果所发挥的积极作用等。项目的生态效益是指通过项目的实施能够对国家或地区的生态平衡和生态系统的良性、高效循环所做的贡献和产生的影响，包括通过项目的实施对国家或地区的生态平衡所起到的促进作用或对国家或地区的生态系统的良性、高效循环所起到的促进作用等。项目效益的可持续性影响是指通过项目的实施对国家或地区所产生长久性、持续性的的经济、社会、生态环境等影响，包括通过项目的实施对国家或地区产生了哪些可持续性影响、对国家或地区的经济、社会、生态环境等影响的持续时间长短或对国家或地区在多大程度上促进了经济、社会和生态平衡的发展等。社会公众或受益对象对项目的满意程度目标是指通过项目的实施能够让绝大多数受益对象满意，包括项目的实施能够被大多数受益对象接受、项目实施的意图能够被大多数受益对象接受或项目实施的措施以及结果能够被大多数受益对象接受等。表5-17列出了"上海'十二五'城镇污水处理厂主要污染物超量消减补贴项目"的经济效益目标、生态效益目标、社会效益目标、持续性影响以及满意度，通过这些产出效益目标的设定，以期能够落实国家关于环境保护和生态建设要求，为人类的可持续发展提供保障。

表5-17　　　"上海'十二五'城镇污水处理厂主要污染物超量消减补贴
项目"产出效益目标

```
产出效益：
·经济效益——综合经济效益：很好。
·生态效益——城镇污水处理率：85%以上；
           ——全市日均污水处理量：697万立方米；
           ——城镇污水处理厂平均化学需氧量出水浓度：达到一级A标准；
           ——上海市城镇污水处理厂平均氨氮出水浓度：达到一级A标准；
           ——上海市城镇污水处理厂平均总磷出水浓度：达到一级A标准；
           ——上海市化学需氧量排放总量较上年削减率：2%；
           ——上海市氨氮排放总量较上年削减率：2%；
           ——上海市"十二五"期间化学需氧量排放总量削减率：10%；
           ——上海市"十二五"期间氨氮排放总量削减率：12.9%。
·社会效益——促进污水处理厂管理水平提高：很大程度上促进；
           ——提高污水处理厂出水水质达标保证率：100%。
·持续性——"十三五"期间继续实行超量消减补贴政策的必要性：必要。
·满意度——污水处理满意度：90%。
```

资料来源：由"上海财政"门户网站公布的"上海'十二五'城镇污水处理厂主要污染物超量消减补贴项目"绩效评价报告资料整理所得.

二、项目绩效评价共性指标

项目绩效评价指标是项目支出绩效目标的细化和分解，由投入、过程、产出和效果四个部分组成，涵盖项目的整个运行周期。以"投入—过程—产出—效果"为基础构造三级绩效指标，不仅使得各具体指标隶属关系更为清晰，也有利于绩效薄弱环节的查找和对项目运行全过程的把控。以财政部门预算司印发的《预算绩效评价共性指标体系框架》（财预〔2013〕53号）作为参考（如表5-18所示），从投入、过程、产出和效果四个方面阐述项目绩效评价共性指标的内涵。为深入贯彻落实《中共中央 国务院关于全面实施预算绩效管理的意见》精神，财政部在《财政支出绩效评价管理暂行办法》（财预〔2011〕285号）的基础上，修订形成了《项目支出绩效评价管理办法》（财预〔2020〕10号）并印发实施。新《办法》确立了单位自评、部门评价和财政评价应职责明确，各有侧重，相互衔接的机制，明确了《项目支出绩效自评表》《项目支出绩效评价指标体系框架（参考）》《项目支出绩效评价报告（参考提纲）》的基本格式和内容。

（一）投入

投入评价指标由项目立项指标和资金落实指标组成。项目立项指标包括三个方面：第一是项目立项规范性，项目立项规范性指标是指项目的申请、设立过程是否符合相关要求，用以反映和考核项目立项的规范情况。项目立项规范性指标的评价要点包括项目是否按照规定的程序申请设立，所提交的文件、材料是否符合相关要求，事前是否已经经过必要的可行性研究、专家论证、风险评估以及集体决策等。第二是绩效目标合理性，绩效目标合理性指标是指项目所设定的绩效目标是否依据充分、是否符合客观实际、用以反映和考核项目绩效目标与项目实施的相符情况。绩效目标合理性的评价要点包括是否符合国家相关法律法规以及国民经济发展和党委政府决策，是否与项目实施单位或委托单位职责密切相关，项目预期产出效益和效果是否符合正常的业绩水平。第三是绩效指标明确性，绩效指标明确性是指依据绩效目标设定的绩效指标是否清晰、细化、可衡量等，用以反映和考核项目绩效目标的明细化情况。绩效指标明确性的评价要点包括是否将项目绩效目标细化分解为具体的绩效指标，是否通过清晰、可衡量的指标值予以体现；是否与项目年度任务数或计划数相对应；是否与预算确定的项目投资额或资金量相匹配。资金落实指标包括两个方面：第一是资金到位率，资金到位率是指实际到位资金与计划投入资金的比率，用以反映和考核资金落实情况对项目实施的总体保障程度，资金到位率根据实际到位资金和计划投入资金计算得出；第二是到位及时率，到位及时率是指及时到位资金与应到位资金的比率，用以反映和考察项目资金落实的及时性程度，到位及时率根据及时到位资金和应到位资金计算得出。

（二）过程

过程评价指标由业务管理指标和财务管理指标组成。业务管理指标包括三个方面：第一是管理制度健全性，管理制度健全性是指项目实施单位的业务管理制度是否健全，用以反映和考核业务管理制度对项目顺利实施的保障情况。管理制度健全性的评级要点包括是否已制定或具有相应的业务管理制度，业务管理制度是否合法、合规以及完整。第二是制度执行有效性，制度执行有效性是指项目实施是否符合相关业务管理规定，用以反映和考核业务管理制度的有效执行情况。制度执行有效性的评价要点包括是否遵守相关法律、法规和业务管理规定，项目调整及支出调整手续是否完备，项目合同书、验收报告、技术鉴定等资料是否齐全并及时归档，项目实施的人员条件、场地设备、信息支撑等是否落实到位。第三是项目质量可控性，项目质量可控性是指项目实施单位是否为达到项目质量要求而采取了必需的措施，用以反映和考察项目实施单位对项目质量的控制情况。项目质量可控性的评价要点包括是否已制定或具有相应的项目质量要求或标准，是否采取了相应的项目质量检查、验收等必需的控制措施或手段。财务管理包括三个方面：第一是管理制度健全性，管理制度健全性是指项目实施单位的财务制度是否健全，用以反映和考核财务管理制度的资金规范、安全运行的保障情况。管理制度健全性的评价要点包括是否已制定或具有相应的项目资金管理办法，项目资金管理办法是否符合相关财务会计制度的规定。第二是资金使用合规性，资金使用合规性是指项目资金使用是否符合相关的财务管理制度规定，用以反映和考核项目资金的规范运行情况。资金使用合规性的评价要点包括是否符合国家财经法规和财务管理制度以及有关专项资金管理办法的规定，资金的拨付是否有完整的审批程序和手续，项目的重大开支是否经过评估认证，是否符合项目预算批复或合同规定的用途，是否存在截留、挤占、挪用、虚列支出等情况。第三是财务监控有效性，财务监控有效性是指项目实施单位是否为保障资金的安全、规范运行而采取了必要的监控措施，用以反映和考核项目实施单位对资金运行的控制情况。财务监控有效性的评价要点包括是否已制定或具有相应的监控机制，是否采取了相应的财务检查等必要的监控措施或手段。

（三）产出

产出评价指标是项目支出绩效目标中关于公共产品及公共服务产出数量方面的指标，由项目产出的实际完成率、完成及时率、质量达标率和成本节约率组成。实际完成率是指项目实际的实际产出数与计划产出数的比率，用以反映和考核项目产出数量目标的实现程度，实际完成率根据实际产出数和计划产出数计算得出。完成及时率是指项目实际提前完成时间与计划完成时间的比率，用以反映和考核项目产出时效目标的实现程度，完成及时率根据实际完成时间和计划完成时间计算得出。质量达标率是指项目完成的质量达标产出数与实际产出数的比率，用以反映和考核项目产出质量目标的实现程度，质量达标率根据质量达标产出数和实际产出数计算得出。成本节约率是指完成项目计划工作目标的实际节约成本与计划成本的比率，用以反映和考核项目的成本节约程度，成本节约率根据计划成本和实际成本计算得出。

（四）结果

效果评价指标包括项目产生的经济效益、社会效益、生态效益、可持续影响和社会公众或服务对象满意度。经济效益是指项目实施对经济发展所带来的直接或间接的影响情况；社会效益是指项目实施对社会发展所带来的直接或间接影响情况；生态效益是指项目实施对生态环境所带来的直接或间接影响情况；可持续影响是指项目后续运行及成效发挥的可持续影响情况；社会公众或服务对象满意度是指社会公众或服务对象对项目实施效果的满意程度。其中，经济效益、社会效益、生态效益和可持续影响四项指标是在设置项目支出绩效评价指标时必须考虑的共性要素，可根据项目实际并结合绩效目标设立情况有选择地进行设置，并将其细化为相应的个性化指标；社会公众或服务对象满意度指标也是项目效益的一个重要组成部分，需要通过社会调查等方式对其进行反映和评价。

表5-18 项目支出绩效评价共性指标体系框架

一级指标	二级指标	三级指标	指标解释	指标说明
投入	项目立项	项目立项规范性	项目的申请、设立过程是否符合相关要求,用以反映和考核项目立项的规范情况。	评价要点: ①项目是否按照规定的程序申请设立; ②所提交的文件、材料是否符合相关要求; ③事前是否已经过必要的可行性研究、专家论证、风险评估、集体决策等。
		绩效目标合理性	项目所设定的绩效目标是否依据充分、是否符合客观实际,用以反映和考核项目绩效目标与项目实施的相符情况。	评价要点: ①是否符合国家相关法律法规、国民经济发展规划和党委政府决策; ②是否与项目实施单位或委托单位职责密切相关; ③项目是否为促进事业发展所必需; ④项目预期产出效益和效果是否符合正常的业绩水平。
		绩效指标明确性	依据绩效目标设定的绩效指标是否清晰、细化、可衡量等,用以反映和考核项目绩效目标的明细化情况。	评价要点: ①是否将项目绩效目标细化分解为具体的绩效指标; ②是否通过清晰、可衡量的指标值予以体现; ③是否与项目年度或计划数相对应; ④项目与预算确定的项目投资额或计划资金量相匹配。
	资金落实	资金到位率	实际到位资金与计划投入资金的比率,用以反映和考核资金落实情况对项目实施的总体保障程度。	资金到位率=(实际到位资金/计划投入资金)×100%。 实际到位资金:一定时期(本年度或项目期)内实际落实到具体项目的资金。 计划投入资金:一定时期(本年度或项目期)内计划投入到具体项目的资金。
		到位及时率	及时到位资金与应到位资金的比率,用以反映和考核项目资金落实的及时性程度。	到位及时率=(及时到位资金/应到位资金)×100%。 及时到位资金:截至规定时点实际落实到具体项目的资金。 应到位资金:按照合同或项目进度要求截至规定时点应落实到具体项目的资金。

续表

一级指标	二级指标	三级指标	指标解释	指标说明
过程	业务管理	管理制度健全性	项目实施单位的业务管理制度是否健全，用以反映和考核业务管理制度对项目顺利实施的保障情况。	评价要点： ①是否已制定或具有相应的业务管理制度； ②业务管理制度是否合法、合规、完整。
		制度执行有效性	项目实施是否符合相关业务管理规定，用以反映和考核业务管理制度的有效执行情况。	评价要点： ①是否遵守相关法律法规和业务管理规定； ②项目调整及支出调整手续是否完备； ③项目合同书、技术鉴定报告、验收报告等资料是否完整归档； ④项目实施的人员条件、场地设备、信息支撑等是否落实到位。
		项目质量可控性	项目实施单位是否为达到项目质量要求而采取了必需的措施，用以反映和考核项目质量对项目质量的控制情况。	评价要点： ①是否已制定或具有相应的项目质量要求或标准； ②是否采取了相应的项目质量检查、验收等必需的控制措施或手段。
	财务管理	管理制度健全性	项目实施单位的财务制度是否健全，用以反映和考核财务管理制度对资金规范、安全运行的保障情况。	评价要点： ①是否已制定或具有相应的项目财务管理制度； ②项目资金管理办法是否符合相关财务会计制度的规定。
		资金使用合规性	项目资金使用是否符合相关的财务管理制度规定，用以反映和考核项目资金的规范运行情况。	评价要点： ①是否符合国家财经法规和财务管理制度以及有关专项资金管理办法的规定； ②资金的拨付是否有完整的审批程序和手续； ③项目的重大开支是否经过评估认证； ④是否符合项目预算批复规定的用途； ⑤是否存在截留、挤占、挪用、虚列支出等情况。

续表

一级指标	二级指标	三级指标	指标解释	指标说明
过程	财务管理	财务监控有效性	项目实施单位是否为保障资金的安全、规范运行而采取了必要的监控措施，用以反映和考核项目实施单位对资金运行的控制情况。	评价要点： ①是否已制定或采取具有相应的监控机制； ②是否采取了相应的财务检查等必要的监控措施或手段。
产出	项目产出	实际完成率	项目实施的实际产出数与计划产出数的比率，用以反映和考核项目产出数量目标的实现程度。	实际完成率 =（实际产出数/计划产出数）× 100%。 实际产出数：一定时期（本年度或项目期）内项目实际产出的产品或提供的服务数量。 计划产出数：项目绩效目标确定的在一定时期（本年度或项目期）内计划产出的产品或提供的服务数量。
		完成及时率	项目实施提前完成时间与计划完成时间的比率，用以反映和考核项目产出时效目标的实现程度。	完成及时率 =［（计划完成时间 - 实际完成时间）/计划完成时间］× 100%。 实际完成时间：项目实施单位完成该项目实际所耗用的时间。 计划完成时间：按照项目实施计划或相关规定完成该项目所需的时间。
		质量达标率	项目完成的质量达标产出数与实际产出数的比率，用以反映和考核项目产出质量目标的实现程度。	质量达标率 =（质量达标产出数/实际产出数）× 100%。 质量达标产出数：一定时期（本年度或项目期）内实际达到既定质量标准的产品或服务数量。 既定质量标准是指项目实施单位设立绩效目标时依据计划标准、行业标准、历史标准或其他标准而设定的绩效指标值。
		成本节约率	完成项目计划工作目标的实际节约成本与计划成本的比率，用以反映和考核项目的成本节约程度。	成本节约率 =［(计划成本 - 实际成本)/计划成本］× 100%。 实际成本：项目实施单位为完成既定工作目标实际所耗费的支出。 计划成本：项目实施单位为完成工作目标计划安排的支出，一般以项目预算为参考。

续表

一级指标	二级指标	三级指标	指标解释	指标说明
效 果	项目效益	经济效益	项目实施对经济发展所带来的直接或间接影响情况。	此四项指标为设置项目支出绩效评价指标时必须考虑的共性要素，可根据项目实际并结合绩效目标设立情况有选择的进行设置，并将其细化为相应的个性化指标。
		社会效益	项目实施对社会发展所带来的直接或间接影响情况。	
		生态效益	项目实施对生态环境所带来的直接或间接影响情况。	
		可持续影响	项目后续运行及成效发挥的可持续影响情况。	
		社会公众或服务对象满意度	社会公众或服务对象对项目实施效果的满意程度。	社会公众或服务对象是指因该项目实施而受到影响的部门（单位）、群体或个人。一般采取社会调查的方式。

资料来源：财政部预算司印发的《预算绩效评价共性指标体系框架》，财预〔2013〕53号.

三、项目绩效评价的案例分析

以"上海市道路交通管理设施整治项目"[①]为例,我们进一步进行项目绩效评价的案例分析。城市交通系统保障安全正常运营而设置的轨道、隧道、高架道路、车站、通风亭、机电设备、供电系统、通信信号、道路标线等交通设施日常管理不仅对保障道路交通安全和公众出行便利起重要作用,更对维护良好的市容市貌、城市经济可持续发展起着关键性作用。

(一)项目简介

1.项目背景。上海市交警总队除了负责日常交通管理维护,还对交通设施进行了改革,通过智能化完善SCATS信号机配置,改善路口秩序,缓解道路拥堵。通过运用计算机及通讯等高科技来解决交通组织及交通信息管理的问题,消除拥堵节点。SCATS技术是一种成熟的自适应交通控制技术,它是将先进的信息技术、数据通讯传输技术、电子传感技术、控制技术及计算机技术等有效地集成运用于整个地面交通管理系统而建立的一种在大范围内、全方位发挥作用的,实时、准确、高效的综合交通运输管理系统。2017年,上海市公安局向通过实施上海市道路交通管理设施整治项目,明确上海市交警总队为项目实施和监管责任主体,以政府采购的形式购买项目设计、监理、施工等单位,保证项目的顺利实施,从而保障道路交通安全和公众出行便利,为维护良好的市容市貌、城市经济可持续发展发挥作用。上海市道路交通管理设施整治项目实施内容主要包括SCATS系统硬件升级、中心城区SCAT控制路口扩展、市管公路老旧交通信号设施更新改造三项内容,项目预算为7611.00万元。

上海市交警总队除了负责日常交通管理设施的维护,还根据需求对交通管理设施进行了改革。通过智能化完善SCATS信号机配置,改善路口秩序,缓解道路拥堵;通过运用计算机及通讯等高科技来解决交通组织及交通信息管理的问题,消除拥堵节点。SCATS技术是一种成熟的自适应交通控制技术,它是将先进的信息技术、数据通讯传输技术、电子传感技术、控制技术及计算机技术等有效地集成运用于整个地面交通管理系统而建立的一种在大范围内、全方位发挥作用的,实时、准确、高效的综合交通运输管理系统。

2002年,上海市公安局交通警察总队建设的SCATS系统软件版本为V6.5,该版本基于Windows XP、NT和Server2003等操作系统开发、运行,并自带软件加密

[①] 由"上海财政"门户网站"预算绩效管理"专栏公布的"道路交通管理设施整治绩效评价结果"项目绩效评价报告整理所得.

狗程序，但因Windows不再提供Windows XP系统的维护、补丁升级等，应用系统运行在XP系统更容易受到安全风险与病毒的攻击，存在一定的安全隐患，同时V6.5版本的SCATS系统软件无法在Windows7/8、Server2008等较新操作系统下运行，因此，SCATS系统必须进行升级。目前，RMS（澳大利亚新南威尔士州路政局）SCATS系统软件升级到V6.9.2版本是基于Windows7/8、Server2008等较新的操作系统下，因此，中控、区控机房部分操作系统需要同步升级。同时，拟升级新版本的SCATS系统软件需要在中控、区控服务器中安装Windows较新的操作系统，现用服务器很难承载新版本软件的正常运行。此外，SCATS中控、区控机房内的工控机、交换机、光端机等相关硬件使用年限已达7年以上，设备老旧，出现故障频率增加，需予以更换。

同时，SCATS系统自1985年引进上海以来，已形成规模，目前中心城区（S20以内）共有信号灯控制路口4398个，其中由系统协调控制路口有3391个，全部为SCATS系统，覆盖率达78%。整个上海市中心城区SCATS控制路口扩展项目工程共将实施改造近400个路口，项目共分四期建设，第一期于2015年完成了100个路口，2017年将实施开展第二期改造，对4个行政区（杨浦、静安、徐汇、嘉定）共计88个路口继续实施改造。

另外，市管公路部分道路信号灯设施原由市路政局负责养护，2010年划归市交警总队养护，信号灯设施已到使用寿命上限，存在着φ300mm LEd信号灯灯具不具有倒计时功能，φ400mm内置式全程倒计时难以满足，LED信号灯倒计时功能仅能显示两位数，信号灯位置倾斜、杆件侵蚀等情况，不能满足交通信号灯设施完整、规范的要求，因此需进行改造及更新。市路政局于2010年接手市管公路部分道路信号灯设施管理后，开展老旧信号灯设施的改造，前期已经完成了陈海、沪松、浦卫、嘉松、剑川等三期改造工作，2017年继续实施第四期改造工作，对川南奉、南奉、南亭、新车及新卫公路等老旧交通信号灯设施实施改造。

2.项目立项依据、项目内容。

（1）立项依据。

——《中华人民共和国道路交通安全法》第三十条："道路出现坍塌、坑漕、水毁、隆起等损毁或者交通信号灯、交通标志、交通标线等交通设施损毁、灭失的，道路、交通设施的养护部门或者管理部门应当设置警示标志并及时修复"。

——《上海市城乡建设和管理委员会关于下达2015年市级城市维护项目计划的通知》（沪建管〔2015〕243号）。

——上海市人民政府关于转批市建交委制定的《上海市市级城市维护项目管理暂行办法的通知》（沪府〔2010〕76号）。

——《上海市道路交通管理设施运行维护项目管理暂行办法》(沪公发〔2011〕390号)。

(2)项目内容。

上海市道路交通管理设施整治项目实施内容主要包括SCATS系统硬件升级、中心城区SCATS控制路口扩展、市管公路老旧交通信号设施更新改造三项内容。

——SCATS系统硬件升级:

软件升级内容:SCATS应用软件升级,从65版本升级至V692版本,同时完成许可证的继续授权;工具软件购买,Traffic Reporter以及UCONG Server,其中,Traffic Reporter是交通流量报告统计软件,主要用于统计流量,记录SCATS每个子系统的运行参数等;UCONG Server是非正常拥堵报告软件,用于统计路面情况,对比原有系统流量数据,当发生非正常拥堵时产生报警,方便查看。

硬件更新内容:服务器设备,部分区控更新1台容错服务器,中控更新2台容错服务器,共计11台;SCATS通讯设备,更新串口集线器,共计120台;更新调制解调器,共72台;网络设备,更新的网络设备包括光端机和交换机,其中,光端机共9对、双层交换机8台,三层交换机4台;隔离变压器,部分隔离变压器可继续使用,本次更新182块,隔离变压器至少满足12路隔离。线缆辅材,对10个机房线缆、电源插座等耗材进行更新。

——中心城区SCATS控制路口扩展:

工程范围包括4个行政区(杨浦、静安、徐汇、嘉定)共计88个路口(其中杨浦区28个、静安区32个、徐汇区3个、嘉定区25个路口),进一步完善城市道路交通信号系统建设,建设内容包括路口车检设备、控制设备、信号灯及灯杆更新、线缆的建设、通信管道等主要实施内容。本年实施内容如下:

涉及的88个路口中不符合上海市公安局交警总队对全市信号系统倒计时显示统一要求的机动车信号灯,统一更换为φ400mm内置式半程倒计时LED信号灯灯具,同时对锈蚀、倾斜的信号灯杆件以及地下管道进行改造。

按照原上海城区内布设的SCATS路口信号设备与本工程新布设的SCATS路口信号设备口信号设备(88合)的覆盖,通过市SCATS控制中心,实现上海中心城区内接交通信息的采集。

完善88个路口的SCATS系统,编制88个路口的特征软件,并将相应与5个区控机房进行扩容,共计增加128个license授权。

为新设置设备与各中心设施之间建立专用通信设施、供配电设施、以及接地、管道、设备基础、立杆等附属设施。

——市管公路老旧交通信号设施更新改造:

工程的建设内容主要为更换不符合要求的信号灯及存在倾斜、侵蚀的杆件，同时更换部分路口信号机，未更换路口信号机的，为路口信号机增加3G/4G无线通信模块。项目一期、二期工程采用的是GPS校时模块，在本期项目中将一期、二期涉及的干线公路共计4个路口GPS校时模块升级成为3G/4G无线通信模块，回收拆除的GPS校时模块。

3.项目预算资金来源及使用情况。2017年上海市道路交通管理设施整治项目预算为76110000元，资金来源最初是城市维护费，由于2017年4月城市维护费按规定取消，项目资金来源调整为市级一般公共预算。至2017年12月31日，实际支出为70623069元。项目结余资金由市财政收回（见表5-19）。

表5-19　　　　　上海市道路交通管理设施整治项目预算资金明细表

项目内容	预算（元）	支出（元）	执行率（%）
SCATS系统软硬件升级	1358000	13477182	99.24
SCATS系统软硬件升级——SCATS系统软硬件升级项目	13140000	13053982	99.35
SCATS系统软硬件升级——SCATS系统软硬件升级项目工程监理费	190000	180000	94.74
SCATS系统软硬件升级——SCATS系统软硬件升级项目设计费	250000	243200	97.28
中心城区SCATS控制路口扩展项目	4450000	41170869	92.41
中心城区SCATS控制路口扩展项目（一期）——虹口区、杨浦区SCATS控制路口扩展项目	2370000	2211355	93.31
中心城区SCATS控制路口扩展项目（一期）——闸北区、普陀区SCATS控制路口扩展项目	1340000	1293278	96.51
中心城区SCATS控制路口扩展项目（二期）——嘉定区SCATS控制路口扩展项目	12500000	10704145	85.63
中心城区SCATS控制路口扩展项目（二期）——静安区SCATS控制路口扩展项目	13000000	11817910	90.91
中心城区SCATS控制路口扩展项目（二期）——杨浦、徐汇区SCATS控制路口扩展项目	12700000	12515181	98.54
中心城区SCATS控制路口扩展项目（二期）——中心城区SCATS控制路口扩展项目（二期）勘察设计费	1660000	1652000	99.52
中心城区SCATS控制路口扩展项目（二期）——中心城区SCATS控制路口扩展项目（二期）施工监理费	980000	977000	99.69
市管公路老旧交通信号设施更新改造	17980000	15957018	88.85

续表

项目内容	预算（元）	支出（元）	执行率（%）
市管公路老旧交通信号设施更新改造（三期）——北青、北松、浦星公路老旧交通信号设施更新改造	570000	533720	93.64
市管公路老旧交通信号设施更新改造（三期）——陈海、沪松、浦卫公路老旧交通信号设施更新改造	500000	486800	97.36
市管公路老旧交通信号设施更新改造（三期）——嘉松、剑川公路老旧交通信号设施更新改造	490000	439288	89.65
市管公路老旧交通信号设施更新改造（四期）——宝钱、林海公路及其他道路加装远程控制模块	5020000	3920040	78.09
市管公路老旧交通信号设施更新改造（四期）——川南奉、南奉、南亭、新车及新卫公路等老旧交通信号	4430000	4358050	98.38
市管公路老旧交通信号设施更新改造（四期）——市管公路老旧交通信号设施更新改造（四期）勘察设计	1000000	988000	98.80
市管公路老旧交通信号设施更新改造（四期）——市管公路老旧交通信号设施更新改造（四期）施工监理	530000	527000	99.43
市管公路老旧交通信号设施更新改造（四期）——朱枫、叶新公路老旧交通信号设施更新改造	5440000	4722120	86.80
合计	76110000	70623069	92.79

资料来源：《上海市道路交通管理设施整治项目支出绩效评价报告》.

4.项目组织及管理。本项目由上海市公安局主管，由上海市公安局交通警察总队负责实施。市交警总队的管理范围为S20以内（含S20）城市道路（除浦东新区管辖的道路、非市政管养道路外）、苏州河桥梁；市管公路（国、省干道，除收费高速公路及浦东新区的干线公路外）；市政府要求交警总队接管的其他道路。市交警总队按照政府采购的规定采购供应商对各类道路交通管理设施实施整治，并委托财务监理单位对项目实施进行财务监理（见表5-20）。

表5-20　　　　　上海市道路交通管理设施整治项目组织情况表　　　　单位：万元

项目内容		预算金额	合同金额	分管部门	采购方式	供应商
SCATS系统硬件升级	SCATS系统软硬件升级	1314	1308	科技处	公开招标	上海电科智能控股有限公司
	项目设计	25	25	科技处	公开招标	上海市城市建设设计研究总院（集团）有限公司
	项目监理	19	19	科技处	公开招标	上海同济工程项目管理咨询有限公司
中心城区SCATS控制路口扩展项目	（一期延续）——虹口区、杨浦区、闸北区、普陀区SCATS控制路口扩展项目	371	350.46	路设处	公开招标、（单一来源）	上海宝航市政交通设施有限公司
	（二期）——静安区SCATS控制路口扩展项目	1300	1300	路设处	公开招标	上海澳星照明电器制造有限公司
	（二期）——嘉定区SCATS控制路口扩展项目	1250	1250	路设处	公开招标	上海佳标市政交通工程有限公司
	（二期）——杨浦、徐汇区SCATS控制路口扩展项目	1270	1270	路设处	公开招标	上海宝航市政交通设施有限公司
	中心城区SCATS控制路口扩展项目（二期）监理	98	98	路设处	竞争性谈判	上海鼎颐建设监理有限公司
	中心城区SCATS控制路口扩展项目（二期）设计	166	166	路设处	公开招标	上海市城市建设设计研究总院（集团）有限公司
市管公路老旧交通信号设施更新改造	（三期延续）——北青、北松、浦星公路老旧交通信号设施更新改造	57	57	路设处	公开招标（单一来源）	上海宝航市政交通设施有限公司
	（三期延续）——陈海、沪松、浦卫公路老旧交通信号设施更新改造	50	50	路设处	公开招标（单一来源）	上海澳星照明电器制造有限公司

续表

项目内容		预算金额	合同金额	分管部门	采购方式	供应商
市管公路老旧交通信号设施更新改造	（三期延续）——嘉松、剑川公路老旧交通信号设施更新改造	49	49	路设处	公开招标（单一来源）	上海慈航交通市政工程有限公司
	（四期）——宝钱、林海公路及其他道路加装远程控制模块	502	502	路设处	公开招标	上海新艺交通设施工程有限公司
	（四期）——川南奉、南奉、南亭、新车及新卫公路等老旧交通信号	443	443	路设处	公开招标	上海宝航市政交通设施有限公司
	（四期）——朱枫、叶新公路老旧交通信号设施更新改造	544	544	路设处	公开招标	上海澳星照明电器制造有限公司
	市管公路老旧交通信号设施更新改造监理	53	53	路设处	竞争性谈判	上海鼎颐建设监理有限公司
	市管公路老旧交通信号设施更新改造设计	100	100	路设处	公开招标	上海市城市建设设计研究总院（集团）有限公司
		7611	7548.46			

资料来源：《上海市道路交通管理设施整治项目支出绩效评价报告》.

（1）项目实施流程。市交警总队制订项目实施申请及方案报市住建委，市住建委审核批复后，市交警总队在梳理明确项目改造需要和实施要求后，通过公开招标的方式分别确定SCATS系统硬件升级、中心城区SCATS控制路口扩展、市管公路老旧交通信号设施更新改造的实施单位，其中，SCATS系统硬件升级以委托招标代理机构（上海浦成机电设备招标有限公司）确定实施单位，中心城区SCATS控制路口扩展、市管公路老旧交通信号设施更新改造通过委托市政府采购中心予以公开招标确定项目实施单位。相关流程如图5-5所示。

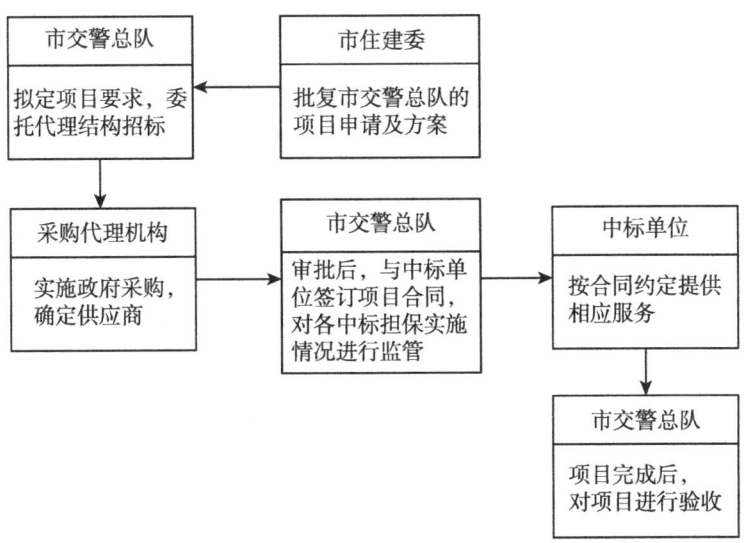

图5-5 项目实施流程图

（2）资金拨付流程。上海市道路交通管理设施整治项目的资金支付方式为财政直接支付。资金拨付流程见图5-6。

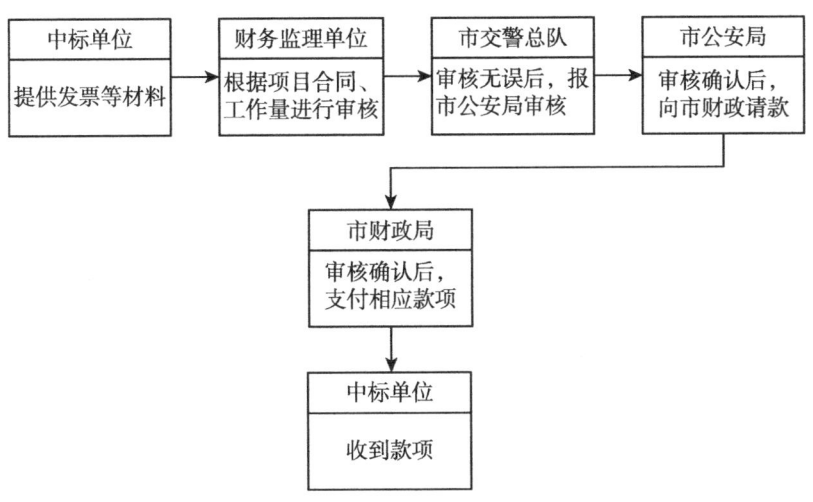

图5-6 项目资金拨付流程图

5.项目的利益相关方。作为政府职能部门，本项目单位市交警总队利益相关方众多，其中包括：政府、业务合作方（包括施工方和供应商）、交通执勤人员、社会公众等，重视各利益相关方的关切和利益诉求，兼顾各利益相关方之间的关系是履行社会责任的重要内容。

市交警总队：项目实施单位，保证项目实现预期目标效果、项目前中后期的流程和管理制定系统而具体的方案，来指导项目的顺利进行。

业务合作方（包括施工方和供应商）：有偿提供相关施工和设备。

受益群体：社会公众。

6.项目绩效目标。

（1）总目标。

上海市公安局向通过实施上海市道路交通管理设施整治项目，保障SCATS系统不受Windows XP系统停止更新、维护的影响，减少系统运行的安全隐患；进一步扩大上海市中心城区道路SCATS系统的覆盖范围，提高中心城区道路交通信号协调控制能力，提升中心城区道路交通信息化的服务水平，优化城市道路交通控制以及加强交通信息采集；满足上海市信号灯倒计时显示的需要，进一步实现无线电缆协调控制，提升上海市道路交通信号设施的规范性、完整性。总体上，通过项目的实施，保证上海市道路交通信号设施的有效运行，增强区域交通的协调管理，进一步保障上海市道路通畅。

（2）年度目标。

根据预算部门提供的相关资料和调研访谈，评价人员将部分主要的绩效目标细化为以下几个方面：

产出目标：

——及时完成SCATS系统硬件升级。

——及时完成88个中心城区SCATS控制路口扩展。

——及时完成9条市管公路老旧交通信号设施更新改造。

——3个项子项目均一次通过市交警总队验收。

效果目标：

——SCATS系统应用升级后与上海交警总队信息系统匹配，且运行稳定。

——中心城区SCATS信号机覆盖率达90%。

——交通信息采集及时。

——道路交通协调能力提升。

——交警与市民满意度达到90%。

——交通管理设施信息化管理有效。

——项目长效管理制度健全。

（二）实施绩效评价

1.评价目的。（1）通过对项目设立的背景、意义。项目内容、项目现状的深入调研和分析，了解上海市道路交通管理设施整治项目实施情况，考察项目实施过程和效果。（2）通过评价，客观公正反映项目立项科学性、项目管理规范性、项目实施有效性和项目效果，总结项目实施的经验，发现项目实施过程中存在的问题，并提出合理化建议，为完善项目管理和相关部门决策提供参考依据。

2.评价方案制定过程。通过调研和对相关文件的解读，根据绩效评价的基本原理、原则和项目特点，结合绩效目标，项目组制定了评价指标体系、评分标准、评价方法和相关的工作程序及步骤，形成方案初稿。

经过专家组的方案评审后，项目组根据专家评审意见对方案初稿进行了修改：

项目概况方面，根据专家意见，鉴于项目中的三个子项目相对独立，分别标识介绍，补充需满足的要求，并补充各建设期。补充了各子项目采购程序的内容介绍："市交警总队在梳理明确项目改造需要和实施要求后，通过公开在招标的方式分别……，其中，SCATS系统硬件升级以委托招标代理机构（上海浦成机电设备招标有限公司）确定实施单位，……委托市政府采购中心予以公开招标确定项目实施单位"。

指标体系方面，调整了效果目标中和长效管理指标中的重叠部分；增加了数据来源；对财务监控有效性指标描述中不够严谨之处进行完善。

社会调查方面，经与预算单位商议，满意度标杆值未调整，维持90%。

整个过程经历了多次项目管理者访谈、专家咨询和数次项目组集中讨论与反复修改等环节，指标体系、权重及问卷调查从零散到成熟，从局部到全面。

3.绩效评价方法。

——比较法，通过对绩效目标与实施效果、历史与当期情况、不同部门和地区同类支出的比较，综合分析绩效目标实现程度。

——因素分析法，通过综合分析影响绩效目标实现、实施效果的内外因素，评价绩效目标实现程度。

——公众评判法，通过专家评估、公众问卷及抽样调查等对财政支出效果进行评判，评价绩效目标实现程度。

根据道路交通管理设施整治项目的特点，本次评价重点采用比较法和公众评判法，分析项目总预算和明细预算的内容、标准、计划是否经济合理，实际产出和效益是否达到预期。

（三）评价结论和绩效分析

1.评价结论。

（1）评价结果。运用由项目组研发并通过专家组论证的评价指标体系及评分标准，通过数据采集、问卷调查及访谈，对上海市道路交通管理设施整治项目绩效进行客观评价，最终评分结果如表5-21所示：总得分为86.07分，属于"良"。其中，项目决策类指标权重为10分，得分为7分；项目管理类指标权重为30分，得分为26.56分；项目绩效类指标权重为60分，得分为52.51分。

表5-21　　　　　　三级指标评分汇总表

指标	分值	得分	得分率（%）
A.项目决策			
A1 项目立项			
A11 战略目标适应性	3	3	100
A12 立项依据的充分性	3	3	100
A2 项目目标			
A21 绩效目标合理性	4	1	25
B.项目管理			
B1 投入管理			
B11 预算执行率	4	3.56	89
B12 预算编制的合理性	3	2	66.67
B2 财务管理			
B21 财务管理制度健全性	2	2	100.00
B22 资金使用合规性	3	3	100.00
B23 财务监管有效性	2	1	50.00
B3 实施管理			
B31 管理范围明确性	4	4	100.00
B32 政府采购规范性	4	4	100.00
B33 合同管理规范性	3	2	66.67
B34 质量管理规范性	3	3	100.00
B35 资产管理规范性	2	2	100.00
C.项目绩效			
C1 项目产出			
C111 SCAT系统硬件升级完成率	5	5	100.00
C112 中心城区SCATS控制路口扩展完成率	5	5	100.00
C113 市管公路老旧交通信号设施更新改造完成率	5	5	100.00
C121 SCATS系统硬件升级按时完成率	4	2	50.00
C122 中心城区SCATS控制路口扩展按时完成率	4	2	50.00
C123 市管公路老旧交通信号设施更新改造按时完成率	4	2	50.00
C13 项目验收合格率	6	6	100.00
C2 项目效果			

续表

指标	分值	得分	得分率（%）
C21 系统应用匹配情况	3	3	100.00
C22 SCATS 信号机覆盖率	3	3	100.00
C23 交通信息采集及时情况	3	3	100.00
C24 信号设施有效率	3	3	100.00
C25 道路交通协调能力提升情况	3	3	100.00
C261 交警满意度	3	3	100.00
C262 市民满意度	5	3.51	70.20
C271 交通设施信息化管理情况	2	2	100.00
C272 长效管理健全有效性	2	2	100.00
合计	100	86.07	86.07

资料来源：《上海市道路交通管理设施整治项目支出绩效评价报告》.

（2）主要绩效。2017年上海市道路交通管理设施整治项目完成了SCATS系统硬件升级，同时完成了SCATS系统软件中控区控和操作终端软件版本的更新、以及SCATS工具软件Traffic Reporter和UCONG Server等安装；完成了4个行政区（杨浦、静安、徐汇、嘉定）共计88个路口的中心城区SCATS控制路口扩展；完成了南奉公路、朱枫公路、新车公路、新卫公路、宝钱公路、叶新公路、南奉公路、南亭公路、林海公路等九条干线公路与横向道路的交叉口共141处交通信号设施更新改造；项目实施后，修复了Windows不再提供Windows XP系统的维护、补丁升级的缺陷，保障了新SCATS系统软件可在Windows7/8、Server2008等较新的操作系统下运行，且系统升级后形成全汉化界面，方便了民警进行路口协调控制操作，新版本系统硬件总体运行稳定，系统应用匹配情况良好；上海内环内路口SCATS控制覆盖率达到97.7%，内中环间达到91.3%；地面道路交通信息采集覆盖率达到87%，交通信息采集及时。

2.绩效分析。

（1）项目决策分析。分析结果如表5-22所示。

表5-22　　　　　　　　　项目决策指标及分值

指标	权重	得分
A11 战略目标适应性	3	3
A12 立项依据充分性	3	3
A21 绩效目标合理性	4	1

资料来源：《上海市道路交通管理设施整治项目支出绩效评价报告》.

A11 战略目标适应性

项目中的SCATS系统硬件升级、中心城区SCATS控制路口扩展、市管公路老旧交通信号设施更新改造三项内容支持市交警总队关于"负责日常交通管理维护，并对交通设施进行了改革，通过智能化完善SCATS信号机配置，改善路口秩序，缓解道路拥堵"的战略目标和职责。项目与市交警总队的发展目标相适应，得分。

A12 立项规范性

项目实施符合《中华人民共和国道路交通安全法》第三十条："道路出现坍塌、坑漕、水毁、隆起等损毁或者交通信号灯、交通标志、交通标线等交通设施损毁、灭失的，道路、交通设施的养护部门或者管理部门应当设置警示标志并及时修复"，"上海市人民政府关于转批市建交委制定的《上海市市级城市维护项目管理暂行办法的通知》（沪府〔2010〕76号）"的相关规定；项目所提交的立项申请、项目预算申请表、项目需求等文件、材料符合相关市交警总队及市公安局的相关要求，项目事前已经过市交警总队集体决策决定实施，项目的立项规范，得满分。

A21 绩效目标合理性

项目的绩效目标为"通过提高中心城区道路交通信号协调控制能力，提升中心城区道路交通信息化的服务水平，优化城市道路交通控制以及加强交通信息采集，保证上海市道路交通信号设施的有效运行，增强区域交通的协调管理，进一步保障上海市道路通畅"。市交警总队编制了《绩效目标申报表》，但是项目目标不够全面、完整，且产出及效果指标未进一步细化，扣满分的3/4，得1分。

（2）项目管理分析。分析结果如表5-23所示。

表5-23　　　　　　　　　　项目管理指标及分值

指标	权重	得分
B11 预算执行率	4	3.56
B12 预算编制的合理性	3	2
B21 财务管理制度健全性	2	2
B22 资金使用合规性	3	3
B23 财务监管有效性	2	1
B31 管理范围明确性	4	4
B32 政府采购规范性	4	4
B33 合同管理规范性	3	2
B34 质量管理规范性	3	3
B35 资产管理规范性	2	2

资料来源：《上海市道路交通管理设施整治项目支出绩效评价》。

B11 预算执行率

上海市道路交通管理设施整治项目的预算为76110000元，截至2017年12月31日，实际支出为70623069元，预算执行率为92.79%，根据评分细则，得3.56分。

B12 预算编制的合理性

项目预算由SCATS系统软硬件升级、市管公路老旧交通信号设施更新改造、中心城区SCATS控制路口扩展项目三个子项目组成，预算内容与项目目标相吻合，项目立项申请及批复中对对与项目的建设及安装内容的预算较为明确，但项目中的个别内容如项目监理、设计等预算未进一步细化，未明确相关费用的具体数量及标准。根据评分细则，扣满分1/3，得2分。

B21 财务制度的健全性

根据市交警总队提供的相关财务资料，项目的相关财务管理制度有市交警总队财务管理措施、预算编制制度、收支审批制度、内部稽核制度以及《交通管理设施库存管理实施细则（试行）》等制度，财务制度健全，得满分。

B22 资金使用情况

通过对项目财政资金使用情况进行核查，项目资金符合有关使用流程规定的，项目资金使用符合规定，未出现截留、滞留、挤占、挪用等现象，根据评分细则，得满分。

B23 财务监管有效性

项目的资金使用、申请、审批制度严谨，流转部门职责分工明确，确保了项目各环节有效的监控手段，为项目的正常运行提供基础保障，资金使用具有相应的管理措施，具体监管责任分配到项目具体负责人。但是，目前项目存在将维护类项目与整治类项目一起核算的情况。根据评分细则，扣权重1/2，得1分。

B31 管理范围明确性

根据《上海市道路交通管理设施运行维护项目管理暂行办法》（沪公发〔2011〕390号），市交警总队管辖范围包括：S20以内（含S20）城市道路（除浦东新区管辖的道路、非市政管养道路外）、苏州河桥梁；市管公路（国、省干道，除收费高速公路及浦东新区的干线公路外）；市政府要求交警总队接管的其他道路；全市道路交通管理设施的应急任务。目前，信号设施管理范围包括4500余个路口，约7.5万组灯具，管理范围明确，得满分。

B32 政府采购规范性

交通整治项目针对SCATS系统软硬件升级、市管公路老旧交通信号设施更新改造、中心城区SCATS控制路口扩展等子项目均实施了公开招标，其中SCATS系统硬件升级以委托招标代理机构（上海浦成机电设备招标有限公司）确定实施单位，中心城区 SCATS 控制路口扩展、市管公路老旧交通信号设施更新改造通过委托市政府采购中心予以公开招标确定项目实施单位。政府采购程序且合规，且招标文件及项目相关需求明确，招标文件中无歧视性条款、无因招标文件产生的废标和重复招标的情况、没有采购方或投标方有责质疑投诉，项目政府采购规范，得满分。

B33 合同管理规范性

交通整治项目中经政府采购确定项目实施单位后，市交警总队与上海电科智能控股有限公司、上海宝航市政交通设施有限公司、上海澳星照明电器制造有限公司、上海佳标市政交通工程有限公司等项目施工单位均有签订相关服务合同，合同均有明确服务内容、服务期限、服务质量、付款进度和违约责任，但项目实施进度未完全符合合同约定时间。根据评分细则，扣满分1/3，得2分。

B34 质量管理规范性

交通整治项目针对SCATS系统软硬件升级、市管公路老旧交通信号设施更新改造、中心城区SCATS控制路口扩展项目的实施及质量管理严格按照《道路交通管理设施施工及验收规程》开展，且在项目实施过程中委派监理公司全程监督。质量管理规范，得满分。

B35 资产管理规范性

项目的资产管理主要执行《上海市道路交通管理设施运行维护项目管理暂行办法》《交通管理设施库存管理实施细则（试行）》等制度，市交警总队具体实施过程中根据工作经验结合当前实际情况执行相关制度，执行过程规范，各环节责任明确。资产管理规范，得满分。

（3）项目产出分析。分析结果如表5-24所示。

表5-24　　　　　　　　项目产出指标及分值

指标	权重	得分
C111 SCATS系统硬件升级完成率	5	5
C112 中心城区SCATS控制路口扩展完成率	5	5
C113 市管公路老旧交通信号设施更新改造完成率	5	5
C121 SCATS系统硬件升级按时完成率	4	2
C122 中心城区SCATS控制路口扩展按时完成率	4	2
C123 市管公路老旧交通信号设施更新改造按时完成率	4	2
C13 项目验收合格率	6	6

资料来源：《上海市道路交通管理设施整治项目支出绩效评价报告》。

C111 SCATS系统硬件升级完成率

项目完成了中控及区控机房的设备更新，具体包括容错服务器、DIGI串口集线器、交换机、SCATCOM调制解调器和光端机等的更新；同时完成了SCATS系统软件（中控区控和操作终端软件）版本的更新、以及SCATS工具软件Traffic Reporter和UCONG Server等安装。SCATS系统硬件升级完成率=8/8×100%=100%。根据评分细则，得满分。

C112 中心城区SCATS控制路口扩展完成率

中心城区SCATS控制路口扩展工程按计划完成4个行政区（杨浦、静安、徐汇、嘉定）共计88个路口（其中杨浦区28个、静安区32个、徐汇区3个、嘉定区25个路口）的实施，完成率=88/88×100%=100%。根据评分细则，得满分。

C113 市管公路老旧交通信号设施更新改造完成率

市管公路老旧交通信号设施更新改造主要包括南奉公路、朱枫公路、新车公路、新卫公路、宝钱公路、叶新公路、南奉公路、南亭公路、林海公路等九条干线公路与横向道路的交叉口共141处交通信号设施更新改造，完成率=141/141×100%=100%。根据评分细则，得满分。

C121 SCATS系统硬件升级按时完成情况

根据SCATS系统硬件升级项目合同及项目相关实施计划表明项目建设周期为2017年1月至2017年9月，项目实际实施过程中于2017年11月完成项目的相关验收工作，项目完成及时情况欠佳，根据评分细则，扣2分。

C122 中心城区SCATS控制路口扩展按时完成情况

中心城区SCATS控制路口扩展中包含的静安区、嘉定区、杨浦区和徐汇区四个地区与相应的施工单位签订的合同中均有明确项目完成日期，最晚的完成时间为2017年7月末，中心城区SCATS控制路口扩展实际竣工时间为10月中旬，完成及时情况欠佳，根据评分细则，扣2分。

C123 市管公路老旧交通信号设施更新改造完成情况

市管公路老旧交通信号设施更新改造中"宝钱、林海公路及其他道路加装远程控制模块""川南奉、南奉、南亭、新车及新卫公路等老旧交通信号""朱枫、叶新公路老旧交通信号设施更新改造"三项实施内容与三家施工单位签订的合同中均明确项目完成日期，最晚的完成时间为2017年7月末，中心城区SCATS控制路口扩展实际竣工时间为10月中旬，完成及时情况欠佳，根据评分细则，扣2分。

C13 项目验收合格率

上海市道路交通管理设施整治项目实施内容主要包括SCATS系统硬件升级、中心城区SCATS控制路口扩展、市管公路老旧交通信号设施更新改造三项内容于2017年9月至10月开展验收工作，三项内容均验收合同，项目验收合格率100%，根据评分细则，得满分。

（4）项目效果分析。分析结果如表5-25所示。

表5-25　　　　　　　　项目效果指标及分值

指标	权重	得分
C21 系统应用匹配情况	3	3
C22 SCATS 信号机覆盖率	3	3
C23 交通信息采集及时情况	3	3
C24 信号设施有效率	3	3
C25 道路交通协调能力提升情况	3	3
C261 交警满意度	3	3
C262 市民满意度	5	3.52
C271 交通设施信息化管理情况	2	2
C272 长效管理健全有效性	2	2

资料来源：《上海市道路交通管理设施整治项目支出绩效评价报告》。

C21 系统应用匹配情况

SCATS系统硬件升级后，新版本系统硬件总总体运行良好，软件修复了Windows不再提供Windows XP系统的维护、补丁升级的缺陷，保障了新SCATS系统软件可在 Windows7/8、Server2008等较新的操作系统下运行，且系统升级后形成全汉化界面，方便了民警进行路口协调控制操作，系统应用匹配情况良好，根据评分细则，得满分。

C22 SCATS 信号机覆盖率

目前，上海内环内路口SCATS控制覆盖率达到97.7%，内中环间达到91.3%。由市交警总队管辖的SCATS设施包括2188个SCATS信号机和2188组SCATS通信终端。根据评分细则，得满分。

C23 交通信息采集及时情况

项目实施后，地面道路交通信息采集覆盖率达到87%，SCATS信号机均具有互联网功能，保障了交通自动控制检测和数据的采集，可及时的采集道路车流、平均速度、拥堵等道路交通信息情况。交通信息采集及时，得满分。

C24 信号设施有效率

市管公路老旧交通信号设施更新改造主要包括南奉公路、朱枫公路、新车公路、新卫公路、宝钱公路、叶新公路、南奉公路、南亭公路、林海公路等九条干线公路与横向道路的交叉口共141处交通信号设施更新改造，经调研，目前141处交通信号设施均有效运行，信号设施有效率100%，根据评分细则，得满分。

C25 道路交通协调能力提升情况

经交警总队相关人员的访谈，项目的实施后，对各个道路路口乃至整个路网交通信号灯优化配对进行调整，从而达到降低交叉路口拥挤严重程度，降低路网饱和度，提高平均车速的目的，支队交警认为道路交通协调能力提升的比例达到100%。根据评分细则，得满分。

C261 交警满意度

经交警总队相关人员的访谈，项目相关负责人及交警同志对路口SCATS控制覆盖、交通信息采集及时、信号设施有效、道路交通协调能力提升等情况均比较满意，对交通管理设施整治总体情况比较满意，满意度超过90%，根据评分细则，得满分。

C262 市民满意度

根据调查问卷统计，市民对交通信号设施的运行稳定性、改造及时性、改造质量等方面比较满意，对城市交通拥堵改善仍有较高期许对交通管理设施整治的整体满意度为84.03%，根据评分细则，得3.51分。

C271 交通设施信息化管理情况

本项目实施后，除直接对道路通行情况进行指示外，可多种形式与其他部门共享的成果和信息。如：项目安装的SCATS信号机具有联网功能，可以对各个道路路口乃至整个路网交通信号灯优化配对进行调整，且可采集道路车流、平均速度等交通信息并有效的传送至上海市道路情况信息发布平台。交通设施信息化管理健全，根据评分细则，得满分。

C272 长效管理健全有效性

市交警总队针对交通管理设施整治后的长效管理有健全的管理机制，并且制度执行落实到位，在长效运维方面：依托社会力量，对交通设施运维工作全面实施社会公开招标，充分发挥专业施工单位的人力优势、专业优势和效率优势，且对养护单位的服务质量建立考核机制，除日常考核外，每季度指定监督管理人员进行全面考评，年终再进行汇总考评。通过道路交通管理设施整治后的长效管理，督促抢修、养护企业的安全巡视，进一步提高相关部门对交通管理日常设施安全的重视，巩固和拓展整治工作成果。长效管理健全有效，根据评分细则，得满分。

（四）评价意见

1.主要成绩。

（1）建立完善了各项合理、有效的项目实施制度和措施。为保障项目实施，本项目相关部门制定了相关制度，市交警总队结合管理实际推行了各类具体措施，补充和优化了相关制度细节和效果。如：在部门职能方面，会同财政局统筹安排年度预算，委派财务监理，贯彻决策、执行、监督三分离原则；在采购方面，对SCATS系统软硬件升级、中心城区SCATS控制路口扩展、市管公路老旧交通信号设施更新改造建设、监理、财务全面实行社会公开招投标，充分发挥社会企业的价格优势、专业优势和效率优势，对进口设备采购，执行专家论证程序，保障了采购的质量和效果；在监督管理方面，通过交警、施工单位、项目监理单位的巡查制度，及时掌握道路交通设施整治情况，并通过合同明确各项违约责任，保障整治质量。

（2）SCATS系统应用有效，路口SCATS控制及地面道路交通信息采集覆盖率较高。市交警总队通过对SCAT系统的升级改造，保障了新SCATS系统软件可在Windows7/8、Server2008等较新的操作系统下运行，且系统升级后形成全汉化界面，方便了民警进行路口协调控制操作，加快将路口信号灯单点控制机纳入SCATS系统，使信号灯自适应区域扩大。目前，上海内环内路口SCATS控制覆盖率达到97.7%，内中环间达到91.3%，地面道路交通信息采集覆盖率达到87%。由市交警总队管辖的SCATS设施包括：2188个SCATS信号机和2188组SCATS通信终端。

2.存在的问题。

（1）预算管理有待提升，部分内容预算未细化，个别监理费存在在其他项目中核算的情况，绩效目标的制定可进一步完善。本项目预算由SCATS系统软硬件升级、市管公路老旧交通信号设施更新改造、中心城区SCATS控制路口扩展项目三个子项目组成，且各子项目中包含了项目设计、监理及施工等内容，项目工程费的预算编制较为明确，但针对项目中的项目监理、设计等预算未进一步细化，与现有预算管理要求存在差异。同时，本项目的相关监理费用使用及结算在交通管理设施维护项目中进行核算，从而影响了项目预算核算的准确性。还有，项目单位对项目开展前期编制预算时，项目的绩效目标制定不明确，总体目标细化程度不足，不但在一定程度上影响项目目标对项目实施的约束作用，而且不利于后期对项目实施做出全面的评价。

（2）项目完成及时情况欠佳，合同管理执行有效性尚有提升空间。本项目具体实施内容主要包括SCATS系统软硬件升级、市管公路老旧交通信号设施更新改造、中心城区SCATS控制路口扩展项目三项，相应的施工均通过政府采购确定并签订相应合同，根据合同要求，SCATS系统硬件升级项目的建设周期为2017年1月至2017年9月，实际实施过程中于2017年11月完成项目的相关竣工验收工作；中心城区SCATS控制路口扩展和市管公路老旧交通信号设施更新改造的合同中均有明确项目完成日期，最晚的完成时间为2017年7月末，但实际竣工时间为10月中旬。但由于季节性气候、天气、学生中高考以及重大会议举办的因素，项目实际完成时间稍晚于合同要求，项目完成及时情况欠佳。

3.改进措施。

（1）进一步完善预算编制、明确监理费用核算，细化绩效目标。针对项目个别内容预算未进一步细化，绩效目标的制定有待进一步完善的问题，建议项目单位根据项目具体实施内容进一步细化项目监理、设计等预算，应将各预算一一对应各子项目，并明确相关数量及标准。同时，本项目作为专项整治项目，相关费用的使用及核算应独立，建议根据资金的使用情况，按项目进行独立核算。另外，应依据项目的立项内容及批复结合项目的实际情况及需要，在编制年度预算时明确项目具体目标，并参考国家、行业等适合的标准，进一步细化、量化项目绩效目标，以提升预算管理水平，提高目标对项目实施的约束力。

（2）严格按照项目进度计划及合同规定实施，保障项目及时完成。针对项目完成及时情况欠佳，合同管理执行有效性尚有提升空间的问题，建议市交警总队在项目实施过程中会同项目监理单位，加强对项目施工单位的监管，定期就项目整治开展情况举行例会，充分了解项目的进度情况，及时掌握影响项目实施进程的因素，并落实解决，以保障项目严格按照实施计划及合同规定时间完成，进一步提升项目实施的时效性。

本章小结

预算绩效评价，是指各级政府、财政部门和预算部门（单位）根据设定的绩效目标，运用科学、合理的绩效评价指标、评价标准和评价方法，对各部门各单位预算执行情况以及政策和项目实施效果、政府整体财政运行情况进行客观、公正的评价。

部门整体绩效评价，是指财政部门和预算部门（单位）根据设定的绩效目标，运用科学、合理的绩效评价指标、评价标准和评价方法，对预算部门（单位）整体预算配置情况、预算执行情况、预算管理情况以及资金使用效益等进行客观、公正的评价；其评价重点包括运行成本、管理效率、履职效能、社会效应、可持续发展能力和服务对象满意度六个方面；其共性指标体系包含投入、过程、产出、效果4个一级指标，目标设定、预算配置、预算执行、预算管理、资产管理、职责履行、履职效益7个二级指标，以及下设的绩效目标合理性、"三公经费"变动率、支付进度率等28个三级指标。

政策绩效评价，是围绕政策效果而进行的规范（确定公共政策绩效评价的指标体系与评价标准）、测度（收集并统计有关评估对象的各种信息）、分析（对政策的价值做出判断）、建议（提出下一步行动方案）等一系列活动的总称；依据政策效果，可以分为政策影响评价、政策效率评价、政策效益评价；依据政策实施主体，可以分为国家层次的宏观政策绩效评价，部门层次的基本政策绩效评价，地方层次的具体政策绩效评价；一般而言，政策绩效评价指标的设定应包括总量指标、强度指标、结构指标。

项目绩效评价，是指在公共项目建成竣工验收并运行一段时间后，为检查确定项目活动达到预期效果的程度以及为新项目的战略导向、政策选择和预算管理反馈信息，财政部门和预算部门（单位）根据设定的绩效目标，运用科学、合理的绩效评价指标、评价标准和评价方法，对项目资金的经济性、效率性、效益性进行客观、公正的评价活动；其评价重点包括数量目标、质量目标、时效目标、成本目标和效益目标五个方面；其共性指标体系由投入、过程、产出和效果四个部分组成，涵盖项目的整个运行周期。

课后习题

名词解释

预算绩效评价　部门整体绩效评价　政策绩效评价　项目绩效评价

简答题

1. 部门整体绩效评价的重点包括哪些方面?
2. 政策绩效评价的基本内容及分类?
3. 项目绩效评价的重点包括哪些方面?

论述题

1. 论述部门整体绩效评价的共性指标体系。
2. 论述项目绩效评价的共性指标体系。

本章推荐阅读文献

[1] 财政部干部教育中心. 现代预算制度研究 [M]. 北京：经济科学出版社，2017.

[2] 刘国永. 预算绩效管理专业基础 [M]. 镇江：江苏大学出版社，2014.

[3] 上海社会科学院政府绩效评估中心. 公共政策绩效评估：理论与实践 [M]. 上海：上海社会科学院出版社，2017.

[4] 施青军. 政府绩效评价 概念、方法与结果运用 [M]. 北京：北京大学出版社，2016.

[5] 王泽彩. 绩效：政府预算的起点与终点 [M]. 上海：立信会计出版社，2016.

[6] 王韶华. 中国财政支出绩效评价研 [M]. 武汉：湖北科学技术出版社，2016.

[7] 朱衍强，郑方辉. 公共项目绩效评价 [M]. 北京：中国经济出版社，2009.

[8] 中国财政学会绩效管理研究专业委员会课题组. 中国财政绩效报告（2019）——地方经验 [M]. 北京：经济科学出版社，2019.

[9]《财政支出绩效评价管理暂行办法》（财预〔2011〕285号）.

[10]《预算绩效评价共性指标体系框架》（财预〔2013〕53号）.

[11]《中共中央 国务院关于全面实施预算绩效管理的意见》.

本章主要参考文献

[1] 陈振明.公共政策分析[M].北京：中国人民大学出版社，2003.

[2] 姜国兵，蓝光喜.重构公共政策评估——基于公民权与行政权相对平衡的分析[J].中国行政管理，2008（8）：50-53.

[3] 孔昭林.实用行政管理[M].北京：高等教育出版社，2013.

[4] 李春瑜.财政支出政策绩效评价指标体系设计及实践要点[J].地方财政研究，2017（9）：13-19.

[5] 刘国永.预算绩效管理概述[M].镇江：江苏大学出版社，2014.

[6] 齐中英，朱彬.公共项目管理与评估[M].北京：科学出版社，2004.

[7] 上海社会科学院政府绩效评估中心.公共政策绩效评估：理论与实践[M].上海：上海社会科学院出版社，2017.

[8] 王罡，负晓哲.财政政策绩效评价的"五性维度"[J].新理财（政府理财），2016（Z1）：88-89.

[9] 王韶华.中国财政支出绩效评价研究[M].武汉：湖北科学技术出版社，2016.

[10] 杨光.北京首试财政支出政策绩效评价[N].中国财经报，2016-01-23（03）.

[11] 余芳梅，施国庆.西方国家公共政策评估研究综述[J].国外社会科学，2012（4）：17-24.

[12] 张启振，张阿芬.投资项目评估[M].厦门：厦门大学出版社，2007.

[13] 中国财政学会绩效管理研究专业委员会课题组.中国财政绩效报告（2019）——地方经验[M].北京：经济科学出版社，2019.

[14] 中国共产党中央委员会，中华人民共和国国务院.中共中央 国务院关于全面实施预算绩效管理的意见[OL].2018-09-25，http://www.gov.cn/zhengce/2018-09/25/content532531 5.htm.

[15] 中华人民共和国财政部.财政支出绩效评价管理暂行办法[OL].2011-04-02，http://yss.mof.gov.cn/zhuantilanmu/zyysgl/201609/t20160927_2427776.html.

[16] 朱衍强，郑方辉.公共项目绩效评价[M].北京：中国经济出版社，2009.

第六章
预算绩效监督与问责

内容提要

预算绩效监督和问责是预算绩效良好运行以及绩效目标顺利实现的保障。这其中，预算绩效报告是预算监督与问责的重要载体，预算绩效公开是预算监督与问责的重要前提。而在全面实施预算绩效管理的背景下，审计监督和人大监督也要注入更多的绩效理念，转变为预算绩效审计监督与人大预算绩效审查与监督。预算绩效监督的效力之一便是预算绩效责任的承担，即"谁花钱谁负责，用钱必问效，无效必问责"。因此，本章在结构安排上共分为六节内容，其中第一节阐述预算绩效报告的概念、分类与内容以及绩效报告的运用，第二节分析了预算绩效公开的内涵、范围与内容以及方式，第三节讲述预算绩效审计的概念、组织和内容，第四节总结了人大预算绩效审查与监督的依据、方式和功能，第五节归纳了预算绩效责任的含义、界定和追究。

第一节　预算绩效报告

一、预算绩效报告的概念

预算绩效报告是按一定格式编写、对政府预算资金使用绩效进行完整披露的文件。通过编制和发布政府预算绩效报告，利益相关者（包括审计部门、企业、社会公众等）不仅可以掌握政府预算资金流向和使用合规性程度，同时能清楚地认识公共政策的出发点和落脚点以及政府行政管理效能状况。

编制政府预算绩效报告的意义主要体现在：

（一）预算绩效理念及部门支出责任意识得以强化

预算绩效报告使各级财政部门和预算部门的预算管理理念逐渐转变。财政部门对各类资金不再"一拨了之"，而是针对预算绩效报告的内容进行跟踪问效，对资金管理和使用效果进行全面了解掌握，注重提高资金使用效益，改变"重分配轻管理、重使用轻效益"的现象。预算绩效报告对绩效评价指标进行明确规定，促使部门更加重视预算执行的产出及结果。

（二）财政资金使用效益提高且预算管理得到改善

预算绩效报告对预算资金用途、产出及取得的社会效益加以说明，将绩效成果明确地呈现在政府部门和社会公众面前，进一步提升了部门（单位）的责任意识，在提高了预算决策科学性的同时，也为财政政策的调整提供了参考，进一步整合了财政资源，优化了财政支出结构。从近年来各地区各部门的实践看，资金的使用效益与以往相比得到较大提高，也带动了预算资金整体效益的提高，并在一定程度上缓解了较为严峻的财政收支矛盾，推动实现由"钱难要、好花"向"钱好要、难花"转变。

（三）政府的公信力和执行力得以提升

政府履职需要财政预算资金来保障，预算绩效报告既为政府决策提供了依据，又加强了对政府活动的监督，促进各级政府部门提高行政效率和服务水平，致力于提供更多更好的公共产品和服务，提高了预算资金使用效益，为政府高效履职创造了前提和条件；"用钱问效、无效问责"理念，使得政府部门及其工作人员对预算执行结果负责，促使部门更好地履行经济调节、市场监管、公共服务、社会管理等政府职能，促进了政府部门提高公共管理效率，改善决策服务水平；通过网络、媒体等多种方式将政府部门、单位的预算信息和绩效信息向社会公开，将资源投入和政府行为的产出以及结果联系起来，满足了社会公众关注政府行为的需要，保障了社会公众的参与权和监督权，以权谋私、贪污腐败、形式主义、官僚主义、失职渎职、损失浪费现象有所控制。推进预算绩效管理，促进了高效、责任、透明、廉洁政府的建设，提高了社会公众对政府的信任程度，促进了政府公信力和执行力的提升。

二、预算绩效报告的分类与内容

预算绩效报告按不同的标准可以划分为不同的类别。

（一）按编制主体划分

按编制主体是财政资金具体使用单位还是其他单位，预算绩效报告可分为"绩效报告"和"绩效评价报告"两个层次，这在我国《财政支出绩效评价管理暂行办法》（财预〔2011〕285号）中有具体规定。

"绩效报告"由财政资金具体使用单位编写，通常包括：基本概况，包括预算部门职能、事业发展规划、预决算情况、项目立项依据等；绩效目标及其设立依据和调整情况；管理措施及组织实施情况；总结分析绩效目标完成情况；说明未完成绩效目标及其原因；下一步改进工作的意见及建议等。参考格式见专栏6-1。

> 专栏6-1：财政支出绩效报告（参考提纲）

一、项目概况

（一）项目单位基本情况。

（二）项目年度预算绩效目标、绩效指标设定情况。包括预期总目标及阶段性目标；项目基本性质、用途和主要内容、涉及范围。

二、项目资金使用及管理情况

（一）项目资金（包括财政资金、自筹资金等）安排落实、总投入等情况分析。

（二）项目资金（主要是指财政资金）实际使用情况分析。

（三）项目资金管理情况（包括管理制度、办法的制定及执行情况）分析。

三、项目组织实施情况

（一）项目组织情况（包括项目招投标情况、调整情况、完成验收等）分析。

（二）项目管理情况（包括项目管理制度建设、日常检查监督管理等情况）分析。

四、项目绩效情况

（一）项目绩效目标完成情况分析，将项目支出后的实际状况与申报的绩效目标对比，从项目的经济性、效率性、有效性和可持续性等方面进行量化、具体分析。

其中，项目的经济性分析主要是对项目成本（预算）控制、节约等情况进行分析；项目的效率性分析主要是对项目实施（完成）的进度及质量等情况进行分析；项目的有效性分析主要是对反映项目资金使用效果的个性指标进行分析；项目的可持续性分析主要是对项目完成后，后续政策、资金、人员机构安排和管理措施等影响项目持续发展的因素进行分析。

（二）项目绩效目标未完成原因分析。

五、其他需要说明的问题

（一）后续工作计划。

（二）主要经验及做法、存在问题和建议。（包括资金安排、使用过程中的经验、做法、存在问题、改进措施和有关建议等）

（三）其他。

六、项目评价工作情况。

包括评价基础数据收集资料来源和依据等佐证材料情况,项目现场勘验检查核实等情况。

资料来源:《财政支出绩效评价管理暂行办法》(财预〔2011〕285号),附件3,2011年4月2日.

"绩效评价报告"由财政部门和预算部门开展绩效评价后撰写,通常包括:基本概况;绩效评价的组织实施情况;绩效评价指标体系、评价标准和评价方法;绩效目标的实现程度;存在问题及原因分析;评价结论及建议;其他需要说明的问题等。通常,由预算部门开展绩效评价并形成的报告称为"自评报告"。绩效评价报告参考格式见专栏6–2。

▶ 专栏6-2:财政支出绩效评价报告(参考提纲)

一、项目基本情况

(一)项目概况

(二)项目绩效目标

1.项目绩效总目标。

2.项目绩效阶段性目标。

二、项目单位绩效报告情况

三、绩效评价工作情况

(一)绩效评价目的

(二)绩效评价原则、评价指标体系(附表说明)、评价方法

(三)绩效评价工作过程

1.前期准备。

2.组织实施。

3.分析评价。

四、绩效评价指标分析情况

(一)项目资金情况分析

1.项目资金到位情况分析。

2.项目资金使用情况分析。

3.项目资金管理情况分析。

（二）项目实施情况分析

1.项目组织情况分析。

2.项目管理情况分析。

（三）项目绩效情况分析

1.项目经济性分析

（1）项目成本（预算）控制情况。

（2）项目成本（预算）节约情况。

2.项目的效率性分析

（1）项目的实施进度。

（2）项目完成质量。

3.项目的效益性分析

（1）项目预期目标完成程度。

（2）项目实施对经济和社会的影响。

五、综合评价情况及评价结论（附相关评分表）

六、绩效评价结果应用建议（以后年度预算安排、评价结果公开等）

七、主要经验及做法、存在的问题和建议

八、其他需说明的问题

资料来源：《财政支出绩效评价管理暂行办法》（财预〔2011〕285号），附件4，2011年4月2日.

无论是绩效报告还是绩效评价报告，都应依据充分、真实完整、数据准确、分析透彻、逻辑清晰、客观公正。预算部门应对绩效评价报告涉及基础资料的真实性、合法性、完整性负责；财政部门应当对预算部门提交的绩效评价报告进行复核，提出审核意见。

（二）按照评价对象划分

这种分类方法主要是根据评价对象是整个部门、某项政策或某个具体项目来划分，因此，其主要是针对"绩效评价报告"而言，具体分为部门整体预算绩效评价报告、政策预算绩效评价报告和项目预算绩效评价报告。

1.部门整体预算绩效评价报告。部门整体预算绩效评价报告是以部门为评价主体，对本部门所有预算收支进行综合绩效评价所形成的报告。通常包括部门基本情况、部门预算收支规模及使用内容、绩效评价工作情况、整体预算支出使用管理情况、预算绩效评价等部分。例如WG市审计局主动公开了2015年度的部门整体预算绩效评价报告。报告中第一部分为"基本情况"。主要对机构、人员构成、单位主要职责、部门内部控制及厉行节约制度建设情况进行说明；第二部分为"部门整体支出规模及使用方向、内容"，披露了2015年度预算收支情况、决算收支情况，以及预算资金使用范围、方向和内容；第三部分为"绩效评价工作情况"，说明了绩效评价目的、绩效评价工作过程（包括前期准备、组织实施和分析评价等）；第四部分为"整体支出使用管理情况"，具体包括基本支出使用管理情况，"三公经费"使用管理情况；第五部分为"部门整体支出绩效评价"，包括对经济效益、效率性以及有效性进行评价。[①] 由于我国目前仍然处于部门整体预算绩效评价的尝试阶段，所以，公开的绩效评价报告较少，而且格式也不够规范。仍以WG市审计局2015年度的部门整体预算绩效评价报告为例，其中，第五部分关于经济效益、效率性和有效性的评价描述明显比较薄弱，且文不对题，格式不规范。按照财政部2013年发布的《关于印发〈预算绩效评价共性指标体系框架〉的通知》（财预〔2013〕53号）的附件2——《部门整体支出绩效评价共性指标体系框架》，其中"效果"方面的指标包括四个："经济效益"是指"部门（单位）履行职责对经济发展所带来的直接或间接影响"，"社会效益"是指"部门（单位）履行职责对社会发展所带来的直接或间接影响"，"生态效益"是指部门（单位）履行职责对生态环境所带来的直接或间接影响，"社会公众或服务对象满意度"是指社会公众或部门（单位）的服务对象对部门履职效果的满意程度。与这一要求相比，目前公开的部门整体预算绩效评价报告尚需改进。见专栏6-3。

> **专栏6-3：WG市审计局2015年度的部门整体预算绩效评价报告摘选**

五、部门整体支出绩效评价

2015年，根据年初工作规划和重点性工作，较好的完成了年度工作目标。通过加强预算收支管理，不断建立健全内部管理制度，梳理内部管理流程，部门整体支出管理情况得到提升。根据2015年度部门整体支出状况的概述和分析，部门整体支出绩效情况如下：

（一）经济效益评价

1. 本年预算配置控制较好。"三公"经费预算总额较上年减少20%。

2. "三公"经费预算执行情况（单位：万元）

---

① http://zwgk.wugang.gov.cn/govdiropen/jcms_files/jcms1/web25/site/art/2016/12/16/art_12309_11503.html.

费用项目	预算金额		决算金额		增加额（预—决）	
	基本支出	项目支出	基本支出	项目支出	基本支出	项目支出
公务接待	14		12.8		−1.2	0
公车运行	12		9.8		−2.2	0
公车购置	0		0		0	0
因公出国	0		0		0	0
合计	26		22.6		−3.4	0

我局2015年度"三公"实际支出22.6万元，全年未购置公务用车，"三公"经费总体控制较好，下降幅度13%。

3."三公"经费与上年对比情况（单位：万元）

费用项目	2013年决算数	2014年决算数	增减情况（2014—2013）
公务接待费	13.8	13.5	−0.3
公车运行维护费	10.8	10.5	−0.3
因公出国费用	0	0	0
公务车购置费	0	0	0
合计	24.6	24	−0.6

从上表反映，本年"三公"经费较上年减少金额为1.4万元，减少6%。

4. 预算执行方面。支出总额控制在预算总额以内，本年部门预算未进行预算相关事项的调整；"三公"经费较上年度有所增加。

预算管理方面，制度执行总体较为有效，仍需进一步强化。

资产管理方面，建立了资产管理制度，定期进行了盘点和资产清理，总体执行较好。

（二）效率性评价和有效性评价

我局预算安排的基本支出保障了我局正常的工作运转，我局严格遵守各项财经纪律。

1. 转变我局工作职能，切实转变机关工作人员工作作风、工作方式、工作方法，发挥职工的积极性和创造性，从根本上解决职工"想干事、敢干事、会干事、有事干"的问题，结合机关工作实际，年初制定了局机关工作制度汇编，将每位职工的本职工作和机关的整体工作有机结合，实行工作责任制，工作职责细化量化，年终严格考核兑现。

2.制定了《WG市审计局财务管理制度》，强化内部管理，完善财务制度。规范管理体制，做到有章可循，违章必究，有效地加强了对单位内部的人、才、物的管理。

说明：为真实再现报告内容，我们保留了网站上原文格式。

资料来源：http://zwgk.wugang.gov.cn/govdiropen/jcms_files/jcms1/web25/site/art/2016/12/16/art_12309_11503.html。

2.政策预算绩效评价报告。政策绩效评价报告通常是指对具体某项财政政策进行绩效评价所形成的报告，具体包括某项财政政策基本情况、评价工作开展情况、政策绩效情况，并对目前存在的问题提出相关建议等。以NJ市市中区为例，2018年NJ市市中区政策绩效评价报告中第一部分为"财政政策基本情况"，对政策基本情况进行说明；第二部分为"评价工作开展情况"，说明现场评价抽样选点情况以及对政策进行总体评价；第三部分为"政策绩效情况"，分别分析政策的经济性（包括科学性和合理性）、效率性（包括管理效率、执行效率和政策效率）、效益性（包括社会效益、经济效益、环境效益和满意度）、公平性以及可持续性（包括持续运行、持续需求和重复性）；第四部分为"存在问题"，分析目前政策执行中存在的问题，如对机关党建工作重视不够、不能持之以恒有效落实制度等；第五部分为"相关建议"，针对存在的问题，提出"创新工作方法""突出党支部主体作用"以及"狠抓工作落实"等。①

3.项目预算绩效评价报告。项目支出绩效评价报告是对某个具体的财政项目进行绩效评价而形成的报告，通常涵盖项目基本信息、项目资金使用及管理情况、项目组织实施情况、绩效情况、存在的问题及建议等部分。以2017年HK市公共绿化管理所项目支出绩效评价报告为例，其中第一部分为"项目概况"，介绍项目单位基本情况及主要职责、项目基本性质及用途、项目主要内容及涉及范围等；第二部分为"项目资金使用及管理情况"，对项目资金到位情况、使用情况及管理情况进行披露；第三部分为"项目组织实施情况"；第四部分为"项目绩效情况"，分析项目的经济性、效率性、效益性以及可持续性；第五部分为"综合评价情况及评价结论"，说明评价分数及等级；第六部分为"存在问题和建议"，对项目目前存在的问题进行分析，并提出相关建议。②

---

① http://www.neijiangshizhongqu.gov.cn/zwgk/base/dshow/20181225090112-371668-00-000。
② http://www.haikou.gov.cn/xxgk/szfbjxxgk/cztz/czyjs/201809/t20180919_1240920.html。

三、预算绩效报告的运用

编制预算绩效报告的最终目标是为了改善财政支出绩效,为此,必须重视报告中反映的问题,并找到有针对性的解决办法,这就是预算绩效报告的运用,其实质也是绩效评价结果的应用。综合国内外实践看,在公开预算绩效报告的基础上,预算绩效报告主要用于以下三个方面:

(一)反馈评价结果,督促整改落实

财政部门应在一定期限内,将项目评价结果以正式文件的形式反馈给被评价单位,并督促其及时整改落实。被评价单位应在一定期限内提出整改方案并反馈整改落实情况。例如,北京市自2011年启动了全过程预算绩效管理,对预算绩效管理未达到相关要求的部门或未达到标准绩效水平的部门,市财政局下达整改通知,要求被评价单位按照报告要求限期认真整改落实。再以湖南省为例,湖南省将预算绩效报告送省政府,省政府领导对每个报告进行审阅并做出批示,省财政厅将省领导批示连同报告一起反馈给省直部门,并要求其整改落实,省直部门根据批示和评价报告进行整改,并在规定的时间内提交整改报告,2014年湖南省财政厅共发出整改通知51份,将106个专项资金存在的问题及时反馈给42个省直部门;安排2015年预算时,对问题比较突出的专项资金进行了动态调整,取消、整合了部分专项资金。①

(二)强化主体责任、加强绩效问责

财政部门应制定预算绩效管理问责办法,形成"谁干事谁花钱、谁花钱谁担责"制度。将预算单位财政资金使用绩效纳入机关效能建设的考核范围,并将绩效评价结果作为考核部门负责人的参考依据。例如,北京市财政局在《北京市预算绩效管理问责办法》(京财预〔2011〕2413号)中明确:对于偏离绩效目标较大、绩效评价结果较差、不履行绩效管理职责等相关7种情形,要进行绩效问责,并对问责结果、问责流程均进行了详细阐述。对问责单位采取的措施包括三类:不予安排预算资金;收回年度没有执行或没按规定执行的预算,并相应减少下年度预算;依照有关规定给予通报批评等。从2010年起,北京对全市62个市级国家行政机关实施绩效考核,建立"三效一创"评价体系。同时,设置20分"行政问责"倒扣分指标,市财政局负责其中6分,通过对各机关预算绩效管理情况进行考核,对绩效

---

① http://czt.hunan.gov.cn/.

较差或存在财政违规违纪的单位进行扣分。2012年开始，北京市机关绩效考核的实施范围扩大到所有区县政府，并重新设计评价体系，明确北京市财政局负责对"行政效能"中的预算绩效管理指标进行考核，从基础建设、绩效目标管理、绩效跟踪、绩效评价、结果应用和管理创新六个方面对区县开展预算绩效管理工作的情况进行考核，分值为4分，年度绩效结果作为考核领导班子职责绩效的重要依据。

（三）将评价结果作为项目立项和预算安排的重要依据

《财政支出绩效评价管理暂行办法》（财预〔2011〕285号）中规定，财政部门和预算部门应当及时整理、归纳、分析、反馈绩效评价结果，并将其作为改进预算管理和安排以后年度预算的重要依据。对绩效评价结果较好的，财政部门和预算部门可予以表扬或继续支持。对绩效评价发现问题、达不到绩效目标或评价结果较差的，财政部门和预算部门可予以通报批评，并责令其限期整改。不进行整改或整改不到位的，应当根据情况调整项目或相应调减项目预算，直至取消该项财政支出。《国务院关于深化预算管理制度改革的决定》（国发〔2014〕45号）指出，"加强绩效评价结果应用，将评价结果作为调整支出结构、完善财政政策和科学安排预算的重要依据"。2015年开始实施的2014年修正的《预算法》第三十二条提及，"各级预算应当根据年度经济社会发展目标、国家宏观调控总体要求和跨年度预算平衡的需要，参考上一年预算执行情况、有关支出绩效评价结果和本年度收支预测，按照规定程序征求各方面意见后，进行编制"。中共中央、国务院《关于全面实施预算绩效管理的意见》（中发〔2018〕34号）中提出，要"强化绩效管理激励约束"，实质上也是关于预算绩效报告的运用。其中规定，各级财政部门要抓紧建立绩效评价结果与预算安排和政策调整挂钩机制，将本级部门整体绩效与部门预算安排挂钩，将下级政府财政运行综合绩效与转移支付分配挂钩。对绩效好的政策和项目原则上优先保障，对绩效一般的政策和项目要督促改进，对交叉重复、碎片化的政策和项目予以调整，对低效无效资金一律削减或取消，对长期沉淀的资金一律收回并按照有关规定统筹用于亟需支持的领域。

由此可见，将绩效评价结果应用于部门预算编审是绩效评价结果的重要应用。可以依据项目类型，如常年性项目和连续性项目、一次性项目等规定不同的应用方案。对于常年性项目支出和延续性项目支出，绩效评价结果为"优"或"良"的，在下一预算年度应优先保障该项目资金预算；绩效评价结果为"中"的，下一年度预算安排时应控制新增项目资金预算；绩效评价结果为"差"的，下一年度预算安排时应采取调整支出方向或支出结构、适当减少项目资金预算、取消该项目等方式进行应用。对于一次性项目资金，绩效评价结果为差的，在下一预算年度原则上不安排同类（绩效目标相近或雷同的）新增项目资金。目前北京市已经尝试对教育、科技、文化等领域的投入引入绩效因素，通过绩效评价结果与预算分配的有效衔接，将评价结果与下年度预算安排挂钩，对绩效评价结果较好的预算单位，在安排财政资金时将会优先考虑；对绩效评价结果为一般和较差的预算单位，在安排财政资金时将会从严控制。

未来可尝试更多绩效评价报告的运用途径。如，可将绩效评价结果的应用作为人大审批预算和政府改革的依据。国外政府对绩效评价结果应用则更显"权威性"，如新西兰审计署会将评价结果反馈到国会，英美国家则将评价结果作为对部门"放松管制"的依据，英国还将绩效评估结果作为政府制订和调整社会经济长期发展规划的依据。当前我国绩效评价工作主要靠财政部门在努力推动，在绩效评价结果应用上"权威性"不强，建议可将绩效评价结果反馈人大，并且在政府制定的战略规划中，体现绩效评价结果应用。

第二节 预算绩效公开

一、预算绩效公开的内涵

（一）含义与特征

预算绩效，是指预算资金所达到的产出和结果。预算绩效管理，是一种以支出结果为导向的预算管理模式，是政府绩效管理的重要组成部分。预算绩效公开，则是对预算绩效管理及其评价相关信息进行公开，包括政策法规、绩效目标、绩效跟踪、评价指标体系、绩效评价报告、评价结果及反馈情况等预算绩效评价过程中所使用或涉及的所有相关信息的公开，以提高公共资源的使用绩效并增加预算透明度。目前，我国主要通过公开绩效评价报告的形式向社会和公众公开预算绩效信息，接受广泛监督。

预算绩效公开应具备时效性、透明性、真实性和可得性等特征。

1.时效性。一般来说，越新颖、越及时的信息，其价值越高。预算绩效信息的公开必须具备时效性特征，财政部门和资金使用部门在项目开展过程中以及项目完成后，应及时公开相关绩效信息，保证信息时效，有利于外界快速获得绩效信息并进行监督与反馈，提高绩效评价结果的应用效率和监督效率。

2.透明性。预算绩效公开，要求绩效信息的全范围公开和全过程公开，并且公开的绩效信息必须是全透明的，中央政府部门与地方政府部门都需要公开，好的绩效与不好的绩效都需要公开，成效与问题都需要公开，绩效目标、指标得分、评价结果等都需要公开，而不是选择性地公开部分绩效评价结果。

3.真实性。信息真实性是信息反映和描述客观世界及其变化的准确程度，公开的预算绩效信息必须真实准确地反映各部门的项目管理绩效和资金使用绩效，公开的信息不应存在夸大或缩小，或人为造成信息的缺失和不完整。

4.可得性。信息的可得性要求能够通过多种来源、多种渠道、多种方式获得准确及时的信息，预算绩效信息的公开必须有便捷的渠道和多元化的方式能够让公众快速获得绩效信息，并开展评价和监督。

（二）理论依据

预算绩效信息属于政府预算信息的一部分，公共财政理论、委托—代理理论以及建设服务型政府理论为预算绩效公开提供了理论依据。

公共财政理论认为，公共财政是政府为满足社会公共需要而进行的政府分配活动和经济行为，其财力来源于民，也应用之于民，且在集中和使用财力过程中应当处处体现民众的意愿，即实现"取公众之财、办公众之事、资金使用情况由公众评价"的管理过程。预算绩效是对预算资金使用情况的反映。公开预算绩效的相关信息，让公众了解政府预算资金的使用方向和效益，不仅有利于监督和制约政府的预算支出行为，还有利于保障公众的知情权和监督权。

依据委托—代理理论，公民与政府之间是一种委托代理关系。由于公民（委托人）与政府（代理人）之间的信息不对称，政府可能会为己牟利，做出有损于公民利益的行为。然而，预算绩效公开可以减少公民与政府之间的信息不对称，有效提高公民对政府预算资金使用方向和绩效的监督水平，确保政府行为符合公民利益。

服务型政府理论起源于新公共管理运动，主张政府应以市场或顾客为导向，建立"有限""高效"和"法治"的政府。公开预算绩效相关信息，让公民了解各项预算支出使用情况及监督其使用过程中可能存在的违规行为，为构建有限政府起到了重要的支撑作用。让公民了解预算绩效的具体环节、相关程序及评价结果，有利于督促政府提高预算绩效的工作效率。此外，法治政府的一个重要特征就是政府信息公开，政府通过预算绩效信息的公开可以主动约束和限制自己的行为，实现依法行政。

二、预算绩效公开的范围与内容

我国预算绩效公开的范围与内容主要通过绩效评价信息公开情况来体现。预算绩效评价实质是一种信息活动，要求预算绩效信息在评价者、评价对象及社会公众之间交流和沟通，以保证评价的有效性。随着我国民主化进程的加快以及财政收入进入新常态，公众加大了对财政资金使用效益的关注。政府向公众公开预算绩效评价的相关信息，不仅有助于政府部门向公众展示其为节约财政资金提高绩效所做的努力及达到的政绩，进而提升政府的信誉和形象，而且有利于让公众了解政府公共活动，缓解公众对政府的偏见，建立和巩固其对政府的信任。

预算绩效评价信息不仅指预算绩效评价报告的内容，还包括在预算绩效评价过程中所使用或所涉及的所有相关信息，如相关政策依据、绩效目标、绩效评价指标体系、绩效评价成本、绩效评价结果及反馈情况等。我国31个省（区、市）具体预算绩效评价信息公开情况如表6-1所示。

表6-1　　　　　　全国预算绩效评价信息公开情况

序号	地方政府	是否设置绩效管理专栏	是否公开绩效评价相关政策法规	是否公开绩效目标	是否公开评价指标体系	是否（部分）公开绩效报告	是否公开评价结果
1	上海	是	是	否	否	部分	是
2	湖南	否	是	否	否	部分	否
3	广东	是	是	否	是	是	是
4	云南	否	是	否	否	部分	否
5	海南	是	是	是	是	是	是
6	浙江	是	是	否	否	否	否
7	江西	否	是	否	否	否	否
8	湖北	是	是	否	否	是	否
9	安徽	否	是	否	否	否	否
10	天津	否	是	否	否	否	否
11	北京	否	是	否	否	否	否
12	重庆	否	是	否	否	否	否
13	吉林	是	是	否	否	否	否
14	黑龙江	否	是	否	否	否	否
15	辽宁	是	是	否	否	否	是
16	河北	否	是	否	否	否	否
17	河南	否	是	否	否	否	否
18	山东	是	是	否	是	是	是
19	山西	是	是	否	否	否	否
20	江苏	否	是	否	否	否	否

续表

序号	地方政府	是否设置绩效管理专栏	是否公开绩效评价相关政策法规	是否公开绩效目标	是否公开评价指标体系	是否（部分）公开绩效报告	是否公开评价结果
1	福建	否	是	否	否	否	否
2	贵州	否	是	否	否	否	否
3	四川	否	是	否	否	否	否
4	青海	否	是	否	否	否	否
5	甘肃	否	是	否	否	否	否
6	陕西	否	是	否	否	否	否
7	内蒙古	否	是	否	否	否	否
8	新疆	否	是	否	否	否	否
9	广西	否	是	否	否	否	否
0	宁夏	否	是	否	否	否	是
1	西藏	否	是	否	否	否	否

资料来源：根据上述31个省（市、区）财政厅（局）官方网站的相关资料整理，资料整理期间为2019年5月1—12日．

（一）相关政策法规公开

相关政策法规的出台是预算绩效管理的重要前提，权威有效的政策法规对完善预算绩效公开工作起到强有力的约束与规范作用。

在31个省（区、市）财政部门官网上均能搜索到本省（区、市）适用的预算绩效评价相关政策法规，包括转发的财政部相关通知以及本省（区、市）制定的有关预算绩效管理的暂行办法。其中，本省（区、市）制定的暂行办法除了总括性的管理暂行办法外，还涉及聘用第三方评价机构、聘用评审专家管理等方面的暂行办法。以上海市为例，上海市在其"绩效管理"专栏下设"政策法规"子栏，公开了《关于转发〈财政部关于开展中央政府投资项目预算绩效评价工作的指导意见〉的通知》（沪财建〔2005〕185号）、《上海市财政支出绩效评价管理暂行办法》（沪府办发〔2011〕1号）、《关于贯彻落实〈上海市财政支出绩效评价管理暂行办法〉的实施意见》（沪财绩〔2011〕3号）、《上海市财政支出绩效评价聘用第三方评价机构管理暂行办法》（沪财绩〔2011〕5号）、《上海市财政支出绩效评价聘用评审专家管理暂行办法》（沪财绩〔2011〕6号）、《关于全面推进预算绩效管理的意见》（沪府办发〔2013〕55号）和《上海市预算绩效管理实施办法》（沪财绩〔2014〕22号）。

（二）绩效目标公开

绩效目标是财政支出计划在一定期限内达到的产出和结果，既是财政支出安排的前提条件和预算执行中绩效运行监控的主要内容，也是绩效评价实施的重要依据。目前，预算绩效管理已贯穿财政支出的整个过程，而绩效目标则应在安排财政支出计划时设立。

我国少数省（区、市）在近两年开始公开明确的绩效目标，如广东省绩效管理信息公开专栏中，公开了《2019年重点项目预算绩效目标表》，汇总了2019年广东省各部门申报项目的绩效目标申报表，格式统一，但总体的绩效目标描述较为简略。部分省（区、市）在具体项目的绩效评价报告中公开了绩效目标，如湖南省2016年度文化综合发展专项资金预算支出绩效评价报告中，将预算绩效目标分为项目总体目标和项目年度目标两个层次，项目年度目标具体设定了四个目标——演艺惠民专项、舞台精品艺术创作专项、非物质文化遗产保护和全省文化设施维修维护专项，细化了当年要完成的具体绩效目标。但也有些省（区、市）未能细致完整地公开绩效目标，如海南省在其公开的绩效评价报告中，只提及绩效评价目的，未明确具体的绩效目标，甚至把绩效指标视为绩效目标，如其在2016年公开的《2013年度海南省文体厅公益电影放映补贴专项资金项目绩效评价报告》中，关于绩效目标的分析表述为"该项目的绩效指标（绩效目标）为产出指标、成效指标、效率指标，该绩效目标合理"，将绩效指标视作绩效目标。大部分省（区、市）尚未公开绩效目标。

（三）绩效评价指标体系公开

绩效评价指标是衡量绩效目标实现程度的考核工具，是整个预算绩效管理工作的重点和难点。绩效评价指标体系的科学性和完整性，在一定程度上决定了绩效评价的成败。

财政部公开资料显示，2014年在全国34个省（区、市）中，有31个省级财政部门建立了共性指标体系，29个省级财政建立了个性绩效评价指标库。从31个省（区、市）的公开数据来看，海南省是我国预算绩效指标体系最完善、公开程度最高的省份，其在公开每个项目绩效评价报告的同时公开对应的评价指标体系，包含一级指标、二级指标和三级指标，并附有指标解释、指标说明和评价标准。此外，绝大部分省（区、市）仅在其发布的绩效评价管理暂行办法中提及其绩效评价指标由财政部门和部门（单位）分别或共同制定，分为共性指标和个性指标。但由于绝大部分省（区、市）并没有公开绩效评价的完整报告，因此公众并不了解各个项目具体的绩效评价指标体系。评价指标体系不公开导致公众无从监督其绩效评价的质量，评价结果的科学性和公正性受到质疑。

（四）绩效评价结果公开

预算绩效评价的重要意义在于利用评价结果检查资金使用效益，并充分利用评价结果对以后的预算编制与执行发挥指导作用，因此绩效评价结果的公开显得尤为重要。

各省（区、市）发布的绩效管理工作方案或暂行办法中，对绩效评价报告本身的公开大都未作要求，但在关于绩效评价结果运用的条款中，大都提及"绩效评价结果采取适当方式在一定范围内公开。"除香港、澳门和台湾，我国31个省（区、市）中有上海、湖南、广东、云南、海南、辽宁、山东、宁夏八个省（区、市）公开预算绩效评价报告或结果（见表6-2），其中，仅广东省和海南省公开了完整的预算绩效评价报告，但公开范围有限，且公开时间也存在一定滞后性，如广东省2014年公开的是2011年和2012年共4个项目的绩效评价报告，海南省2016年公开的是2013年10个项目的绩效评价报告。其他公开绩效评价报告或结果的省（区、市）均选择部分公开，如公开简略版本的绩效评价报告，或公开获得优良以上评价的绩效评价结果。上海市采取部分公开简略版绩效评价结果的方式。云南省2015年3月19日发布"2013年17个重点项目绩效评价情况的通报"，通报里指出："项目绩效评价报告"只发省级主管部门和各级财政部门，"项目绩效评价结果通知书"和"项目绩效评价整改结果报告书"只发省级主管部门和省财政厅。此外，其他未公开预算绩效评价报告或结果的省（区、市）大都采取评价报告或结果在本部门内部或同级政府间公开的方式。如北京市将评价结果上传至财政办公平台的专题网站，在市级行政事业单位范围内公开；江西省2014年绩效报告及评价结果在本部门范围内公开，重点评价结果向同级政府报告。

表6-2　　　　　预算绩效评价报告或结果公开情况

序号	地方政府	是否设置预算绩效管理专栏，如没有，所能找到预算绩效评价报告或结果的地方
1	上海	是，上海财政——专题——预算绩效管理——评价结果
2	湖南	否，湖南财政网——信息公开——工作动态，利用搜索引擎查找到
3	广东	是，广东省财政厅——专题聚焦——绩效管理信息公开
4	云南	否，云南省财政厅——重点领域信息公开——预算绩效信息公开
5	海南	是，海南省财政厅——政务信息——预算绩效

续表

序号	地方政府	是否设置预算绩效管理专栏，如没有，所能找到预算绩效评价报告或结果的地方
6	辽宁	是，辽宁省财政厅——政府信息公开——预算绩效管理
7	山东	是，山东省财政厅——专题专栏——预算绩效信息公开
8	宁夏	否，宁夏回族自治区财政厅——财政公告

资料来源：各地网站公开资料，资料整理期间为2019年5月1日—12日．

在未来一段时间内，我国预算绩效公开的范围还可进一步扩大，各省（区、市）可以结合预算绩效管理工作的实际进展，逐步把预算绩效目标作为部门预算编制的重要内容，随同部门预算公开。把预算绩效评价情况作为预算执行结果的组成部分，随同部门决算公开。对纳入预算绩效评价范围的支出，尤其是一些社会关注度高、影响力大的民生项目和重点项目支出，将绩效评价指标体系、绩效评价结果及相应的绩效评价报告等绩效信息及时完整公开。不仅要公开绩效评价结果好的项目的绩效评价信息，也要公开绩效评价结果差的项目的绩效评价信息，并逐步将预算绩效评价信息公开范围从民生项目和重点项目扩大到所有项目。

三、预算绩效公开的方式

当前我国预算绩效公开应用较广的两种方式是网站专栏设置和绩效评价报告公开。绩效管理专栏主要是各地方政府设置在财政厅（局）官方网站的用于对外公布预算绩效相关信息的发布平台，绩效评价报告是财政部门和资金使用部门依据绩效目标和相关评价标准通过对项目绩效和资金绩效进行评价所形成的书面报告。

（一）预算绩效管理专栏

除香港、澳门和台湾外，我国31个省（区、市）共有9个地方政府在财政厅（局）官方网站设置预算绩效管理专栏（见表6-3），专栏内容存在差异。广东、海南和山东的专栏未细分板块，将所有信息全部逐条显示。其中，广东省专栏以绩效评价报告为主，还包括绩效目标公开、绩效管理工作开展情况总结、市县绩效管理工作开展、媒体对广东预算绩效管理工作的报道等，海南省专栏主要公开预算绩效管理的相关通知、绩效评价报告、市县工作开展、项目申报案例等，山东省专栏也以绩效评价报告为主，还包括一些绩效评价情况公告、相关通知、绩效目标、其他地方预算绩效相关进展等。上海、辽宁、浙江、湖北、吉林、山西6个省（区、市）在专栏下设置了具体的板块，具体来看，上海市专栏有政策法规、工作开展情况和评价结果三个板块；辽宁省专栏有预算绩效管理信息公开和预算绩效管理工作情况两个板块；浙江省专栏有政策发布、工作信息、参考资料三个板块，政策发布版块没有信息；湖北省专栏有工作动态、制度法规、经验交流、预算绩效信息公开、竞争性分配专栏五个板块，此外还设有项目申报平台和项目管理平台两个入口；吉林省专栏有政策制度和工作动态两个板块；山西省专栏有工作情况、领导讲话、通知公告、政策法规、结果公示、理论探讨、他山之石七个板块。

表6-3　　　　　　　　预算绩效管理专栏设置情况

序号	地方政府	预算绩效管理专栏	专栏内容设置
1	上海	上海财政→专题→预算绩效管理	政策法规、工作开展情况、评价结果
2	广东	广东省财政厅→专题聚焦→绩效管理信息公开	无
3	海南	海南省财政厅→信息公开专栏→预算绩效	无
4	辽宁	辽宁省财政厅→政府信息公开→预算绩效管理	预算绩效管理信息公开、预算绩效管理工作情况
5	山东	山东省财政厅→专题专栏→预算绩效信息公开	无
6	浙江	浙江省财政厅→专题栏目→绩效管理	政策发布、工作信息、参考资料
7	湖北	湖北省财政厅→专题专栏→预算绩效与资产管理	工作动态、制度法规、经验交流、预算绩效信息公开、竞争性分配专栏
8	吉林	吉林省财政厅→重点专题→预算绩效管理	政策制度、工作动态
9	山西	山西省财政厅→热点专题→预算绩效管理	工作情况、领导讲话、通知公告、政策法规、结果公示、理论探讨、他山之石

资料来源：各地网站公开资料，资料整理期间为2019年5月1—12日。

（二）绩效评价报告

绩效评价报告是对预算绩效执行情况的重要反馈方式和公开形式。我国31个省（区、市）中，共有上海、湖南、广东、云南、海南、山东、湖北七个省（区、市）公开了绩效评价报告，但内容详尽程度不一，时效性也存在差异。表6-4汇总了七个省（区、市）财政厅（局）官方网站最近一次的绩效评价报告，报告结构大体相似，又各具特色。例如，上海市在2018年开始公布绩效评价报告，主要包含项目基本情况、绩效评价工作情况、评价结论和绩效分析、经验做法、问题建议等，每个项目既有绩效评价结果，也有绩效评价报告。湖南省绩效评价报告难以查阅，通过财政厅搜索引擎才能查阅到，公开的评价报告很少，且时效性较差，最近一次评价报告内容详细，具体公开了指标体系、资金到位情况等，还公开了各市县绩效自评汇总得分。云南省绩效评价报告公开专栏分别公开了三大类报告，部门整体支出绩效自评报告、部门项目支出绩效自评报告和财政绩效再评价报告，评价报告的时效性较强，尤其是财政绩效再评价报告，特点鲜明地将绩效评价提出的问题进行再次评价，并向社会公布评价结果，以检查是否解决了存在的问题，改进了相关措施，再评价报告内容也较完善。广东和山东评价报告时效性强，公开的报告数量较多，湖北和海南评价报告时效性较弱，公开的报告数量十分有限。

表6-4　　　　　　　　绩效评价报告结构与内容示例

地区	评价报告内容	
上海	品牌经济发展项目支出绩效评价报告（2018）	
	一、项目基本情况	（一）概况（二）绩效目标
	二、绩效评价工作情况	（一）绩效评价目的（二）绩效评价方案制定过程（三）绩效评价原则、评价方法（四）数据采集方法及过程（五）绩效评价实施过程
	三、评价结论和绩效分析	（一）评价结论（二）具体绩效分析
	四、主要经验及做法、存在的问题和建议	（一）主要经验及做法（二）存在的问题（三）建议和改进措施
	五、其他需要说明的问题	（一）关于评价责任的说明（二）本次绩效评价的局限性
	六、附件（略）	
湖南	2016年湖南省知识产权战略推进工程绩效评价	
	一、项目基本情况	（一）项目概况（二）项目绩效目标
	二、项目单位绩效报告情况	（一）项目单位基本情况（二）项目组织实施情况（三）项目绩效完成情况
	三、项目绩效评价原则、指标、方法	（一）项目绩效评价原则（三）绩效评价工作过程
	四、绩效指标分析	（一）项目投入情况分析（二）项目过程管理分析（三）项目产出分析
	五、综合评价情况及评价结论	
	六、存在的问题	
	七、有关建议	

续表

地区	评价报告内容	
广东	2017年省级交通建设专项资金绩效评价报告	
	一、基本情况	（一）资金背景（二）资金支持项目及分配方法（三）项目绩效目标
	二、主要绩效	
	三、存在问题	
	四、相关建议	
	附件	1.绩效评价指标体系及得分表2.绩效评价指标分析情况
云南	2015年度文化事业发展专项资金项目支出绩效评价报告	
	资金情况	
	项目基本情况	（一）项目建设目标（二）财政贴息资金使用目标
	项目目标	
	绩效目标	
	综合评价结论	
海南	海南省彩票管理中心2016年彩票市场监督检查支出绩效评价报告	
	一、项目概况	（一）项目基本性质、用途和主要内容、涉及范围（二）项目绩效目标
	二、项目资金使用及管理情况	（一）项目资金到位情况分析（二）项目资金使用情况分析（三）项目资金管理情况分析
	三、项目组织实施情况	（一）项目组织情况分析（二）项目管理情况分析
	四、项目绩效情况	（一）项目绩效目标完成情况分析（二）项目绩效目标未完成原因分析
	五、综合评价情况及评价结论	
	六、主要经验及做法、存在的问题和建议	（一）经验及做法（二）存在的问题（三）改进措施
	附件	项目绩效目标表、项目基本信息
山东	2017年安全生产专项资金绩效评价报告	
	一、项目基本情况	（一）项目立项背景及实施目的（二）项目内容和预算支出情况
	二、项目绩效目标	（一）总体绩效目标（二）年度绩效目标
	三、评价基本情况	（一）评价的范围和目的（二）评价依据（三）绩效评价指标体系（四）评价方法及实施过程（五）绩效评价工作过程
	四、评价结论和绩效分析	（一）综合评价结论（二）绩效分析（三）项目取得的主要绩效

续表

地区	评价报告内容	
山东	2017年安全生产专项资金绩效评价报告	
	五、存在问题	（一）前期准备方面（二）资金管理方面（三）组织实施方面
	六、意见建议	（一）项目实施单位（二）项目主管部门（三）资金主管部门
湖北	湖北省地震局地震台站监测项目绩效评价报告（2016）	
	一、项目基本情况	（一）项目概况（二）项目绩效目标
	二、绩效评价工作情况	（一）绩效评价目的（二）绩效评价设计过程（三）绩效评价框架（四）证据收集方法（五）绩效评价实施过程（六）本次绩效评价的局限性
	三、绩效分析及评价结论	（一）绩效分析（二）评价结论
	四、主要经验及做法、存在问题和建议	（一）主要经验及做法（二）存在的问题（三）建议和改进举措
	五、其他需说明的问题	（一）绩效评价指标体系及评分情况（二）绩效目标完成情况对比表（三）面访、座谈会和实地调研提纲及记录（四）社会调查问卷（五）绩效评价通知书（六）绩效评价工作方案（七）公司营业执照（八）会计资质证书

资料来源：根据上述7个省（市、区）财政厅（局）网站预算绩效管理专栏公布的绩效评价报告整理，资料整理期间为2019年5月1—12日.

未来在完善预算绩效公开方式的过程中，各省（区、市）财政部门可通过建立预算绩效信息发布平台，将包括预算绩效评价在内的所有信息，以电子文本的形式集中发布在统一平台的特定模块上。根据公众主要关注的信息内容，可以设立预算绩效评价的政策法规、绩效目标、绩效评价的指标体系、绩效评价专家库、绩效评价中介机构库、绩效评价报告和结果等专栏。在建设预算绩效信息平台的基础上，还应丰富公众对于预算绩效评价信息获取的渠道，提高公众获取信息的及时性和便利性。如依托电视、广播、微博、微信、宣传栏等传统或新兴媒介工具，及时准确地将预算绩效评价信息传递给社会公众，实现预算绩效信息公开透明，便于公众对预算的绩效过程进行全方位监督。

第三节 预算绩效审计

一、预算绩效审计的概念

预算绩效审计，又称为政府绩效审计，是强化预算绩效监督的重要手段之一。在全面实施预算绩效管理的背景下，要求将绩效理念和方法深度融入预算编制、执行、监督全过程之中，因此，绩效理念和方法自然就融入到审计监督之中，使得传统的合规性审计转变为绩效审计。20世纪70年代至80年代末，伴随着企业绩效审计和绩效思想的传播，政府绩效审计得到更大的重视，各国也相继开始了绩效审计的立法工作。如美国于1972年颁布《政府机构、计划项目、活动和职责的审计准则》，加拿大1977年颁布新《审计法》，新西兰1977年颁布《公共财政法》，澳大利亚1979年颁布新《审计法》以及英国1983年颁布《国家审计法》等，其中都有着关于政府预算绩效审计的相关规定。

（一）主要国家对预算绩效审计的定义

"绩效审计"这一概念最早由阿瑟·肯特于1948年3月在美国《内部审计师》杂志上发表的《审计》一文中提出。1972年美国审计总署颁布了被称为"黄皮书"的《政府机构、计划项目、活动和职责的审计准则》，这份审计准则首次提到了"绩效审计"并制定了绩效审计的目标。[1]1994年，美国会计总署修订的《政府的机构、计划项目、活动和职责的审计准则》认为："绩效审计就是客观地、系统地检查证据，以实现对政府组织、项目、活动和功能进行独立评价的目标，以

---

[1] 陈翔宇.全口径预算中的绩效审计现状、问题与对策[J].财会月刊，2017（9）：104-107.

便为改善公共责任性,为采用纠正措施的有关各方进行决策以便实施监督。"[1]美国的政府审计从20世纪70年代就开始了由财务审计向政府绩效审计的转变,2004年美国将会计总署更名为政府责任总署(Government Accountability Office),开启新的战略定位:审计人员不再是政府的会计人员,不再是单纯的监督者,而是国家管理的重要建设者和积极参与者,应促进联邦政府提高工作绩效、履行对国会及美国人民的公共受托责任。

根据英国国家审计署的解释,政府的绩效审计目标在于"保证"与"改进",保证是指对主要收支项目和资源管理的经济性、效率性和效果性向议会提出独立的资料、保证和建议;改进是指确定提高效益的途径,帮助被审计机构采取必要的措施改进控制系统。1983年的英国《国家审计法》明确了"主计审计长"的权责:"主机审计长可以……对任何组织(政府部门或者其他相关组织)为履行其职能而使用所掌握资源的经济性、效率性和效果性进行检查"。2003年,英国发布新的《绩效手册》来阐释经济性、效率性和效果性的含义,其中:"经济性"是指对一项活动,在保证其质量的前提下,将其资源消耗量降到最低水平;"效率性"是指产品、服务或其他形式的产出与其消耗资源的关系;"效果性"是指既定目标的实现程度,以及一项活动的实际效果与预期效果的关系。[2]新手册的发布标志着英国绩效评估工作进一步制度化、科学化和规范化。

1986年4月16日,最高审计机关国际会议正式发表了《关于绩效审计、公营企业审计与审计质量的总声明》,指出开展绩效审计的必要性,绩效审计能够促进公共部门向更经济、更高效的方向发展,提高公共部门信息透明度,对其受托责任履行情况进行更好的监督。

加拿大审计长公署将绩效审计定义为:"综合审计是审计长公署以及其他人士在描述具有广泛基础的审计方法中所使用的一种术语。这种审计方法目的在于对下述事项进行系统检查并做出汇报:管理当局在履行职责时的经济责任关系,自主活动和控制等。"[3]1999年,加拿大颁布《效益审计指南》,审查政府经济活动的经济性、效率、效果、成本效益、对环境的影响、对公共财产的保护以及政府活动的合法合规性。

绩效审计虽然没有一个通行的定义,但相比于"财务审计"来说,其不仅要考察财政收支的真实性与合法性,更重要的是考核政府公共投资能否产生与投资相符的效益,也可以说,绩效审计是财务审计的更高级发展阶段。

---

[1] 宋常,吴少华.我国绩效审计理论研究回顾与展望[J].审计研究,2004(2):33.
[2] 罗美富,李季泽,章轲.英国绩效审计[M].北京:中国时代经济出版社,2005:14-15.
[3] 赵保卿.绩效审计理论与实务[M].上海:复旦大学出版社,2007.

（二）我国绩效审计的提出与发展

我国从20世纪80年代初在审计制度的框架下开始探索效益审计，并从21世纪初开始了针对公共部门的绩效审计。

1.绩效审计的萌芽阶段：从20世纪80年代初到20世纪末。绩效审计的概念在我国萌芽于20世纪80—90年代，最初并不称为绩效审计，而是"效益审计"。1982年版《宪法》规定在国务院和县级以上地方各级人民政府设立审计机关，依照法律规定独立行使审计监督权，1983年我国最高审计机关中华人民共和国审计署诞生，1984年首次对辽宁、河北等省财政决算开展审计试点，1985年颁布《国务院关于审计工作的暂行规定》，为起步阶段的审计工作提供了一定法规依据。1988年国务院发布《中华人民共和国审计条例》，进一步提高审计工作的法制化和规范化。我国政府首次明确提出"效益审计"是在1991年全国审计工作会议上，审计署提出"在开展财务审计同时，逐步向检查有关内部控制制度和效益审计方面延伸"。自此，专家学者展开了不同的讨论，也积极汲取国内外经验。然而，这一阶段的审计工作带有"财政监察"色彩，审计机关参与了每年度的税收、物价大检查，而且"上审下"的模式架空了中央财政。但尽管如此，仍为财政审计工作打开了新局面，萌发了财政绩效审计的思想。

1994年《中华人民共和国审计法》颁布，财政审计获得了新的发展。"同级审"与"上审下"相结合的财政审计监督制度取代了单一的"上审下"制度，审计机关不但可以监督下级财政，同样可以监督本级财政。不仅如此，还实行了"两个报告"制度，审计机关既向本级政府作预算执行和其他财政收支的审计结果报告，又受政府委托向同级人大常委会作预算执行和其他财政收支的审计工作报告，如此一来，审计机关除了监督职能外，还增加了建设性职能。

到了20世纪90年代后期，审计机关还开展了针对特定项目的专项审计，主要带有宏观经济效益，虽然思想还不够体系化，但是综合性财政审计监督的概念开始形成。

2.绩效审计的试点阶段：从21世纪初到审计署发布《2006至2010年审计工作发展规划》。与上一阶段的研究学习讨论不同，这一阶段主要以试点为主，其中以深圳和青岛为代表。深圳是我国最早制定法规并开始实施绩效审计的城市。2001年，深圳市出台《深圳经济特区审计监督条例》提到了"绩效审计"的名词，该条例规定："审计机关应当在每年第4季度向本级政府和上一级审计机关提出绩效审计报告，并受本级政府委托，向本级人大常委会报告绩效审计工作情况。"可以注意到，此时，审计机关的职责还停留在报告工作上。2002年，深圳市审计局对市卫生系统医疗设备采购及大型医疗设备使用和管理情况的绩效审计试点，2003年，对深圳市海上田园风光旅游区、深圳经济特区污水处理厂、深圳市经济合作发展基金、深圳市福利彩票公益金4个项目又进行了绩效审计，2004年，对深圳市科技三项费用、深圳市环境保护局部门预算、深圳大学城、深圳市客货运场站建设及运营、大沙河整治工程、深圳市城管局下属13家市政公园建设及管养情况、城市生活垃圾无害化处理、深圳市东湖医院建设等8个热点项目进行了绩效审计，这也是首次以部门（环保局）为单位开展部门预算审计工作。

深圳市的经验获得了国家审计署的认可，审计署在发布的《2003至2007年审计工作发展规划》中明确审计基调由财务审计为主转为财务审计与绩效审计并重的审计基调。2003年8月全国审计理论研讨会提出，我国已初步具备提出和探索绩效审计的条件。2003年、2004年这两年是我国审计工作取得巨大成绩的两年，不仅查出了数百亿的违规资金、处理了千余名社会蛀虫，而且从经济性、效率性和效果性方面考察、揭露出我国体制上的诸多漏洞。

总结各地试点的经验，审计署于2006年发布《2006至2010年审计工作发展规划》，进一步提出："坚持财政财务收支的真实合法审计与效益审计并重，每年投入效益审计的力量占整个审计力量的一半左右。以专项审计调查为主要方式，以揭露严重损失浪费或效益低下和国有资产流失问题为重点，以促进提高财政资金使用效益和管理水平为主要目标，全面推进效益审计，到2010年初步建立起适合中国国情的效益审计方法体系。"又指明财政审计旨在规范预算管理，提高财政资金使用效益，要坚持整体性、效益性、宏观性、建设性，全面提升预算执行审计的层次和水平。

3.绩效审计的推进阶段：从《2006至2010年审计工作发展规划》到十八届三中全会。《2006至2010年审计工作发展规划》将"全面推进效益审计，提高财政资金使用效益和资源利用效率、效果"作为审计工作的主要任务，也意味着政府绩效审计成为了重点发展方向，标志政府绩效审计进入了全面推进阶段。其中，例如浙江省提出全部政府性资金审计思路，尝试评价政府支出分别用于保吃饭、保运转、保稳定、打基础、促发展等支出配置比例及效益等情况，树立全部政府性资金接受审计监督的必要意识。

审计署《2008至2012年审计工作发展规划》重点在于规划绩效审计评价体系和建立符合我国国情的绩效审计方法体系。审计署《"十二五"审计工作发展规划》正式提出全面推进绩效审计，着力构建财政审计大格局，旨在从体制、机制、制度多层面发现和分析问题。在这一时期，绩效审计项目不再局限于经济效益问题，更加关注了政府部门的整体绩效和职责履行情况，为全面绩效管理发挥积极推动作用。

4.绩效审计的深化发展阶段：从党的十八届三中全会至今。党的十八届三中全会提出了全面深化改革的总目标，2014年国务院发布《关于深化预算管理制度改革的决定》,提出了"用钱必问效、无效必问责"的绩效管理理念,开启了全面预算绩效管理的新阶段,同年发布的《关于加强审计工作的意见》要求将绩效理念贯穿审计工作始终。2016年,审计署在《"十三五"国家审计工作发展规划》中明确未来的重点在于对预决算的审计工作,加强财政预算执行及决算草案审计,监督检查预决算的真实性、合法性和效益性,重点关注财税政策执行、政府预算体系建设、重点专项资金管理使用、预算绩效管理、政府债务管理等情况。

(三) 我国对绩效审计的主要认识

根据曲明(2016)在《政府绩效审计:沿革、框架与展望》一书中的表述,国内研究都基本认同世界审计组织在《利马宣言》中的表述,即绩效审计是对政府管理活动的经济性、资源使用的效率性、达到目标的效果性进行的审计。明确表明政府绩效审计的被审计者是政府当局。①

具体来看,曾寿喜、李学柔(2005)在《效益审计基础》一书中认为:"经济效益审计是由审计机构或审计人员,对被审计单位或项目的财务收支或经济活动的效益性进行审查,评价经济效益优劣和有关方面的经济责任,提出建议,促进改善经营管理,提高经济效益的一种监督活动。"②赵耿毅(2011)年在《绩效审计指南》一书中提出:"绩效审计是指审计机关按照一定的标准,运用适当的程序和方法,对被审计单位管理和使用财政性资金及其他公共资源的经济性、效率性和效果性,进行审查、分析、评价的行为。"③根据中国财政科学研究院李伟(2018)的综述,所谓政府绩效审计就是指由独立的审计机构或人员,依据有关法规和标准,运用审计程序和现代技术方法,对政府部门和国有企事业单位的项目活动的经济性、效率性和效果性,客观、系统地进行独立检查和评价,并提出切实可行的建议,促进其管理、提高效益的一种独立性的监督活动。④

《深圳经济特区审计监督条例(2018)》第三十一条提出:审计机关在对被审计单位财政收支、财务收支及其经济活动的真实性、合法性进行审计的基础上,审查其在履行职责时财政资金使用的经济、效率和效果,并进行分析、评价和提出改进意见。第三十三条规定,审计机关进行绩效审计评价,可以参考同行业或者被审计单位以往年度的绩效情况、专家意见和社会调查结果。⑤

综上,我们可以对预算绩效审计下一个定义,预算绩效审计是审计机关依照法

---

① 曲明.政府绩效审计:沿革、框架与展望[M].大连:东北财经大学出版社,2016:8.
② 曾寿喜,李学柔.效益审计基础[M].广州:中山大学出版社,2005.
③ 赵耿毅.绩效审计指南[M].北京:中国时代经济出版社,2011.
④ 李伟.政府绩效审计问题研究综述[J].经济研究参考,2018(36).
⑤ 深圳市第五届人民代表大会常务委员会公告第163号,2018年第二次修正.

定的权限和程序对本级政府各部门（含直属单位）和下级政府预算的编制和执行情况以及决算的真实性、合法性和效益性进行分析、评价和提出改进意见的过程，预算绩效审计是财务审计发展的高级阶段。

二、预算绩效审计的组织

绩效审计的组织与开展是通过一系列审计程序实现的。审计程序是为了实现审计规范化，提高审计工作效率和审计质量，包括审计监督活动中审计机关和被审计单位双方必须遵循的顺序、形式和期限等，说明了在一定时期内审查具体对象或项目所需要经历的步骤。绩效审计作为常规审计的衍生，也有其一定的审计程序。

英国国家审计署在2003年《绩效审计手册》提出了"绩效审计循环"的概念，列示了完成一个绩效审计项目需要经过的9个环节，这9个环节反映了绩效审计程序的一般框架。包括：确定审计项目、制定审计计划、实施审计、起草报告、交换意见、发布审计报告、提交议会、政府答复、跟踪检查。[1]

在我国，虽然没有形成统一的框架，但是在《中华人民共和国国家审计准则》的前提下，一般学者将其归类为选择和确定审计项目、审计准备、审计实施、审计报告和审计后续五个主要环节[2]。

（一）选择和确定审计项目

英国绩效审计项目选题主要限于以下范围：（1）英国国家审计署近期的工作重点；（2）议会及公共账目委员会关注的重点领域或问题；（3）公众关注的社会热点、焦点及难点问题；（4）重大改革政策与措施的推行情况和结果；（5）当前审计及其他监督检查部门尚未涉及的领域或问题。

在我国，绩效审计项目既可以来源于人大、政府部门的委托，也可以来源上级审计机关任务的下达，还有一部分来自于各级审计机关自行确定。在自行确定的过程中，应考虑重要性、时效性、增值性和可行性4项绩效审计立项原则。所谓"重要性"，是指选择的项目是否与群众利益息息相关，是否是地方政府及人大关注的；"时效性"是指选择项目的时机是否合适；"增值性"是指选择的项目通过审计，是否具备大幅增值的空间；"可行性"既包括被审计单位的审计条件和配合程度，也包括审计力量和审计人员素质水平能否达到审计要求。[3]或者也可以将影响审计

---

[1] 罗美富，李季泽，章轲. 英国绩效审计［M］. 北京：中国时代经济出版社，2005：24.
[2] 曲明. 政府绩效审计：沿革、框架与展望［M］. 大连：东北财经大学出版社，2016：114.
[3] 陈薛金. 绩效审计理论与实务［M］. 北京：中国时代经济出版社，2013.

项目选择的因素归纳成：国家政策方针和工作重点、项目的重要程度、审计成本和可操作性、管理风险、审计效果。

首先，按上述原则挑选出来的备选项目还会进行比较，采取综合评分制进行先后排序。其次，对备选项目进行成本效益的可行性分析，并提交审计机关审定。最后，审计机关将经过审定的绩效审计项目正式纳入立项程序，并依照相关管理办法纳入年度审计计划。

（二）审计准备

审计准备阶段是开展整项工作的基础阶段。通常包含审前调查、制订审计实施方案、发送审计通知书。

开展审前调查工作，审计人员需要在具体制订审计实施方案前开展审前调查，通过对收集到的各种信息的评估，了解审计项目的内部控制情况，以便确定审计目标重点和范围，为具体审计实施方案的制订做好前期准备。审计人员对审计项目进行调查的过程中，需要充分了解审计项目的目标、背景、资源、活动、程序和控制以及其他相关信息。

制订审计实施方案，政府绩效审计实施方案的制订需要在审前调查的基础上按照以下流程进行。

1.确定政府绩效审计目标和范围。政府绩效审计目标的确定需要考虑以下因素：政策、法律和法规的相关规定；审计项目的实际情况；政府、有关部门和审计机关对审计项目的要求；审计资源的充分性；审计组成员的专业胜任能力和其他需要考虑的相关因素。审计范围是指审计工作的领域以及工作的时间长短，它是与审计目标密切相关的，审计目标决定了审计的范围。通常情况下，审计范围是在审计目标确定的同时一并确定的。

2.选择政府绩效审计评价标准。在对审计项目进行政府绩效审计评价标准选择的时候，既要考虑相关的政策、法律和法规，又要充分结合被审计项目的实际，针对不同的项目个体选择适合其自身的评价标准。政府绩效审计评价标准的选择应该遵循灵活性、明确性、可操作性以及可接受性等原则，政府绩效审计评价标准的确定必须与审计项目所属单位达成共识。

3.确定政府绩效审计方法。基于政府绩效审计的特殊性，其审计方法既可以选择传统的审计方法，也可以选择适用于绩效审计的特有方法，比如经济评价法、论证评价法等。至于具体审计项目的方法选择，则需要根据审计目标的要求，再结合审计项目的实际情况，选择最适合于被审计项目自身的审计方法、以期保证在已有的审计资源情形下，获取充分、适当的审计证据，得出准确、合理的审计结论。

4.制订审计实施方案。审计实施方案是指为了完成审计项目任务而制定的所有审计工作流程安排。政府绩效审计实施方案的内容一般包括以下几个方面：审计实施方案的编制依据；审计项目的概况；审计的目标、范围；审计评价标准；审计方法；审计组组长、审计组成员及其分工；聘用外部专家；时间进度及费用预算；预定的审计工作起止时间；其他有关内容。

发送审计通知书，审计通知书是对审计项目的书面通知，是审计组代表审计机关独立行使审计监督权的依据。审计项目所属单位应按照审计通知书的要求，做好审前准备，积极配合审计工作。

（三）审计实施

审计实施阶段是指审计人员将审计实施方案付诸实施的阶段。审计实施阶段是政府绩效审计全过程的关键阶段，也是整个审计程序的核心环节，它是在各种审计准备工作完成以后进行的。获取充分、适当的审计证据是审计实施阶段的主要工作，其具体包括收集审计证据、编写审计日记、编辑审计工作底稿、审计工作底稿的复核四项内容和步骤。

审计证据是证明审计项目绩效状况的载体，是指审计机关和审计人员获得的用以说明审计事项真相，形成审计结论的基础性证明材料。

审计日记是审计人员在政府绩效审计实施阶段，按照审计流程和工作顺序全面反映其每日实施审计全过程的书面记录。在审计实施过程中，审计人员每日都应当真实、完整地编写审计日记。

编辑审计工作底稿是在开展审计工作、收集审计证据的过程中，对违反国家规定的财政、财务收支行为，对审计项目中存在的绩效问题等对审计结论会产生重大影响的相关事项的及时记录，并还应附有相关的审计证据作为支持的基础。

基于政府绩效审计的复杂性，复核其审计工作底稿包括的内容主要有：使用法律、法规、规章是否准确；审计实施方案确定的具体目标是否实现；审计证据是否适当、充分；审计步骤和方法是否执行；审计结论是否恰当；其他有关重要事项等。审计工作底稿一经复核审定，就不得随意增删或者修改，如果必须要有变动，应当另行编辑审计工作底稿，并作出书面说明。

（四）审计报告

审计报告阶段是政府绩效审计工作提出意见、出具结论的环节，是政府绩效审计最关键的阶段。审计报告阶段的主要工作步骤包括：整理归纳审计工作底稿、提出政府绩效审计报告初稿、征求被审计单位意见、复核审计报告、审定审计报告。

按照内容和性质整理归纳审计工作底稿，是政府绩效审计报告编制的依据和基础。

政府绩效审计报告是由审计机构最终提交的一种书面文件。它反映了审计项目目标的实现程度，体现了审计项目的政府绩效结果。

在审计实践中，所有的审计报告初稿都应向被审计单位征求意见。征求被审计单位意见是审计报告阶段非常关键的一环。如果审计项目所属单位对审计发现的某些关键性问题、审计的结果等提出不同看法，审计组就应该与他们交换意见，并对审计报告初稿进行必要的修改。

为了保证政府绩效审计报告的准确性、合理性，审计机关的相关部门需要对审计组提交的审计报告、审计决定书以及其他相关材料进行复核并提出复核意见，若审计报告、审计决定书以及其他相关材料确实存在错误，需进行修改并再次审定。

审定审计报告是政府绩效审计报告阶段的重要环节。所谓审定审计报告就是审计机关对审计组提交的审计报告、审计决定书和其他相关材料所列的问题进行审理，作出最后评判，对被审计项目给出最终结论。

（五）审计后续

审计后续阶段是指在审计报告出具后，还可能产生的一些后续审计行为。后续审计阶段可能包括的内容有如下方面：审计听证、审计复议、审计信息公开、审计文件的整理归档、后续跟踪检查。根据《审计机关审计处理处罚的规定》（2000年）规定，审计机关在进行审计处罚前，对符合审计听证条件的，应当告知被审计单位或者有关责任人员有要求审计听证的权利；被审计单位或者有关责任人要求审计听证的，审计机关应当组织审计听证。审计听证会的工作应依照《行政处罚法》和《审计机关审计听证的规定》有关规定办理。如果审计项目所属单位认为审计机关的行为侵犯了其合法权益，可依照《审计机关审计复议的规定》（2000年）以及有关的法律和法规，向审计复议机关申请复议。

按照《审计机关公布审计结果准则》（2001年）要求，政府绩效审计报告正式形成后，经过主管领导同意后，审计机关对于不涉及保密事项的政府绩效审计结果，可以通过电视、广播、报纸、杂志等形式予以公布，以保证审计结果的透明度。

审计人员在提交政府绩效审计报告后，应当按照一定的方法和规则来归集和整理需要保存的审计文件，然后交由审计组组长进行复查，并经档案管理机构或者档案工作人员的再次检验后，按照相关的规定进行编目和装订。

后续跟踪检查是指政府绩效审计报告在完成之后，审计组对审计项目的质量和效果进行的跟踪检查。后续跟踪检查对于提高政府绩效审计质量、发挥政府绩效审计的作用、促进审计机关不断加强审计管理等十分重要，而且还有助于实现绩效审计的价值。后续跟踪检查通过包括后续跟踪检查的目标、后续跟踪检查的内容、后续跟踪检查的方式以及对审计质量的后续跟踪检查。

三、预算绩效审计的内容

关于我国政府绩效审计的内容，一直以来没有完整的定论。目前相对形成共识的有以下两类。

（一）按财政收支划分

根据李伟[①]的研究，绩效审计可以简单地划分成财政收入绩效审计和财政支出绩效审计。

1. 财政收入绩效审计。由于政府绩效审计是对公共部门履职时所利用资源是否充分发挥其效率所作的评价，因此财政收入征收过程也应当作为政府绩效审计的重要内容并且予以重视。

2. 财政支出绩效审计。在公共财政的体制中，财政支出是政府为实现职能，获得所需商品、劳务和工程等所实行的资金支付过程，其支出范围有政权建设支出、事业发展支出、收入分配调节支出以及公共投资支出。政府绩效审计务必以财政支出管理改革的执行情况为审计对象，将改革目标是否实现以及实现程度作为审查重点，披露在改革的进行过程中存在的不落实制度、不到位改革、不规范运作等各个方面所存在问题，加快设立和改善有关的审计制度，保证国家财政政策和各项改革措施的平稳实现。

（二）按资金用途划分

按资金投入部门和用途，陈薛金（2013）[②]将绩效审计分成以下几方面。

1. 政府部门预算支出绩效审计。政府部门预算支出绩效审计是指审计机关依据国家法律法规和国家审计准则及相关规定，在财政收支财务收支真实、合法、合规性审计的基础上，按一定标准、运用适当审计程序和方法，对被审计的有关部门有关管理和使用财政性资金及其他公共资源的经济性、效率性和效果性进行审查、分析、考量、问责及评价的行为。

---

① 李伟.政府绩效审计问题研究综述［J］.经济研究参考，2018（36）：44-55.
② 陈薛金.绩效审计理论与实务［M］.北京：中国时代经济出版社，2013：32-36.

2.事业单位绩效审计。事业单位绩效审计是指审计机关依据国家法律法规、国家审计准则及事业单位财务规则，及相关会计制度的规定，在对事业单位资产、负债、净资产及其财务收支真实、合法、合规、公允性审计的基础上，按一定的标准，运用适当审计程序和方法，对事业单位利用财政性资金和公共资源的经济性、效率性和效果性进行审查、分析和评价的行为。

3.政府投资项目绩效审计。政府投资项目绩效审计业务包括审计和专项审计调查。审计机关可以根据需要对专项建设资金的筹集、管理与使用的绩效使用或与政府投资项目有关的主要事项或者倾向性问题的绩效情况开展专项审计调查。

政府投资项目绩效审计一般应在项目投产运营后、目标成效显现时实施，对在建项目、已竣工尚未投入使用的项目实施绩效审计时，审计人员应充分考虑项目的阶段性特点和未来运行状况的不确定性。

4.专项资金绩效审计。专项资金绩效审计是指审计机关在对被审计单位专项资金财政、财务收支真实、合法、合规性审计的基础上，按一定的标准、运用适当审计程序和方法，对被审计的有关部门管理和使用专项资金的经济性、效率性和效果性进行审查、分析、考量、问责及评价的行为。

5.资源绩效审计。资源绩效审计可以选择某类资源专题开展绩效审计，也可以结合环境审计、财政审计、投资审计、经济责任审计等其他专项审计开展。各级审计机关对关系国计民生的重大资源开发利用和环境保护工程项目、重大资源环境管理政策措施和战略规划等，可采取跟踪审计的方式，确保国家重点建设项目得到顺利实施，资源保护措施和规划得到落实。

6.环境绩效审计。环境绩效审计针对的是被审计单位的环保资金投入、环保政策执行及重大环保项目建设运营等一系列环境保护、环境管理活动的经济性、效率性和效果性。环境绩效审计目的是：通过环保资金的筹集、分配、使用和管理审计，揭示环保资金使用绩效方面的问题，促进规范资金管理，提高资金使用效益。通过环境政策法规的贯彻执行和规划的实施情况审计，揭示政府环保职责绩效方面的问题，促进落实和完善相关政策制度。通过环境相关项目的建设和运营情况审计，揭示影响项目环境绩效的问题，促进加强环境管理。

7.地方政府外债项目绩效审计。地方政府外债指县级以上人民政府负责管理的，通过省级人民政府财政部门逐级转贷借入本地区的全部国际金融组织贷款和外国政府贷款。对地方政府外债项目绩效审计，就是对上述资金的经济性、效率性和效果性进行审查评价。

8.社会保障资金绩效审计。社会保障资金包括社会保险基金（企业职工基本养老保险基金、失业保险基金、职工基本医疗保障基金、职工工伤保险基金、住房公积金等）和社会保障专项资金（社会保险专项基金、城市居民最低生活保障基金、农村社会救济资金、优抚资金、安置资金、救灾资金、社会福利资金等）。对社会保障资金实施绩效审计，就是对上述资金的经济性、效率性和效果性进行审查评价。

9.农业资金绩效审计。农业资金是国家或地方人民政府支持农业和农村经济发展的资金。农业专项资金的管理单位包括国务院农业、水利、国土资源、林业、气象、财政等主管部门及其直属企事业单位，也包括地方各级人民政府农业、水利、国土资源、林业、气象、财政等主管部门及其直属企事业单位，另外还有受国务院委托管理农业专项资金的社会团体。对农业资金实施绩效审计，就是对被审计单位农业资金的筹集、投入、分配、配套、管理和使用的经济性、效率性和效果性进行审查分析与评价。

10.国有企业绩效审计。国有企业绩效审计是指审计机关依据国家法律法规和国家审计准则及相关规定，在对企业资产、负债、所有者权益及其财务收支真实、合法、合规、公允、效益性审计的基础上，按一定标准、运用适当的审计程序和方法，对国有企业利用国有资本和财政性资金及公共资源的经济性、效率性和效果性进行审查、分析、考量、问责及评价的行为。

11.经济责任绩效审计。经济责任绩效审计是指审计机关依据《党政主要领导干部和国有企业领导人员经济责任审计规定》，在财务收支、财务收支合法真实、合规、效益性审计的基础上，对党政领导干部和国有企业领导人员在任职期间因其所任职务，依法对本地区、部门、本单位、本企业的财政收支、财务收支，以及有关经济活动应当履行的职责、义务，进行审查、鉴证、问责与评价。

第四节　人大预算绩效的审查与监督

一、人大预算绩效审查和监督的依据

人民代表大会作为我国最高国家权力机关，享有立法权和监督权。人大进行预算绩效审查与监督工作时，其依据主要为全国人大及相关部门制定的法律法规、意见、办法以及国家政策等。其中，《中华人民共和国预算法》（2014）、《中华人民共和国各级人民代表大会常务委员会监督法》（2007）、《中华人民共和国审计法》（2006）、《关于人大预算审查监督重点向支出预算和政策拓展的指导意见》（中办发〔2018〕15号）和《中共中央国务院关于全面实施预算绩效管理的意见》（中发〔2018〕34号）为人大开展预算绩效审查监督工作提供重要法律依据。

（一）《中华人民共和国预算法》

《中华人民共和国预算法》）（以下简称《预算法》）对各级人民代表大会审查预算报告的职责进行了规定，其中包括对预算绩效的相关规定。如第四十九条规定"全国人民代表大会财政经济委员会向全国人民代表大会主席团提出关于中央和地方预算草案及中央和地方预算执行情况的审核结果报告"；"审查结果报告应当包括下列内容：……（四）对执行年度预算、改进预算管理、提高预算绩效、加强预算监督等提出意见和建议"。第七十九条规定"县级以上各级人民代表大会常务委员会和乡、民族乡、镇人民代表大会对本级决算草案，重点审查下列内容：……（二）支出政策实施情况和重点支出、重大投资项目资金的使用及绩效情况"。

（二）《中华人民共和国各级人民代表大会常务委员会监督法》

《中华人民共和国各级人民代表大会常务委员会监督法》（以下简称《监督法》）第三章规定了全国各级人民代表大会具有审查预算、审议预算执行情况和审计工作报告的职能。具体法律规定如下：第十五条规定"国务院应当在每年六月，将上一年度的中央决算草案提请全国人民代表大会常务委员会审查和批准。"第十六条规定"国务院和县级以上地方各级人民政府应当在每年六月至九月期间，向本级人民代表大会常务委员会报告本年度上一阶段国民经济和社会发展计划、预算的执行情况。"第十七条规定"国民经济和社会发展计划、预算经人民代表大会批准后，在执行过程中需要作部分调整的，国务院和县级以上地方各级人民政府应当将调整方案提请本级人民代表大会常务委员会审查和批准。"第十八条规定"常务委员会对决算草案和预算执行情况报告，重点审查下列内容：（一）预算收支平衡情况；（二）重点支出的安排和资金到位情况；（三）预算超收收入的安排和使用情况；（四）部门预算制度建立和执行情况；（五）向下级财政转移支付情况；（六）本级人民代表大会关于批准预算的决议的执行情况。"第十九条规定"常务委员会每年审查和批准决算的同时，听取和审议本级人民政府提出的审计机关关于上一年度预算执行和其他财政收支的审计工作报告。"

第二十一条规定"国民经济和社会发展五年规划经人民代表大会批准后在实施的中期阶段，人民政府应当将规划实施情况的中期评估报告提请本级人民代表大会常务委员会审议。规划经中期评估需调整的，人民政府应当将调整方案提请本级人民代表大会常务委员会审查和批准。"

（三）《中华人民共和国审计法》

《中华人民共和国审计法》（以下简称《审计法》）的颁布标志着我国审计监督制度的进一步完善，该法律对审计机关以及审计工作人员的职责、权限以及工作流程做出了详细规定，其中，规定了各级人民代表大会常委会具有听取预算审计报告的职能。如第四条规定"国务院和县级以上地方人民政府应当每年向本级人民代表大会常务委员会提出审计机关对预算执行和其他财政收支的审计工作报告。"

（四）《关于人大预算审查监督重点向支出预算和政策拓展的指导意见》

《关于人大预算审查监督重点向支出预算和政策拓展的指导意见》是党中央为加强人大预算审计监督职能的重要决策意见。该意见指出，实施人大预算审查监督重点向支出预算和政策拓展，是依法加强和改进人大预算审查监督工作的内在要求，是建立和完善中国特色社会主义预算审查监督制度的重要举措，是提高财政资金使用绩效和政策实施效果的客观需要，也是对《预算法》、《监督法》关于人大预算决算审查监督特别是支出预算和政策审查监督规定的细化深化。因此，应加强对支出绩效和政策目标落实情况的监督，推动建立健全预算绩效管理机制。进而，该意见就支出预算总量与结构、重点支出与重大投资项目、部门预算、财政转移支付、政府债务以及预算收入等方面的审查监督工作作出具体说明。有关人大预算绩效监督的相关规定如下：

"加强对重点支出与重大投资项目执行情况的监督，督促实现支出绩效和政策目标"。"重点审查监督部门预算贯彻落实党中央重大方针政策和决策部署情况；……部门重大项目支出绩效目标设定、实现及评价结果应用情况；审计查出问题整改落实情况等"。"重点审查监督贯彻党中央重大方针政策和决策部署情况，转移支付与财政事权和支出责任划分的匹配情况……专项转移支付的整体绩效情况。监督转移支付预算执行和政策实施，重点是预算批准后在法律规定时间内 以及资金使用绩效与政策实施效果情况等。""各级审计机关研究提出下一年度审计监督重点内容和重点项目时，应当征求本级人大常委会预算工作委员会等工作机构的意见建议，形成监督合力。各级审计机关应当加强对专项资金绩效和政策执行的审计监督，并在向本级人大常委会报告年度预算执行和其他财政收支的审计工作报告时予以重点反映，为人大常委会开展支出决算和政策审查监督提供支持服务。"

（五）《中共中央 国务院关于全面实施预算绩效管理的意见》

《中共中央 国务院关于全面实施预算绩效管理的意见》强调了全面实施预算绩效管理的重要性，提出建设"全方位、全过程、全覆盖的预算绩效管理体系"的目标，并针对该目标的实现提出具体的建议与意见。该意见认为全面预算绩效管理工作应该遵循如下原则：

"坚持总体设计、统筹兼顾。按照深化财税体制改革和建立现代财政制度的总体要求，统筹谋划全面实施预算绩效管理的路径和制度体系。既聚焦解决当前最紧迫问题，又着眼健全长效机制；既关注预算资金的直接产出和效果，又关注宏观政策目标的实现程度；既关注新出台政策、项目的科学性和精准度，又兼顾延续政策、项目的必要性和有效性。

坚持全面推进，突出重点。预算绩效管理既要全面推进，将绩效理念和方法深度融入预算编制、执行、监督全过程，构建事前事中事后绩效管理闭环系统，又要突出重点，坚持问题导向，聚焦提升覆盖面广、社会关注度高、持续时间长的重大政策、项目的实施效果。

坚持科学规范、公开透明。抓紧健全科学规范的管理制度，完善绩效目标、绩效监控、绩效评价、结果应用等管理流程，健全公共性的绩效指标框架和分行业领域的绩效指标体系，推动预算绩效管理标准科学、程序规范、方法合理、结果可信。大力推进绩效信息公开透明，主动向同级人大报告、向社会公开，自觉接受人大和社会各界监督。

坚持权责对等、约束有力。建立责任约束制度，明确各方预算绩效管理职责，清晰界定权责边界。健全激励约束机制，实现绩效评价结果与预算安排和政策调整挂钩。增强预算统筹能力，优化预算管理流程，调动地方和部门的积极性、主动性。"

（六）其他相关国家政策

除了相关的法律法规外，我国也在相关的政府会议上提出人大实施预算绩效审查监督工作的要求。党的十八大报告中提到"支持人大及其常委会充分发挥国家权力机关作用，依法行使立法、监督、决定、任免等职权，加强立法工作组织协调，加强对'一府两院'的监督，加强对政府全口径预算决算的审查和监督"，并提出要深化行政体制改革，"创新行政管理方式，提高政府公信力和执行力，推进政府绩效管理"。党的十九大报告中，习近平总书记提出要"建立全面规范透明、标准科学、约束有力的预算制度，全面实施绩效管理"。此外，还颁布了《国务院关于深化预算管理制度改革的决定》（国发〔2014〕45号）、《中共中央关于建立国务院向全国人大常委会报告国有资产管理情况制度的意见》（中发〔2017〕33号）、《中央部门预算绩效目标管理办法》（财预〔2015〕88号）、《财政部关于推进预算绩效管理的指导意见》（财预〔2011〕416号）、《财政支出绩效评价管理暂行办法》（财预〔2011〕285号）等一系列规章制度，对预算绩效的审查与监督工作进行规定，以立法形式推进我国预算绩效管理工作有序开展。

二、人大预算绩效审查与监督的方式

（一）制定法律法规

制定法律法规是人大进行预算绩效审查、监督工作最基本的方式。在党的十九大报告中，习近平指出"积极发展社会主义民主政治，推进全面依法治国，党的领导、人民当家作主、依法治国有机统一的制度建设全面加强"。因此，人大可根据自身具有的法律监督效力，依据我国预算绩效工作开展的实际情况，结合我国政府各部门预算绩效评价工作的特点，制定相关的法律法规以规范预算绩效审查与监督工作。目前，我国关于预算绩效评价的法律主要有《预算法》《监督法》和《审计法》，此外，财政部也陆续出台一系列有关预算绩效管理的文件，2012年颁布《预算绩效管理工作规划（2012—2015年）》、2013年印发《预算绩效评价共性指标框架》，等等。为了完善立法工作，我国各层级地政府人大均探索、制定出符合当地预算绩效工作特点的规章制度。例如，北京市人大先后通过了《北京市市级部门预算支出绩效考评管理暂行办法》《关于加强全市绩效审计工作的实施意见》等规章制度；2012年7月份，宁波市鄞州区人大常委会出台《关于预算绩效监督的若干规定》；2014年，重庆市渝中区人大在第十七届人民代表大会第四次会议上作出了《关于全面推进财政预算绩效管理的决议》；2014年11月，山东省人大常委会通过了《山东省人民代表大会常务委员会关于加强预算决算审查监督的决定》；2017年11月，湖南省人大常委会作出了《关于进一步推进预算绩效管理的决定》，等等，由此可见，全国各地人大依据宪法赋予的立法权，均积极探索关于预算绩效监督的立法工作，为本级人大预算绩效审查与监督工作提供充分的法律依据，做到有法可依。

（二）实行预算全过程监督

1.事前监督。人大预算绩效事前监督环节，即对预算编制环节进行绩效评价。预算编制是预算管理过程的首要环节，预算编制是否科学、合理，对整个预算管理过程显得尤为重要。根据《预算法》规定，我国预算编制采取"两上两下"的方法，即"一上"，上报预算建议数；"一下"，下达预算控制限额；"二上"，上报预算草案；"二下"，批复部门预算。而该流程中，最为重要的环节便是确定预算建议数。由于一些部门没有充足的绩效意识，编制预算时随意性较大，从而导致浪费财政资源的现象发生。因此，人大在对预算编制环节进行绩效评价时，以绩效结果为导向，用量化的绩效指标衡量预算项目的轻重缓急和优先次序，使得评价结果成为判断项目可行性以及编制预算的重要依据，以增强预算编制的科学化和合理化。[①]

2.事中监督。人大预算绩效的事中监督环节，即对预算执行环节进行绩效评价。在预算执行过程中，由于部分部门责任意识不强，只重视资金支付进度情况，忽视了项目进展是否达到预期目标、相关部门履职是否到位等方面的问题，从而使预算资金的使用效益大打折扣，很多项目也没能够实现既定的目标，进而降低了预算管理的有效性。这就需要人大发挥其在预算绩效中的监督作用，通过设定一系列绩效评价指标，持续跟踪审查一些重点部门项目的实施进度、执行情况以及资金拨

---

① 周长鲜.人大预算绩效监督考评体制的全方位考察[J].四川理工学院学报，2010（3）：22-31.

付使用情况，并将以上情况进行指标量化，帮助人大更为迅速地掌握项目运行情况和预算资金的执行情况，及时发现预算执行过程中的问题并及时予以纠正，最大限度地发挥预算资金的使用效益，争取"花最少的钱，办最多的事"，高效率的提供公共物品和服务，最大限度满足社会公众的真实需求。

3.事后监督。人大预算绩效事后监督环节，即对预算项目实行绩效评价与管理。当一些预算项目执行终了时，绩效意识不足的部门便会忽视对项目执行情况的后期分析，无法了解该预算项目所产生的经济、社会等方面的效益，不能及时总结预算执行中出现的问题，从而导致低效预算现象反复出现，无法推进预算管理过程的优化，从而使得预算管理陷入一个"死循环"中。人大在对预算绩效进行监督时，通过设立一套全面的绩效指标评价体系，对预算项目的最终结果进行分析和评判。在事后监督过程中，人大重点分析预算项目产生的经济效益、社会效益、生态效益；分析该项目是否达到预期的社会目标；分析预算资金是否发挥经济效益；分析预算过程是否规范合理等，并将分析评价的结果反馈至各预算部门，督促各部门落实有关情况并在下一个预算周期中进行相应的整改，使绩效评价结果成为部门改进预算管理的重要依据。

（三）建立绩效评价体系

人大在进行预算绩效的审查与监督时，需要建立一套完整的绩效评价体系，设置合理的绩效评价指标，以量化的方式对预算管理情况进行分析，而该套绩效评价体系包含以下几个方面。

1.绩效评价指标。绩效评价指标的设定不仅体现了政府所追求的政治、社会和经济目标，也能够突出人大预算绩效监督的重点。绩效评价指标是整个预算评价体系的首要组成部分，能够准确体现预算绩效情况，主要分为业务指标、财务指标和效益指标。设定预算绩效评价指标需注意以下几点：首先，预算绩效指标体系应做到定量指标与定性指标相结合[①]；其次，绩效评价指标须具有外部性，能够较为清晰地衡量社会公众满意度，且尽量精简，不要过于追求数量，使人大等相关负责人能够迅速而准确地捕捉到有效的绩效信息；再次，绩效指标设定应既具有挑战性，又具有可操作性；最后，绩效评价指标应满足全面性、科学性和可比性要求。全面性是指测评指标应完整、系统地反映各项目预算的绩效情况，并兼顾经济效益和社会效益、整体效益和局部效益、短期效益和长期效益、直接效益和间接效益；科学性是指绩效评价指标需具有精确的内涵和外延，能够科学、准确地反映各项目预算管理的实际情况及其特性；可比性是指绩效评价指标设计应以体现共性为主，

---

① 王皓.加强人大预算监督推动政府预算绩效管理制度建设[N].北京日报，2011（003）.

又兼顾特性，要满足对不同时期、不同类型的预算绩效情况进行统一测评和对比分析①。

2.绩效评价报告。预算绩效评价报告详细地记录了项目概况、项目绩效目标完成情况、项目绩效评价情况、项目绩效评论结论以及问题与改进建议等方面的信息，是绩效评价过程的总结，也是绩效评价结果的反馈，通常由政府部门内部的审计机构或本部门出具。以往的绩效评价主要以"事后监督"为主，且审计机构在对其他部门预算进行绩效评价时，虽具有一定的独立性，但其关注点仍局限于预算资金使用的合法合规性方面，对于预算资金落实情况、项目目标完成情况以及项目效益情况都没有过多涉及，而部门内部出具的绩效评价报告更是像"走流程"，没有发挥绩效评价真正的作用。人大进行预算绩效评价监督时，除了加强对审计部门的要求外，还通过聘请第三方专业机构的方式，出具专业性和独立性较强的绩效评价报告，为人大改进预算管理提供重要依据。首先，第三方专业机构不仅不受政府部门约束，具有较为扎实的专业基础，审计范围能够覆盖整个预算管理过程，在出具绩效评价报告时站在更为专业的角度来分析问题；其次，第三方专业机构能够起到社会监督的功效。作为市场机制的一部分，第三方机构的利益最终取决于其自身的业绩水平，因此，由第三方专业机构出具的绩效评价报告能够较为客观地反映政府预算管理的真实情况。

3.信息公开。2019年经国务院修订的《中华人民共和国政府信息公开条例》规定"行政机关应当及时、准确地公开政府信息"；"各级人民政府应当积极推进政府信息公开工作，逐步增加政府信息公开的内容"。由此可见，我国愈发重视政府的信息公开工作。绩效评价信息作为政府预算管理工作的总结与反馈，可使社会公众准确及时地获取预算资金使用情况，更好地履行监督政府工作的权力。此外，及时、全面地公开预算绩效信息，还能减少政府与社会公众之间存在的信息不对称问题。公开绩效评价信息，一方面，人大需在相关政府网站上以统一的格式、内容公布相关项目的预算绩效评价报告，报告须具有连贯性，贯穿整个预算管理过程；另一方面，除了通过政府网站公开绩效信息外，针对一些社会较为关注的重点项目，人大在必要时可召开预算听证会，邀请社会公众代表、专业学者参与听证会，扩大公众参与面，并就有关项目预算绩效评价情况进行汇报，接受社会代表的质询和建议，认真听取社会公众层面的意见，将群众的真实需求反馈至预算绩效报告中，强化社会监督权力，建设"老百姓真正满意的政府"。

4.问责与奖惩机制。公共选择理论认为，政府部门具有"经济人"的特性，追求自身利益最大化而不是集体利益最大化。因此，为了督促政府各部门提高预算绩

---

① 周长鲜.人大预算绩效监督考评体制的全方位考察[J].四川理工学院学报，2010（3）：22-31.

效水平，进而提高预算资金的使用效益和政府部门的行政效率，仅仅依靠法律规章制度的约束是远远不够的，人大还需在部门内部进行一定激励，建立健全问责与奖惩机制，将部门利益与预算绩效水平以及社会公众的满意度相挂钩，使各部门牢固树立"用钱必有效、无效必问责"的预算绩效理念，对预算资金绩效评价结果较差的，人大要及时开展事后问责。建立健全与部门预算、项目监管、干部任用奖惩相结合的全方位、多维度的绩效评价问责制度体系。结合预算资金使用情况和其产生的经济效益、社会效益和生态效益等方面，对预算资金绩效评价结果较为优异的，给予多种形式的奖励[1]。例如，对于预算绩效评价结果较为出色的部门，人大可以在下一预算年度内优先审批该部门提交的预算草案，或是优先提拔该项目的经济负责人；而对于绩效评价结果较差的部门，人大不仅要及时问责相关负责人，还要督促相关部门及时改正问题，并在下一预算年度内削减对该部门的财政支持，情节严重的，还可对相关负责人进行行政处理，加强部门人员责任意识。

三、人大预算绩效审查与监督的功能

（一）督促政府合理使用预算资金，提高财政资金使用效益

人大通过建立健全预算绩效评价体系，设立科学、规范、全面的绩效评价指标，量化预算管理过程，从预算编制到执行再到评价进行全过程审查与监督，并将项目信息予以公开，着重强调预算资金的使用效益，推动政府部门牢固树立"用钱必有效，无效必问责"的预算绩效理念，大大提高了财政资金的使用效益。以往，政府部门编制预算随意性较大，不会根据项目的真实情况申请预算资金，预算执行过程也很粗糙，一味地追求资金投入，忽略资源配置是否合理，项目是否产生既定效益等问题，甚至最终的预算绩效评价工作也是敷衍了事，致使整个预算管理过程效率低下，项目可行性不高，造成预算资金的严重浪费，使得政府财政支出负担越来越重，而社会公众也没有享受到应有的公共产品和服务。人大自从开展预算绩效的审查与监督工作以来，通过制定相关法律法规，加强各部门的预算绩效意识，以绩效评价指标的形式约束政府各部门的预算管理行为，促使各部门合理使用预算资金，力争以有限的预算实现既定项目的最大效益。此外，人大通过信息公开、健全激励机制等途径，将政府部门的业绩水平进行公布，使之接受社会公众、专业机构的全方位监督，并将政府官员的利益机制与部门预算的绩效评价情况相挂钩，克服

---

[1] 赵棠.地方人大预算绩效监督的实践探索和路径设计——基于浙江温岭预算绩效监督的案例研究[J].人大研究，2015（6）：11-15.

政府与社会公众之间信息不对称以及利益相冲突等问题，减少财政资源的低端浪费，推动政府部门合理使用预算资金，提高财政资金的使用效益，优化财政资源配置，真正实现"花最少的钱，办最多的事"。

（二）推进预算管理过程向规范化、科学化发展

1994年，我国进行分税制改革，建立现代财政制度框架。与此同时，我国的政府预算制度也随着《预算法》的颁布实施建立起来，但是随着我国社会主义现代化建设的飞速发展，我国预算制度体系存在的弊端逐步显现出来，无法有效发挥其原有的计划支出功能。在整个预算管理过程中引入绩效理念是现代政府预算制度的开端，从预算编制、执行到评价，建立事前、事中和事后的全过程、多角度监督，完善预算管理过程，促进政府预算向科学化、规范化方向发展。传统预算编制环节中，较为关键的预算建议数则主要由预算部门负责上报，由于一些部门的预算意识不够强烈，无法准确、合理地估计预算建议数，甚至与实际所需资金出入较大，导致预算缺乏严谨性，从而调整预算、"突击花钱"等现象也是频繁发生。在以往的预算执行环节中，政府部门只管花钱，并不关心钱花到哪里去了，钱是否花在应该花的地方，造成大量的预算资金严重浪费。而评价预算环节，一般是由本部门或是审计部门进行评估，缺乏一定的独立性和相互监督性，且评估的重点主要是预算资金使用过程的合规性方面，对于预算金额是否合理、预算执行是否高效、预算目标是否达成都没有涉及，从而使预算效用大打折扣。人大对预算实行绩效审查与监督工作，在预算管理的各个环节引入绩效理念，设定绩效评价指标，督促政府部门合理编制预算、高效执行预算、科学评价预算，最终将绩效评价的结果应用至下一财政年度，作为预算编制和执行的重要依据，并最终形成一个科学、规范的政府预算制度体系。

（三）完善政府财政体制建设，提高政府行政效率

一国的财政体制建设与其社会、经济发展息息相关，而政府行政效率的高低则是财政体制完善与否的保障。因此，我国要不断完善财政体制的建设，努力提高政府行政效率，而预算绩效监督则无异于是财政体制建设道路上的助力器。习近平在十九大工作报告中就提出"加快建立现代财政制度""建立全面规范透明、标准科学、约束有力的预算制度"要求。预算制度作为我国财政体制框架的一部分，代表着我国政府配置资源、计划收支的能力。随着财政体制改革的不断推进，我国重点强调要全面实施预算绩效管理，人大作为我国最高的权力机关，体现着党和国家的意志，具有一定的影响力与号召力。人大对预算进行绩效审查与监督，首先，通过

立法权制定相关规章制度，引起相关部门的重视，提高各部门的预算绩效意识，将绩效融入到预算管理的全过程。其次，通过建立健全绩效评价体系，完善政府预算制度建设，优化财政资源配置，督促政府合理利用预算资金，提高行政效率。最后，人大通过建立多元化平台，全面公开政府预算绩效信息，接受社会公众、专业学者、相关机构的全方位监督，将社会公众满意度放在首位，以有限的财力最大限度地满足社会公众的真实需求，切实维护老百姓的自身利益。综上所述，人大预算绩效监督推进了我国财政体制的建设，大幅度提高政府的行政效率，为社会主义现代化建设奠定了良好的政治基础。

第五节 预算绩效责任

一、预算绩效责任的含义

预算绩效责任的含义可从理论基础和现实含义两个方面来阐述,其中理论基础主要来源于20世纪70年代由罗斯(Ross.S,1973)在《美国经济评论》上的文章《代理的经济理论:委托人问题》中首次提出的受托责任理论;现实含义主要是从政府预算的实践角度进行阐述。

(一)预算绩效责任的理论基础

20世纪70年代,随着新制度经济学研究的逐步深入,罗斯(Ross.S,1973)系统地提出了受托责任理论,该理论在其发表于《美国经济评论》上的文章《代理的经济理论:委托人问题》中首次提出:"如果当事人双方,其中代理人一方代表委托人一方的利益行使某些决策权,则代理关系就随之产生了。"这一问题最初属于保险研究领域,主要是针对投保人——承保人之间的关系。随后,米尔利斯和斯蒂格里茨等经济学家对这一理论进行了模型化,伯利和米恩斯则进一步揭示了在所有权与控制权分离的情况下,企业的直接经营者在激励与责任方面,与企业所有者之间的矛盾。在现代经济学中,受托责任关系被视为一种契约,在这种契约关系下,一个或多个委托人授权另一些代理人为他们的利益而从事某种活动,这其中也包括授予代理人某些决策权利。受托责任理论的中心任务是研究在利益冲突和信息不对称的环境下,委托人如何设计最优契约激励代理人。目前,受托责任理论已经发展得非常成熟,并且假设和分析框架已经被普遍应用到所有权—控制权两权分离和利益分割的许多问题当中。

政府预算是政府运用社会公众赋予的公共权利，从社会公众手中取得一部分资源，然后再用这些资源满足社会公众的共同需要，在这里，社会公众是委托人，而政府是受托人，政府与公众之间构成了受托责任关系。受托责任理论认为，委托人和代理人之间存在着信息不对称和两权分离，从而不可避免地会产生"逆向选择"和"道德风险"等委托责任问题。代理人从自身的利益出发，可能会采取某些"机会主义"行为，使其自身效用最大化，并降低自身承担的风险。政府部门预算的委托责任问题主要存在为道德风险问题，即表现为共谋行为问题和腐败行为问题。首先，政府预算中的共谋行为较为普遍，预算中存在社会公众对人大，人大对政府，政府对政府财政，政府财政对政府其他职能部门，政府其他职能部门对其所属行政事业单位如此多层级的委托代理关系，这其中，政府、政府财政、政府其他职能部门既担任代理人角色又担任委托人角色，而且他们执掌着预算资金分配等重要的权利，决定着各预算单位的年度预算规模。因此，诸代理人为了各自利益，合谋串通损害最终委托人即社会公众利益是完全有可能的，政府职能部门包括他们所属基层预算单位各自从自身利益出发，为了多争取预算资金，采取假报项目或虚列支出、预算不实等手段，通过贿赂拉关系、说服上级拨款部门，使掌握下一级代理人资金分配权的上一级委托人自觉或不自觉地成为其合谋者。因合谋行为受益的这些政府部门及其单位，一方面，在财政资金有限的前提下，挤占了其他部门财政资金的合理使用；另一方面因合谋受益索取到的财政资金并没有被这些部门和单位真正用到给社会公众做实事上，甚至有可能被挥霍、浪费，这完全违背了初始委托人（社会公众）的意愿。其次，受托责任理论框架下的腐败问题。预算资金的有限性相对于部门预算单位支出需求的无限性来说，能够提供给各个政府职能部门及其所属单位的财政资金是极其有限的。由于项目预算的不确定性，部门及其基层预算单位上报项目建议数和财政部门下达预算控制数有很大自由空间，这意味着，谁能多要来预算资金，谁就占有相对较多的稀缺资源，为此，"钱权交易"就有其萌发的根源。政府预算的腐败行为主要表现在：为了多争取财政资源而不惜行贿，虚报预算，增加支出；利用财政资金满足私欲而受贿，改变支出的政策、法律或解释法条以利于个人或特定团体的利益，或预算申请审查不严格，导致预算资金支付的不合法、不合理；部门预算收入中税务人员与纳税人之间的同流合污，其结果造成税款大量流失。

政府履职所耗用的经济资源经过立法部门批准就形成了既承接财政政策又作为政府履职重要工具的政府预算，"几乎每一项政府决策都有预算含义，因为决策制定过程不可避免地涉及稀缺资源在可选用途中的分配"[1]。财政资金绩效既是预算

---

[1] Arthur Smithies. Budgeting and the Decision-Making Process [M]. F. E. Peacock Publisher Inc, 1975: 268.

的期望结果，也是对政府履职运用公共资源行为、过程及结果的衡量，那么政府预算决策机制的科学合理性，政策目标导向与公共财政的契合程度，实际预算执行结果是否达到政策预期以及是否尽可能以经济而有效率的方式使用了公共资金，这些问题就都可以归结为财政资金的绩效问题。虽然对财政资金绩效的关注体现了在公共管理中的结果导向管理机制，但财政资金的绩效并不是单纯的资金使用的结果问题，它在一定程度上反映出了政府的受托责任的履行程度，是政府总体绩效的组成部分，有效的财政资金绩效评价是提高政府公共管理效率和效能的重要管理工具。

（二）预算绩效责任的现实含义

公共预算本质上是一种公共责任关系的货币体现。开展预算绩效管理不仅是预算管理改革对传统预算的一种突破和创新，体现了预算管理科学化的基本要求，更是政府职能转变的重要抓手，本质上是对公共责任问题的回应。作为公共财政的核心职能之一，公共预算必须体现公共价值，即通过行使公共权力为纳税人提供公共服务和公共产品，履行公共责任。

当然，公共预算既有技术属性，亦有政治属性，技术层面和政治属性也是相互兼容的。其政治属性最本质的反映，在于公共预算是利益之权威分配的政治过程。首先，预算安排本身就反映了各部门、各单位以及人大、社会等之间的博弈关系。预算的编制过程就是各种利益不断碰撞、调和的过程。预算的批复，就是各种博弈的结果，从预算的结果可以判断公众利益得到保障的程度。其次，在预算执行的过程中，随着预算资金在各种利益群体之间的转换，谁使用了公共资金，谁就应该承担相应的公共责任。显然，使用的资金越多，承担的责任也越大。最后，究竟公共预算该不该安排，公共资金该不该使用该如何使用，使用以后的效益怎样？这些需要通过绩效评价来进行认定。因此，绩效评价过程，其实是对公共责任回应的过程，同时也是落实公共责任和开展问责的依据。显然，资金流动的过程就是利益转换的过程，也是权力运作过程。从利益分配来看，公共预算的核心是利益之权威分配。因此，"预算"等于"责任"。

二、预算绩效责任的界定

预算绩效责任的界定的原则主要是"权责对等"，即"谁花钱谁负责，用钱必问效，无效要问责"的部门绩效责任。明确各方责任边界，要求从中央到地方、从政府到部门、从单位到个人都要树立起责任意识，把全面实施预算绩效管理工作落到实处。

（一）预算绩效责任界定的重要条件

1. 建立责任约束制度。界定预算绩效责任首先必须建立责任约束制度，清晰界定权责边界，既明确各方责任，又要加快建设约束与激励机制。当前，在预算绩效管理的实践中，有的地方存在着领导重视程度不高、责任界定不清、绩效软约束、激励不到位、结果运用流于形式等问题。责任不清、赏罚不明，既不利于激励各个部门发挥主观能动性，更削弱了预算绩效管理的威慑力。

2. 强化绩效目标管理。要强化绩效目标管理，在时间维度上，将事前绩效目标设置、事中绩效目标动态监控、事后绩效目标评价和结果运用都纳入预算绩效管理链条，构建起"闭环管理系统"。绩效目标应包括以下主要内容：预期产出，包括提供的公共产品和服务的数量；预期效果，包括经济效益、社会效益、环境效益和可持续性影响等；服务对象或项目受益人满意程度；达到预期产出所需要的成本资源；衡量预期产出、预期效果和服务对象满意程度的绩效指标等。财政部门批复绩效目标，作为预算部门和项目主管部门预算执行及绩效评价的依据。

3. 绩效运行监控管理。"双监控"的概念要求各级政府和各部门各单位对绩效目标实现程度和预算执行进度同时进行监控，体现了对预算执行的过程管理。对存在严重问题的政策、项目要暂缓或停止预算拨款，督促及时整改落实，则有利于及时发现、纠正预算执行过程中的偏差，能够有效减缓资金冗余、沉淀的问题，提高资金的使用效率。这也就要求各个地方政府在制定预算绩效管理流程的时候必须对整个流程给予应有的重视，每个环节都要严守，不能重两头、轻中间。

4. 建立绩效评估机制。在建立绩效评估机制时，要对新出台的重大政策、项目开展事前绩效评估，并给出立项必要性、投入经济性、绩效目标合理性、实施方案可行性、筹资合规性五个论证立项的重要考察点。开展事前绩效评估，就是把绩效管理的重心前移，事前论证是科学民主决策的前提，有利于提高预算部门的绩效意识、从源头上防控财政资源配置的低效无效，必须成为预算安排的重要参考依据。事前评估具有一定的专业性与技术性，必要时可以组织第三方机构独立开展绩效评估。需要注意的是，建立事前绩效评估制度的目的是加强事前论证、避免财政资源浪费，本质上还是现有预算绩效管理流程内的环节，所以必须结合现有预算评审和项目审批等流程来进行。

在有效的责任约束制度和绩效运行监控管理保证下，预算绩效责任既是对绩效目标成果的落实，也是对绩效评价的反馈和应用，能够促进各级党委、政府和部门单位牢固树立绩效意识、责任意识，最终使财政预算资金得到更充分、更有效地使用，才能让民众享受到更多更好的民生实惠。

（二）各部门的预算绩效责任界定

预算绩效管理考核问责是指市政府及其授权部门为提高财政资金使用绩效，对各政府部门预算绩效管理开展情况进行考核，对部门使用财政资金的绩效情况进行评价，将考核及评价结果运用于政府目标考核和预算安排，并对预算绩效管理工作开展不力、财政资金使用绩效较差的部门进行问责。

1. 财政部门预算绩效管理责任。制定预算绩效管理规章制度和技术规范，对制度执行情况进行监督检查；组织、指导预算部门、项目主管部门和项目实施单位开展预算绩效管理工作；审核、批复财政支出绩效目标，对绩效目标完成情况进行运行监控；对预算部门、项目主管部门和项目实施单位提交的绩效报告或绩效评价报告进行审核，根据需要直接组织实施重点支出绩效评价或再评价，提出运用评价结果、改进预算管理的意见并督促落实；建立完善绩效评价指标、标准库，绩效管理专家、中介机构库，推进预算绩效管理信息平台建设；负责省级财政支出预算绩效管理信息公开工作。

2. 预算部门预算绩效管理责任。制定本部门预算绩效管理规章制度，对制度的执行情况进行监督检查；按财政部门的部署和要求，组织实施本部门绩效管理工作，指导所属单位绩效管理工作；设定本部门相关支出绩效目标，审核所属单位绩效目标，对绩效目标执行情况进行运行监控，组织实施相关支出绩效评价和自评价；向财政部门报送绩效目标、绩效运行监控报告、绩效报告、绩效评价报告和预算绩效管理情况；落实财政部门整改意见，根据绩效评价结果改进预算管理工作；负责本部门预算绩效管理信息公开工作。

3. 项目主管部门预算绩效管理责任。制定专项支出预算绩效管理规章制度，对制度的执行情况进行监督检查；组织实施专项支出绩效管理工作；设定专项支出绩效目标，建立绩效目标管理机制；审核专项项目绩效目标，对专项项目绩效目标执行情况进行运行监控；审核专项项目绩效报告，组织实施专项支出整体和项目绩效评价工作；向财政部门报送专项和项目绩效目标、绩效运行监控报告、绩效报告、绩效评价报告和预算绩效管理情况；落实财政部门整改意见，根据绩效评价结果改进专项资金管理工作；负责本部门专项支出绩效管理信息公开工作。

4. 项目实施单位预算绩效管理责任。制定项目支出管理制度；设定项目支出绩效目标；实施项目绩效目标运行监控和绩效评价；向项目主管部门或财政部门报送项目绩效目标、绩效运行监控报告、绩效报告及其他预算绩效管理信息资料；落实项目主管部门或财政部门整改意见，根据绩效评价结果改进项目管理工作。

三、预算绩效责任的追究

（一）我国目前预算绩效责任追究相关法律法规

2011年4月2日财政部印发的《财政支出绩效评价管理暂行办法》，提出绩效评价应当针对具体支出及其产出绩效进行，评价结果应当清晰反映支出和产出绩效之间的紧密对应关系。预算部门职能职责、中长期发展规划及年度工作计划及申请预算时提出的绩效目标及其他相关材料，财政部门预算批复，财政部门和预算部门年度预算执行情况，年度决算报告等都是绩效评价的主要依据。

2011年7月5日，财政部印发《关于推进预算绩效管理的指导意见》，指出要建立预算支出绩效评价结果反馈和应用制度，将绩效评价结果及时反馈给具体预算执行单位，要求其根据绩效评价结果，完善管理制度，改进管理措施，提高管理水平，降低支出成本，增强支出责任；将绩效评价结果作为安排以后年度预算的重要依据，优化资源配置；将绩效评价结果向同级人民政府报告，为政府决策提供参考，并作为实施行政问责的重要依据。逐步提高绩效评价结果的透明度，将绩效评价结果，尤其是一些社会关注度高、影响力大的民生项目和重点项目支出绩效情况，依法向社会公开，接受社会监督。

2015年6月2日，财政部印发《关于加强中央部门预算评审工作的通知》，要求理顺预算评审职责。中央部门（即直接向财政部报送部门预算的一级预算单位）和财政部按照部门预算管理权限，分别组织开展预算评审工作。财政部负责制定预算评审的管理制度，对各部门评审工作进行指导，对纳入财政部项目库的项目组织评审，运用评审结果。中央部门预算评审工作应由部门内部负责预算管理的内设机构组织，主要职责是制定评审制度，选择中介机构和专家，监督评审过程，运用评审结果，安排评审经费等。接受委托的中介机构和专家独立开展评审工作，对出具的评审报告负责。

2018年9月25日公布《中共中央 国务院关于全面实施预算绩效管理的意见》，明确硬化预算绩效管理约束，财政部要完善绩效管理的责任约束机制，地方各级政府和各部门各单位是预算绩效管理的责任主体。项目责任人对项目预算绩效负责，对重大项目的责任人实行绩效终身责任追究制，切实做到花钱必问效、无效必问责。此外，各级财政部门要抓紧建立绩效评价结果与预算安排和政策调整挂钩机制，将本级部门整体绩效与部门预算安排挂钩，将下级政府财政运行综合绩效与转移支付分配挂钩。对低效无效资金一律削减或取消，对长期沉淀的资金一律收回并按照有关规定统筹用于亟须支持的领域。

此外，近几年各省市也相继出台政府绩效预算管理相关的法律法规、指导意见，对预算绩效责任的追究从制度层面加以明确，部分省市发布预算绩效管理问责办法对部门责任问责进行了具体规定，例如：

2011年11月，北京市财政局印发《北京市预算绩效管理问责办法（试行）》，规定财政部门的职责是制定预算绩效管理问责制度、办法，统一组织实施预算绩效管理问责工作；主管部门的职责是组织本部门绩效目标的编报，配合财政部门开展事前绩效评估、财政评价和再评价工作，对所属单位或项目的绩效实现情况进行监督、评价，并实施问责；预算单位的职责是按照要求编报本单位绩效目标，积极配合事前绩效评估和绩效评价工作的开展，实施本单位绩效自评工作，及时报送相关绩效材料。说明预算管理绩效问责主要是以财政部门审核绩效目标、事前绩效评估、绩效跟踪、绩效评价的结果为依据。

（二）相关部门预算绩效责任追究的措施

1. 建立有效的评估体系和问责机制。加强部门和地方对财政预算资金使用效果的全面系统性了解。要硬化预算绩效管理约束，通过有效的评估体系对绩效预算的目标、效果进行评价，完善绩效管理的责任约束机制，明确责任主体。其中，项目责任人对项目预算绩效负责，对重大项目的责任人实行绩效终身责任追究制，切实做到"花钱必问效、无效必问责"。

2. 与其他监督问责机制有效结合。将审计机关、纪检监察机关、人大等原有绩效和监察管理系统与预算绩效管理有机结合起来，若在预算绩效管理中发现违纪违法问题线索需要及时移送纪检监察机关，这既能发挥预算绩效的内部管理与过程监督，也能更有效发挥审计、纪检监察机关和人大外部监督与事后检查的作用，加强信息公开力度，将新旧监督体制有机结合，形成工作合力。

3. 财政部门加强预算绩效监督管理。财政部门要会同审计部门加强预算绩效监督管理，重点对资金使用绩效自评结果的真实性和准确性进行复核，必要时可以组织开展再评价。财政部驻各地财政监察专员办事处要发挥就地就近优势，加强对本地区中央专项转移支付绩效目标和绩效自评结果的审核。对绩效监控、绩效评估评价结果弄虚作假，或预算执行与绩效目标严重背离的部门和单位及其责任人要提请有关部门进行追责问责。

4. 加大绩效信息公开力度。大力推动重大政策和项目绩效目标、绩效自评以及重点绩效评价结果随同预决算报送同级人大，并依法予以公开。探索建立部门和单位预算整体绩效报告制度，促使各部门各单位从"要我有绩效"向"我要有绩效"转变，提高预算绩效信息的透明度。

5.推动社会力量有序参与。引导和规范第三方机构参与预算绩效管理,加强执业质量全过程跟踪和监管。搭建专家学者和社会公众参与绩效管理的途径和平台,自觉接受社会各界监督,促进形成全社会"讲绩效、用绩效、比绩效"的良好氛围。

本章小结

预算绩效报告是按一定格式编写的，对政府预算资金使用绩效进行完整披露的文件。通过编制和发布政府预算绩效报告，利益相关者（包括审计部门、企业、社会公众等）不仅可以掌握政府预算资金流向和使用合规性程度，同时能清楚地认识公共政策的出发点和落脚点以及政府行政管理效能状况。编制预算绩效报告能使预算绩效理念及部门支出责任意识得以强化，能使财政资金使用效益提高、预算管理得到改善，并且能使政府的公信力和执行力得以提升。按编制主体，预算绩效报告可分为"绩效报告"和"绩效评价报告"两个层次；按评价对象，预算绩效报告可分为部门整体预算绩效评价报告、政策预算绩效评价报告和项目预算绩效评价报告。在公开预算绩效报告的基础上，预算绩效报告主要用于三个方面：反馈评价结果、督促整改落实；强化主体责任、加强绩效问责；将评价结果作为项目立项和预算安排的重要依据。

预算绩效公开，是对预算绩效管理及其评价相关信息进行公开，包括政策法规、绩效目标、绩效跟踪、评价指标体系、绩效评价报告、评价结果及反馈情况等预算绩效评价过程中所使用或涉及的所有相关信息的公开，以提高公共资源的使用绩效并增加预算透明度。预算绩效公开应具备时效性、透明性、真实性和可得性等特征。我国预算绩效公开的范围与内容主要通过绩效评价信息公开情况来体现。预算绩效评价信息不仅指预算绩效评价报告的内容，还包括在预算绩效评价过程中所使用或所涉及的所有相关信息，如相关政策依据、绩效目标、绩效评价指标体系、绩效评价成本、绩效评价结果及反馈情况等。当前我国预算绩效公开应用较广的两种方式是网站专栏设置和绩效评价报告公开。

预算绩效审计，一般也称为政府绩效审计，是强化预算绩效监督的重要手段之一。在全面实施预算绩效管理的背景下，要求将绩效理念和方法深度融入预算编制、执行、监督全过程之中，因此，绩效理念和方法自然就融入审计监督之中，使传统的合规性审计转变为绩效审计。相比于"财务审计"来说，预算绩效审计不仅要考察财政收支的真实性与合法性，更重要的考核政府公共投资能否产生与投资相符的效益，也可以说，绩效审计是财务审计的更高级发展阶段。我国从20世纪80年代初在审计制度的框架下开始探索效益审计，并从21世纪初开始了针对公共部门的绩效审计。绩效审计一般分为选择和确定审计项目、审计准备、审计实施、审计报告和审计后续五个主要环节。预算绩效审计按财政收支内容划分为财政收入绩效审计和财政支出绩效审计；按审计关注的重点划分为"关注行政支出的经济性、效率性和效果性""关注投资项目事前、事中、事后全过程跟踪审计""关注转移支付资金，促进公共资金安全高效使用""关注民生资金安全，维护社会稳定"以及"关注生态环境安全，促进生态文明建设"的绩效审计；按资金用途划分为政府部门预算支出绩效审计、事业单位绩效审计、政府投资项目绩效审计、专项资金绩效审计、资源绩效审计、环境绩效审计、地方政府外债项目绩效审计、社会保障资金绩效审计、农业资金绩效审计、国有企业绩效审计和经济责任绩效审计等。

人大进行预算绩效审查与监督工作时，其依据主要为全国人大及相关部门制定的法律法规、意见办法以及国家政策等。人大绩效审查与监督的方式主要有制定法律法规、实行预算全过程监督、建立绩效评价体系等。人大绩效审查与监督的功能主要有：督促政府合理使用预算资金，提高财政资金使用效益；推进预算管理过程向规范化、科学化发展；完善政府财政体制建设，提高政府行政效率。

预算绩效责任可以从理论和现实两个层面来分析。从理论上说，预算绩效在一定程度上反映出了政府的受托责任的履行程度，是政府总体绩效的组成部分；从现实来看，开展预算绩效管理不仅是预算管理改革对传统预算的一种突破和创新，体现了预算管理科学化的基本要求，更是政府职能转变的重要抓手，本质上是对公共责任问题的回应。预算绩效责任的界定的原则主要是"权责对等"，即"谁花钱谁负责，用钱必问效，无效要问责"的部门绩效责任。明确各方责任边界，要求从中央到地方、从政府到部门、从单位到个人都要树立起责任意识，把全面实施预算绩效管理工作落到实处。我国目前已经建立了预算绩效责任追究相关法律法规体系，并采取了"建立有效的评估体系和问责机制""与其他监督问责机制有效结合""财政部门加强预算绩效监督管理""加大绩效信息公开力度""推动社会力量有序参与"等措施追究相关部门预算绩效责任。

课后习题

名词解释

预算绩效报告　预算绩效公开　预算绩效审计　人大预算绩效审查与监督　预算绩效责任

简答题

1. 简述预算绩效报告的分类和内容。
2. 简述预算绩效报告的运用。
3. 预算绩效公开有哪些特征?
4. 按照审计关注重点划分,预算绩效审计有哪些分类?
5. 人大预算绩效审查与监督的功能有哪些?
6. 预算绩效责任界定的重要条件有哪些?

论述题

1. 论述人大预算绩效审查与监督的方式。
2. 论述我国各部门的预算绩效责任界定。

本章推荐阅读文献

[1] 姜爱华,卢真,孙欣,郝晓婧.绩效评价结果应用于部门预算编制的研究[J].财政科学,2019(1).

[2] 曲明.政府绩效审计:沿革、框架与展望[M].大连:东北财经大学出版社,2016.

[3] 赵早早.从重点项目绩效信息公开走向绩效预算管理报告全公开[J].中国财政,2017(17).

[4] 周长鲜.人大预算绩效监督考评体制的全方位考察[J].四川理工学院学报,2010(3).

本章主要参考文献

[1] 白景明.发布政府预算绩效报告势在必行[J].中国财政,2011(6):72.

[2] 白景明.政府预算绩效报告发布探讨[J].人民论坛,2011(17):112-115.

[3] 曾寿喜,李学柔.效益审计基础[M].广州:中山大学出版社,2005.

[4] 陈翔宇.全口径预算中的绩效审计现状、问题与对策[J].财会月刊,2017(9):104-107.

[5] 陈薛金.绩效审计理论与实务[M].北京:中国时代经济出版社,2013:32-36.

[6] 杜博文.我国政府绩效审计的困难和解决对策研究[J].知识经济,2016

（22）：20-21.

［7］高优翔.浅议预算执行绩效审计内容和方法［J］.现代商业，2015（5）：190-191.

［8］姜爱华，卢真，孙欣，郝晓婧.绩效评价结果应用于部门预算编制的研究［J］.财政科学，2019（1）：77-87.

［9］李伟.政府绩效审计问题研究综述［J］.经济研究参考，2018（36）：44-55.

［10］刘永辉.透视美国绩效预算实务操作——美国国家科学基金会预算和绩效报告体系的考察及启示［J］.中国财政，2011（5）：64-67.

［11］卢真.改善我国预算绩效评价信息公开的建议［J］.经济研究参考，2016（54）.

［12］卢真.浅析我国预算绩效评价的信息公开［J］.财政监督，2016（12）：36-40.

［13］罗美富，李季泽，章轲.英国绩效审计［M］.北京：中国时代经济出版社，2005：14-15，24.

［14］马蔡琛，陈蕾宇.基于全过程绩效管理的预算信息公开研究［J］.地方财政研究，2018，164（6）：38-46.

［15］曲明.政府绩效审计：沿革、框架与展望［M］.大连：东北财经大学出版社，2016：8，114.

［16］邵培.基于预算绩效与报告三位一体循环管理体系［J］.时代金融，2018（21）：208，211.

［17］王佃利，展振华.范式之争：新公共管理理论再思考［J］.行政论坛，2016（5）：38-42.

［18］王皓.加强人大预算监督推动政府预算绩效管理制度建设［N］.北京日报，2011-06-24（003）.

［19］赵保卿.绩效审计理论与实务［M］.上海：复旦大学出版社，2007.

［20］赵耿毅.绩效审计指南［M］.北京：中国时代经济出版社，2011.

［21］赵棠.地方人大预算绩效监督的实践探索和路径设计——基于浙江温岭预算绩效监督的案例研究［J］.人大研究，2015（6）：11-15.

［22］赵早早，刘钊.中央政府预算绩效信息透明化研究——基于中央政府部门决算报告的内容分析［J］.经济研究参考，2018，No.2849（1）：21-31.

［23］赵早早.从重点项目绩效信息公开走向绩效预算管理报告全公开［J］.中国财政，2017（17）：16-18.

［24］周长鲜.人大预算绩效监督考评体制的全方位考察［J］.四川理工学院学报，2010（3）：22-31.

第七章
典型国家的绩效预算改革

内容提要

20世纪70年代末，发达国家进入经济发展滞胀期，政府财政支出规模高速增长、工作效率低下的普遍现象迫切要求各国转变政府执政方式，进行政府绩效改革。伴随着传统的公共行政模式到新公共管理思潮的转变，绩效预算改革成为各国完成政府绩效改革和政府再造运动的主要内容。美国、英国等西方发达国家结合其自身国情，率先开启了各具特色的绩效预算改革实践，有效地缓解和解决了国内的财政危机问题。相较于西方发达国家的改革实践，中国的绩效预算改革起步较晚。从21世纪初开始，中国通过预算支出绩效评价试点的方式拉开绩效预算改革序幕，随后不断加大绩效预算改革的力度不断加大，取得了阶段性的改革成果，但是与全方位、全过程、全覆盖的预算绩效管理体系相比尚存在一定差距。中国在推行绩效预算过程中可以借助其后发优势，全面梳理、充分借鉴绩效预算改革先驱国家的经验教训，进一步指导、深化绩效预算改革进程。本章选取了美国、英国、新西兰、韩国四个在绩效预算领域中具有典型代表性国家作为比较对象，详细介绍各国绩效预算改革的历史、特点、重点技术等重要内容，在此基础上分析了各国的改革经验对中国全面实施预算绩效管理的重要启示。

第一节　美国绩效预算改革

美国是较早探索绩效预算并应用于预算管理实践的国家之一，其绩效预算理念的萌芽距今已有近70年的历史，经过历届政府的不断强化与改进，目前已形成了较为成熟的绩效预算体系。

一、美国绩效预算改革的历史

美国绩效预算改革可大致分为"绩效预算萌芽时期""绩效预算发展时期"和"新绩效预算时期"三个阶段。

（一）绩效预算萌芽时期（20世纪40—90年代）

20世纪20年代以前，受亚当·斯密"守夜人"政府理论的影响，美国采取了宽松而混乱的财政制度，各行政部门可直接向国会提交预算请求财政拨款，总统不参与预算过程，各级政府编制预算时没有统一的标准，不提供详细的支出计划和支出标准，财政部与国会不对上报数据作分析，直接执行预算审批。1921年，美国颁布《预算和会计法》（Budgeting and Accounting Act），该方案要求在财政部内部成立预算局（Bureau of the Budget），集中协调各政府部门的拨款需求，同时设立独立于行政部门的审计署（General Accounting Office，GAO），全面负责政府审计工作，并赋予总统向议会提交全面预算计划的权利，强调预算与行政活动的紧密性，形成了美国现代预算制度的基本框架。20世纪30年代，美国进入经济大萧条时期，政府开始奉行凯恩斯主义介入市场活动，政府职能不断扩张，财政支出也随之高速增长，财政赤字不断加大，原有的分项排列预算（Line-item Budget）隶属于资源控制模式，仅重视投入因素，忽视了产出因素的考量与评价，不能缓解日益严重的财政赤字危机，帮助政府部门提高效率，在此背景下，与管理职能相联系、注重产出的绩效预算作为新的方向开始进入预算改革进程。

1949年，胡佛委员会（Hoover Commission）开始关注投入与产出相联系的预算模式，强调政府预算分配过程中决策的科学性，对原有的只关注投入忽略产出的预算模式提出了批评，倡导建立以绩效为基础的预算模式，并给出绩效预算的内涵为："基于政府职能、业务与项目所编的公共预算……绩效预算注重一般性与重大工作的执行或服务的提供，而非着眼于人员、劳务、用品、设备等实物的取得。该预算最重要的任务是确定工作或服务的成就，及该项工作或服务将支付的若干成本"。[①] 1950年，美国通过了《预算和会计程序法》（Budget and Accounting and Procedures Act of 1950），规定"以有关单位的绩效与开支情况的资料来帮助说明预算请求的理由"，各预算单位在提交预算时必须提供相关绩效信息，注重效率、关注产出的绩效预算理念开始深入人心。同年，美国总统预算办公室界定绩效预算的概念为：绩效预算是一种新的预算管理制度，其要求各预算单位在申请预算时必须明确：（1）当前预算项目的绩效目标；（2）为实现绩效目标而制定的支出计划的具体花费；（3）监测其计划执行过程中的量化指标。[②]

绩效预算要求在预算编制时明确成本、绩效目标，提供各项量化指标，但在执行中很多部门、项目的产出指标、绩效目标难于确定，导致绩效预算在实际中很难全面推广，其发展进入瓶颈时期，并被后期计划项目预算制、零基预算等预算模式代替。

（二）绩效预算瓶颈期（20世纪60—90年代）

绩效预算的理念在20世纪50年代萌芽后，由于在实际中操作的复杂性，导致并未得到有效推广，发展一度进入瓶颈期。在20世纪60年代至20世纪90年代期间，美国预算制度的改革前后经历了计划项目预算制PPBS（Planning-Programming-Budgeting System）、目标管理、零基预算等阶段。

1.计划项目预算制PPBS。计划项目预算制PPBS引入系统理论、信息（决策）理论等内容，采用政策目标、项目计划与预算编制相结合的方式，将各项支出计划与政策目标对应，打破部门边界进行统一管理，同时运用成本收益分析方法对各项目支出计划进行评估分析，从投入产出的角度确定预算分配方案，提高预算支出的

---

① Commission on the Organization of the Executive Branch of the Government, 1949: 8.
② 张志超等.美国政府绩效预算的理论与实践[M].北京：中国财政经济出版社，2006.

效率。与此同时，计划项目预算制可以与政府的中长期规划相结合，进一步强化了行政首长的预算决策权。

计划项目预算制PPBS最早应用于美国国防预算的编制。1960年，美国经济学家道·希奇和麦克森在《核时代的国防经济学》书中建议引入成本收益分析的方法进行各类国防可行方案的决策。1961年，美国国防部开始试行计划项目预算，根据投入产出分析的结果进行预算的编制，节省了大量的预算资金。1965年，计划项目预算制开始在美国联邦各个政府部门推行。计划项目预算制在实际中的推广并不顺利，首先很多政府部门的项目目标难于量化；其次，该方法的执行涉及大量复杂的数据分析过程，而在当时缺乏对应的技术支撑条件，因此该预算模式在1971年被正式终止。

2. 目标管理。20世纪70年代初期，受到彼得·德鲁克《管理的实践》书中"目标管理"思想的影响，尼克松政府将"目标管理"引入政府预算编制，形成了目标管理预算模式。其基本思想为首先各预算部门应明确部门的重要目标，在进行预算管理时所有的管理活动应为达成部门目标服务，强制性的目标管理模式有利于进一步扩大总统的预算权力，但目标管理的预算模式仍然未能持续很长时间即被零基预算取代。

3. 零基预算。零基预算是指在当前财政年度编制预算时，并不根据前一年度的预算支出进行一定比例的调整，而是完全根据政府部门当年的工作重点、战略目标以零为基本进行重新编制的预算模式。

零基预算的首次应用是在1972年，由当时的州长卡特在佐治亚州主持推行。1977年，卡特担任美国总统后开始在联邦政府内推行零基预算模式，后续许多地方政府也不断跟进，推行范围不断扩大。零基预算增加了每年预算编制的工作量，但在实际当中对于预算资金的节省却收效甚微，随着里根总统的上台，零基预算模式也走向了终结。

（三）新绩效预算时期（20世纪90年代至今）

20世纪80年代后，新公共管理理论的兴起使得公共管理者们开始研究将企业管理的理念引入公共管理过程，公共选择理论、企业家政府等理论的发展为绩效预算的回潮起到了重要的推动作用。从20世纪90年代开始，在经历了一系列失败的预算改革之后，为缓解经济发展滞胀和联邦政府的财政赤字问题，克林顿政府开启了大规模的政府再造运动（Reinventing Government Movement），绩效预算被美国政府再次提及，为与50年代传统的绩效预算相区分，被称为"新绩效预算"。与传统的绩效预算相比，新绩效预算在原有注重投入产出的基础上，更加注重"3E"框架结构的使用，特别是注重成果性指标（Outcome）的使用[①]。此外，新绩效预算更加注重立法机构的支持，重视配套制度的改革（政府成本会计改革）等，关注绩效信息的分析与利用[②]。

1.《戈尔报告》——《从繁文缛节到结果导向：创造一个花钱少、工作好的政府》。1993年，美国总统克林顿宣布成立国家绩效评审委员会（National Performance Review, NPR），任命副总统戈尔统筹负责相关工作，体现了注重绩效思想的回归。1993年，在对联邦政府展开深入调查6个多月后，国家绩效评审委员会发布了《从繁文缛节到结果导向》的报告，即《戈尔报告》。该报告的根本目标为"创建高效率政府"，改变联邦机构的官僚作风，重建公众对联邦政府的信任。

《戈尔报告》在对联邦政府调查的基础上指出在韦伯官僚制体制下政府存在效率低下、机构臃肿、组织僵化等问题，不能适应信息技术高速发展、经济全球化趋势日益明显的时代要求，主张将企业管理的思想引入政府管理过程，提出构建企业型思想的改革思路。戈尔报告主要提出了联邦政府改革的四项基本原则[③]：一是简化行政程序，消除繁文缛节，由注重过程转变为注重结果；二是顾客首位原则，为公众提供高质量公共服务；三是授权原则，对政府雇员进行适当授权保证结果的实现；四是一削到底原则，创造高效的企业型政府。

2.《政府绩效与结果法案》。美国国会在1993年通过了《政府绩效与结果法案》（Government Performance and Results Act, GPRA，以下简称《绩效法案》），经总统克林顿签署成为正式法律，将绩效预算通过法律制度的形式确定下来，这也是美国新预算绩效改革成功的重要经验。

《绩效法案》出台的基本目的在于：一是强化联邦政府对预算结果责任，增强公众对联邦政府的信心；二是进行项目绩效改革，通过项目目标设置、项目绩效评价和绩效结果公开等一系列过程来保证改革的效果；三是加强对结果、服务质量和公众满意度的重视程度，提高项目效力和公众回应度；四是通过要求联邦管理人员对所承担项目的具体目标作出规划，并通过给他们提供关于项目结果和服务质量的信息，帮助他们改善服务质量；五是通过提供在达到法定目标、联邦项目与费用的相关效力和效率等方面更多的目标信息，改善国会决策质量；六是要求联邦政府部门从法定任务和工作预期的最终结果出发，设定明确的定量绩效目标，并对照预设目标来检查工作进展和成果，以改善联邦政府的内部管理。

《绩效法案》规定了在进行预算管理的过程中，必须包含以下要素：一是联邦

---

① LU H. Performance budgeting resuscitated: why is it still inviable? Journal of Public Budgeting [J], 1998, 10（2）: 151-172.
② 马蔡琛，朱旭阳.从传统绩效预算走向新绩效预算的路径选择 [J].经济与管理研究，2019, 40（1）: 86-96.
③ 美国国家绩效评审委员会.戈尔报告.1993.

政府机构必须向总统管理与预算局提交战略计划，包含至少未来5年的工作目标；二是联邦政府机构必须在各财政年度编制年度绩效计划，确立明确的绩效目标。管理与预算办公室（Office of Management and Budget，OMB）负责汇总各部门年度绩效计划，并编制总体年度绩效计划，各部门的预算安排与绩效目标相对应；三是联邦政府机构须向OMB和国会提交年度绩效报告，对绩效结果与年度绩效目标进行比较，年度绩效报告必须在下一个财政年度的六个月内提交。

（1）战略计划。《绩效法案》规定截至1997年9月30日前，各联邦机构应向总统提交本部门战略计划，战略计划在制定时应至少覆盖未来5年，并至少每3年修订一次。战略计划是执行绩效预算的基础环节，它确定了各机构的整体目标与分目标，与年度绩效计划紧密相连，能够帮助各联邦机构厘清未来的主要工作目标和发展方向。

各联邦机构应针对各项目活动向OMB以及国会提交战略规划，其内容应包括：一是在充分考虑机构的职能和履行要求的基础上，陈述机构使命；二是确立整体目标与分目标，在机构使命确立的基础上选择体现该机构职能和履行要求的产出目标和分目标，目标要通过量化指标进行描述；三是确定目标实现的路径，即目标实现所需的过程管理、操作技术、资源配置等；四是将绩效目标编入战略规划，陈述其与整体目标和分目标间的相关性；五是识别外部关键因素，主要包括来自部门外部，无法进行控制，且对整体目标和分目标产生影响的各项因素；六是拟评价项目的简单概述，并制定项目评价的时间表。

（2）年度绩效计划。《绩效法案》规定在1999财政年度开始后，各联邦机构应向OMB提供覆盖整体预算的年度绩效计划。

年度绩效计划应包括：一是建立绩效目标，确定各项目活动能够达到的绩效水平；二是尽量采用客观、可测量的指标来陈述绩效目标；三是阐明实现绩效目标所需的操作过程、技术手段和资源列表；四是建立绩效指标进行绩效评价，应包括产出和结果评价；五是将实际项目活动结果同绩效目标进行对比分析；六是说明用于验证和确认测量价值的手段与工具。

（3）年度绩效报告。《绩效法案》规定每个联邦机构在一个财政年度结束后应向总统和国会提交上一年度的绩效报告。年度绩效报告的内容包括：一是陈述年度绩效计划中的绩效目标，将实际的绩效结果与绩效目标进行对比。二是对于当前财政年度未达到绩效目标的情况进行解释说明，并给出未来完成绩效目标的计划和进度安排。如果当前的绩效目标不切实际或不可行，应给出绩效目标的修改或终止计划。三是对已完成的项目评估的概述与总结。

1994年，《绩效法案》在14个联邦机构的70个项目中展开试点工作，项目涉及各个公共领域。试点结果表明大部分项目可明确绩效目标，制定绩效计划。联邦政府在70个项目中选择了18个项目作为范例指导后续项目绩效计划编制，但同时，也有10个项目的试点推行并不成功，由于无法确定绩效目标最终被迫取消。

为进一步提高预算绩效的可操作性，1997年，OMB在试点结果的基础上提出了下列改进措施：一是通过培训提高专职人员的业务能力，帮助机构和项目提炼绩效目标，选择绩效措施；二是政府部门加强日常绩效数据的搜集，为下一年绩效预算的执行提供数据基础；三是将上一财政年度的预算程序作为重要参考，要求各部门在绩效计划中附带上一财政年度的预算报告。

《绩效法案》规定了绩效预算执行中各联邦机构需要提交的三大内容：战略计划、绩效计划及绩效报告。战略计划是基础，它要求各机构深入思考一个根本问题——部门使命到底是什么，在使命的基础上结合部门未来的工作重点确定部门总目标及分目标。绩效计划是实现战略目标的重要途径，它在战略计划的基础上确定各年度的绩效目标，并设计相关评价指标对每财政年度的绩效进行评价分析。绩效报告是绩效计划执行结果的最终体现，它通过实际绩效与绩效计划中的绩效目标相对比，输出最终的绩效评价结果，并就结果进行解释、分析与经验总结。

3.《总统管理议程》。2001年8月，为进一步推广预算绩效，提高联邦政府的行政效率，小布什总统颁布了《总统管理议程》（President's Management Agenda），提出当前政府改革的14个动议，其中9个动议为特别项目动议，主要涉及社区管理、学生补助、健康保险、国防项目等公众关注度较高、当前管理较为薄弱、绩效改进空间较大的专项项目。另外5个动议与联邦政府机构相关，一是战略性人力资源管理，即加强公务员人力资源管理，保持高质量的公务员队伍，对新任公务员进行培训，提高新任人员的业务水平，并为即将离任退休的公务员做好退休准备；二是竞争性资源管理，主张引入竞争机制，利用市场原则进行公共资源管理配置，尽量使用公开招标等政府采购方式提高公共资源的配置效率；三是提高财政绩效，改进联邦政府财政管理制度，减少财政误支和不当支付，加强财政信息公开；四是加强电子政务建设，借助信息技术对传统的业务流程进行优化改造，加强业务流程电子化的广度与深度，提高公众服务水平；五是整合预算与绩效，采用成本效益分析方法，将预算分配与绩效目标相结合，预算分配时优先考虑绩效较高的项目。

1993年的《绩效法案》确定了绩效预算的法律制度，但在实践中仍缺乏相应的技术路径，联邦政府机构的项目绩效并未获得显著提高。《总统管理议程》进一步细化了绩效预算的执行路径，提出了预算与绩效整合动议，确定了绩效预算的技术细节，加强了绩效预算的可操作性。该议程要求各联邦机构在提交预算报告时需附加当前项目的绩效信息，各会计目录中应同时体现各项目所需的成本数据和预期取得的绩效数据，通过绩效数据来解释说明当前预算安排，绩效是最终预算决策的关键依据。

2001年，管理与预算办公室设计提出行政部门管理计分卡（Executive Branch Management Scorecard）来评估各联邦机构对于《总统管理议程》中5项动议的执行情况，部分动议评价标准如表7-1所示。行政部门管理计分卡的结果主要通过"红绿灯"三级评分来实现，其中"绿灯"代表当前预算部门完全符合《总统管理议程》某动议应达到的核心标准，取得了满意的结果；"红灯"代表当前预算部门背离了某动议应达到的核心标准，存在严重不足；"黄灯"代表当前预算部门仅实现了部分核心标准且没有背离核心标准的现象出现，仍然需要进一步改进。表7-2中显示了联邦机构在2004年《总统管理议程》的执行结果，可以看出，各联邦机构的执行结果差异较大，部分联邦机构的执行结果仍存在严重不足。

表7-1　《总统管理议程》部分动议执行结果"红绿灯"评价标准

预算与绩效整合动议		
绿色	黄色	红色
全部达到以下核心标准： （1）规划/评估，预算部门的职员和项目管理人员共同参与规划制定和预算编制，并监督评估实施效果。 （2）具有简洁清晰的计划/预算的产出目标、结果目标，并根据实际绩效来进行后续资源的配置。 （3）预算的科目、人员与项目管理活动能够确保项目目标的实现。 （4）所有的预算成本应该反映在主要账户上，产出成本、项目成本与预算要求的绩效一起反映在预算的要求和执行中。 （5）政府部门能够出示文件证明项目效率，表明项目产出和相关政策对于其成果的影响。政府部门能够系统的进行绩效预算，并根据项目效果来安排后续预算决策。	仅达到部分核心标准且没有红色状况出现。	存在以下任何一种状况： （1）规划与预算相分离，很少有合作。在预算编制过程中各层组织之间几乎没有正式交流。 （2）传统预算在资源配置时未与绩效相联系，或很少与编制预算的人员进行交流。 （3）账户数目过多，资金被用于项目不合理部分。 （4）尚未确立各部门的成本分摊责任，大量的成本混在部门之间，项目负责人资源调配使用的权力有限。 （5）主要动机为获取更多资金，对成效关注不足，较少通过项目管理来影响成效。

续表

改进财政绩效动议		
绿色	黄色	红色
全部达到以下核心标准： （1）财务管理系统符合联邦财务管理系统的要求，适用于联邦会计和交易标准。 （2）能够及时、准确的提供财务信息。 （3）合并后的财务和业绩管理系统能够支持日常业务。 （4）能够及时反映对年度财务报表的评价，审计过程中没有发现重大的内部控制缺陷。	仅达到部分核心标准且没有红色状况出现。	存在以下任何一种状况： （1）财务管理系统不符合联邦财务管理系统的要求，不适用于联邦会计和交易标准。 （2）不能及时、准确地提供财务信息。 （3）部门领导不能对管理、会计和行政控制系统绝对保证。 （4）审计过程中发现了不符合法律法规的重要问题。或存在重大内部控制缺陷，或不能够反映对年度财务报表的评价。

资料来源：The Executive Branch Management Scorecard. https://www.govexec.com/federal-news/2001/11/the-executive-branch-management-scorecard/10395/.

表7-2　部分美国联邦政府机构截至2004年底的评估结果

联邦机构	截至2004年底的评估结果				
	人力资源	竞争资源	财政绩效	电子政府	绩效/预算整合
卫生和福利部	○	○	●	◎	◎
国土安全部	◎	◎	●	●	◎
住房和城市发展部	◎	●	●	●	●
司法部	◎	◎	●	◎	◎
劳工部	○	◎	○	○	○
交通部	○	○	●	○	○
财政部	◎	○	●	●	◎
管理和预算办公室	◎	●	●	●	●
社会安全局	○	◎	○	○	○
人事管理办公室	○	○	●	○	◎

注：其中○表示绿灯，●表示红灯，◎表示黄灯。

资料来源：Office of Management and Budget. Executive Branch Management Scorecard.2005：1.

为获取各项目绩效信息，为后续预算决策提供数据支撑，2002年，绩效测量顾问委员会（Performance Measurement Advisory Council）开发了预算项目绩效评级工具PART（Program Assessment Rating Tool），为布什政府时期使用最为广泛的绩效管理工具。

PART诊断工具由30个左右的问题构成,每个问题通过"是"或"否"来进行回答,并附录上简要的说明或证据解释说明问题答案。问题主要围绕以下方向展开设计:一是项目目的与设计,主要考察项目目的是否清晰、合理,此部分评价权重为20%;二是战略规划,主要考察是否为项目制定了年度目标与长期目标,此部分评价权重为10%;三是项目管理,项目管理流程是否流畅,制度是否规范、合理,此部分评价权重为20%;四是项目成果和会计责任,根据战略规划部分设定的目标及其他方面的评价来确定项目绩效,此部分评价权重为50%。PART的评估内容与对应的关键问题如表7-3所示。

表7-3　　　　　　　　　PART评估内容与关键问题

评估内容	关键问题
项目目的与设计	1.项目立项目的是否明确? 2.该项目是否针对特定的问题、利益或需求进行立项设计? 3.针对特定的问题、利益或需求,该项目是否可以产生重要影响? 4.该项目在处理特定问题、利益或需求方面是否是必要的和非重复性的?(要求与联邦、州、地方政府或私人企业涉及的类似项目有所区别) 5.该项目是否存在影响项目目标的重大设计缺陷?
战略规划	1.项目是否具有少数的,能够反映项目绩效、目的、具有显著意义的长期目标? 2.项目是否具有少数的,能够反映长期目标实现程度的年度绩效目标? 3.所有项目人员都支持长期目标和年度绩效目标,为项目取得预期成果而努力吗? 4.该项目与其他具有类似目标的项目能够实现有效的协调吗? 5.是否定期进行客观、独立的评价,这些评价能够用于项目改进并提升评价效果? 6.项目预算是否与项目目标相统一? 7.项目中是否采取了有效的措施以应对战略规划的不足?
项目管理	1.预算部门是否定期搜集及时可靠的信息,并利用信息来提升绩效? 2.项目管理者和参与者是否对绩效结果负责? 3.资金是否及时到位,并用于预期目的? 4.项目执行过程中,是否存在提高项目效率,投入产出比的竞争机制与激励机制?
项目成果与会计责任	1.项目是否在实现长期目标的过程中体现出明显的进展? 2.项目是否实现了年度绩效目标? 3.在实现年度绩效目标的过程中,项目的效率和效益是否存在提高? 4.与类似项目相比,该项目的绩效是否明显好于其他项目? 5.绩效评价结果是否反映出该项目是有效的,正在取得积极效果?

资料来源:Observations on the Use of OMB's Program Assessment Rating Tool for the Fiscal Year 2004 Budget. https://www.gao.gov/new/items/d04174.pdf.

PART在执行时首先对评价项目进行分类,可划分为:政府直接支出项目,竞争性补贴项目,固定/按公式补贴项目,管制项目,资本资产和服务申请项目,信贷项目,研发项目；其次，针对各类项目特点，在关键问题的基础上添加非关键问题，形成PART问卷；再次，设置各部分问题权重，根据问题答案获取各问题分值，将问题分值与问题权重加权，形成最终的评价分数；最后，根据评价分数将项目划分为"有效"（85—100分）、"基本有效"（70—84分）、"一般"（50—69分）、"无效"（0—49分）四个级别。

PART工具聚焦于项目评价，在对项目进行简单分类的基础上，针对项目所属类别选择关键问题和非关键问题进行项目绩效评价，其评价结果可提供评价项目的绩效信息，为后续预算决策提供数据支撑。但PART工具在使用过程中也出现了一系列问题：一是项目的分类标准过于简单，直接分成7种类型，在评价中未充分考虑各项目的自身特征，导致评价结果有时会偏离实际情况；二是与《绩效法案》的相容性较差。在布什政府期间，预算机构同时遵循《绩效法案》和PART工具，但两者的关注点不同，前者关注部门战略目标和绩效目标，而后者关注项目的绩效评价，两者有时会出现矛盾；三是PART工具主要为分散管理模式，忽视了部门间的协作管理，对于跨部门项目绩效管理作用不大。

4.《2010政府绩效与结果现代化法案》。2010年，在奥巴马总统执政期间，美国国会通过了《2010政府绩效与结果现代化法案》，简称为GPRAMA（The Government of Performance and Results Modernization Act of 2010），该法案在1993年《政府绩效与结果法案》的基础上，针对《绩效法案》存在的问题与不足进行了修订和完善，并引入"优先绩效目标"（Agency Priority Goals）这一新绩效管理工具代替原有的PART项目评级工具。

表7-4中可以看出，GPRAMA仍遵循了GPRA的框架，主要包含战略规划、绩效计划和绩效报告三部分内容，内容修订的原则主要包括法案与美国政治体制的融合，与预算管理工具的融合以及加强信息公开等。GPRAMA主要的新增内容包括[1]：

一是引入绩效管理的新工具——优先绩效目标。奥巴马认为PART工具的过度使用使联邦政府仅关注各项目的绩效评分而忽视了机构整体的绩效管理，造成了"本末倒置"现象。因此，奥巴马总统执政后逐步废弃了PART工具，OMB通过调研后提出了"优先绩效目标"管理工具。"优先绩效目标"分为两个层次：部门优先绩效目标和联邦优先绩效目标。部门优先绩效目标主要体现了各联邦机构内部在24个月内期望达到的工作目标。联邦优先绩效目标主要涉及跨机构的优先绩效目标和优先管理绩效目标[2]两大类。

---

[1] 胡业飞.GPRA现代化法案：美国联邦政府绩效管理新进展，公共行政与人力资源，2013（2）：42-48.
[2] 优先管理绩效目标主要指联邦政府在信息技术、财务、人力资源等管理领域使用的优先绩效目标。

表7-4　　　　　　　　　GPRA和GPRAMA的比较分析

内容	GPRA	GPRAMA
战略规划	1.期限：战略规划应至少覆盖5年，并至少每3年修订一次。 2.内容：部门使命、主要职能和工作陈述；部门总目标陈述；达到总目标所需的信息和相关因素分析。	1.期限：战略规划至少覆盖4年且至少每3年修订一次。 2.内容：增加了对任务、目标的完整描述；详细描述部门目标如何服务政府优先目标；解释部门目标如何与国会的观点、建议相结合。
绩效计划	1.内容：包括每个项目活动的部门预算、绩效目标、评价指标和测量工具。 2.流程：递交至OMB，修改后与总统的政府预期预算一致，提交国会。 3.绩效目标：给出下一财政年度的绩效目标。	1.内容：添加了为实现联邦政府每个优先目标而建立的相关绩效目标；明确实现政府优先目标的负责部门和负责人；建立评估项目进度的绩效指标；明确各部门所面临的风险挑战与应对措施。 2.流程：递交至OMB，修改后与总统的政府预期预算一致，最终提交国会，并进行预算公开。 3.绩效目标：包含上一财政年度和下一财政年度两年的绩效目标。
绩效报告	1.提交方式：在规定期限内上交总统及国会。 2.报告及时性：未设置条款规定报告的更新要求。	1.提交方式：除规定期限内上交总统和国会外，还要求各部门在机构网站上及时发布和更新绩效报告内容。 2.报告及时性：要求报告至少一年更新一次，最迟不能超过该财政年度末的150天，并对报告更新的内容做了严格规定。

资料来源：何文盛等.美国联邦政府绩效立法演变分析：从GPRA到GPRAMA［J］.兰州大学学报（社会科学版），2012，40（2）.

GPRAMA中规定，在美国《首席财务官法案》中所涵盖的24个联邦机构必须设置"优先绩效目标"。即在GPRA的绩效目标的基础上按照绩效目标是否属于部门核心内容分为优先绩效目标和非优先绩效目标两大类，优先绩效目标体现了各联邦机构优先开展的工作方向，隶属于各联邦机构的中期绩效目标范畴。各联邦机构的优先绩效目标主要设置为2—8个，在设置过程中各机构应综合考虑各自身工作职能、战略规划以及国会、白宫、OMB及其他部门可提供的资源支撑情况。优先绩效目标必须在各机构的年度绩效计划中明确体现，并详细描述实现绩效目标的各类行动计划、绩效目标负责人和绩效目标所涉及的机构间的合作方式、关键绩效指标等。在各财政年度结束后，联邦机构应依据上一年度各项目的绩效结果编制年度绩效报告，将各优先绩效目标下的实际绩效数据与年度绩效计划中的预定目标进行比较，阐述目标的完成情况，并对未完成的绩效目标进行分析。此外，GPRAMA非常重视优先绩效目标对机构绩效的跟踪与检测，规定联邦机构至少以季度为单位对优先绩效目标的工作进展情况进行审查，评估优先绩效目标在未来的达成可能性，判断实际绩效与预期目标是否存在差异，以及提出绩效改进意见等。

二是加强绩效预算协同治理。联邦政府许多项目均涉及多部门协作，但之前各项法案未对部门协作提供有效的指导框架。GPRAMA针对联邦机构间的协作问题制定了相关规定：要求OMB与各联邦机构协商，每4年制定跨部门项目的长期、结果导向的目标，同时，OMB每年需要提供实现跨部门项目长期、结果导向的目标路径和进度信息。该规定为全面整合各联邦政府活动提供了必要基础，并给出了当前联邦政府优先考虑的统一的长期绩效目标，可以有效指导现有项目执行与新项目的预算决策。

三是加强信息资源管理，建立信息公开制度。信息资源管理可以保障绩效数据的质量，为预算决策提供指导。信息公开制度可以提高政府预算的透明度，加强公众对政府的信任度与满意度。GPRAMA法案规定各联邦机构应至少公开以下信息：联邦政府的优先绩效目标；优先绩效目标如何与国会建议融合；优先绩效目标的负责官员；发布最新绩效结果及总绩效结果，与绩效计划中的要求进行对比；公开各绩效目标实现过程中所涉及的联邦机构、所需资源及相关工作；评估联邦机构、所需资源及相关工作对实现优先绩效目标的贡献程度；确认近期难以实现的优先绩效目标，给予公开；绩效改进信息。GPRAMA通过要求各预算部门提供真实有效的绩效数据、涉及多部门的信息融合数据以及在网站上按季度汇报各部门优先绩效目标来为决策者提供绩效改善的高质量数据[1]。为进一步加强绩效信息公开，提高政府执政透明度，奥巴马政府创建了联邦政府绩效门户网站（www.performance.gov），在该网站上可以查询当前联邦机构的优先绩效目标、战略规划、绩效计划及绩效报告等各类内容，方便公众及时获取联邦政府的绩效信息。

四是借助组织机构改革落实绩效责任，强化高层领导者结果承诺和绩效责任。GPRAMA指定每个机构的副长官为首席运营官（Chief Operating Officer，COO），全面负责改进机构绩效，另外每个机构还应指定一名高级执行官作为绩效改进官（Performance Improvement Officer，PIO）以支持COO。该法案另设立绩效改进委员会（Performance Improvement Council）以协助OMB执行联邦政府的战略规划和报告要求，委员会由OMB副长官担任主席，组成人员为各机构的PIO。此外，GPRAMA规定针对每个部门优先绩效目标都应设置目标领导者（Goal Leader）来负责当前目标的实现，针对每个联邦优先绩效目标应设置政府首席长官，负责各机构沟通协调以达成绩效目标。为加强组织绩效问责，GPRAMA要求OMB每年报告未实现的机构目标，如果目标已经3年没有实现，OMB可以确定终止或重组计划以及其他行动。

---

[1] GAO. GPRA Modernization Act Provides Opportunities to Help Address Fiscal, Performance, and Management Challenges. https://www.gao.gov/assets/130/125777.pdf.

五是强化国会在预算绩效过程中的参与程度。在PART工具时期,各预算单位在制定绩效目标过程中未与国会进行有效沟通,导致其绩效改进计划与国会决策之间存在不一致现象。GPRAMA显著提高了机构与国会的协商要求,其规定OMB和各机构应至少每2年与国会协商拟定绩效目标。此外,OMB和各机构应在政府网站或战略规划中说明如何将国会的投入纳入其绩效目标。

5.《21世纪政府现代化》。目前美国已形成了较为完善的绩效预算体系,截至2019年7月,特朗普政府目前仍延续了奥巴马政府时期的绩效预算框架体系,采用了带有优先目标的总统管理议程绩效预算模式。2018年4月,特朗普政府公布了聚焦于21世纪政府现代化的总统管理议程。为促使各联邦机构更好的达成机构使命、提高公众服务质量,总统管理议程提出了在联邦机构的关键领域实施现代化转变的长远愿景。

结合美国国内发展实际,21世纪政府现代化主要围绕以下关键领域展开[①]:信息技术现代化,数据、问责与透明度和21世纪的人力资源。信息技术现代化是在信息时代政府开展电子政务提高公众服务质量的重要基础。满足公众的需求、持续保持数据的实时性和准确性,提供多渠道的服务入口这些都是政府现代化的重要内容。数据、问责与透明度则要求政府在加强信息公开、提升政府透明度同时注重对纳税人的绩效责任。该过程需要建立统一的数据战略规划,包括相关的管理制度、数据标准、基础设施等内容,需要跨机构共同合作来完成。21世纪的人力资源要求高层领导和一线管理人员必须持续调整员工技能与不断发展的任务需求相适应,这需要重新培训和部署现有工作人员,以适应当前时代发展的要求。

为了将总统管理议程的愿景转变为具体行动,总统管理议程中设置了联邦部门跨机构的优先绩效目标CAP(Cross-Agency Priority Goals)来加快少数需要联邦部门跨机构合作的关键领域的推进进程。作为总统优先事项的一部分,CAP随着每个总统的任期每四年更新或修订一次。2018年修订的美国联邦机构的跨机构优先绩效目标如表7-5所示。

表7-5　　　　2018美国联邦部门跨机构优先绩效目标

跨机构优先绩效目标类别	具体目标
转型的关键驱动因素	信息技术现代化
	数据、问责与透明度
	21世纪的人力资源
跨机构优先领域	提升顾客体验
	共享优质服务
	从低质量到高质量工作转变

---

① President's Management Agenda. https://www.whitehouse.gov/wp-content/uploads/2018/04/The Presidents ManagementAgenda.pdf.

续表

跨机构优先绩效目标类别	具体目标
职能优先领域	类别管理
	以成果为导向的拨款问责制
	精准支付
	联邦IT支出透明度
	改善重大收购管理
任务优先领域	基础设施建造审批现代化
	安全审查、适用性和资格认证改革
	从研发到市场

资料来源：Cross-Agency Priority Goals Overview. https://www.performance.gov/CAP/overview/.

下面以联邦机构"以成果为导向的拨款问责制"跨机构优先绩效目标为例，来展示跨机构优先绩效目标的具体应用情况。2018年修订的联邦机构跨机构优先绩效目标分为四个层次，"以成果为导向的拨款问责制"为联邦部门跨机构的职能优先绩效目标之一。[①]

"以成果为导向的拨款问责制"其内涵为：建立基于风险的、数据驱动的分析框架来最大化拨款资金的应用价值，其中分析框架必须符合各项法规要求，同时可向美国纳税人展示拨款成效。其绩效目标达成的主要挑战为：为满足美国纳税人的各项关键需求，联邦政府每年会有7000亿美元财政拨款用于各项投资。但是拨款资金的管理者主要精力用于监控流程的合规性，而忽视了对拨款资金绩效数据的分析来进行结果改进。该绩效目标达成的主要途径为：规范联邦机构拨款资金的管理流程，使用共享、开放、标准化的数据；使用规范化的业务流程和数据来构建联邦机构共享的解决方案，改善用户体验；利用数据，包括年度审计数据，来评估和管理风险；让资金拨付对象对实现项目目标和良好绩效负责，同时在可证明项目绩效良好的情况下简化资金拨付对象的约束管理机制，更加灵活的完成相关任务。

"以成果为导向的拨款问责制"在执行时主要依赖以下四个主要策略：一是规范联邦拨款资金的业务管理流程与数据；二是构建共享基础框架；三是风险管理；四是实现项目目标。以第四个战略"实现项目目标"为例，该战略计划的主要内容为：拨款资助人应对资金的良好使用绩效负责。如果资助人可以证明其项目在未来的良好的绩效，那么可以为其减轻部分繁复的法规要求，适当调整奖励或约束条件，令其可以更加灵活的来执行相关任务活动。2019年6月公布的"实现项目目标"行动计划的执行进度和关键里程碑如表7-6所示。

---

① 该部分主要参考联邦政府绩效门户网站信息，网址为：https://www.performance.gov/CAP/grants/.

表7-6　　　　"实现项目目标"的执行进度和关键里程碑

关键里程碑	达成时间	里程碑状态	与上季度相比的变动情况	负责人	预期障碍或其它问题
向各机构征求当前拨款资金绩效管理实践信息	FY2019 Q1	完成	变动	OMB, CFOC	
识别创新的绩效管理实践做法	FY2019 Q3	完成	变动	OMB, CFOC	因拨款中断而延误
根据反馈意见,制定绩效管理框架草案	FY2019 Q4	进行中	变动	OMB, CFOC	
重点展示具有良好绩效的项目	FY2019 Q4	进行中	变动	OMB, CFOC	
研究具有可测量的良好绩效结果的典型项目案例	FY2020 Q1	进行中	变动	OMB, CFOC	
发布资源与典型项目案例,提升资助人和项目绩效	FY2020 Q2	进行中	变动	OMB, CFOC	从试点转向未来的资源开发,包括改进绩效管理实务的最佳实践以及模板案例
完善资源,开发可简化合规要求的各项标准	FY2021 Q4	进行中	变动	OMB, CFOC	
根据建议更新OMB指南	FY2021 Q4	进行中	未变动	OMB	

注：表格中达成时间的数据FY代表财政年度,Q代表季度。

资料来源：Results Oriented Accountability for Grants June 2019 Action Plan. https://www.performance.gov/CAP/action_plans/june_2019_Results-Oriented_Accountability_for_Grants.pdf.

此外，针对"以成果为导向的拨款问责制"，OMB亦开发了衡量跨机构优先绩效目标进展情况的关键指标，这些指标可以用于衡量数据标准化、利用信息工具精简管理流程、改进基于风险的绩效管理，指标可包括：OMB批准的拨款报告的信息搜集请求个数；资金使用者因搜集信息投入的时长；自评估数据的使用情况，如联邦机构和资金使用者用于数据分析监测结果投入时间和日常行政、财务工作投入时间之比等。

二、美国绩效预算改革的特点

（一）立法先行，循序渐进

纵观美国的两次绩效预算改革，新绩效预算能够获得成功的其中一个重要原因在于将绩效预算以法律法规的形式确定下来，保障了绩效预算的合法性。1993年的《政府绩效与结果法案》《2010政府绩效与结果的现代化法案》等法律规章的制定，有效的摒除了绩效预算的推行障碍，借助法律的权威性和强制性加快了绩效预算改革的进程。

另外，从绩效预算的推广过程中可以看出即使已经具备了对应的法律基础，美国也并不追求一蹴而就的改革方式，而是采用了试点—总结经验—调整—全面推广的改革思路。在1993年《绩效法案》颁布后的第二年，美国政府先选取了14个联邦机构中的70个项目展开试点工作，通过试点结果总结成功经验，将结果好的项目作为范例进行推广学习；分析执行过程中出现的困难与问题，并由OMB给出对应的改进措施。此外，1993年《绩效法案》颁布时规定各联邦机构在1997年提交战略规划，1999年前提交年度绩效计划，也给各预算单位预留了相对充足的过渡期完成搜集数据、积累资料、开展培训等准备工作，确保绩效预算推广的可行性。

美国绩效预算的法律体系也体现出循序渐进、与实践紧密结合、不断完善的特点。2001年颁布的《总统管理议程》在《绩效法案》的框架下，细化了绩效评价的技术路径，提出了PART绩效管理工具。2010年的GPRAMA则在《绩效法案》的基础上进一步修订完善了相关内容，引入优先绩效目标管理工具，进一步加强了联邦机构的绩效协同治理，强化了绩效目标责任机制。

（二）厘清预算参与方权责关系，构建完备的绩效预算主体系统

经过100多年的实践探索，美国形成了多元化主体参与的预算格局，厘清预算参与方的权责关系有助于规范绩效预算体系，为推广绩效预算奠定良好的组织基础。美国参与预算编制的行政机构包括总统、OMB和财政部三部分。总统的职责包括：向国会提交预算报告；向国会提交预算更改请求和预算修正案；签署或否决绩效预算相关法律；向国会通报取消或延期支出的项目。OMB主要负责编制支出预算，提交总统审核后，再由总统提交国会审批。此外，OMB还负责监督、指导预算绩效各法案的执行过程，研发必要的技术工具等，如利用"红绿灯"评价系统审查各部门《总统管理议程》执行情况，研发PART工具和"优先绩效目标"工具等。财政部主要负责编制收入预算；根据国会预算审批的结果，组织预算资金供应；执行绩效预算的法律法规等。预算报告经总统提交国会后，由国会的参议院和众议院对应的机构进行预算审核审批工作，涉及的机构包括：国会拨款委员会、国会筹款委员会、预算委员会、国会预算局（CBO）和审计署（GAO）等，各机构的职能如表7-7所示。可以看出，美国的行政部门、立法部门的多个机构组成了庞大的预算参与主体系统，在预算编制、提交、审批、执行各个环节均设有严格的操作

流程和执行规范，有效保证了绩效预算执行过程的一致性和规范性。

表7-7　　　　　国会参与预算过程的机构与职能

机构名称	职能
国会拨款委员会	为拨款法案提供建议和报告，授权为预算部门拨款
国会筹款委员会	税收法案的审议
国会预算委员会	对预算收入、支出等内容进行综合考察；向国会提供预算建议
国会预算局	为其他委员会提供辅助；审查预算机构提交的预算草案，发现其中的问题；为国会提供真实有效的信息
审计署	审计联邦机构财政预算的执行结果，并向国会进行报告

资料来源：作者自行整理.

（三）注重绩效信息的管理与应用

完备的绩效信息是推行绩效预算的重要前提，预算编制、预算监督执行、绩效测量、预算决策各个阶段均离不开相关数据信息的支持。美国的新绩效预算要求在预算编制过程中应附录绩效目标，而绩效目标的制定则需要在结合部门使命、战略规划的基础上将所要取得的结果和成效分解成可量化的各项指标。预算监督执行主要指将实际所取得的绩效数据与年度绩效计划中的绩效数据进行对比分析得出结论。绩效测量更是需要在实际中搜集绩效评价指标数据的基础上来完成的。预算决策则是以绩效目标、绩效结果为依据来进行的。可以看出，绩效预算的每一个过程均需要大量的绩效信息的搜集、管理与应用工作。

第一次绩效预算改革失败的原因之一在于绩效信息获取的困难性，由于当时技术条件、人员素质的局限性，很多项目绩效无法量化计算，绩效信息的缺乏导致绩效预算推行不具有可行性。新绩效预算在推行过程中高度重视绩效信息的管理与应用工作。为保证绩效信息获取的可行性，美国政府鼓励各预算机构在制定绩效目标时扩大部门内部行政人员特别是高级官员的参与程度，鼓励专家参与，由各方充分讨论后最终确定绩效目标，同时由OMB对目标制定存在困难的部门给予支持与辅导。此外，GPRAMA中针对数据信息给出了发布、更新和公开的详细规定，要求各联邦机构在绩效文件中使用的绩效数据标明数据来源、说明数据的可靠性、精确性和未来提升改进的措施等，并要求将绩效信息通过政府网站进行公开，提高财政预算的透明度，提升公众满意度。

（四）注重落实绩效责任，建立严格的绩效责任制度

严格的绩效责任制度可以有效保证预算绩效的执行结果。美国绩效预算责任制

度的构建与配套的人事机构改革同步进行。2010年颁布的GPRAMA中专门指定首席运营官全面负责机构绩效预算执行工作,针对每个部门优先绩效目标设置目标领导者,每个联邦优先绩效目标设置政府首席长官,确保绩效目标的实现。此外,绩效责任制度要求各机构提供官员或机构预算绩效执行的结果信息,可以影响后续预算资金的决策过程,提高预算与绩效一体化程度。

(五)预算绩效推广过程中技术工具的多样化

预算绩效的落实离不开各类技术工具的支撑,技术工具可用于评价预算绩效的执行过程,提供统一的评估标准,反馈准确的绩效结果信息,指导后续的预算决策。美国所开发的技术工具可划分为多个不同的层次,包括:针对项目评估的PART工具,针对部门评估的"红绿灯"系统、平衡计分卡工具以及后期的"优先绩效目标"工具等。

美国预算绩效的管理工具大致都体现出以下特点:

一是注重结果指标的设计与评价。各类绩效工具评价的内容均以结果指标为核心展开绩效评价。例如"红绿灯"评价系统中要求各执行部门必须提供产出目标和结果目标;PART工具中将项目成果作为主要的评估维度开展项目绩效评价;优先绩效目标工具中更是注重"优先绩效目标"的实现程度。

二是统一性与灵活性相结合。GPRA规定在进行绩效测量时,应避免完全僵化、刻板的评估准则,遵循统一性与灵活性相结合的原则。例如,PART工具在使用时首先根据项目进行分类,再根据项目特点选择对应的问题进行绩效测量;"优先绩效目标"工具将"优先绩效目标"分为部门优先绩效目标和联邦机构优先绩效目标,综合考虑了各机构职能特点与联邦机构的整体需求。

三是注重绩效评价结果的真实性。绩效预算工具在使用时要求对数据填答的真实性进行证实和说明。例如"红绿灯"评价系统在使用时要求政府部门能够出示文件证明项目效率;PART工具也非常重视信息的可靠性,针对信息可靠性设计了专门的评估问题。

第二节 英国绩效预算改革

英国的绩效预算改革与政府绩效管理紧密结合,自20世纪70年代撒切尔政府拉开英国政府绩效改革的序幕后,经过40多年的发展,英国政府逐步形成了较为完善的预算绩效管理体系,提出一套有效的绩效评估和管理工具,取得了显著的改革成果,被称为"政府行政改革最具成效"的国家。

一、英国绩效预算改革的历史

现代英国绩效预算起源于英国首相撒切尔政府时期,在20世纪70年代末,资本主义国家的经济发展进入"滞胀"期,社会公众对于政府传统的行政管理模式和低下的政府效率表现出强烈不满,撒切尔政府通过引入私营部门的管理方法与技术来展开政府绩效评估,改进政府绩效水平,绩效预算也在政府绩效改革过程中逐步趋向成熟。

(一)英国政府绩效改革历史

英国政府绩效改革的阶段大致分为两大阶段:一是效率优位阶段;二是质量优先阶段,各阶段发生的政府绩效改革大事件如表7-8所示。

1.效率优位阶段。效率优位阶段主要指20世纪80年代所开展的绩效管理活动,此阶段的特点在于绩效评价以经济效率为中心,注重投入产出比的比较分析,改革涉及范围主要为政府系统内部,具体包括:雷纳评审计划、部长管理信息系统和财务管理新方案等。

表7-8　　　　　英国政府绩效改革大事件

时间	事件
1979年	雷纳评审计划（Rayner Sertutinies）
1980年	部长管理信息系统（Management Information System for Ministers）
1982年	财务管理新方案（Financial Management Initiative）
1988年	下一步行动计划（The Next Steps）
1991年	公民宪章运动（The Citizen's Charter）
1991年	竞争求质量运动（Competing for Quality）
1993年	基本支出评审（Fundamental Reviews）
1994年	持续与变革（Continuity and Change）
1995年	进一步持续与变革（Taking Forward Continuity and Change）
1997年	全面支出评审（The Comprehensive Spending Reviews）
1999年	政府现代化（The Modernizing Government Programme）

资料来源：Massey, Andrew. The States of Britain: A guide to the UK Public Sector（PMPA）.

（1）雷纳评审计划。1979年，撒切尔政府任命雷纳为政府效率顾问，在内阁办公厅设置"效率工作组"，致力于提升政府效率。为制定切实有效的政府效率提升方案，雷纳率领效率工作组对当前政府的业务运作情况展开了全面的调查，通过质疑现状、讨论分析等步骤力图找到比当前的工作模式更富有效率的且成本更低的工作方案。

雷纳评审计划的执行效果非常显著，经过6年的时间，效率工作组针对266项政府业务展开调查，截至1986年底，评审共花费500万英镑，但其直接经济效益却高达9.5亿英镑左右。[①] 雷纳评审计划对英国所产生的影响是巨大的，它促进了政府绩效理念的初步形成。但同时，雷纳评审计划更多属于业务导向型就事论事的改革方式，公共部门的效率低下问题并未得到真正解决。

（2）部长管理信息系统。1980年，英国环境大臣赫赛尔在环境部建立了部长管理信息系统，要求环境部各部门负责人为部长提供一份工作陈述，详细说明工作内容、绩效目标和工作方案等；部长对工作陈述作出审议；部门负责人及时向部长汇报工作陈述的执行情况，同时要求部长针对工作薄弱环节提出改进建议。部长管理信息系统可为各部长提供部门内部的详细信息，协助部长统筹分配资源，该系统在充分搜集绩效目标、绩效评估、绩效跟踪数据的基础上，借助现代企业管理的方法和技术，为部长提供决策支撑。部长管理信息系统在环境部取得成功后，后续在英国各个部门进行了广泛推广。

---

① 戴维·奥斯本，彼得·普拉斯特里克.摒弃官僚制：政府再造的五项战略[M].北京：中国人民大学出版社，2002.

（3）《财务管理新方案》。1982年5月，英国财政部颁布了《财务管理新方案》（Financial Management Initiatives，FMI），该方案首次明确了在政府部门开展绩效评价的新要求，具体内容包括：一是建立高层管理系统（Top Management System）。该举措可看作部长管理信息系统的进一步推广，它要求在政府各部门建立管理信息系统，向高层管理者提供部门内部全面、及时、有效的信息，为管理者决策提供支撑。二是进行目标陈述。各部门管理者根据业务范围明确陈述部门目标，按照轻重缓急的程度进行目标排序将部门目标转化成可测量的绩效指标以进行后续绩效评价过程。三是进行绩效测量。在英国效率小组的建议下，建立"经济"（Economy）、"效率"（Efficiency）、"效益"（Effectiveness）为中心的"3E"评估标准，要求各部门在"3E"框架下展开绩效评估，阐释成本与投入、投入与产出、产出与效果之间的关系。四是进行分权与权力下放。建立财务分权制度，成立独立核算中心处理执行性强、工作结构化程度高、且分散在不同地域的财务工作任务。

财务管理新方案的各项举措要求部门管理者全面掌握部门内部信息、熟悉绩效评价的标准、方法与技术，其有效的推动了绩效评价在公共部门中的推广利用。

（4）《下一步行动方案》。1988年，伊布斯领导内阁办公厅效率小组提交了《改进政府管理：下一步行动》报告，即《伊布斯报告》。该报告通过调查现有公务人员的工作状态，指出当前英国政府机构管理体制存在的问题，具体包括：文官的职责在于向公众提供公共服务，但现有的行政部门管理体制设置与服务需求并不匹配；负责政策分析和政策咨询的高级文官缺乏向公众提供服务的经验与管理技能；常规管理实务的繁重导致部长无暇顾及部门战略规划和重大决策；忽视部门绩效和工作结果，缺乏行之有效的绩效管理机制；公务员管理体制过于僵化，未体现公务员多样化的职责特点。

针对上述问题，报告提出以下改革建议：设立执行机构，将公共服务的执行过程与决策机构相分离，保障部长及高级文官集中致力于部门战略规划与政策决策；扩宽高级文官的来源渠道，吸收具有基层服务经验和管理经验的公务员加入高级文官队伍；各部部长与执行机构签订绩效合同使其对结果负责，明确部长和执行机构的绩效责任；各部对执行机构进行定期绩效考核并公开绩效结果；建立绩效奖惩制度，将高层管理者的绩效工资与绩效结果挂钩。

《下一步行动方案》标志着英国政府从关注过程到关注结果，从隶属关系到契约关系，从规则为本到结果为本的转变，绩效管理的理念逐步渗透到政府公共管理实践过程，推动英国政府绩效管理的纵深发展。

2.质量优位阶段。政府的经济效率是效率优位阶段英国政府绩效改革关注的重点内容，在20世纪90年代后，英国的绩效改革在效率的基础上开始更加关注公共服务的质量，通过一系列改革措施来提升公众满意度，改善政府公共服务水平。

1991年梅杰继任英国首相后,针对英国政府部门改革过程中仅关注经济效率忽略公共服务质量问题,发起了"公民宪章运动"和"竞争求质量运动",行政改革的重点转移至注重提升政府部门的公共服务质量。

"公民宪章运动"主要针对垄断性较强难以私营化的公共部门与公共服务领域,以制定宪章的形式公开政府部门各项公共服务的内容、服务标准、时限承诺与违诺责任,接受来自公众的监督,改善政府部门的服务质量。在梅杰政府的大力推动下,"公民宪章运动"在全国得到了有效推广,政府部门、公共服务部门均相继出台公民宪章、服务承诺,有效提升了公共服务质量。此外,"公民宪章运动"在国际上也引起巨大反响,法国、比利时等国家也开始效仿英国在国内推行公共服务宪章运动。

在"公民宪章运动"推行四个月后,梅杰政府发布了《竞争求质量》白皮书,强调竞争机制是提升公共服务质量的关键性举措,通过打破国有企业垄断、进行经济管制以及引入市场检验来确定公共服务最佳提供方式等措施,降低公共服务成本,提高公共服务质量。

3.布莱尔政府时期的绩效预算改革。撒切尔政府和梅杰政府通过一系列的政府绩效管理改革措施将绩效管理的理念逐步引入公共管理过程,有效提升公共服务的效率与质量。20世纪90年代后期,美国的新绩效预算改革开始步入正轨,其绩效预算制度为英国绩效预算改革提供了重要的经验借鉴,英国自布莱尔政府执政开始进入绩效预算改革新时期,逐步确立了预算绩效管理框架体系。

(1)《综合支出审查法案》。1997年,布莱尔政府颁布《综合支出审查法案》(The Comprehensives Spending Reviews),并规定:各部门对预算与支出进行全面审查;部门在提交预算时应制定未来连续三年的总体财政支出方案,并设定支出上限总额;部门应与财政部签订《公共服务协议》(Public Service Agreements,PSAS),作为确定部门绩效目标和审查部门支出的重要依据;部门每年度应开展预算与支出绩效评价,编制《部门年报告》(Annual Departmental Report,ADR)和《秋季绩效评价报告》(Autumn Performance Report,APR)汇报本部门绩效目标的达成情况,并向议会提交。

综合支出审查的具体内容包括:一是评估第一个综合支出审查实施以来的支出增长以及公共服务改革,评估结果为设定未来10年新的目标提供信息基础;二是预测未来10年的关键变化趋势和挑战,包括人口、气候、经济、技术等发展趋势,并预估变化对公共服务所产生的影响;三是配置与关键变化趋势相适应的预算资源,追求全面支出审查期间公共支出的最大效率,并通过对部门支出基线进行零基审查,来评估其实现政府长期政策目标的有效性;四是在识别选择支出领域的基础上,继续发展效率规划,并使这种效率规划带来的节约融入部门支出计划[①]。

---

① 廖晓军主编.国外政府预算管理概览[M].北京:经济科学出版社,2016.

（2）《公共服务协议》。《公共服务协议》本质上为财政部与各部门签订的绩效合同，财政部通过协议确定各部门的绩效任务、可量化的绩效目标，为部门预算绩效评价提供重要依据。英国政府提供各部门所需的预算资金，各部门按照协议完成对应的绩效任务，达到绩效目标要求。

《公共服务协议》主要内容包括：一是宗旨（Aim），即对部门职责的总体描述，阐述部门的使命、职责和重点服务的方向，生成部门战略目标，战略目标应服务于当前国家总目标，是后续预算分配的基础；二是目标（Object），在战略目标的基础上进一步细化分解为多个具体目标，按照优先次序排列。目标既包含产出目标亦包含效果目标，以效果目标为主；三是绩效任务（Performance Target），在目标的基础上遵循SMART原则进一步细化形成绩效任务，其为部门战略目标服务，并使用具体、可测量的指标来进行描述；四是技术解释（Technical Note），解释说明具体绩效目标的测量方式；五是责任人声明，确定服务协议的负责人，一般为各部长和相应的国务大臣。2000年后，协议中添加了技术说明文件，解释说明绩效评价的技术实现过程，包括数据来源、绩效目标完成度的评价等。

《公共服务协议》的建立基于以下"四个原则"[1]：一是由政府制定清晰的、侧重成果的国家级目标；二是将责任转移到公共服务提供者自身，为基层提供最大的改革灵活性和能动性，以及保证地方需求能够得到满足的激励措施；三是独立、有效的审计和监督安排，以加强责任；四是对取得成效的透明度，特别对地方和全国的绩效目标实现情况的完整信息披露。

《综合支出审查法案》和《公共服务协议》首次全面系统的建立了政府部门的整体目标与绩效目标体系，提出了全面审查政府预算与支出的要求，建立三年期财政支出计划来避免政府支出的短视行为，系统体现了政府预算管理的结果导向，奠定了英国绩效预算制度的基本框架。

（3）《政府现代化白皮书》。1999年，布莱尔政府提出建设现代化政府的理念，颁布了《政府现代化白皮书》，并指出当前政府改革的目标为：以公众需求为中心，提升公共服务的效率和质量；强调协同治理，注重不同层级不同部门之间政策的协调性；注重结果导向，完善绩效评价体系，并将评价结果与奖惩制度相结合。

在布莱尔政府执行时期，英国通过政府对公共服务自上而下的管理，市场机制的引入，使用者自上而下的反馈，改革措施的落实建设等改革措施，有效推动了绩效预算改革的深入实行。[2]

4.卡梅伦政府时期的绩效预算改革。2010年5月，英国保守党和自由民主党成

---

[1] 国际司：英国公共财政管理.http：//www.mof.gov.cn/mofhome/guojisi/pindaoliebiao/cjgj/201406/t20140625_1104296.html.
[2] 吕昕阳.典型发达国家绩效预算改革研究[M].北京：中国社会科学出版社，2011.

立联合政府,由卡梅伦担任联合政府首相,提出"小政府、大社会"改革方向,要求进一步控制政府支出规模,实施更加严格的绩效责任机制。2010年6月,卡梅伦政府废除了《公共服务协议》制度,并提出以"业务计划"(Business Plan,BP)为中心的预算管理新模式。

部门业务计划编制应包含以下内容①:一是阐述部门的使命、愿景,确定部门整体战略目标;二是确定预算资金分配的联合优先次序。联合优先次序项目一般可分为政府确定的优先项目和本部门主要责任项目两种。政府确定的优先项目与国家整体发展战略联系紧密,彰显了一段时期内国家未来整体的发展方向。本部门主要责任项目则是根据各部门的职责范围、职能特点所确定的重要支出项目;三是制定各部门的结构性改革计划(Structural Reform Plan)。结构性改革计划由各部门进行编制,其本质为部门开展职能工作的执行计划和时间表。在编制过程中,各部门应列出联合优先次序项目中的分解目标、对应的行动措施、执行过程中的关键时间节点等内容;四是编制部门支出预算,应涵盖当前财政年度内的所有支出,分为行政费用支出、项目支出、资本支出等内容;五是绩效评估的信息公开。各部门应在业务计划中列出部门绩效评估的关键指标,包括投入指标、产出指标及其他关键绩效数据信息。指标及数据信息应公布在政府网站上并进行定期更新,接受来自社会公众的监督。

与《公共服务协议》相比,部门业务计划更加关注提升财政资金的使用效益,按照绩效目标的优先级次序来进行预算资金分配;通过公布执行计划、公开绩效评价指标等关键信息,不断加强公众对预算过程的监督力度。

二、英国绩效预算改革的特点

(一)分权与统一管理相结合的预算绩效管理模式

在预算管理过程中,英国政府在统一管理的基础上赋予各部门较大的自主性和灵活性,提高了绩效预算的执行效率。例如财政部与各部门签订《公共服务协议》和部门业务计划等,通过绩效合同的方式规定各部门的绩效结果和绩效目标;对于各部门支出进行封套处理,约束其每年的支出计划不能突破总额限制。与此同时,在《公共服务协议》和部门业务计划制定过程中,各部门在制定绩效评价指标时具有一定的自主权,可以结合部门的职能特点、战略目标等要素来设计合理的评估指标;英国政府允许部门在财政年度内实现财政资金拨款,各部门可以在一个拨款决

---

① 郑德琳.从公共服务协议到部门业务计划——英国新绩效预算改革对我国的启示[J].财会研究,2018(3):5-9.

议中的两个款项之间进行灵活拨转；给予一线雇员自主配置资源的权力，给予地方政府在资金使用、监控等方面的自主权，以便执行部门根据其战略目标灵活调整资源配置，提高资源使用效率。

（二）绩效预算与政府绩效改革深度结合

英国的绩效预算隶属于行政改革的一部分，其推广建立在全面政府绩效改革的基础上。政府绩效改革的全面实施培育了公共部门工作人员的绩效理念，减少了绩效预算改革的阻力。此外，政府绩效改革的经验、路径、工具也为预算绩效的实施提供了重要经验借鉴。与美国的立法保障推进途径不同，英国的绩效预算一直以来都是采取政府主导的推广模式，从效率优位、质量优位再到后期的《公共服务协议》等，历届执政政府均追求政府效率的改进、公共服务质量的提升，政府绩效改革的连贯性有效保证了绩效预算在公共部门中的持续性推广。

（三）建立中期财政规划

英国的现代财政预算制度规定各部门制定未来连续三年的总体财政支出方案，并设置支出上限，将财政资金依据优先级进行分配，克服了每年消化预算的弊病，增强了各年预算间的连续性，有助于增强预算的约束力，提升政府部门财政支出效益。英国在中期财政规划的体制下实施预算滚动管理，其绩效评估结果可以作为下一年度预算制定的依据，同时也可用于政府中期经济目标和计划调整，在一定程度上抑制了公共支出的过度膨胀，对于提高行政效率和精简政府机构均起到了一定的积极作用[①]。

（四）以部门为中心开展参与式绩效评价模式

英国在执行绩效预算过程中，绩效目标、绩效标准与评价指标均以部门制定为主，财政部门等预算管理机构进行指导，并在广泛征求绩效管理专家、民众、绩效管理者的基础上来最后确定。以部门为中心的绩效评价模式可以在执行绩效评价的过程中最大程度发挥信息优势，加强评价体系的科学性和合理性。此外，该模式可以在绩效评价事前了解存在的问题、分歧，提高公务人员对评价体系的认可度和遵从度，减少绩效预算改革的执行成本。

---

① 郑德琳.从公共服务协议到部门业务计划——英国新绩效预算改革对我国的启示[J].财税论坛，2018（3）.

（五）建立全面的绩效评估指标体系

全面的绩效评估指标体系是实施绩效预算的重要工具，绩效评估指标体系的合理性直接影响绩效测量的结果。英国在绩效预算推广的过程中形成了全面的绩效评估指标体系，主要分为：一是投入指标，用于衡量预算单位各类资源的使用情况，包括资金投入、人力投入等要素；二是产出指标，用于描述政府机构所提供的产品或服务数量的指标；三是效率指标，用于描述单位成本、单位时间或其他用比率进行政府活动生产率测量的指标；四是成果指标，用于描述社会公众或被服务人员从政府机构活动中的获益情况指标。

（六）设计完备的绩效预算体系

英国绩效预算经过多年实践探索已形成相对完备的绩效预算体系，其绩效预算运行过程包括：绩效目标的设计、预算分配、预算绩效监督、绩效报告提交、绩效审计、绩效信息运用等环节，各绩效管理流程与预算编制、执行、监督和调整紧密结合，积极调动各方参与，形成合力推进绩效预算改革。在设计绩效目标时，其首先确定各部门战略目标，进一步根据战略目标确定绩效目标和绩效指标；资源分配由内阁委员会决定，各部门在获取预算资金同时与财政部签订公共服务协议，约定各部门的绩效结果；在预算执行的过程中，财政部以及内阁委员会定期审查预算执行的中期绩效，及时排查问题与风险；为方便监督机构与公众及时了解各部门绩效情况，政府部门每年需向议会提交两次报告，即春季提交的部门年度报告和秋季提交的秋季绩效报告；各部门在预算年度结束后，提交部门绩效报告至国家审计署进行绩效审计，审计结果将反馈给政府部门并进行公开。

第三节　新西兰绩效预算改革

为解决政府过度干预引起的国内财政危机，新西兰在20世纪80年代开展了政府再造运动，完成从关注投入、控制到关注效率、效果的绩效观念转变，在各发达国家开展的绩效预算改革中，新西兰的绩效预算改革最为彻底，也最具有代表性，其改革过程与国家公共部门改革深度结合，通过一系列的立法法案有效推动绩效预算的全面推广。

一、新西兰绩效预算改革的历史

新西兰政府改革其中的一个突出特点就是通过一系列立法来推动改革的进程。这些法律明确了改革的目标、原则和革新技术的使用，也表明了政府进行彻底改革的决心。具体说来，新西兰的改革主要分四个阶段，由四个法案来推动[①]：国有企业改革阶段、公共部门改革阶段、管理责任强化阶段和与战略管理相结合阶段。

（一）国有企业改革阶段

为减少政府干预和精简政府机构，新西兰政府首先划分了公共部门和私人部门在国家经济发展过程中所承担的任务与角色，主张"减少政府干预，引入市场竞争机制"来进行指导经济发展。1986年，新西兰政府出台《国有企业法案》，区分了政府的商业活动与非商业活动，将政府部门直接管辖的商业实体和企业建立成独立的国有企业，完成政府与企业

---

① 牛美丽，马骏.新西兰的预算改革[J].武汉大学学报（哲学社会科学版），2006（6）：802-810.

的分离；规定了国有企业的治理原则和受托责任，赋予国有企业管理者与私人公司的管理者一致的自主权，包括生产和定价的权力等，同时也要求管理者必须在结果上对部长和议会负责；采用商业标准来评价公司管理者的绩效；按照私人企业的原则成立公司董事会，并聘请有商业经验和管理能力的人来担任管理者负责公司整体运营。国有企业的改革彰显了新西兰政府对政府职能定位的重新思考，从政府和市场的角度奠定了公共部门绩效改革的基础，加速了新西兰预算绩效改革的产生。

国有企业的改革进程大致可分为三个阶段：公司化阶段、私有化阶段和监督管理阶段。[①]公司化阶段起始于1986年，主要操作路径为将负责商业活动的政府部门改组为国有企业。国有企业与私人企业一致，均以实现盈利为终极目标；国有企业不再承担非商业性目标，如有必要，政府应通过补贴或制定协议的方式保障非商业性目标的实现；国有企业绩效由财政部和独立的专业性研究机构共同进行监督。私有化阶段起始于1989年，主要操作方式为出售国有企业资产和股份，新西兰航空、电信、国家保险公司等国企先后被私有化，出售国有资产获得的收入可用于偿还政府债务，保障财政的可持续性。[②]监督管理阶段起始于1990年，该阶段主要关注如何对国有企业进行有效的监督与管理。

新西兰国有企业改革取得了巨大成功，有效地削减了政府开支，提高了生产效率和服务质量，一定程度上缓解了国内的财政赤字问题，但同时，国有企业改革中大规模的裁员也造成了较为严重人员失业问题。

（二）公共部门改革阶段

从1988年开始，新西兰政府进入公共部门改革阶段，尝试将竞争机制引入公共部门管理，借以提高政府部门的工作效率和质量，公共部门改革包括政府部门绩效管理改革和公务员文官制度的革新两大部分。1988年，新西兰政府颁布《国家部门法案》，其主要内容包括：一是废除了公务员的终身制。将原有的终身制行政负责人改为首席行政官员（Chief Executive），每个任期为5年。同时，部长与首席行政官员签订绩效合同，约定官员在其任职间的绩效标准，在每个任期结束后根据官员绩效结果确定后续是否续签合约。二是重新界定部长和首席执行官（Chief Executive Officer，CEO）的权责关系，建立部长与首席执行官的委托—代理关系，部长应从宏观层面上关注政策制定，对结果负责。首席执行官在部门绩效上对部长负责，对部门绩效产出负责。首席执行官负责组织下一层行政部门，通过层层聘任、层层签订绩效合同的方式来约束公务员的工作绩效。三是将部门管理决策权力

[①] 薛凯.改革政府：新西兰的经验[J].中国行政管理，1998（12）：91-96.
[②] 张光.预算制度改革与财政的可持续性：新西兰的经验[J].公共行政评论，2014，7（3）：2-24，176.

下放给管理者，引入私人部门的雇佣政策，首席执行官具有雇用或解雇公务员的权力。四是开放政府部门高层管理者的任职渠道，允许私人领域的精英人员应聘公务员的高级职位。

为配合《国家部门法案》的实施，新西兰政府在1989年颁布了《公共财政法案》，将绩效预算改革作为行政机构改革的重要组成部分。《公共财政法案》要求政府机构在财政预算管理中应从传统的控制导向转变为结果导向，具体内容包括：一是所有财政拨款与产出挂钩，来提高政府官员对预算资源的责任感；二是要求所有的公共财务声明都应使用权责发生制，并向公众公开，提高财政预算的透明度；三是明确规定各部门首席执行官对部门绩效负责；四是下放财政决策权，赋予部门首席执行官更大的财政决策权力，同时加强对其的奖惩力度；五是建立信息系统支撑绩效评估工作，有利于部长及时、全面地掌握部门绩效信息。

新西兰预算绩效改革的一项重要内容是将"产出"与"结果"严格进行区分。产出主要指公共部门提供的产品或服务，绩效衡量指标包括数量、质量、成本等因素；结果则是偏重产品或服务对社会所产生的影响。在《国家部门法案》和《公共财政法案》中，规定了由不同的高层管理者承担产出和结果的绩效责任，即部长对部门结果负责，部门首席执行官对部门产出负责的预算责任制度。部长与各部门签订绩效合同来明确部长与各部门首席执行官之间的责任关系。

在新西兰的预算模式下，议会主要根据各部门产出进行预算拨款，一定程度上忽视了结果评价，其原因在于：一是相较于结果的影响评价，公共部门的产出更容易通过定量绩效指标来进行衡量；二是从产出到影响的转化过程耗时较长，通常需要数年的时间，与年度财政预算制度相容性较差；三是部门产出与结果之间的因果关系难于论证，由部门承担结果责任缺乏一定的合理性；四是成本与结果的资源配置关系难于实现。

（三）管理责任强化阶段

1993年，新西兰政府颁布《财务报告法》，确定了新西兰法定的会计原则制定程序，强化权责发生制的会计原则使用，并将财务报告分为"部门报表"和"政府报表"两个部分，更加全面准确地反映政府财政状况。

1994年，新西兰政府通过了《财政责任法案》(Fiscal Responsibility Act)，其中规定公共部门应当按照权责发生制的会计原则编制财务状况预测报告，定期提供有关政府预算政策、财政战略方面的全面完整的报告，从而实现了事后报告向事前报告的转换以及两者统筹兼顾[①]。法案还在财政管理责任细化的基础上，建立了保障

---

① 于国旺.公共部门财务报告改革：新西兰的特征及启示[J].财会通讯（综合版），2007（4）：83-84.

财政政策稳定实施的法律框架，具体包括：建立财政目标；定期进行财政报告；实施中长期的财政框架；明确财政部长责任，要求部长对产出负责；加强财政风险管理；推行信息公开，提高政府财政透明度等[①]。此外，该法案要求战略规划与政府预算之间相联系，要求各部门建立长远的战略规划，并确定战略优先顺序，作为政府制定预算的指导文件。战略优先顺序包括战略结果领域（Strategic Result Areas）、战略优先顺序和宏观目标（Strategic Priorities and Overarching Goals）、指导公共部门政策和绩效的关键性政府目标（Key Government Goals to Guide Public Sector Policy and Performance）等。战略优先顺序体现了各政府部门近期主要的政策方向，对后续的政府预算过程起到重要指导作用。

（四）预算与战略管理相结合阶段

1993年，新西兰政府发布《通往2010之路》（《Path to 2010》），提出了未来20年的国家发展战略规划。1994年，国家服务委员会（State Service Commission）认为公务员的绩效评价机制缺乏详细的评估指标，提出了一年一度的公务员"关键结果领域"（Key Result Areas）评价体系。此外，原有的部门产出绩效考核仅考虑了各个年度的绩效情况，忽视了产出绩效与部门长期战略目标的联系，主张将绩效考核的重点从关注产出转移至关注结果。1994年，国家服务委员会联合总理与内阁出台了战略结果领域（Strategic Result Areas），将《通往2010之路》中的战略规划与关键结果领域的年度绩效考核指标联系起来。新西兰政府在1994—1996年，分别发布了《后三年》（《Next Three Years》），《未来的投资》（《Investing Our Future》）和《新机遇》（《New Opportunities》），进一步加强了战略管理和绩效考核的联系，明确了政府战略优先发展的领域和先后次序。

二、新西兰绩效预算改革的特点

（一）立法推动绩效预算改革

立法推动是新西兰绩效预算改革的主要特点之一。《国有企业法案》《国家部门法案》《公共财政法案》《财政责任法案》分别从国有企业改革、政府公共部门改革、财政改革、财政责任等方面构建了绩效预算改革的法律框架，持续推进绩效预算改革进程。法律框架的完备可以有效扫除绩效预算改革的障碍，同时巩固改革的现有成果，避免改革的倒退。

---

① 王海涛.推进我国预算绩效管理的思考与研究［M］.北京：经济科学出版社，2014.

（二）广泛的政治支持

来自国内各方的广泛的政治支持是新西兰预算绩效改革的成功因素。新西兰的绩效预算改革由新西兰总理推动，政党、议会、财政部、国家服务委员会等分工协作形成合力保障改革的顺利实施。各部长、政治家、政府官员的政治支持也减少了改革推进的阻力，加速了绩效预算的改革进程。

（三）循序渐进的改革路径

新西兰的绩效预算改革路径呈现循序渐进的特点。在第一阶段，首先关注从事商业活动的政府部门改革，通过成立国有企业将商业活动与政府部门相分离；第二阶段关注政府部门的整体改革，通过《国家部门法案》和《公共财政法案》重塑政府的管理体制，通过绩效管理、产出控制、公务员制度改革树立公共部门的绩效理念；第三阶段，在预算过程中引入权责发生制、报告责任制，进一步规范财政管理的绩效责任；第四阶段，将战略管理与预算过程相结合，加强战略管理和绩效考核的联系。可以看出，新西兰各阶段之间具有良好的持续性和继承性特点，下一阶段改革在既有改革成果的基础上进一步扩大预算绩效的作用范围，不断完善绩效预算的管理体系。

（四）权责发生制的广泛应用

为了更加精确的反映生产过程中的成本，新西兰政府采用权责发生制的会计原则代替原有的现金制。权责发生制的核心原则为根据权责关系的实际发生和影响期间来确认相关的费用和收益。权责发生制的使用可以解决现金制下政府活动成本核算遗漏、收入费用不匹配等问题，能够更好体现绩效与成本间的受托责任，真实反映部门资源的流动情况，增加了预算的透明度，便于进行高质量的财政监督。

（五）预算过程与战略管理深度结合

新西兰政府在各财政年度分配预算时先由内阁制定预算分配的整体原则，根据政府长期战略计划确定优先事项、目标、关键主题以及整体财政状况等。各部长结合经济状况、长期支出政策等，制定大致的拨款策略，拨款策略中的优先事项与政府优先事项相一致。各部门在部长拨款策略的基础上，确定部门优先事项和非部门性优先事项，并解释说明其如何与政府优先事项间的联系。同时，预算审批和预算执行过程中应保证部门各项支出均与完成政府优先事项和目标产出相关。可以看出，新西兰的预算过程均围绕政府优先事项开展，各级政府、各部门的预算过程与政府整体战略保持高度的一致性。

（六）完善的预算责任制度

1994年发布的《财政责任法案》体现了新西兰政府对于财政责任的高度关注。新西兰政府将"产出"与"结果"的预算责任明确进行区分，规定各部长对结果负责，行政首长对产出负责，并通过签订绩效合同的形式约定部长与行政首长间的绩效责任。行政首长通过绩效合同向部长负责，同时与政府部门各级官员层层签订绩效协议，推进绩效责任落实。

第四节 韩国绩效预算改革

韩国开展绩效预算的时间较晚,但其采用了激进的改革方式在几年时间内迅速推动各项改革措施,建立了较为完善的绩效预算管理框架。与其他发达国家相比,韩国的绩效预算改革呈现"大爆炸"式的改革特点。

一、韩国绩效预算改革的历史

1997年,亚洲金融危机后,韩国政府负债不断增加,经济发展主权受到国际货币基金组织(IMF)限制,与此同时公共服务和社会福利的财政支出需求不断增长,长久以来的财政收支平衡被打破,政府财政压力日趋增加。1998年,金大中政府成立专门机构制定了包含5年财政总额和12类支出优先顺序的中期财政计划,该计划与后期的中期支出框架存在一定的差距,其主要目标为尽快达成国家财政收支平衡,并在目标达成后停止了后续执行操作。2000年,韩国在借鉴其他发达国家经验的基础上,引入财政项目的绩效管理制度,借以提高财政资金的使用效率,并在国内开展了部分试点工作。2003年,卢武铉总统上台后,开始了绩效预算的全面改革,并建立了韩国现代绩效预算管理体系。

2003年,卢武铉政府在充分参考国际中期支出框架(MTEFs)改革经验和世界银行等国际组织的建议后,启动了韩国财政体系"四大财政改革":国家财政管理计划、总额分配与自律编制制度、财政绩效预算制度和数字预算会计系统。

1.国家财政管理计划。为克服年度预算在国家长期计划和发展战略上的局限性,自2004年开始,韩国政府开始推行国家财政管理计划,该计划覆盖未来5年期国家财政管理活动,并与国家中长期发展战略紧密结合,制定对应的财政支持计划。

国家财政管理计划主要包括以下内容[①]:一是总体概况与评估,包括财政计划的目标与过程,财政管理的估计与评估;二是介绍涵盖未来5年的投资计划,涉及范围包括社会经济、国家愿景、财政管理环境、资源配置方向、政策方向等,既包含总体投资方向,又包含按照项目分类的详细的资源配置计划,与财政总量相关的年度目标等;三是财政管理体系改革,包括财政部门制度的系统改革,内容包括自上而下预算、绩效管理、数字预算与会计的开展、全国财政法的制定、建造转移出租项目的执行以及反对预算浪费的行动等。

国家财政管理计划使得韩国从以控制导向的单一年度预算转向与国家长期发展战略相结合的预算模式,提高了政府预算的连续性,促进了可预测且稳定的政策执行。

2.总额分配与自律编制制度。20世纪80年代后,随着国内经济的增长,韩国财政支出规模高速增长,传统的"自下而上"的预算编制模式需要平衡部门预算需求与财政部的预算削减需求,由于信息的不对称性导致资源配置结构扭曲,无法与国家整体战略计划相结合。基于此,韩国采取了"自上而下"的预算编制模式。在各年度1—4月,企划财政部根据国家经济发展情况、国家财政管理计划、国家优先顺序及重大项目投资计划,确定各部门的支出总额,控制总体支出和部门指出上限。

部门支出上限确定后,部门管理者根据政策方向和支出优先顺序,按照自律原则制定反映组织目标、政策方向和绩效目标的预算请求,并于6月底之前提交。

"自上而下"的预算制度体现了财政管理制度从投入导向转型至绩效导向,将国家长期战略与各年度财政预算相结合,实现了国家财政管理的宏观调控,整体引导财政资源分配。自律编制制度则在总量控制和整体指导原则的基础上,赋予各部门一定的灵活性与自主权,保障了财政预算编制的合理性和可行性。

3.数字预算会计系统。数字预算会计系统(Digital Budget Accounting System,DBAS)又被称为韩国财政管理信息系统(Korea Financial Management Information System,KFMIS),该系统整合了财政管理活动中的各类预算制度,如项目预算制度、权责发生制等,同时系统中囊括了各政府部门、公共部门、国有企业等部门产生的各类数据信息,提高了财政管理的透明度与操作效率,为韩国财政管理活动提供重要技术支撑。

从20世纪90年代开始,韩国采用了三种不同模式的财政管理信息系统:"SALIMI"系统、国家财政信息系统(NAFIS)以及数据库应用系统(DBAS)。为缓解1997年亚洲金融危机的影响,韩国在1999年建立了"SALIMI"系统,但是由于缺乏全面性和系统性,"SALIMI"系统很快退出了公众视野。韩国政府在总结失

[①] 廖晓军.国外政府预算管理概览[M].北京:经济科学出版社,2016.

败教训的基础上，将权责发生制试行引入管理信息系统，同时增加决策支持的功能，于2002年建立了国家财政信息系统。2007年，韩国的数字预算会计制度开始迈入数据库应用系统时期，与前期系统相比，其将权责发生制与复式预算系统，该系统全部覆盖了52个中央部委与机构，包含审计、预算分配与管理、绩效管理等各项财政活动。[①]

4.财政绩效预算制度。2003年，韩国开始推广财政绩效预算制度，其财政管理模式由关注投入型逐渐转为关注结果型的财政管理。韩国的财政预算管理体系包含绩效目标管理、项目自评估体系、项目深度评估体系及项目评级与预算调整。

（1）绩效目标管理。2003年，韩国开始推行绩效目标管理制度。绩效目标管理以3年为一个执行周期，其要求各部门提前制定各财政项目的绩效目标、评价指标以及各成果的子目标，并将实际中的绩效情况与绩效目标进行对比，评价各项目的绩效结果。

绩效目标管理的执行内容包括制定绩效计划、执行项目与制定绩效报告。绩效计划按照"战略目标—绩效目标—项目目标"的逻辑顺序来逐层确定。各部门在职责使命的基础上，结合中长期战略规划确定部门的战略目标。绩效目标在战略目标的基础上，将各项工作任务与战略目标进行对应分析，得出的具体目标。项目目标在绩效目标的基础上，将绩效目标进一步分解至各个项目上得出。绩效报告应体现评估对象绩效目标的达成情况，并根据结果深入分析成功或失败的原因，指导下一年度绩效计划的编制。

2003年，韩国政府在22个中央部门开始试行绩效目标管理体系，在2005年，将推行范围扩大至26个中央部门，并于2007年覆盖至所有的中央部门。2008年，韩国政府第一次编制了所有部门的财政项目绩效管理报告。2009年，政府制定了以40多个中央行政机关为中心的绩效计划书。[②]

（2）项目自评估体系。2005年，韩国政府建立项目自评估体系（Self-Assessment of Budgetary Program，SABP），要求各政府部门每财政年度按照财政部发布的评估标准，对部门1/3的项目展开自我评估，并将评估结果反映到预算编制中。

韩国的项目自评估体系借鉴了美国项目评级工具PART的经验做法，通过构建问题清单来展示项目绩效信息，评价各项目的绩效结果。项目自评估体系的评价内容包括：项目目标的合理性评价，具体为项目目标的准确性，不同项目之间目标的重叠性，绩效指标和目标的适当性；项目绩效跟踪评价，具体为项目监督情况，预算执行与计划的一致性；项目结果与应用评价，具体为绩效目标达成情况，评价结果的应用情况等。

（3）项目深度评估体系。项目深度评估体系建立在项目自评估体系的基础上，选

---

① 崔兴硕，苗爱民，杨晋.基于信息技术的韩国财政管理改革［J］.公共管理与政策评论，2014，3（2）：86-96.
② 王海涛.推进我国预算绩效管理的思考与研究［M］.北京：经济科学出版社，2014.

取部分项目展开深入评价，期望找出提升项目绩效的路径。为保证项目深度评估结果的公平性和专业性，该评估通常交由韩国公共财政研究院等专业机构来操作。项目深度评估的对象主要依据项目自评估结果，针对重大项目或自评估结果较差的项目及批评较多的项目进一步展开深入评价，评价内容包含项目的有效性、合理性、效率、实用性、可持续性等，并给出绩效改进方向建议。项目的深度评估结果会反馈给各政府部门，用于指导下年度预算安排，并根据结果对项目进行废除、合并或减少等操作。

（4）项目评级与预算调整。根据项目自评估结果，可以将项目分为不同的绩效等级，其等级结果可影响下年度的预算安排。2005—2007年，韩国项目评级的结果包括优秀、一般优秀、合格和不达标四种类型。2008年，项目评级结果分为优秀、一般优秀、合格、不达标和严重不达标五种等级。一般来说，评级结果良好的项目后期可以追加预算，而评级结果较差的项目后期会削减部分或全部预算。此外，项目评级的结果还会及提交给国民大会，用于预算审议和决算过程。

2006年，韩国依据项目自评估结果削减及停止了部分财政项目，削减预算高达52.8%。从2008—2013年，每年均至少有20%项目被评为无效项目，每年削减预算近15%。[①]

二、韩国绩效预算改革的特点

韩国作为东亚的代表性国家，其政治基础、经济环境、文化特征均显著区别于西方发达国家，其绩效预算改革的起步较晚，但在借鉴他国经验的基础上，在短期内得到了迅猛发展，总结韩国绩效预算改革的经验与特点，对我国预算绩效管理的推广具有重要的借鉴意义。

（一）大爆炸式的绩效预算改革模式

绩效预算的执行需要中期财政预算、权责发生制的会计制度、绩效评价体系构建等一系列配套改革措施，纵观美国、英国等西方发达国家的改革经验，其绩效预算体系的成熟需花费数十年的时间，而韩国从启动改革到全面推广仅用了数年的时间，在2003—2008年，密集出台各项绩效预算改革措施，全方位的建立绩效预算管理体系。大爆炸式的绩效改革模式与韩国国内的政治环境、经济环境密切相关，任期五年不能连任的总统任期制、经济危机下形成的各方对于改革的共识、预算部

---

① 王海涛.推进我国预算绩效管理的思考与研究［M］.北京：经济科学出版社，2014.

门的强势地位、相对丰富的国际协助等因素均推动了改革的迅猛发展。①当然，大爆炸式的绩效预算改革也给韩国绩效预算改革带来了部分隐患，不能及时纠正错误和总结经验，指导后续的改革方向。

（二）借鉴西方的绩效预算改革经验

与西方发达国家相比，韩国绩效预算起步较晚，随之而来的优势在于其可以参照他国改革经验，推动国内绩效改革。事实上，在韩国绩效预算改革过程中，OECD、世界银行等均为韩国提供了宝贵的政策建议。此外，韩国绩效预算管理体系基本上是在借鉴美国绩效预算经验的基础上建立起来的，其绩效理念、技术工具、实施路径均深受美国经验的影响。借鉴西方的绩效预算改革经验，有效减少了韩国绩效预算改革的误区，显著提升了绩效预算的改革效率。

（三）总体控制与部门分权相结合

韩国"自上而下"的预算模式实现了中央政府对各级部门支出的全局把控，有效保障资源的分配效率。在总体控制的基础上，韩国亦注重发挥政府各部分的自主性，在战略优先顺序的基础上，由各部门结合自身工作特点编制预算，选取项目进行自律评价等，充分发挥各级部门的信息优势，保障预算过程的可操作性和可行性。

（四）注重发挥智库与公民作用

韩国绩效预算改革过程中非常注重发挥智库及第三方的技术支撑作用。韩国公共财政研究院开发了项目绩效评价体系，并在改革过程中提供了大量的政策咨询、技术指导和培训工作。后续公共财政研究院的财政分析中心逐步扩充为绩效评估和管理中心，专门负责绩效评估的相关工作。②此外，韩国的绩效预算改革还非常重视公民参与，通过互联网、电话访问、座谈等形式搜集公民意见，并邀请公民参与绩效评估过程。

---

① 石慧，吴幸泽，毛万磊.危机后的击进：韩国国家财政管理计划改革始末与启发［J］.公共行政评论，2016，9（6）：67-86、197-198.
② 张俊伟.韩国绩效预算改革及启示［N］.中国经济时报，2013-10-29（005）.

第五节 经验借鉴与启示

发达国家绩效预算改革起步较早，各国在结合自身国情的基础上均取得了较为丰富的改革成果，通过梳理各国绩效预算改革特点、经验，可以有效指导中国后续绩效预算改革，助推构建全过程、全方位、全覆盖的预算绩效管理格局。

一、国外绩效预算改革的经验

绩效预算改革最早起源于西方发达国家，改革的先驱国家经过几十年探索，积累了丰富的实践经验。纵观各国预算绩效改革历程，可以看出各国改革的原则、措施、路径均与其自身政治制度、财政制度相适应，体现出本土化的特色。但与此同时，各国绩效预算改革亦体现出下列共性特征。

（一）注重绩效预算改革配套法律框架的建立

西方发达国家绩效预算改革的成功离不开权威性法律框架的支持，配套法律法规可依赖其权威性和稳定性保障绩效预算改革的推行力度。西方发达国家在绩效预算改革的历程中均采取了法律先行的推广路径，并在实践中依据改革的侧重点、公众需求不断调整、完善配套法律体系，为绩效预算改革提供强大的法理支持，有效排除改革的阻力。例如美国1993年和2000年前后发布了GPRA和GPRAMA法案，后者在前者的基础上进一步优化了绩效管理工具，强化信息公开制度和绩效目标责任机制等。英国1997年的《综合支出审查法案》和《公共服务协议》建立了英国绩效预算制度的基本框架。新西兰绩效预算改革更是主要依靠法律驱动，《国有企业法案》《国家部门法案》《公共财政法案》《财政责任法案》等四个重要法案循序渐进推动改革进程，有效巩固阶段性改革成果。

（二）注重与政府绩效改革的深度结合

　　西方发达国家对于公共管理领域"绩效"理念的重视最初来源于20世纪70年代，停滞不前的经济发展形势、庞大的政府支出规模、低下的政府行政效率迫使各国政府转变原有的执政方式，开始关注政府行政效率和财政支出绩效。绩效预算改革作为政府绩效改革的重要组成部分，其改革的措施、技术工具的开发等均在政府绩效改革的框架下进行，与政府绩效改革进程相辅相成。美国、英国等西方发达国家的绩效预算改革取得成功的一大关键因素在于在政府绩效改革的大环境下，追求绩效的理念已深入人心，有效降低了绩效预算改革的阻力，政府绩效改革的经验、方法也为绩效预算改革提供了重要的参考作用。此外，政府绩效改革的连贯性也有利于巩固绩效预算改革的阶段性成果。

（三）采取分权与统一管理相结合的预算绩效管理模式

　　国外的绩效预算大都呈现出分权与统一管理相结合的特点，注重预算过程中的部门参与，在统一管理的基础上赋予各部门较大的自主性，并建立健全的绩效责任制度，在保障预算执行结果的基础上提高预算的执行效率。例如英国的预算部门在部门支出封套的基础上，可实现各项目间财政资金拨款的灵活拨转，同时其具有一定的制定绩效评价指标自主权，可根据部门的各年度战略目标进行灵活调整。韩国在"自上而下"预算模式的基础上，规定各部门可根据各年度工作侧重点编制预算，自行选取项目进行自律评价等，在中央政府整体把控全局的基础上给予部门一定的自主权，提高资源的使用效率。

（四）设计完善的绩效预算体系

　　绩效预算改革先驱国家经过几十年的实践探索，已形成了较为完备的绩效预算体系，其预算编制、执行、监督、调整过程均与"绩效"紧密联系。一个完备的绩效预算体系大致包括：绩效目标的设计、预算分配、预算绩效监督、绩效评价、绩效报告提交、绩效结果公开与运用等环节。绩效目标的确立是预算绩效管理的源头，美国与英国在制定绩效目标时，通常与政府整体战略相结合，在此基础上分解提取各部门战略目标，再由战略目标进一步确立绩效目标。预算的分配与各部门提交的绩效目标相联系，英国、新西兰等国家在预算分配过程中通常会与各部门签订协议，约定各部门的绩效结果。在预算执行的过程中，财政部等相关机构通过定期的中期绩效审查、中期报告提交等方式及时监督各部门绩效完成情况，排查问题与风险。绩效评价是预算绩效管理的重点环节,目前各发达国家均建立了较为完善的绩效评价体系,从投入、产出、效率、效果等多维度展开绩效评价。此外,美国、英国等发达国家亦非常重视绩效信息的公开、搜集与利用,通过法律规章制度约束各部门及时公开绩效信息,方便公众及监督机构及时了解各部门绩效,并建立了与部门绩效相关的奖惩制度。

(五)注重绩效预算的配套制度改革

绩效预算不仅是预算管理方式的改变,其对预算管理过程提出了更加严格的要求,需要一系列配套制度的支持,西方发达国家在绩效预算改革过程中非常注重配套制度建设,具体包括政府采购制度、国库单一账户和集中收付制度、权责发生制、绩效问责及绩效信息公开制度等,这些配套制度的完善为绩效预算推广构建了良好的制度环境。例如英国1984年在财政部设立政府采购办公室,统筹负责全国的政府采购工作,加强对于预算支出的集中控制,提高了预算的执行效率。英国、美国等西方发达国家的国库单一账户和集中收付制度实现了财政资金的统筹管理,该制度能够提供更为准确的全口径财政收支数据信息,为财政资金的高效配置奠定了良好的基础。为更加准确衡量政府各项活动的成本,新西兰、英国等国家均在预算过程中引入权责发生制的会计原则,提高了预算过程的透明度,对预算过程实现了有效的财政监督。

(六)注重预算绩效管理工具的开发与利用

预算绩效管理工具为绩效预算改革提供了重要的技术支撑,科学合理的技术工具可以提供评价对象较为准确的绩效结果信息,有效指导预算管理过程。以绩效为中心的绩效预算模式涉及大量绩效信息的搜集、整理、评价、应用,其绩效目标编制、绩效跟踪、绩效评价和结果应用的各个环节均需要相关技术工具来保障其可行性。西方发达国家绩效预算的推广离不开预算绩效管理工具的开发与使用。例如美国针对不同层次的评价的对象设计了对应的技术工具,比如用于项目绩效评价的PART工具,部门绩效评估的平衡计分卡工具和"优先绩效目标"工具;英国提出了"经济"(Economy)、"效率"(Efficiency)、"效益"(Effectiveness)为中心的"3E"评估标准;韩国在借鉴美国PART工具的基础上提出的项目自评估体系等,均在实践中取得了良好的效果。

二、对我国绩效预算改革的启示

西方发达国家的绩效预算改革实践已经全方位展示了绩效预算模式的先进性，为进一步提高我国财政资金的使用效率，提升预算管理水平，推广绩效预算势在必行。由于我国绩效预算改革启动较晚，可以借鉴其他先驱国家的理论与实践经验，有效指导我国的绩效预算改革过程。

（一）加快预算绩效管理的立法进程

西方发达国家预算绩效的法制化是绩效预算改革成功的重要原因，预算绩效立法可以保证其推广的合法性与权威性。我国应结合自身国情，加快预算绩效管理的立法进程。2014年，我国完成了《预算法》的修正工作，添加了公共财政要进行预算绩效管理的要求。此外，预算绩效管理的顶层设计也相继出台：2011年，财政部出台了《关于推进预算绩效管理的指导意见》（财预〔2011〕416号），部署推进预算绩效管理工作，提出应逐步建立"预算编制有目标、预算执行有监控、预算完成有评价、评价结果有反馈、反馈结果有应用"的预算绩效管理机制。2014年，国务院发布《关于深化预算管理制度改革的决定》（国发〔2014〕45号），要求全面推进预算绩效管理工作，强化支出责任和效率意识，逐步将绩效管理范围覆盖各级预算单位和所有财政资金，将绩效评价重点由项目支出拓展到部门整体支出和政策、制度、管理等方面，加强绩效评价结果应用，将评价结果作为调整支出结构、完善财政政策和科学安排预算的重要依据。2018年，国务院发布了《全面实施预算绩效管理的意见》（中发〔2018〕34号），要求构建全方位、全口径的预算绩效管理格局，进一步彰显了国家实施预算绩效管理的决心。但相比与西方国家的绩效预算法律制度，我国2014年修正的《预算法》有关绩效预算的修改更多体现的是纲领性和方向指导性，并未涉及过多的实现路径和强制执行要求，后续过程应进一步明确预算绩效管理的实施细节，保障预算绩效管理的实施效力。

（二）注重与政府绩效改革相结合

西方发达国家的绩效预算改革通常体现出与政府绩效改革深度结合的特征，以此来减少改革阻力，保障巩固改革的阶段性成果。我国目前正处于全面深化改革的深水区，政府部门从"管理型政府"逐步转变到"服务型政府"，政府绩效管理是创建高效、透明的服务型政府的重要手段，是政府职能转换的必然要求。预算绩效管理作为政府绩效改革的重要内容，其在推进过程应按照循序渐进的原则，在政府绩效改革的架构下逐步展开。目前，我国的政府绩效管理已取得了阶段性成果，在中央及个地方展开了工作目标考核、领导干部责任制考核、政府绩效评价等活动，积累了较为丰富的实践经验，培育了公共管理部门的绩效理念，为预算绩效管理的推广奠定了一定的基础。预算绩效管理在推广过程中，应充分考虑我国国情的实际情况，其改革措施、技术路径等内容的出台考虑与政府绩效管理的现有成果相衔接，能够有效减少预算绩效管理的改革阻力，降低改革的实施成本，提高政府效能。

（三）加强预算绩效管理过程中的预算部门参与

预算绩效管理推进过程中应给予预算部门一定的自由度和灵活性，保障适度的部门参与程度。预算部门作为资金的使用者，绩效信息的产生者和搜集者，其在预算绩效管理过程中具有天然的信息优势。财政部门作为预算绩效管理的主要推动者是合理的，但在具体实践过程中其具有信息滞后和信息不对称性特征，完全由财政部门操作预算绩效管理全过程可能会导致预算绩效管理执行中的"水土不服"，削弱了其执行力度。西方国家如英国、新西兰等在制定绩效目标、绩效指标的过程中采取了以部门为中心的操作方式，利用部门的信息优势来制定符合部门工作特点的绩效考核体系。目前我国的预算绩效评价体系可分为共性指标和个性指标两类，其中共性指标由财政部统一制定，个性指标由各级财政部门根据评估对象的特征来自行设计。可以看出，目前我国预算绩效管理的部门话语权相对较弱，未来在进行预算绩效推广过程中应进一步加强预算部门的参与度和自由权，在充分考察多方意见的基础上设计有针对性的绩效管理体系，提高部门执行预算绩效管理的积极性。

（四）完善预算绩效管理体系

《全面实施预算绩效管理的意见》中规定实行全过程的预算绩效管理，具体包括事前评估机制、绩效目标管理、绩效运行监控、绩效评价和结果应用等内容。对比西方国家的绩效预算管理执行过程，我国未来应进一步完善预算绩效管理体系，具体包括：出台事前评估的操作流程、标准、结果应用的顶层设计文件；提升预算绩效目标编制的质量，可借助平衡计分卡、战略地图等绩效管理工具生成体现部门战略目标、职能特征的绩效目标；理清政府部门和预算部门"双监控"的关系，加强绩效跟踪结果应用机制建设；完善部门自评、财政部门评价活动和第三方机构评价机制，形成内部评价与外部评价的有效结合，提高评价结果的科学性和合理性；完善绩效信息公开机制，加强绩效评价结果的公开力度，并探索绩效结果与预算分配、绩效责任的挂钩机制，督促各部门提升绩效结果。

（五）完善预算绩效相关配套制度

西方发达国家绩效预算改革的成功离不开相关配套制度的支撑，目前我国的预算绩效管理配套制度建设已取得了一些阶段性成果，但相关配套制度如权责发生制的政府会计制度、中期预算框架等建设工作仍需进一步完善。

2013年，《中共中央关于全面深化改革若干重大问题的决定》中提出建立权责发生制的政府综合财务报告系统的要求。2014年修正的《预算法》中增加了"各级政府财政部门应当按年度编制以权责发生制为基础的政府综合财务报告"并"报本级人大常务委员会备案"的条款，为我国应用权责发生制提供了重要的法律依据。从2017年开始，我国按照《政府会计准则——基本准则》（财政部令第78号）的要求，在财务会计领域使用权责发生制。结合英国、新西兰的权责发生制改革经验，我国在权责发生制推广过程中应采用渐进式改革路径，及时总结试点经验，加快会计核算制度建设进程，出台权责发生制政府综合财务报告编制的正式办法，加强财务部门会计人员队伍建设，完善信息系统、财务软件系统的开发工作。

针对中期预算框架，2014年9月，我国完成了《预算法》的修正工作，在其中提出各级政府应建立跨年预算平衡机制。2015年，国务院颁布《关于实行中期财政规划管理的意见》，规定中央部门从2015年起启动三年滚动财政规划管理，并在水利投资、义务教育、卫生环保等重点领域开展试点工作。后续各级财政部门也在《关于实行中期财政规划管理的意见》的基础上开展了中期财政规划的编制工作，中期预算的推广范围不断扩大。但就目前来看，中期财政预算在执行过程中仍存在很多困难，我国应厘清中期预算与各年度预算之间的约束关系，做好配套的业务培训和组织建设工作，强化中期预算的数据支持工作，为中期财政规划编制提供技术支持。

（六）开发符合中国国情的预算绩效管理工具

针对不同时期绩效预算改革的重点，西方发达国家开发使用了诸如PART、红绿灯评价系统、平衡计分卡等多套完善的绩效管理工具体系。我国应结合自身国情，设计开发符合中国现状的预算绩效管理工具。目前，我国财政部已经出台了部分项目、部门预算绩效评价共性指标体系，用于指导预算绩效评价实践。后续应借鉴他国绩效管理工具体系开发经验，在深入咨询财政部门、职能部门、第三方机构、专家学者观点的基础上，遵循科学性、操作可行性等原则，设计行之有效的预算绩效管理工具，指导预算绩效管理实践。

本章小结

20世纪70年代以来，各国普遍存在的财政赤字危机、庞大而低效的政府支出行为和新公共管理的兴起为绩效预算改革提供了重要的发展契机。纵观各国绩效预算改革历程，可以看出绩效预算的推行需要建立完善的制度体系和配套制度改革，具体包括：具有权威性的法律制度框架、关注中长期战略的中期财政框架、完备的绩效预算体系、全面合理的绩效预算工具、权责发生制为基础的配套会计制度改革等内容。中国应在充分借鉴先行国家改革经验的基础上，结合中国现有财政制度体系特点，在全面实施预算绩效管理的整体要求下，加快预算绩效管理的立法进程，逐步完善预算绩效管理体系和配套制度体系，持续推进预算绩效管理的改革广度与深度。

课后习题

名词解释
PART工具　"自上而下"预算制度　中期财政规划　权责发生制

简答题
1. 简要说明美国《政府绩效与结果法案》的主要内容。
2. 简要说明英国《公共服务协议》的主要内容。

论述题
1. 请说明发达国家绩效预算改革的共性特点。
2. 部分国家在推广绩效预算的过程中曾存在改革失效的问题，请说明绩效预算改革失败的原因。

本章主要参考文献

［1］张志超等.美国政府绩效预算的理论与实践［M］.北京：中国财政出版社，2006.

［2］马蔡琛，朱旭阳.从传统绩效预算走向新绩效预算的路径选择［J］.经济与管理研究，2019（1）.

［3］邹靖，梁永晋，王晓培.美国政府绩效预算对我国预算绩效改革的启示［J］.财政研究，2015（7）.

［4］廖晓军.国外政府预算管理概览［M］.北京：经济科学出版社，2016.

［5］吕昕阳.典型发达国家绩效预算改革研究［M］.北京：中国社会科学出版社，2011.

［6］牛美丽，马骏.新西兰的预算改革［J］.武汉大学学报，2006（6）.

［7］薛凯.改革政府：新西兰的经验［J］.中国行政管理，1998（12）.

［8］王海涛.推进我国预算绩效管理的思考与研究［M］.北京：经济科学出版社，2014.

［9］张俊伟，郭智.韩国绩效预算改革与启示［N］.中国经济时报，2013-10-29（005）.

［10］郑建新，许正中.国际绩效预算改革与实践［M］.北京：中国财政经济出版社，2014.

第八章
中国预算绩效管理实践与展望

内容提要

经过近 20 年的发展，预算绩效管理在我国已取得显著成效，绩效评价实践经验不断丰富，评价范围日益扩大，已从项目支出绩效评价逐步延伸到部门整体支出绩效评价，部分地区已覆盖到政策绩效评价和基金绩效评价。与此同时，鉴于绩效预算理念尚未全面树立，至今仍有一些部门把绩效预算管理当作额外工作来应付；重评价过程，轻评价结果，评价结论实际应用效力下降；绩效评价的重心发生偏移，评价结果可操作性不强等问题仍普遍存在。上述预算绩效管理问题的存在，从其根源上来说，在很大程度上是因为我国绩效预算管理在法律制度层面、组织管理层面、激励机制层面、保障条件层面等还存在一定的缺陷与不足。为此，2018 年 9 月，中共中央、国务院发布《关于全面实施预算绩效管理的意见》，要求力争用 3 — 5 年时间基本建成全方位、全过程、全覆盖的预算绩效管理体系，实现预算和绩效管理一体化，着力提高财政资源配置效率和使用效益，改变预算资金分配的固化格局，提高预算管理水平和政策实施效果，为经济社会发展提供有力保障。本章即是针对中国预算绩效管理的发展与演变历程、中国预算绩效管理存在的突出问题、中国预算绩效管理改革与完善的路径与方案进行的探讨。

第一节　中国预算绩效管理的历史演变

20世纪初以来，随着公共财政理论的建立，我国逐步开始以实施预算绩效考评、建立绩效评价体系为起点，以最终实现绩效预算管理为目标的积极探索和实践，各级各类关于绩效预算管理的政策措施不断发布，逐步形成相对完善的预算绩效管理政策体系与制度规范。

一、中国预算绩效管理起源阶段（20世纪90年代末—2011年）

预算绩效考评与评价在中国的起步与发展阶段始自21世纪初。2000年，根据财政部安排，湖北省财政厅率先在恩施土家族苗族自治州选取5个行政事业单位进行评价试点，真正意义上的预算支出绩效评价开始在我国起步。2001年，财政部要求各省进行财政支出绩效评价工作的研究探索，并于2002年在内蒙古自治区召开"国家财政支出效益评价"座谈会，探讨财政支出绩效评价体系的构建，并成立课题组进行专题研究。同期，财政部还组织工作人员到澳大利亚和新西兰等国进行绩效预算考察，学习和借鉴国外经验。

2001年7月，财政部出台《中央部门项目支出预算管理试行办法》（财预〔2001〕331号），提出将对中央部门年度预算安排的项目实行绩效考评制度，并将项目完成情况和绩效考评结果作为以后年度审批项目立项的参考依据。

2003年，党的十六届三中全会《关于完善社会主义市场经济体制若干问题的决定》将"建立预算绩效评价体系"确定为我国财政预算改革的核心内容。与此同时，在我国的中央层面也已开始策划绩效考评试点，并制定了一系列单项性绩效考评管理办法,如《中央级教科文部门项目绩效考评管理试行办法》(财教〔2003〕28号)、《中央级行政经费项目支出绩效考评管理办法(试行)》(财行〔2003〕108号)、《关于开展中央政府投资项目预算绩效评价工作的指导意见》(财建〔2004〕729号)等。

这些针对中央部门项目进行绩效考评的要求,可视作我国预算绩效管理的萌芽,也意味着以绩效考评为突破口的政府预算改革正式开启。自此,中国正式拉开政府预算绩效管理改革的序幕。

2005年5月,财政部印发《中央部门预算支出绩效考评管理办法(试行)》(财预〔2005〕86号),提出以绩效考评的内容、方法、指标、组织管理、工作程序以及结果应用为核心,开展预算支出绩效评价。虽然这一文件针对的范围有限,仅限于中央部门,但却是中国预算绩效管理改革的重要一步,是我国预算绩效评价制度体系建设的重大突破,其采取的部门试点方法也为后续开展的预算绩效管理积累了经验。

2009年6月,财政部下发《财政支出绩效评价管理暂行办法》(财预〔2009〕76号)。此暂行办法相比2005年的中央部门管理办法呈现出以下三点进步:(1)扩大了绩效评价对象的范围,即不仅包含部门预算管理的财政性资金,还包含上级政府对下级政府的转移支付资金。(2)对绩效目标的内容和要求做出了详细说明,要求将绩效目标编入部门年度预算,对绩效目标的关注表明政府对于预算绩效管理应当囊括哪些环节的认识有所加深。同时,绩效目标编入部门年度预算也为后续实施全过程预算绩效管理奠定了基础。(3)对绩效报告和绩效评价报告的撰写提出要求,使绩效评价落实到书面,避免绩效评价陷于空对空的形式主义。

同年10月,为在中央层面加速推进项目支出绩效评价,财政部发布《关于进一步推进中央部门预算项目支出绩效评价试点工作的通知》(财预〔2009〕390号)。这一通知将绩效评价各方职责问题放在首位,详细规定了项目承担单位、中央主管部门和财政部各自的职责,避免了责任真空地带或互相责任推诿现象出现。同时,还提出中央部门财政项目支出绩效评价采取"项目承担单位开展自评、中央主管部门组织实施评价和财政部进行重点评审"相结合的方式。该通知里提出的"一上"确定绩效评价项目、事前填报绩效目标、事后进行绩效自评和绩效评价、对评价结果进行应用的评价程序一直沿用至今,目前绝大部分中央部门的绩效评价工作依然按照此程序进行。

2011年4月,财政部对2009年下发的绩效评价管理暂行办法进行了修订,同时发布《财政支出绩效评价管理暂行办法》(财预〔2011〕285号),进一步细化了绩效评价的对象和内容、绩效目标、绩效评价指标、评价标准和方法、评价组织管理和工作程序、绩效报告和绩效评价报告、评价结果及应用,修订后的办法成为我国沿用至今最为核心及重要的财政支出绩效评价指导性文件。

为推动地方开展预算绩效管理工作，2011年7月，财政部出台《关于推进预算绩效管理的指导意见》（财预〔2011〕416号），首次明确提出预算绩效管理包括绩效目标管理、绩效运行跟踪监控管理、绩效评价实施管理以及绩效评价结果反馈和应用管理，据此正式确立了中国实施全过程预算绩效管理的主要内容。

为引导中央部门积极主动开展预算绩效管理各项工作，2011年财政部发布《预算绩效管理工作考核办法（试行）》（财预〔2011〕433号），决定每年对中央部门预算绩效管理工作进行考核，并表彰先进。

二、我国预算绩效管理发展阶段（2012—2017年）

2012年，财政部印发《预算绩效管理工作规划（2012—2015年）》（财预〔2012〕396号），将预算绩效管理规范为"预算编制有目标、预算执行有监控、预算完成有评价、评价结果有反馈、反馈结果有应用"的全过程预算绩效管理，并将预算绩效管理的重点工作确定为：（1）完善预算绩效管理制度体系和预算绩效评价体系；（2）健全专家学者库、中介机构库和监督指导库，提供以智库为基础的智力支持；（3）实施绩效管理范围、重点评价、评价质量和评价结果应用四个方面的相关工作。

同期，财政部还发布配套文件《县级财政支出管理绩效综合评价方案》（财预〔2013〕87号），明确了县级财政绩效评价基本行为规范。

2013年4月，为落实完善绩效评价指标体系的要求，财政部印发《预算绩效评价共性指标体系框架》（财预〔2013〕53号），同时出台《经济建设项目资金预算绩效管理规则》（财建〔2013〕416号），以指导绩效评价指标体系的构建和经济建设项目资金的绩效管理活动。

2014年3月，财政部在《地方财政管理绩效综合评价方案》（财预〔2014〕45号）中规定，财政部每年对36个省的财政管理情况进行综合评价，具体包括实施透明预算、规范预算编制、优化收支结构、盘活存量资金、加强债务管理、完善省以下财政体制、落实"约法三章"、严肃财经纪律等八个方面，评价结果作为相关转移支付分配的重要参考依据。

2014年10月，国务院发布《关于深化预算管理制度改革的决定》（国发〔2014〕45号），提出要"健全预算绩效管理机制。全面推进预算绩效管理工作，强化支出责任和效率意识，逐步将绩效管理范围覆盖各级预算单位和所有财政资金，将绩效评价重点由项目支出拓展到部门整体支出和政策、制度、管理等方面，加强绩效评价结果应用,将评价结果作为调整支出结构、完善财政政策和科学安排预算的重要依据"。该决定的发布为我国预算绩效管理工作的改进指出了更为明确的方向。

2014年8月,十二届全国人大常委会第十次会议表决通过修正《预算法》的决定。修正后的《预算法》首次以法律形式明确了财政预算绩效管理要求,为中国预算体制由传统预算向绩效预算转型奠定了坚实的法理基础。

2015年4月,财政部发布《财政部关于推进中央部门中期财政规划管理的意见》(财预〔2015〕43号),要求"从编制2016年预算起,对纳入中央部门预算的一般公共预算和政府性基金预算拨款收支实行中期财政规划管理"。自此,中央部门一般公共预算和政府性基金预算在填报绩效目标时,需同时填报年度绩效目标和中期绩效目标。

2015年6月,财政部发布《中央部门预算绩效目标管理办法》(财预〔2015〕88号),将绩效目标分为基本支出、项目支出和部门整体支出三类,对绩效目标的设定、审核、应用作出详细规定,以促进绩效目标和预算执行、绩效评价的融合,这表明全过程预算绩效管理机制各环节不再孤立,开始相互联结。该办法是将绩效目标管理纳入全过程预算绩效管理机制后进行模块化管理的开端。

同期,财政部将部门投资评审中心更名为预算评审中心,并于2015年6月正式发文《关于充分发挥预算评审中心职能作用,切实加强预算管理的通知》(财办预〔2015〕21号),对财政部预算评审中心的职能和作用进行了重新界定。预算评审中心的职能作用是:(1)建立预算评审机制,将预算评审实质性嵌入部门预算管理流程,使预算评审成为预算编制的必要环节,提高预算编制的真实性、合理性和准确性。(2)全过程参与预算绩效管理,成为绩效管理的重要组成部分,为提高财政资金使用效益服务,促进形成预算编制、执行、监管、绩效评价相互衔接相互制约的工作机制。自财政部预算评审中心更名并转换职能后,全国各地方纷纷成立地方预算评审中心,这些机构在全面推进预算绩效管理改革中发挥了积极的促进作用,成为中国预算绩效管理改革重要的有生力量。

2015年6月,《财政部关于加强中央部门预算评审工作的通知》(财预〔2015〕90号)发布,该文强调部门预算中的项目支出预算,只有通过预算评审后才能纳入年度预算范围。按照该办法要求,中央部门应在2016—2019年逐步实现预算评审对项目预算的全覆盖。

2015年9月,财政部发布《中央对地方专项转移支付绩效目标管理暂行办法》(财预〔2015〕163号),规定中央对地方专项转移支付在填报绩效目标的同时要加强绩效目标审核,同时还制定了较为完善的绩效目标申报及审核表等规范性文本,并对中央对地方专项转移支付绩效目标的批复、调整与应用提出相应要求。

2016年7月，财政部下发《关于开展2016年度中央部门项目支出绩效目标执行监控试点工作的通知》（财办预〔2016〕85号），选择教育部、国土资源部、工业和信息化部等15个中央部门的部分项目开展项目支出绩效目标执行监控试点，以一级项目为对象，对项目绩效目标的完成程度及趋势进行监控，对绩效目标的偏离予以警示，对预计年底不能完成绩效目标的原因及拟采取的改进措施进行说明。2018年中央部门绩效目标执行监控实现全覆盖，中央部门预算事中绩效管理有了落地工具。

2016年11月，为充分发挥财政部门积极性，鼓励各地财政部门从实际出发干事创业，推动形成主动作为、竞相发展的良好局面，财政部发布《财政管理绩效考核与激励暂行办法》（财预〔2016〕177号），对地方财政管理工作完成情况，从预算执行进度、收入质量、盘活财政存量资金、国库库款管理、地方政府债务管理、预算公开、推进财政资金统筹使用等7个方面，结合预算管理目标进行考察，并对评价结果优秀的予以奖励。

2017年3月，财政部、环境保护部联合发布《水污染防治专项资金绩效评价办法》（财建〔2017〕32号），强化水污染防治专项资金管理，以提高资金使用的规范性、安全性和有效性，支持和引导《水污染防治行动计划》目标任务的实现。

2017年9月，为进一步发挥绩效评价对财政专项扶贫资金使用管理的导向和激励作用，财政部和国务院扶贫办联合发布《财政专项扶贫资金绩效评价办法》（财农〔2017〕115号），开展财政专项扶贫资金绩效目标管理工作，探索经验，并结合实际逐步推进。

上述文件的出台是对国务院《关于深化预算管理制度改革的决定》文件精神的积极响应，同时，也在拓展绩效管理范围，强化绩效目标管理，加强结果应用等方面发挥了积极作用，使中国全过程预算绩效管理形成了闭合链条。

与此同时，地方预算绩效管理改革也在不断深化，在事前绩效评估、第三方绩效评价、绩效评价结果应用等方面积累了不少成功经验。

三、中国预算绩效管理新时代（2017年至今）

2017年10月，习近平总书记在党的十九大报告中指出，"要加快建立现代财政制度，建立权责清晰、财力协调、区域均衡的中央和地方财政关系。建立全面规范透明、标准科学、约束有力的预算制度，全面实施绩效管理。"作为改革和发展的纲领性文件，十九大报告精神为中国预算绩效管理的深化改革指明了方向。

为落实十九大精神，积极推进预算绩效管理的全面实施，2018年7月6日，中央全面深化改革委员会第三次会议审议通过《关于全面实施预算绩效管理的意见》，2018年9月，《中共中央 国务院关于全面实施预算绩效管理的意见》（中发〔2018〕34号）（下简称意见）正式发布，该意见指出，应在3—5年时间内基本建成全方位、全过程、全覆盖的预算绩效管理体系，实现预算和绩效管理一体化。

以意见为指导，财政部于2018年11月发布《关于贯彻落实〈中共中央 国务院关于全面实施预算绩效管理的意见〉的通知》（财预〔2018〕167号），提出全面实施预算绩效管理的路径与总体目标，即到2020年底，中央部门和省级层面要基本建成全方位、全过程、全覆盖的预算绩效管理体系，既要提高本级财政资源配置效率和使用效益，又要加强对下转移支付的绩效管理，防止财政资金损失浪费；到2022年底，市县层面要基本建成全方位、全过程、全覆盖的预算绩效管理体系，做到"花钱必问效、无效必问责"，大幅提升预算管理水平和政策实施效果。

同期，财政部针对政府购买行为的第三方绩效评价工作出台《关于推进政府购买服务第三方绩效评价工作的指导意见》（财综〔2018〕42号），并选取天津市、上海市、深圳市、江苏省、浙江省等10个地区开展试点。

随着上述政策措施的不断完善，体制机制的不断创新，中国预算绩效管理逐步迈入改革创新的深化阶段，在政府预算、部门和单位预算、政策和项目预算等全方位，在事前、事中、事后等全过程，在一般公共预算、政府性基金预算、社会保险基金预算、国有资本经营预算等全覆盖领域，开启了更为系统、深入、全面的改革。

中国绩效预算改革政策演变路径见表8-1。

表8-1　　　　　　　　中国预算绩效管理政策发展与演变

发布时间	文件名称	主要相关内容
2003年4月	《中央级教科文部门项目绩效考评管理试行办法》（财教〔2003〕28号）	对由中央财政预算安排的教科文部门专项资金项目的实施过程及其完成结果进行综合性考核与评价。
2003年9月	《中央级行政经费项目支出绩效考评管理办法（试行）》（财行〔2003〕108号）	对中央财政预算安排的行政经费专项资金项目的实施过程及其完成结果进行综合性考核与评价。
2003年10月	中共中央《关于完善社会主义市场经济体制若干问题的决定》	明确提出建立预算绩效评价体系的要求，实行全口径预算管理。
2004年10月	财政部《中央经济建设部门部门预算绩效考评管理办法（试行）》（财建〔2014〕354号）	财政部负责，建立科学方法对中央预算部门运用财政资金进行综合评价。
2004年12月	财政部《关于开展中央政府投资项目预算绩效评价工作的指导意见》（财建〔2004〕729号）	建立包括社会效益、财务效益在内的十个方面的中央政府投资项目预算绩效参考评价指标体系。

续表

发布时间	文件名称	主要相关内容
2005年5月	财政部《中央部门预算支出绩效考评管理办法（试行）》（财预〔2005〕86号）	建立包括社会效益、财务效益在内的十个方面的中央政府投资项目预算绩效参考评价指标体系。
2005年9月	财政部《中央级教科文部门项目绩效考评管理办法》（财教〔2005〕149号）	配合预算支出绩效管理意见，对纳入中央部门预算管理的教科文部门专项资金项目情况进行综合性考核与评价。
2005年9月	财政部《缓解县乡财政困难工作绩效评价暂行办法》（财预〔2005〕459号）	中央对地方预算绩效管理的实践探索，目的是建立中央财政对地方缓解县乡财政困难的绩效评价制度。
2006年9月	国资委《中央企业综合绩效评价管理办法》（国资委令第14号）	规范企业综合绩效评价工作，建立综合评价指标体系，对企业特定经营期间的各方面进行综合评价。
2008年4月	财政部《国际金融组织贷款项目绩效评价管理暂行办法》（财际〔2008〕48号）	建立国际金融组织贷款项目监测与评价体系，规范金融企业绩效评价工作，是我国预算绩效管理在金融业上的探索。
2009年1月	财政部《金融类国有及国有控股企业绩效评价暂行办法》（财金〔2009〕3号）	
2009年6月	财政部《财政支出绩效评价管理暂行办法》（财预〔2009〕76号）	目的是建立完整的财政支出绩效评价体系，加强财政支出管理，对财政支出评价主体、对象等各方面进行详细规定。
2009年10月	财政部《关于进一步推进中央部门预算项目支出绩效评价试点工作的通知》（财预〔2009〕390号）	部署中央部门预算项目支出绩效评价试点工作。
2011年4月	财政部《财政支出绩效评价管理暂行办法》（财预〔2011〕285号）	对原来办法进行修改，建立更加科学、合理的绩效评价管理体系。
2011年7月	财政部《关于推进预算绩效管理的指导意见》（财预〔2011〕416号）	提出全过程预算绩效管理，标志着我国的预算绩效改革进入到新阶段。
2012年9月	财政部《预算绩效管理工作规划（2012—2015年）》（财预〔2012〕396号）	对现状和问题进行总结，指出未来我国预算绩效管理工作的总体目标、主要任务和重点工作。
2013年4月	财政部《预算绩效评价共性指标体系框架》（财预〔2013〕53号）	建立项目支出、部门整体支出和财政预算绩效评价共性指标体系框架。
2013年4月	财政部《经济建设项目资金预算绩效管理规则》（财建〔2013〕165号）	规范工作流程，制定加强经济建设项目资金预算绩效管理全过程的规则，提高预算支出绩效。
2014年3月	财政部《地方财政管理绩效综合评价方案》（财预〔2014〕45号）	推动地方深化财税体制改革，建立地方财政管理绩效综合评价方案。

续表

发布时间	文件名称	主要相关内容
2014年8月	全国人大常委会关于修改《中华人民共和国预算法》的决定	将绩效原则作为预算管理的核心原则之一,以法律的形式确定,提供预算绩效管理的法律基础。
2014年9月	国务院《关于深化预算管理制度改革的决定》(国发〔2014〕45号)	按照新修订的预算法,改进预算管理,实施全面规范、公开透明的预算制度,健全预算绩效管理机制。
2015年5月	财政部《中央部门预算绩效目标管理办法》(财预〔2015〕88号)	对中央部门和中央对地方专项转移支付的绩效目标的定义、设定、审核、批复、调整与应用等做了全方位的规定。
2015年9月	财政部《中央对地方专项转移支付绩效目标管理暂行办法》(财预〔2015〕163号)	
2016年7月	财政部《关于开展2016年度中央部门项目支出绩效目标执行监控试点工作的通知》(财办预〔2016〕85号)	部署中央部门项目支出绩效目标执行监控试点和项目绩效自评工作。
2016年10月	财政部《关于开展中央部门项目支出绩效自评工作的通知》(财办预〔2016〕123号)	
2017年10月	《决胜全面建成小康社会夺取新时代中国特色社会主义伟大胜利——在中国共产党第十九次全国代表大会上的报告》	建立全面规范透明、标准科学、约束有力的预算制度,全面实施绩效管理,为推动我国预算绩效管理改革指明了新方向和阶段。
2018年3月	中共中央办公厅《关于人大预算审查监督重点向支出预算和政策拓展的指导意见》(中办发〔2018〕15号)	预算监督体系改革,人大预算审查监督重点改变,向支出预算和政策拓展,加强绩效管理监督问责。
2018年3月	财政部《关于开展2017年度中央对地方专项转移支付绩效目标自评工作的通知》(财预〔2018〕29号)	落实全面实施绩效管理部署,开展中央对地方专项转移支付绩效目标自评工作。
2018年9月	中共中央、国务院《关于全面实施预算绩效管理的意见》(中发〔2018〕34号)	对全面实施预算绩效管理作出顶层设计和重大部署,标志着我国预算绩效改革的新阶段。
2018年11月	财政部《关于贯彻落实〈中共中央国务院关于全面实施预算绩效管理的意见〉的通知》(财预〔2018〕167号)	落实全面实施预算绩效管理部署,加快建成全方位、全过程、全覆盖的预算绩效管理体系。

资料来源:根据本书的文字材料,以及宁方博、戚尤唯的《预算绩效轮廓图》修订完成.

第二节　中央预算绩效管理探索

一、中央预算绩效管理现状

2011年，第一次全国预算绩效管理工作会议在广州召开，财政部副部长廖晓军为全面推进预算绩效管理工作提出新的目标：建立覆盖所有财政性资金，贯穿预算编制、执行、监督全过程的具有中国特色的预算绩效管理体系。自此，"预算绩效管理"这个专业术语开始被实务界广泛采用，同时也得到理论界的普遍认可。

（一）全过程预算绩效管理框架初步形成

2011—2018年，中央部门在预算绩效管理方面开展了积极探索，初步建立起预算绩效管理体系基本框架，形成以项目支出为主的一般公共预算绩效管理体系，并不断延伸和拓展。绩效目标管理逐步覆盖所有中央部门本级项目、中央对地方专项转移支付，以及部分中央政府性基金和中央国有资本经营预算项目，初步建立起比较全面规范的绩效指标体系。绩效目标的执行监控范围也逐步扩大，在前期试点的基础上，2018年绩效目标运行监控扩大到所有中央部门本级项目，通过薄弱环节的跟踪查找，及时堵塞管理"漏洞"，纠正了执行偏差。

在本级项目绩效自评全覆盖的基础上，中央部门还大力推进重点政策及项目绩效评价，每年选择部分重点、重大民生政策和项目开展绩效评价，逐步建立起重点绩效评价常态机制。

此外，中央部门还不断强化绩效评价结果的反馈及应用，将部分绩效评价结果应用于预算安排和政策调整。同时，加大绩效信息公开力度，将中央部门本级36个重点项目和所有中央对地方专项转移支付绩效目标、15个重点项目绩效评价报告、93个中央部门182个项目绩效自评结果，提交全国人大常委会参阅和审议，并稳步推动上述绩效信息向社会的全面公开。[①]

在这一阶段，地方的改革也在不断深化。越来越多的地方将绩效管理作为财政工作的重点，不断加快全过程预算绩效管理改革的步伐，在事前绩效评估、第三方绩效评价、绩效评价结果应用等方面积累了不少成功经验。

总体来看，在这一阶段，我国的预算绩效管理已由单纯的绩效评价上升到全过程全方位绩效管理层面，预算绩效管理流程基本囊括了预算编制、预算执行、预算报告及预算监督等环节，还在健全预算管理制度体系、引入第三方绩效评价、拓展预算绩效管理试点等方面做出了大胆尝试，这些都为我国预算绩效管理的全面实施奠定了坚实的基础。

（二）预算绩效管理由点到面逐步推向全面

从预算支出类型来看，基于财政支出项目主管部门明确、工作内容单一，适宜开展试点工作，中央部门预算绩效管理各项试点大多从项目支出开始，试点后总结完善，再逐步扩大范围，并向专项支出、部门整体支出、政策支出等其他支出类型推广。从预算管理类型来看，一般公共预算资金规模大、社会关注度高、影响深远，是中央部门财政资金最重要的组成部分，因此中央部门预算绩效管理试点一般也先从一般公共预算资金开始，然后再逐步向政府性基金、国有资本经营预算、社会保险基金等其他三本预算延伸。

（三）注重管理机构和专业机构建设，组织领导力和专业支撑力不断增强

预算绩效管理是一项专门性、系统性工程，内容丰富庞杂，需要有专门的机构和人员付出一定的时间、精力去研究和探索。在中央部门预算绩效管理改革过程中，各部门都十分重视组织机构建设。截至目前，已有更多的中央部门成立了预算绩效管理领导小组和专门组织机构，并积极争取增加预算绩效管理的编制和人员，为该项工作推进提供了相应的组织领导和人员保障。

预算绩效管理也是一项专业性强、技术复杂的工作，尽管在具体工作流程上大同小异，但具体技术及方法选择上难度较大，需要专业力量给予支撑。为此，中央部门在推行预算绩效管理过程中，十分重视对第三方中介机构的培养和借助行业

---

① 预算司. 2018年预算绩效管理工作开展情况，http://www.mof.gov.cn/mofhome/yusuansi/zhengwuxinxi/gongzuodongtai/201812/t20181229_3111393.html.

专家学者的力量。以财政部预算评审中心为例，财政部预算评审中心通过招投标方式确定参与预算绩效管理工作的中介机构库，并每三年更新一次，每次任务确定后根据业务特点在库中选择合适的中介机构参加，以保证任务符合中介机构的承担能力。在专家使用上，不同部门借力专家的方法不同，如：部分中央部委预算绩效管理工作由第三方机构遴选专家，为解决专业难题给予支持；财政部预算评审中心组织专家组对第三方机构的关键成果把关，第三方机构落实主体工作时可就相关问题咨询行业专家意见；一些中央部委直接委托专家开展预算绩效管理相关工作。第三方机构和专家的参与，既弥补了当前预算绩效管理工作量大、行政事业单位人员不足的问题，又为工作中解决专业性技术难题提供了技术支持，保证了中央部门预算绩效管理工作高质量推进。

（四）评价结果从内部通报到向社会公开，范围不断扩大

在开始实施预算绩效管理时，评价结果的公开以政府或有关部门内部通报为主，公开范围和应用程度比较有限。近年来，这一状况得到逐步改善。2018年，中央层面公开决算的部门数量由2011年的90个增加至105个，公开内容继续深化，绩效得到重点突出，中央部门随决算公开的预算绩效信息从一般公共预算扩大到政府性基金预算，共公开绩效自评结果170个、重点项目绩效评价报告82篇，分别比上年增长75%和356%。

二、中央预算绩效管理取得的成绩

经过10余年的持续推进，中央部门预算绩效管理改革在树立绩效理念和责任意识，提高财政资金的使用效益，促进公共财政管理体系完善，提升政府公信力及执行力等多个方面取得了较为显著并突出的成绩。

（一）绩效理念逐步深入，支出需求扩张得到一定抑制

预算绩效管理改革10余年持续不断的推进，使中央部门逐步将预算绩效管理的理念融合到实际工作之中。全过程预算绩效管理要求各部门各单位在预算编制阶段需就项目立项的必要性、实施方案的可行性、绩效目标的合理性、财政投入的风险性进行综合论证，并提供可量化的绩效考核指标，使预算的编制及执行质量有了较大幅度的提升。而项目的事后绩效评价及结果反馈，既便于财政部门在安排下一年度财政资金时充分考虑，也能够促进绩效不好的部门及项目及时整改，不仅有利

于绩效管理理念的全方位渗透，还对打破支出固化格局，改变传统预算分配方式，提高预算分配有效性，抑制支出部门不切实际的需求扩张，具有明显的推动作用。

（二）从人为分钱到制度分钱，资金配置效率明显提高

基于预算支出绩效评价要求所有参评的项目不仅要按时完成项目，而且还要取得一定的成效，使中央部门必须慎重考虑自己的预算申请，计划不周详、风险较大的非刚性支出随之大量减少。而对于事前绩效评价项目来说，鉴于论证不扎实的项目根本无法通过评审，无法申请到财政资金，使以往那种编个项目名称就可以向财政伸手要钱的做法再也行不通了。制度化的分钱方式逐步开始取代人为的分钱模式，使财政资金配置效率得到一定程度提高。

此外，在绩效评估的监督下，中央部门在选择项目时，会优先考虑那些比较容易出绩效的项目。专家和第三方在审查时，也注重比较一个部门内不同项目间的绩效，或不同部门间相近项目的绩效。预期绩效高的项目通常更容易获得资助，即使是那些只开展了事后绩效评价的地方，虽然绩效评价的结果与下一年的资金分配数量还没有直接的关联，但项目绩效评价较差的部门在申请下一年预算时，财政部门通常会审查得更加严格，无形中增加了部门预算申请的交易成本。因而，除非一些影响力较大、政策需求较强的项目，绩效对部门其他专项资金的分配也逐步开始发挥决定性影响，即财政资金开始流向预期绩效较好的领域。

（三）管理体系不断完善，组织机制不断健全

在制度层面上，中央部门出台各类规章制度，逐步构建起预算绩效管理框架，增强了预算绩效管理制度的权威性。除前述财政部出台的绩效管理总体文件，各中央部门也逐渐建立起部门预算绩效管理制度，如中国气象局出台《气象部门预算绩效管理办法》、国家海洋局出台《财政支出绩效评价管理暂行办法》、农业部出台《农业部财政项目绩效考评规范》等。

在组织层面上，中央部门进一步强化预算绩效管理组织领导，加强机构组织建设，充实人员力量。财政部在预算司设立"预算绩效管理处"，负责全国范围预算绩效管理的组织工作，同时，将投资评审中心转化为预算评审中心，以强化中央层面的预算绩效管理及对地方预算绩效管理的指导。

（四）预算与国家战略及政策优先方向的衔接进一步紧密

预算绩效管理要求财政资金决策需要与国家战略相符、与政府政策优先方向相符、与部门职能相符、与民生需求相符、与公共财政属性相符，绩效管理对财政支

出政策及项目开展的相关性审查与评价，促使预算资金的决策更有利于落实国家的战略及政策意图，有利于保障民生服务政策及项目的实施，也使预算资金配置与国家战略的衔接进一步增强。

（五）预算更加透明，政府公信力不断增强

在中央部门预算绩效管理改革中，其民主化理财趋势都非常明显，一是人大广泛参与到绩效评价的工作之中，各类绩效评价结果不仅要上报中央政府，同时还要上报全国人大，接受人大的监督，使人大成为预算绩效管理落实的重要推手；二是绩效目标、绩效评价结果、绩效报告及时在网上公开，接受公众的监督，使政府预算的公开与透明度得到一定程度提升。与此同时，在绩效评价开展中还有大量来自各行各业的专家参与，他们都是纳税人及民众的代表，对于推进中央部门预算公开民主具有极大的影响。

三、中央预算绩效管理存在的问题

经过近20年的发展，预算绩效管理在中央部门已取得显著成效，绩效评价实践经验不断丰富，评价范围日益扩大，已从项目支出绩效评价逐步延伸到部门整体支出绩效评价，部分已覆盖到政策绩效评价和基金绩效评价。

与此同时，鉴于绩效预算理念尚未全面树立，至今仍有一些部门把绩效预算管理当作额外工作来应付；重评价过程，轻评价结果，评价结论实际应用效力下降；绩效评价的重心发生偏移，评价结果可操作性不强等问题仍普遍存在。上述预算绩效管理问题的存在，从其根源上来说，在很大程度上是因为中央部门绩效预算管理在法律制度层面、组织管理层面、激励机制层面、保障条件层面等还存在一定的缺陷与不足。

（一）法律制度构建层面

当前预算绩效管理在法律制度层面存在的主要问题有：缺乏全面系统的预算绩效管理法律法规体系；制度文件变更较为频繁，体系构建不够稳定；文件制定的顶层设计不够清晰，部分文件间协调衔接不够紧密；部分管理办法更新速度不够及时，与党中央国务院最新改革精神不够一致。

1.缺乏全面预算绩效管理的法律法规体系。我国的预算绩效管理工作仍处于起步阶段，目前规章制度的法律层级较低，仅限于部门规章层面。现行《预算法》对

绩效管理并未做出明确的规定，虽然在第十二条规定各级预算应当讲求绩效，第三十二条规定要依据绩效评价结果和绩效目标管理要求编制预算，第五十七条要求各级政府各部门各单位开展绩效评价，但就全面实施预算绩效管理而言，《预算法》的相关规定仍是不够系统与完整的，例如，《预算法》对预算绩效管理的内涵及外延未做清晰界定，对预算绩效管理包含哪些领域、涉及哪些内容、涉及哪些部门、各部门负有哪些职责、享有哪些义务、应该开展哪些活动、采取何种方式、如何进行激励与约束等，都未有明确规定，以至于各级各地的预算绩效管理改革一直处于摸着石头过河阶段，试错的成本代价偏高。此外还有：

（1）《预算法》未明确绩效问责。将支出绩效与财政问责联系起来是预算绩效管理的重要标志，两者联系的方式是根据绩效状况调整支出项目、改变支出权限，但《预算法》仍然延续规范治理背景下的问责机制，即以是否遵循特定的规则作为问责依据，以传统的行政处分作为问责方式，这样的问责机制与绩效管理的理念存在较大差异。

（2）《预算法》确定的预算分类对绩效管理支撑度不足。绩效目标的设定及绩效评价的展开一般都与一定的支出政策或项目相关，按照政策或项目对支出进行分类并负载相应的绩效管理要素（绩效目标、绩效评估等），可准确反映资金的具体流向及其使用效果，但《预算法》所提供的预算支出分类只有"功能"与"经济性质"，并不包括政策和项目，制约了绩效信息的获取，影响了绩效管理质量的提升。

（3）缺乏针对绩效信息公开的要求。绩效信息形成后并不仅仅在政府及立法机关间流动，还应向社会公众披露，但《预算法》关于预算公开的规定并未明确包含绩效信息方面的内容，导致社会参与度不足，外部监督不力。

由此，在预算法实施条例还没有出台，其他法律法规也未设定预算绩效管理相关条款的情况下，预算绩效管理工作尚缺乏全面整体的法律法规支撑，使预算绩效管理工作推进及预算绩效管理体系建设缺乏合法性和稳定性，也使预算绩效评估过程缺乏刚性的制度约束，政府组织内部是否实施绩效管理以及如何实施管理存在一定的随意性，阻碍了全面预算绩效管理的进一步广泛深入开展。

2.制度设计有待进一步完善。预算绩效管理制度应包含组织体系构成、绩效规划制定、工作流程设计、绩效信息收集、绩效评价实施、绩效报告撰写、绩效结果应用、绩效审计开展、激励约束实施等一系列内容。总结近年来的改革实践，制度供给不到位是影响我国预算绩效管理改革有效推进的一个重要原因。

目前在推进预算绩效管理工作时，财政部出台的规章和各地方发布的规范性文件仍是主要依据。但现有的不少规范性文件仍为指导性意见，更多停留在大方向和政策上的原则性规定，以至制度虽多，但具体的操作办法和管理办法偏少，相关配套措施不够明确，对地方和部门的指导缺乏系统性和有效性，难以满足具体工作开展的需求。

（1）管理办法的陆续出台和不断变更使管理体系不够稳定，部分规章制度缺少系统规划，偏向于"打补丁"，使管理规定前后连续性不强，以至于部分办法相互矛盾，逻辑自洽性偏弱。例如财政部2013年发布的《预算绩效评价共性指标体系框架》（财预〔2013〕53号），以"投入、过程、产出和效果"为核心，从财政资金投入运作的角度出发，设定了财政支出项目绩效评价指标体系。但这并非财政部推荐的惟一共性指标体系框架，2011年财政部发布的《财政支出绩效评价管理暂行办法》（财预〔2011〕285号），也同时推出了具有指导性的绩效评价指标体系，该绩效评价指标体系从项目决策与管理的实施流程出发，构建了由项目决策、项目管理和项目绩效等三个一级指标组成的绩效评价指标体系。从绩效评价的考察重心来说，这两个指标体系存在较为明显的差异，前者主要从财政资金投入的及时性和规范性的角度，考察财政资金投入运作后带来的产出与效果，后者则通过关注项目决策与管理的科学性与规范性，考察项目实施带来的社会经济效益及可持续性影响。因无明确规范，目前在中央部门及地方政府开展绩效评价过程中，有采用2011年绩效评价指标体系的，也有采用2013年共性评价指标体系的，使评价结果可纵向比对、可横向衡量存在一定的困难。

（2）部分管理办法与当前的绩效管理核心要求出现一定的差异，无法满足中央文件精神的要求。依然以《预算绩效评价共性指标体系框架》（财预〔2013〕53号）为例，2013年发布的指标体系框架关注资金投入的规范性，如资金到位率、到位及时性，忽略了对预算资金投入是否合理、是否科学、是否有效等对于财政预算资金决策效果来说极为重要的关键性评价要点。这是其与2011年发布的指标框架存在的根本性差异。2011年发布的指标框架关注预算资金的配置，关注预算资金的配置是否能够满足项目任务的需求，是否能够保障项目任务目标的达成，预算资金的配置是否有标准，预算编制标准是否科学合理，预算编制时，预算标准有否得到充分体现，关注预算资金配置的有效性对于预算绩效管理来说是极为重要的环节。针对预算资金配置有效性的评价来说，2011年发布的指标框架显然更加符合党的十九大报告提出的标准科学的改革思路。

党的十九大报告明确提出，政府预算改革应"标准科学，约束有力"，其中的标准科学就是指预算编制要有明确的预算编制标准，要进行严格的成本核算，要充分体现预算编制对成本的控制取向。当前各级各地在开展绩效评价时主要依据的还是《预算绩效评价共性指标体系框架》，这就使得在对项目的实施绩效与预算编制进行控制时，缺乏相应的抓手，使党的十九大报告提出的"标准科学"的改革方向难以落实，使当前的绩效评价体系与政府预算改革要求出现了脱节与不适应的现象。当然，这并不是说2011年的评价指标体系不存在问题，实际上，2011年的评价指标体系也存在一定的瑕疵,例如一级评价指标"项目绩效"就为许多部门及地方所诟病,整个评价指标体系都是围绕绩效开展,单独将其中一个一级指标命名为"绩效",显然不够科学和严密。

由此,急需从制度构建的层面对当前所有的政策性文件进行统一梳理,对相互矛盾、前后不一致的,与当前管理要求不符的予以重新规制。

(二)组织管理实施层面

参与主体多元,职责分工不够明确;缺乏权威性核心部门,预算决策统筹不足;预算绩效管理发展进程不够协调等,是当前中央部门预算绩效在组织管理层面存在的问题与不足。

1.参与主体多元,功能定位不够明确,参与不够充分。我国的基本政治制度是中国共产党领导下的人民民主专政社会主义国家,人民行使国家权力的机关是全国人民代表大会和地方各级人民代表大会,国家行政机关由人民代表大会产生,对它负责,受它监督。由此,中国预算绩效管理的参与主体可据此划分为领导、执行、问责以及其他等层级。其中,(1)领导层:即党中央、各级地方党委,以及国务院和各级地方政府。(2)执行层:包括财政部门、发展和改革委员会、审计部门等依法具有预算资源分配、政策规划和政府内部预算审计监督职能的核心行政部门,这些部门对职能部门履职进行统筹协调、指导、辅助和监督,但不承担具体的社会管理或公共服务供给职责;此外,还有具体使用财政资金,承担社会管理或公共服务供给职能的支出部门和单位。(3)问责层,包括具有宪法赋予的监督政府预算及其执行权力的各级人民代表大会及其常委会;依法履行审判和法律监督职能的司法机关;负责党内监督和问责的组织部门、纪委和监察部门。(4)其他主体,如具有制定行业规范和标准权力的各类行业协会和专业团体,基于采购、承包合同或其他合作契约的各类政府合作伙伴,如服务提供商、PPP框架下的私人企业等伙伴组织,以及公共服务交付对象、财政补贴对象等(见表8-2)。

表8-2 中国预算绩效管理参与主体

领导层	党中央及各级地方党委
	国务院及各级地方政府
执行层	核心行政部门:财政、发改委、审计等依法具有预算资源分配、政策规划和政府内部预算审计监督职能的部门,对职能部门履职进行统筹协调、指导、辅助和监督,不承担社会管理或公共服务供给职责
	职能部门和单位:具体使用财政资金,承担社会管理或公共服务供给职能的政府预算部门和下属预算单位

续表

问责层	权力机关：各级人民代表大会及其常委会，具有宪法赋予的监督政府预算及其执行的权力
	司法机关：包括法院和检察院，依法履行审判和法律监督职能；组织、纪检、监察机关：负责党内监督和问责的组织部门、纪委和监察部门
其他	专业机构：各类行业协会和专业团体，依法具有制定行业规范和标准的权力
	伙伴组织：各类基于采购、承包合同或其他合作契约的政府合作伙伴，如服务提供商、PPP框架下的私人企业等
	用户：公共服务交付对象、财政补贴对象等

资料来源：任晓辉.全面实施预算绩效管理的推进机制研究［J］.财政监督，2018（19）.

从表8-2可以发现，虽然我国预算绩效管理的参与主体多元，实施层面多样，但从目前推进的具体情况来看，还是以财政部门指导为主，改革更多停留在预算管理技术层面，未能与其他主体形成合力，以至于问题丛生：

（1）长期以来，预算绩效管理的顶层设计多为财政部发布的规范性文件，无法在一级政府层面形成对包括预算职能部门在内的各相关主体的权威性约束。《中共中央 国务院关于全面实施预算绩效管理的意见》的颁布，标志着中国预算绩效管理改革在顶层制度设计方面的重大突破，但设计的落实还需制定更加具体的实施方案。

（2）预算职能部门和单位的绩效责任主体意识未完全确立。预算部门和单位倾向于将绩效目标编制与申报、绩效评价等预算绩效管理活动看作是完成财政布置的任务，缺乏内在动力和积极性，使相关绩效管理工作质量堪忧。

（3）审计部门与财政部门分工不明确，未能形成合力。随着审计工作由传统财务审计、合规性审计向绩效审计、效益审计延伸，客观上使审计部门的审计工作与财政部门主导的预算绩效管理形成一定程度的交叉重合，既造成评价资源的浪费，也增加了被评价单位的工作负担。

（4）权力机构的外部监督弱化。按照宪法、预算法和监督法的规定，各级人大及其常委会依法对一府两院的工作实施法律监督，行使审查批准预算、决算和监督预算执行的职权，预算监督是人大及其常委会监督政府工作的重点。但是，由于人大在预算资源配置过程中的权力有限，对政府预算缺乏实质性审查，预算绩效监督参与有限，无法形成对政府预算绩效管理的有效监督和强有力支持。

（5）其他相关主体的参与度不高。受限于预算信息公开和绩效信息共享不充分，我国其他相关主体参与预算绩效管理的程度不高，使预算绩效的外部问责和社会监督欠缺。

2.缺乏权威性核心部门，预算决策统筹不足。缺乏权威性核心部门是中国政府预算管理存在的重大缺陷，也是导致我国战略决策与预算配置脱节，部分资金游离于绩效监控之外,预算决策统筹规划不足,预算投入交叉重复等问题产生的主要原因。

(1)缺乏权威性核心部门,导致战略决策与预算配置脱节。对于任何一个政府来说,执政的首要任务就是确定施政纲领、明确战略目标,以解决当下最紧迫的社会经济问题,实现施政承诺。战略与纲领虽然事关重大,但只有被融入预算才能发挥积极作用:当预算将战略与政策转换成具有可操作性的支出决定时,战略与政策才具有了实现的可能。离开了预算资金的支持和保障,任何战略与政策都将是空洞而无法实现的。因此,注重加强战略与预算的衔接,以战略引导和约束预算,以预算反映和支撑战略,成为各国政府实施预算管理的核心。

然而,预算与战略及政策脱节的现象在中国依然较为普遍。虽然党和政府提出了良好的施政理念、崇高的施政目标,制定了正确的施政纲领,但却因现行预算体系陈旧的基础框架和落后的预算理念,使稀缺的财政资金难以被准确地导向政府的施政重点和优先方向,公共支出格局难以支撑政府的发展战略及施政目标。一方面,稀缺的财政资源被浪费在华而不实的活动之中,难以对国家和社会做出实质性的贡献;另一方面,政府施政和国家战略着重强调的优先领域,特别是民众偏好强烈的基础医疗卫生、基本社会保障、生态环境保护等领域,却难以获得财政资源的充足保障。

导致预算决策与政策相脱节的根本原因在于,缺乏一个具有权威性的核心机构承担起联接政策与预算的使命。预算决策与政策相脱节既包括政策无法影响和引导预算资金的配置,也包括政策的制定不受预算的约束。中国目前的政策制定是一种零碎化的威权体制,党委、政府以及政府相关部门的负责人对政策的制定都具有决定性影响,在这种体制下很难形成统一的战略计划并用来影响和引导资金的分配。同时,不受预算约束的政策制定使预算限额不断被突破,赤字丛生、债务高企,严重干扰了财政的可持续发展。

(2)预算决策权限分散,部分资金游离于绩效管理之外。中国预算决策具有典型的分散化特征。财政部门在中国并非唯一一个拥有预算决策权限的机构,中国的各级政府首脑及发改委等部门都拥有一定的预算分配权限,各分管领导及部门在其分管领域内享有较大的影响力而形成"政策领地",进而在"政策领地"的预算分配中形成固化的预算权限,并以各种正式或非正式的方式影响着预算资金的决策。近年来,预算资金配置中的自由裁量权不但没有得到应有的遏制,反而出现扩大的趋势,在很大程度上肢解了政府预算管理的统一性,也降低了预算绩效管理的有效性。

在这种情况下,以财政部门为主导的预算绩效管理,很难对这部分由政府首脑或发改系统做出的预算决策开展绩效管理与监控。政府首脑或发改系统做出的预算既不需要财政部门进行成本审查，以财政部门为主导的预算绩效管理过程也无法约束政府首脑及相关部门的预算决策。

这种预算决策权限的分散化，使大量预算资金游离于预算绩效管理之外，也使预算过程充满了不确定性，大量三拍工程因此而出现，不少实施结果不尽如人意的政策及项目即产生于此类决策之中。

（3）缺乏权威性核心部门，预算投入交叉重复现象突出。缺乏权威性核心部门，各部门沟通协调不利，以至于在财政支持领域上出现交叉，在投入方向上出现重合，不少的企业、单位或项目从不同的部门、不同的政策多次获得财政资金支持，以至于个别项目获得的财政补贴资金超过项目所需经费总额，这种现象在不少领域普遍存在。

由此，加强顶层设计，统筹决策机制，强化政策间的沟通协调，才可有效克服当前预算绩效管理中存在的预算决策和发展战略脱节、财政支出绩效低下、预算投入交叉重复等方面的问题，促进国家发展战略的有效落实。

（三）激励机制构建层面

有效的制度既要通过惩罚机制将个人行为限定在合理界域之内，同时更要依靠激励机制来提供发展动力与合理预期。

1.预算管理呈现出典型的不相容逆向激励态势。中国当前的预算激励机制是一种典型的不相容逆向激励。节约成本、提高效率虽可促进社会效益的提高，但却不利于部门效益增进。节约成本、提高效率带来的资金结余，意味着部门不需要更多的资金，将导致部门预算被削减，部门利益直接受损；而"花掉所有资金"，哪怕是浪费性支出，表明部门资金不够使用，反而会使部门预算不断扩张，亦或不增加但也不至于受损。这种导致部门利益与社会利益不相容的预算激励机制，使预算资源申请者仅关注"多少"（即部门攫取的预算资源越多越好），而忽视"多好"（即追求预算资源的使用效益），致使中国当前的预算管理完全不具有正向激励作用。

2.以部门为本位的预算分配使公共服务质量下降成本上升。目前，中国的预算编制仍以部门为基础，预算资源申请者只要是政府部门，提出申请资源的数量和用途说明，就可以获得预算资源。在这种预算管理模式下，每个部门都想方设法攫取更多的资源。尽管预算资金的申请者也希望预算的分配能够反映国家的战略目标，但与此同时却拒绝放弃已经获得的利益，致使大量预算资源被长期滞留在效益低下的部门，使公共服务的质量下降而成本不断上升。

以部门为单元的预算资源配置本位，使部门不关心公共利益，使预算编制与民众需求脱节，导致大量财政资金被用于与民生服务无关领域，民生服务领域投入严重不足。

3.预算过程不具有激励效应。有效的激励机制应是规范化的和相对固定的,应能够保障预期的稳定及可实现,这实质上就要求在预算资金投入之前,就必须明确绩效目标申报与审定要求,对绩效目标完成情况进行评价的方法,绩效评价结果运用的奖励与处罚措施,这三项流程的规范与稳定构成了预算绩效管理激励机制的有机组成部分。但目前我国预算绩效管理在这三个方面都还存在着明显的不足。

(1)绩效目标未能充分反映核心效果。绩效目标管理是整个预算绩效管理的起点、基础和前提,对绩效预算编制、绩效目标评审、绩效运行监控和绩效评价都具有深刻影响。正如管理专家彼得·德鲁克在《管理的实践》中所指出的那样,不是有了工作才有目标,而是相反,有了目标才能确定每个人的工作,真正有效的管理就是明确"目标"。美国的财政预算改革之路基本上就是一部绩效目标管理的发展历程。

由此,绩效目标应结合中长期发展规划、行业发展前景、部门发展重点等,形成整体联动、相互影响的完整体系,从而在项目实施时,始终将可能对经济、社会、生态等各方面产生的积极效益和负面影响考虑在内,使项目始终围绕绩效目标这个中心运转。

首先,在我国绩效目标填报及审核过程中,这种协同联动并未得到充分的体现。绩效目标大多仅针对项目本身开展分析,就项目论项目,并未上升到国家、部门、行业目标的战略层面,绩效目标往往分散琐碎,无法体现核心绩效的控制要点。

其次,绩效目标审核困难。一方面,预算绩效目标是由各预算部门自行申报的,审核人员对项目特点、行业标准等信息掌握不足,双方信息的不对称导致在审核绩效目标时无法确定一个统一的标准,审核人员较为被动,只能先按照预算单位填报的指标作为第一参考指标;另一方面,各项目预算绩效目标的专业性较强,涉及的行业多,领域较为广泛,而绩效目标申报往往时间紧、任务重,项目繁多,财政部门缺乏专业审核人员,引进的专家数量有限,有些地区由于条件限制还没有建立相应的专家库,导致绩效目标审核偏于宽松。

最后,绩效指标设置不够完善也是当前绩效目标申报中存在的较为明显的缺陷。在当前的绩效目标申报表中还缺乏与预算支出标准相关的内容。绩效目标的本意是通过对职责履行、任务完成的合理预期,确定与目标达成相一致的资金需求,使预算资金既能够满足政策目标的实现,又能够符合受托人的支出意图。这样一种管理模式使预算成为真正意义上的支出需求测算,而非投入预算中固化的定量拨款,可最大限度避免定量拨款中预算编制依据不充分,测算不科学,与工作任务及达成目标不够匹配的"痼疾"。但若对绩效目标的申报并无详尽的预算要求,则很容易使绩效目标的申报重新沦为支出固化的"奴隶",使绩效目标的申报与预算科学合理编制脱节,也使绩效目标管理无法发挥改变当前投入预算的重大弊端——"因钱设事"的作用,投入预算支出固化的格局也因之难以得到彻底根除和根本性改变。

(2)绩效指标体系设计不尽合理,评价方法不够科学。①绩效指标体系设计不尽合理。绩效评价指标体系是预算编制、执行、监督的有效参照,是完善绩效管理的重要手段,关系到预算绩效管理工作各环节的成功运行。但目前的绩效评价指标体系一是尚不够完善,共性指标框架体系有两套,彼此衔接不够紧密,且在标准科学方面与党的十九大报告精神不够一致;二是未形成全面、系统的分领域、分行业、分层次的绩效指标和标准体系,各部门评价标准不一,评价结果可比性不强;三是绩效指标体系在其设计上主要偏重于投入和产出指标,这些指标值虽然易于测量,可操作性强,但是并不是预算绩效所关注的核心;四是绩效指标体系针对社会影响、可持续影响开发不足,无法反映绩效管理以结果为导向的终极目标。②绩效评价方法选择中针对成本效益的关注不足。《关于全面实施预算绩效管理的意见》(中发〔2018〕34号)明确提出:应"创新评估评价方法,立足多维视角和多元数据,依托大数据分析技术,运用成本效益分析法、比较法、因素法、公众评判法、标杆法等,提高绩效评估评价结果的客观性和准确性"。其中,比较法、因素法、公众评判法和标杆法是当前预算绩效评价过程中运用较多的几种方法,而成本效益分析法则一直未得到有效重视。成本效益分析是通过比较项目的全部成本和效益来评估项目价值的一种方法,成本效益分析作为一种经济决策方法,将成本费用分析法运用于政府部门的计划决策之中,以寻求在投资决策上如何以最小的成本获得最大的收益。在预算绩效管理中强化成本效益,促使预算绩效管理从对产出端的过分关注走向对投入端合理性的考量,可有效促进预算绩效管理质量的提升。但在当前的预算绩效管理过程中,成本效益分析法尚未得到足够重视,对于为什么要强调成本效益分析,以及如何应用成本效益分析强化预算绩效管理的合理性和针对性,目前各界的认知依然是不够完善的。

(3)评价结果的利用不够充分,问责机制尚未建立。预算绩效管理是环环相扣的完整体系,任何一个环节出现细微的问题都会对整体产生巨大影响。目前我国对绩效结果的应用、问责等还在起步阶段,在实际工作中存在着"重绩效评价过程,轻绩效评价结果"的现象。一方面,由于预算绩效管理工作在绩效目标管理、绩效运行监控和绩效评价等环节的有效性不足,导致评价结果的质量不高。同时,由于应用时缺乏硬性要求,未能形成实质性约束。另一方面,由于绩效评价一般发生在事后,与预算管理的衔接不紧密,在应用评价结果时存在一定的局限性,并且一些项目从投入开始,经过产出,再到绩效评价,时间跨度较长,评价结果无法实现应用的及时性。

与此同时,问责机制也未建立,无论是《预算法》《预算法实施条例》(国务院令第186号),还是《财政违法行为处罚处分条例》(国务院令第427号),都未对绩效问责做出明确规定,体现的仍然是以传统的投入控制为主的规范性财务责任,尚未提升到绩效管理层面的责任。如何实现由财政支出的合法性问责向绩效性问责转换,仍是落实政府预算绩效责任的关键。[①]

此外,在当前的绩效问责中还存在责任承担主体不够明确的问题。结果导向的预算法律责任不仅表现为预算主管部门或单位的整体性责任,而且必须将责任落实到享有预算管理职权,并独立进行预算决策与实施具体预算行为的政府官员。

(四)保障条件建设层面

在预算绩效管理的保障条件建设层面,当前的问题主要存在于:预算绩效管理的意识有待增强、预算透明度需要不断提升、社会参与尚显不足、绩效信息收集与管理重视不够、专业人才匮乏等方面。

1.预算绩效管理的意识有待进一步增强。我国对预算绩效管理工作的探索晚、时间短,各个部门对此的认知不够全面深刻,部分预算单位尚未牢固树立以结果为导向的管理理念和部门支出责任意识,还保留着过去"重资金分配、轻项目管理"的观念,尤其是基层部门尤为明显,持有观望、等待的态度,主动性不强,甚至当作额外任务草草敷衍,绩效工作开展主要依赖于财政部门的推动。

此外,不少部门错误地把绩效管理当作财政支出控制,把开展绩效管理理解为财政部门加强控制的手段,这显然错误理解了开展预算绩效管理的真正意义。对此,还应加大相应的宣传、教育与培训。

2.预算透明度亟待进一步提升。提高预算透明度的深度和广度是实行绩效预算管理的客观需要,也是加强评价结果应用、推进评价结果公开的重要载体。根据有关资料显示,按照预算公开的标准要求,政府预算体系中一般公共预算、政府性基金预算、国有资本经营预算和社会保险基金预算各类报表应该公开75张表格,2017年度中央预算公开21张表格,差距巨大。

由此,虽然近年来我国在财政预算公开方面迈出了重要步伐,但总体上财政透明度还比较低。而预算绩效管理领域的公开目前还主要集中于内部通报,没能对评价结果产生更加深远的社会影响。特别是我国一些部门和单位往往只注重财政资金的取得,而忽视其使用效果,在财政资金分配上又常常受主观因素的影响和制约,造成支出结构和规模不科学、不合理,导致重复建设、浪费低效等现象不断涌现,

---

① 程国琴.参与式预算的经济学分析[J].当代财经,2014(12).

这些问题的存在都与预算公开的深度和广度不足有一定的关系。[①]

3.社会参与尚显不足。

（1）预算的公民参与较为有限。发展中国家近年来分权治理的理论与实践表明，公民参与是改进政府治理的一种重要机制。公民参与治理作为一种"自下而上"责任机制，通过增强公民在地方治理中的参与性，提高政府对居民需求的回应性，促使政府更加有效和负责任。

发展中国家公民参与治理的典型模式当属"参与式预算"。在全球范围内，随着公民力量的加强，"参与式预算"逐渐兴起，成为化解一系列棘手经济社会问题的有力武器，有助于改善基层政府治理，使基层政府能够更加有效地配置公共资源，缓解公共支出的结构失衡；同时促进地方政府改善治理责任，使政府支出更好地体现以"民生为本"的公共财政特征，推动基层政府由"增长型财政"向"公共财政"的职能转变。

但目前我国公民的预算参与显然还不够充分，特别是一般公众，还没有足够的机会、渠道参与到预算过程之中。由此带来的一个直接后果是：政府预算缺乏民意基础，预算反映的是"政府的偏好"，而不是民众的需求与偏好。

（2）第三方机构能力有待进一步提升。在预算绩效管理工作中，评价机构以独立第三方的身份对财政资金绩效开展评价，扮演着"智囊团"与"催化剂"的角色，在帮助预算部门优化预算编制，提高资金支出效率，促进深化预算绩效管理改革，增加预算编制、财政支出的公开透明度，提升公共服务质量等方面发挥着积极作用。

但就客观环境而言，我国目前关于第三方评价的法律法规尚不健全，对委托第三方评价究竟应遵循怎样的程序未有明确规定，以及由此带来的选聘第三方究竟应满足怎样的资质条件，在开展评价过程中应遵循怎样的制度要求，如何确定第三方评价权的权力边界等，都需要进一步讨论和规范。

第三方受委托开展绩效评价，同时也就获得了财政评价权，这一财政评价权的转移，使第三方机构成为被评价单位的攻关对象，面临信息保密、道德风险和廉洁信用等方面问题，基于未有统一规范的第三方管理办法，使第三方机构评价的独立性、客观性、权威性都未能得到制度的约束与保障。

与此同时，第三方机构也存在着专业性不够强、评价报告不够深入等方面的实际问题。例如：①第三方评价机构按照文件规定的框架格式以及委托方的关注点形成评价重点和指标设计思路，缺乏独立思考，评价思路、指标设置未能体现行业的特点和项目的特色，导致评价报告提出的问题缺乏深度及针对性。②基于未能参与

[①] 王雪云,韩宗保.我国全面实施预算绩效管理的理性思考[J].经济研究参考,2018（28）.

项目后续整改，第三方机构对于评价能否发现被评价对象存在的深层次问题，发现的问题是否全面，提出的对策建议是否切合实际，是否具有可行性等并不关注，导致评价提出的问题浮于表面，提出的建议无法操作，致使评价变成"为评而评"的表面工作，不仅削弱了绩效评价的严谨性，也降低了被评价单位对此项工作的重视程度。③存在评价质量降低与评价费用降低的恶性循环。当评价委托方将绩效评价工作视作应付考核，或认为绩效评价作用不大时，就会降低评价费用。而第三方机构作为盈利单位，通过"薄利多销"的方式来开展工作，甚至部分机构会将公司的主要精力转移至其他更容易盈利或者高利润的行业，从而形成了一种恶性循环，对全面实施预算绩效管理工作的推进造成不利影响。④评价报告质量参差不齐，评价结果的科学性和公正性有待提高。中央财经大学相关课题组曾受委托对60余份绩效评价报告进行查阅，发现这些绩效评价报告都存在一定的问题，主要有：前期准备工作不够充分，评价方法选取不够准确，问卷设计及调查不够科学严密，评价依据不够完备；基本写作不够规范，报告结构不尽合理，语言表达存在较为明显的缺陷；评价指标体系设置不够完善，评价指标赋分与揭示的问题不够对应，部分问题突出，但赋分偏高；对核心问题的把握不够充分，对问题的分析不够系统深入、定性不够准确严密；评价结论相互矛盾，对报告的准确度与可信度产生不利影响；对策建议针对性不强，不具有可操作性，部分对策建议存在逻辑和专业方面的错误。这些问题的实际存在，对绩效评价结果应用及评价质量产生着较为明显的负面影响。

4.绩效信息不足，绩效管理基础薄弱。预算信息的获取是一件工作量庞大的工程，其间存在着严重的信息不对称现象。通常而言，支出部门往往具有较强的信息优势，他们更了解本职工作的相关信息，了解领域内的战略及政策、部门业务展开的工作流程、预算成本的测算方法及真实的资金需求。财政部门对这些信息的了解远弱于支出部门，而且即使通过各种方法获取了部分信息，财政部门也没有足够的时间和能力去处理这些信息。支出部门的信息优势，财政部门信息处理能力的不足，加大了信息不对称，使信息不足成为预算绩效预算管理顺利推进的一大阻碍。

此外，我国各级预算绩效管理还普遍缺乏信息的联通共享，预算绩效信息系统的开发尚未跟上预算绩效管理实践的步伐，限制了绩效评价水平，制约了预算绩效管理的深入发展。

5.工作量庞大，专业人才匮乏。我国的预算绩效管理体系至今还未发展成熟，也不具备系统的方法论，信息的庞大复杂及预算资金金额较大使预算绩效评价的实施变得零散。预算部门开展的绩效评价工作量很大，实施起来对于没有经验的工作人员来说也有较大的难度。在精简机构改革的现实条件下，对预算部门的工作人员造成较大的负担，其结果是绩效评价低效和滞后。

总体来看，我国的预算绩效管理根植于特殊政治制度和行政体制，具有典型的"内部控制"和"行政主导"特点，总体呈现"财政部门牵头""自下而上"的发展路径。尽管我国预算绩效管理工作取得初步成效，但与全面实施绩效管理、加快建立现代财政制度的发展要求相比还存在一定差距，在法律制度构建层面、组织管理实施层面、激励机制完善层面、技术方法改进层面、保障条件建设层面还存在不少的问题。这些问题的现实存在，充分说明全面实施预算绩效管理任务艰巨、挑战众多，还有很长的路要走。

2018年9月，《关于全面实施预算绩效管理的意见》明确提出力争用3—5年时间基本建成全方位、全过程、全覆盖的预算绩效管理体系。这一顶层设计标志着我国预算绩效管理开始步入统一规范、协同推进的新阶段。作为我国政府绩效管理的突破口，预算绩效管理在推动国家治理深刻变革、建设人民满意的现代责任政府改革中居于核心地位，改革将深刻影响国家治理的方方面面，触及多方利益和权责，能否突破现有政府层级、行政组织和预算管理框架，在国家层面建立起权威性制度安排和多方协同的支撑体系，将成为改革推进的重要方向。为此，对于存在的问题，必须采取有力措施切实加以解决，以更好发挥预算绩效管理的积极作用，促进党的十九大提出的目标要求早日实现。

第三节　地方预算绩效管理探索

一、北京模式——首创预算事前绩效评估管理模式

北京市自2003年起，以推进财政支出绩效评价为切入点，加强全过程预算绩效管理为主线，逐步推进预算绩效管理工作。经过10余年的扎实探索，北京市的绩效管理规范和制度逐步完善、评价资金规模逐步增加、评价方式逐步丰富、评价范围和领域逐步拓展，并在预算绩效管理改革道路中开创了事前绩效评估的实践先河，形成了富有北京特色的预算绩效管理模式，对我国其他地区开展预算绩效管理工作、推进财政预算绩效管理的规范化、制度化、精细化，以及促进财政预算绩效管理体系的构建具有重要借鉴意义。

（一）实践过程

北京市在推进预算绩效管理过程中，稳步有序推进制度体系、对象体系和指标体系建设，不断强化支出部门的绩效意识，促进政府职能转变，提高财政资金使用效益。

1.制度体系建设。形成"一个办法、一个实施细则"的预算绩效制度框架。北京市自2002年启动绩效评价试点工作以来，在实践探索中注重构建和完善预算绩效管理制度体系，目前已形成了"一个办法、一个实施细则"的预算绩效制度框架，即《北京市人民政府办公厅关于推进本市预算绩效管理的意见》和《北京市预算绩效管理办法（试行）》，对预算绩效管理的实施原则、职责分工、管理流程等做出规范化要求。在此框架内，北京积极完善事前评估、事中监控、事后监管、结果问责和工作考核等相关制度规范，如在事前评估

方面出台《北京市市级项目支出事前绩效评估管理实施细则》、在事中跟踪方面出台《北京市市级财政支出绩效跟踪管理办法》、在事后评价方面出台《北京市财政支出绩效评价实施细则》、在结果问责方面出台《北京市预算绩效管理问责办法（试行）》和工作考核方面出台《北京市市级部门预算管理综合考核办法》，为实施全过程预算绩效管理奠定了坚实的制度基础（见表8-3）。

表8-3　　　　　　　　北京市预算绩效管理制度文件

序号	发文时间	发文单位	文件名称
1	2011年9月	北京市人民政府办公厅	《北京市人民政府办公厅关于推进本市预算绩效管理的意见》
2	2011年11月	北京市财政局	《北京市预算绩效管理办法（试行）》
3	2011年11月	北京市财政局	《北京市预算绩效管理问责办法（试行）》
4	2012年2月	北京市财政局	《北京市财政支出绩效评价管理暂行办法》
5	2012年9月	北京市财政局	《北京市预算绩效管理试点工作总体方案》
6	2012年12月	北京市财政局	《北京市市级项目支出事前绩效评估管理暂行办法》
7	2013年6月	北京市财政局	《北京市市级财政支出绩效跟踪管理办法》
8	2013年10月	北京市财政局	《北京市区县预算绩效管理工作考核办法》
9	2013年11月	北京市财政局	《北京市市级预算部门组织财政项目支出绩效评价规范》
10	2013年12月	北京市财政局	《北京市财政支出绩效评价实施细则》
11	2014年3月	北京市财政局	《北京市市级财政支出绩效再评价工作规范》
12	2014年9月	北京市财政局	《北京市市级项目支出事前绩效评估管理实施细则》
13	2016年11月	北京市财政局	《北京市市级部门预算管理综合考核办法》
14	2017年2月	北京市人民代表大会常务委员会	《北京市预算审查监督条例》
15	2018年12月	北京市财政局、水务局	《北京市水务改革发展资金预算绩效管理暂行办法》
16	2018年12月	北京市财政局、园林绿化局	《北京市林业改革发展资金预算绩效管理暂行办法》
17	2018年12月	北京市财政局、农业农村局	《北京市农业农村改革发展资金预算绩效管理暂行办法》
18	2019年4月	北京市财政局	《北京市市级政府投资基金绩效评价管理暂行办法》

资料来源：作者自行整理所得.

2.对象体系建设。评价对象实现市级部门整体、项目支出全覆盖。北京市在推行预算绩效管理工作中，始终坚持全面规范原则，逐步将绩效管理范围覆盖各级预算部门和所有财政性资金,并向一般公共预算、政府性基金预算、国有资本经营预算延伸,并不断扩大全过程预算绩效管理试点范围。按照《北京市政府办公厅关于推进本市预算绩效管理的意见》,2011年北京市启动全过程预算绩效管理试点工作;同年选取了北京市科学技术委员会、北京市卫生局、北京市医院管理局三个单位作为首批全过程预算绩效管理试点部门,2013年新增市财政局等30家试点部门,2015年除临时机构和涉密单位以外,全市市级部门实现了全过程预算绩效管理的全覆盖,2016年全市市级部门实现整体支出、大额专项资金支出的全覆盖,并尝试对财政支出政策、市对区转移支付和政府投资基金进行绩效评价。2017年北京市把绩效评价延伸至国有资本经营预算和地方政府债务。

3.指标体系建设。构建分行业分类型的绩效评价指标体系。北京市在加强预算绩效管理,强化支出责任,建立科学、合理的财政支出绩效评价管理体系的过程中,先后出台了《北京市财政支出绩效评价管理暂行办法》《北京市财政支出绩效评价实施细则》《北京市市级财政支出绩效再评价工作规范》等细则、办法,使得财政支出绩效评价指标体系不断完善。2011年起,北京市按照资金类型、预算执行的不同阶段,设置不同类型的绩效评价指标体系。随着预算绩效管理指标管理体系探索的不断深入和细化,全市实现了分行业分类型的指标体系建设,并于2014年选取了科技部门和教育部门尝试使用分行业分类型指标体系,推进了部门在预算执行决策过程中以绩效优先的管理模式。

(二)主要特点及经验借鉴

北京市预算绩效管理起步早,发展快,在实践探索中首创预算事前绩效评估管理模式,形成预算绩效管理多层级联动机制,实行预算绩效和政府绩效双问责,加强预算管理综合考核,为建立全过程、全方位、全覆盖的预算绩效管理体系打下坚实的基础。

1.首创预算事前绩效评估管理模式。首先,事前绩效评估是指在预算编制时,财政部门根据部门战略规划、事业发展规划、项目申报理由等内容,通过委托第三方的方式,运用科学、合理的评估方法,对部门申报项目的必要性、可行性、绩效目标、项目内容等方面进行研究论证,并提出评估建议,作为资金分配的参考依据。北京市对绩效目标管理进行延伸和扩充,独创事前绩效评估首要作用在于提升预算科学化水平,通过借助行业专家、项目管理专业等第三方力量,以深入项目实施单位、抵达项目实施现场、开展需求调查的形式,对项目的相关性、预期绩效的可实现性、实施方案的有效性、预期绩效的可持续性和资金投入的可行性及风险进行充分的论证,有利于增强绩效目标管理的完整性和规范性,有利于修正绩效指标的相关性和准确性。其次,事前绩效评估作为参与式预算的探索形式,通过邀请人大代表和政协委员全程参与事前绩效评估各项工作，促进了预算绩效管理与预算民主决策的深度融合，使政府预算编制工作更加公开、透明和民主。对于各地改革实践而言，引入事前绩效评估实践经验的意义在于把事后绩效评价的"亡羊补牢"前移至事前绩效评估的"防患于未然"，进而促使预算单位在申报预算时打消"狮子大开口"念头，切实体会"花钱必问效、无效必问责"的绩效观。

2. 形成预算绩效管理多层级联动机制。在不断推进预算绩效管理发展的过程中，北京市建立了财政与部门、市级与各区、政府与人大的联动机制，在形成工作合力的同时，推动全市建立了多角度、分层次的预算绩效管理体系。这为预算绩效管理发展提供了有益的借鉴。首先，明确预算支出部门的主体责任。在逐步实现部门全过程预算绩效管理全面覆盖的基础上，各级财政部门按照半年、年度监督部门绩效目标的实现情况，适时开展再评价和绩效跟踪工作。其次，加强对区、市、县财政的指导考核工作。建立绩效资源共享的数据平台，将专家库信息和资料进行共享，为提高预算绩效管理工作提供技术支持和保障。最后，增强人大对预算执行监督的力度。将绩效评估的结果随政府预算情况报送市人大，为人代会审议政府预算提供参考依据。通过邀请人大代表、政协委员参与评估的形式，加大人大监督的力度。

3. 实行预算绩效和政府绩效双问责。2011年11月，北京市财政局出台了《北京市预算绩效管理问责办法（试行）》，实行预算绩效和政府绩效双问责，将绩效评价结果与预算安排和政府绩效挂钩，对评价结果较差的，采取扣减预算控制数和政府绩效考核分数的管理方式强化结果应用，形成财政绩效管理的刚性约束。通过问责来增强各部门单位的绩效理念，提高其支出责任意识，形成"谁干事谁花钱、谁花钱谁担责"的机制。将问责引入到预算绩效管理工作中去，成为北京市预算绩效管理改革中的一大特色和亮点。绩效评价结果的运用，直接关系到绩效评价的"绩效"，是绩效评价工作的重中之重。要全面落实结果应用和问责，实行项目责任人制度，启动结果通报和约谈问责机制；建立预算部门内部预算管理问责制度，增强各部门单位的绩效理念，提高其支出责任意识；推进预算管理综合考核工作的常态化，建立考核结果的奖惩制度，督促财政部门提高预算绩效管理工作水平，提升财政资金的使用效益。

4. 加强预算管理综合考核。在实践中，北京市从全局性、系统性的角度，将绩效管理与国库集中支付、政府采购、财政监督、预算评审等业务一并纳入一个综合性的考核体系，并出台完善相应的细则办法。北京市预算管理综合考核体系的考核主体是财政局，考核对象是市级预算部门，考核方式主要采用指标体系评分的方式进行年度考核，考核内容包括了预算编制、预算执行、预决算信息公开和财政监督。该模式有利于更好明晰绩效管理在整个预算管理综合考核中的角色定位；有利于提升不同工作业务间的衔接水平，发挥绩效管理中预算编制、执行和决算中的作用；更有利于进一步提高预算管理体系的规范性、科学性、高效性水平。

二、广东模式——构建完备的预算绩效管理体系

2003年8月，广东省首次对民营科技园建设财政专项资金4.2亿元的使用效益展开绩效评价，正式启动预算绩效管理改革。党的十六届三中全会提出"建立预算绩效评价体系"以来，广东省一直走在全国前列，按照积极稳妥、循序渐进的原则稳步推进，由少数试点项目扩展到多数项目，由单纯事后评价扩展到事前、事中与事后相结合的全方位评价，由评价结果的个别应用扩展到多向对接多途径的制度化应用，积累丰富的管理经验，建立"横向到边、纵向到底"的预算绩效管理体系，对推进财政预算绩效管理规范化、制度化、精细化发展，促进预算绩效管理体系构建具有重要借鉴意义。

（一）实践过程

实践中，广东省坚持以"深化预算绩效管理改革"为中心，全面推进预算绩效管理体系建设，在制度体系、目标体系、指标体系和第三方管理体系等方面取得显著成效，财政预算绩效管理的影响力和公信力不断提升。

1. 制度体系建设。建立层级配套、功能协调、覆盖到位的绩效管理制度体系（见表8-4）。广东省自2003年开启预算绩效管理改革以来，始终坚持制度先行，总结提升实践经验，制定了《广东省财政预算绩效评价试行方案》《广东省省级部门预算项目支出绩效目标管理规程》等综合性管理制度，明确预算绩效管理原则、范围、方法和机制；针对各类财政资金不同特点和绩效管理要求，制定了《财政专项资金管理暂行规定》《省级财政到期资金使用绩效评价暂行办法》等专项管理办法；并针对绩效管理不同层面的业务程序、工作规程和协调机制，制定了《财政预算绩效评价内部协调工作制度》《省级部门预算项目支出绩效目标管理内部工作规范》等业务操作规范，共制定预算绩效管理制度办法150多项，保障绩效管理改革规范有序地推进。

表8-4　　　　广东省现行预算绩效管理制度体系

序号	发文时间	发文单位	文件名称
1	2003年12月	广东省人民政府	《广东省财政厅关于进一步加强财政支出管理意见的通知》
2	2004年8月	省财政厅、审计厅、监察厅、人事厅	《关于印发广东省财政支出绩效评价试行方案的通知》

续表

序号	发文时间	发文单位	文件名称
3	2006年4月	广东省人民政府	《广东省省级财政专项资金管理暂行规定》
4	2008年10月	广东省财政厅	《省级专项资金竞争性分配绩效管理暂行办法》
5	2008年11月	广东省财政厅	《广东省产业转移竞争性扶持资金绩效管理暂行办法》
6	2011年4月	广东省财政厅	《广东省省级部门预算项目支出绩效目标管理规程》
7	2015年4月	广东省人民政府	《广东省人民政府关于深化预算管理制度改革的实施意见》
8	2015年11月	广东省财政厅	《广东省省直部门综合支出考核与财政资金安排挂钩暂行办法》
9	2015年12月	广东省财政厅	《广东省省级部门整体支出绩效评价暂行办法》
10	2016年8月	广东省人民政府	《广东省省级财政专项资金管理试行办法》
11	2017年10月	广东省财政厅、广东省民政厅、广东省监察厅	《广东省省级培育发展社会组织专项资金竞争性分配评审管理办法》
12	2018年1月	广东省财政厅	《广东省财政厅关于省级财政社会科学研究项目资金的管理办法》
13	2018年6月	广东省财政厅	《广东省财政预算绩效指标库》
14	2018年1月	广东省财政厅、中国人民银行广州分行	《广东省省级预算单位银行账户管理暂行办法》
15	2018年9月	广东省人民政府	《广东高质量发展综合绩效评价高质量体系》
16	2018年1月	广东省财政厅	《广东省省级预算单位资金存放管理实施办法》
17	2018年11月	广东省财政厅	《广东省省级财政资金项目库管理办法（试行）》
18	2018年12月	广东省水利厅	《广东省中央财政水利发展资金使用管理实施细则》
19	2018年12月	广东省人民政府	《关于印发广东省省级财政专项资金管理办法（试行）的通知》
20	2019年4月	广东省人民政府	《中共广东省委广东省人民政府关于全面实施预算绩效管理的若干意见》

资料来源：作者自行整理所得.

2.目标体系建设。建立全方位、全过程、全覆盖的绩效目标管理体系。政府层面出台《广东高质量发展综合绩效评价高质量体系》，绩效目标和指标建设涵盖了各级政府、各部门和各单位、各项政策和项目，形成全方位的绩效目标管理格局。此外，广东省将绩效目标管理纳入预算管理全过程，建立"先有绩效目标指标再有预算过程"的预算管理机制，把绩效目标管理与预算编制、执行、评价、监督等融为一体，切实发挥绩效的前置约束作用。另外，广东省以项目和政策为抓手，推动资金的统筹使用，拓展绩效目标和指标的覆盖面，财政预算绩效目标管理已全面覆盖"四本预算"。

3.指标体系建设。建立覆盖面广、适用性强的绩效指标体系。广东省于2018年6月制定印发《广东省财政预算绩效指标库》，共收录52个子类、277个资金用途、2589个绩效指标，不断加强指标体系及标准化建设，在全国率先建立较为领先的预算绩效指标和标准体系，为全面准确反映各级政府、各部门绩效提供必要的基础条件。一方面，在现行通用指标体系基础上，结合各年度重点评价项目的不同特点和个性要求，在三级共性指标下分别研究设置具体、可量化的个性指标，确保评价正确导向和评价结果质量。另一方面，注意指标信息积累，向省直有关部门和市县财政部门收集绩效评价指标，进一步补充完善评价指标体系，建立一套覆盖广泛、适用性强的指标体系。

4.第三方管理体系建设。建立科学规范、合理有效的第三方管理体系。在工作方式上，广东省实行第三方专家全程参与机制，组织专门的第三方评价工作，在绩效目标审核、绩效自评、重点评价等重点工作中充分借助第三方机构的力量；在工作程序上，严格按照《预算绩效管理委托第三方实施工作规程（试行）》等规定，规范引入第三方工作程序和独立评价工作程序；在工作业务上，以《预算绩效管理委托第三方实施业务指南》为范本，帮助第三方机构了解预算绩效管理基础概念、操作流程、常见问题、典型案例和注意事项，有针对性地指导第三方机构开展具体工作；在工作质量上，建立第三方评价的监督和考核机制，考核评估结果与委托服务费用支付及以后年度选取承担预算绩效管理工作资格挂钩。

（二）主要特点及经验借鉴

广东省预算绩效管理改革，立足本省实际，着力解决财政管理中的现实矛盾和问题，遵循财政管理改革的内在规律，把握预算绩效管理改革发展节奏，强化绩效目标管理，注重管理基础建设，不断提升预算绩效管理质量与结果应用，形成预算绩效管理的"广东模式"。

1.把握预算绩效管理改革发展节奏。预算绩效管理改革是一项系统工程，需要正确处理改革进程、模式和方法等多层次关系，把握改革发展节奏，并与部门预算改革协同配合，推进预算绩效管理改革有序化发展。广东省在预算绩效管理改革进程中，坚持自上而下，统分结合，务实创新，按照中央统一部署，稳步推进部门预算改革、国库集中支付改革、政府采购、"收支两条线"改革等；同时，鼓励各地结合实际情况对预算绩效管理模式和方法进行大胆创新，探索形成不同层级的绩效管理改革模式，形成极具创新和特色的"广东模式"，预算绩效管理一直走在全国前列，如率先成立绩效评价机构，开展财政支出绩效评价试点，开辟地方财政支出绩效评价先河,率先建立并实施激励型财政机制等。

2.强化预算绩效目标管理。目标管理是预算绩效管理的起点,是绩效跟踪、绩效评价和结果应用等管理环节的重要依据,广东省创建目标管理机制,围绕绩效目标实施绩效管理,对绩效目标的编制、审核、批复及应用等进行明确规定,强化预算绩效目标运行监控,实现预算与绩效管理的一体化。首先,预算部门申报的绩效目标必须明确项目实施计划、预期总目标和阶段目标等,绩效目标不符合要求的项目不得编入预算;其次,由省财政绩效管理部门会同业务管理部门审核,并将审核意见与预算方案同时报人大会议批准后批复给申报单位,形成预算绩效目标管理与预算管理同步申报、同步审核、同步下达、同步公开的机制。最后,目标管理工作的落实需要指标体系的支撑,同时绩效目标也为绩效评价提供依据,广东省探索创新绩效目标管理和指标库建设,绩效标准建设与绩效管理智能化建设紧密结合,形成极具特色与活力的绩效目标管理机制,具有重要借鉴意义。

3.注重预算绩效管理基础建设。预算绩效管理基础建设是顺利开展绩效管理和提高工作水平的基本保证,广东省在标准化、信息化和机构队伍建设等方面扎实打基础,不断加强保障和支撑。广东省非常注重评价指标和标准等技术工具的研制和在绩效管理中的应用,设计共性指标与个性指标融合的评价指标体系,同时注重指标信息的积累,在实践中不断调整和优化。此外,建立涵盖专家评审、部门预算、财政专项资金、财政综合支出绩效管理,及评价指标和标准库、项目库、专家库等的财政绩效管理信息系统,加强对信息数据的整理维护及分析利用,提高预算绩效工作信息化管理水平。另外,加强评估机构队伍建设,建立层级责任制度,注重绩效管理队伍培训,提升项目主管部门的绩效责任意识和绩效工作水平,在保证各市级财政部门预算绩效管理工作队伍实力的前提下,督促其加大县级及下属街镇财政部门预算绩效管理工作推进力度,提升预算绩效管理队伍的工作能力。

4.突出预算绩效管理质量和结果应用。预算绩效管理的重点是做好绩效评价工作、突出结果应用,广东省在绩效评价主体、内容和方法等方面不断探索与完善,建立绩效自评与重点评价相结合的管理机制,由"项目支出"向"综合支出"的绩效评价转变,扩展评价结果应用范围,推动绩效管理的常态化与规范化发展。首先,持续扩大绩效自评,所有省级财政专项资金和部门整体支出均列入本年度及以后年度绩效自评范围,并由部门单位自行组织,财政部门组织初审,财政和审计、监察、人事、人大财经委等部门联合复审。同时抓好重点评价,对接各年度经济社会发展和预算管理改革重点领域,确定年度绩效管理工作重点,近年来广东省对基本公共服务均等化、扶贫资金等600多项重点项目进行绩效评价,逐步实现"部门整体支出、专项资金、财政政策和财政管理"的横向覆盖。此外,建立评价结果反馈和整改机制,健全评价结果与预算安排有效衔接机制,拓宽绩效信息公开范围和渠道，规范信息公开的主体、程序内容和方式，提高绩效信息的可靠性和准确性。

三、河北模式——形成三层级预算绩效管理结构的实践模式

河北省从2002年开始试点财政支出绩效评价，到2014年深入推进预算绩效管理改革，再到2019年省市县三级全面实施预算绩效管理，其预算绩效管理改革历经近20年，在优化资源配置、改进支出管理、提高公共服务质量、提升政府绩效方面的效果日渐显现。特别是近5年来，河北省财政厅统筹谋划、扎实推进、着力打造全过程绩效预算管理新机制，逐步形成以三层级预算绩效管理结构及其相对应的目标指标体系为特色的实践模式，为各地全面实施预算绩效管理提供了重要的经验借鉴。

（一）实践过程

河北省预算绩效管理体现分步实施的渐进性改革思路，在探索中有序地推进目标管理、过程监控、绩效评价、结果应用、信息公开、绩效问责等预算绩效管理改革事项，基本形成制度完善、管理规范、运转高效的预算绩效管理体系。

在探索阶段（2002—2009年），河北省致力于提升绩效评价运用到预算管理的技术能力和构建科学合理的操作流程，相继出台《河北省省级预算支出绩效评价暂行办法》《河北省省级绩效预算管理改革方案（试行）》《河北省省级财政支出绩效评价办法（试行）》文件，对绩效目标、绩效指标、绩效标准、评价方法、评价流程予以规范化说明，并从最初2002年选取科教文、经济建设等专项资金进行绩效评价，拓展到2005年选取省农业科学院、省文物局两个省级单位进行财政支出绩效评价局部试点，在实践探索中有效提升政府部门的绩效管理能力。

在推进阶段（2010—2013年），河北省致力于将绩效管理嵌入预算编制、执行、监督和决算流程，建立全过程预算绩效管理体系，2010年以省政府名义一次性出台《关于深化推进预算绩效管理的意见》《河北省预算绩效管理办法》《河北省预算绩效管理问责办法》三个文件，在全国首推预算绩效管理、全过程预算绩效管理、预算绩效管理问责机制三大概念，相应地还提出促使概念落地生效的举措，获得了财政部门高度评价；另外，依据前一阶段的实践经验，出台《绩效评价专家管理办法》《河北省省级财政支出项目绩效评价工作试行规范》两个文件，进一步完善预算绩效管理的智力服务管理和评价流程管理。

在深化阶段（2014年至今），河北省致力推进绩效与预算管理一体化，推动预算绩效管理从直线式管理链条向形成闭环式管理链的方向发展。2015年河北省政府提出，以规范的绩效预算管理结构为基础，预算项目为载体，绩效管理为主线，形成全过程预算绩效管理机制的改革目标，一方面在实践中持续优化省级预算支出绩效评价工作，另一方面在市县两级政府迅速推开预算绩效管理改革。2019年河北省委省政府印发《关于全面实施预算绩效管理的实施意见》，提出到2020年全面建成全方位、全过程、全覆盖的预算绩效管理体系。河北省预算绩效管理改革的政策文件如表8-5所示。

表8-5　　河北省预算绩效管理改革的政策文件

序号	发文年份	文件名称
1	2002年	《河北省省级预算支出绩效评价暂行办法》
2	2002年	《省级部门预算绩效管理考评办法》
3	2004年	《河北省省级绩效预算管理改革方案（试行）》
4	2004年	《2005年河北省省级绩效预算管理改革试点计划》
5	2004年	《省级经济建设部门部门预算绩效评价管理办法（试行）》
6	2004年	《省级经济建设部门项目绩效评价管理办法（试行）》
7	2006年	《河北省省级财政支出绩效评价办法（试行）》
8	2006年	《河北省省级财政支出绩效评价试行方案》
9	2008年	《河北省省级财政支出绩效指标体系建设纲要》
10	2010年	《关于深化推进预算绩效管理的意见》
11	2010年	《河北省预算绩效管理办法》
12	2010年	《河北省预算绩效管理问责办法》
13	2012年	《绩效评价专家管理办法》
14	2012年	《中介机构管理办法》
15	2013年	《河北省省级财政支出项目绩效评价工作试行规范》
16	2013年	《河北省预算绩效管理工作规划（2013—2015）》
17	2014年	《关于深化绩效预算管理改革的意见》
18	2015年	《深化省级绩效预算管理改革实施方案》
19	2015年	《河北省省级预算支出绩效评价管理办法（试行）》
20	2015年	《向第三方购买省级财政支出绩效评价服务管理暂行办法》
21	2015年	《关于推进绩效预算改革全面规范市县预算管理的实施意见》
22	2015年	《绩效预算管理制度体系建设方案》
23	2015年	《省级部门预算绩效目标管理办法》
24	2015年	《绩效评价工作中期规划（2016—2018）》

续表

序号	发文年份	文件名称
25	2015年	《绩效评价工作考核办法》
26	2016年	《省级财政支出绩效评价工作规程》
27	2016年	《绩效预算管理示范县建设方案》
28	2016年	《绩效预算管理示范县验收办法》
29	2019年	《关于全面实施预算绩效管理的实施意见》

资料来源：作者自行整理所得。

（二）主要特点及经验借鉴

预算绩效管理是一个牵一发而动全身的系统性工程，河北省通过构建三层级预算绩效管理结构，循序渐进地推进三层级绩效目标指标体系、全周期预算项目管理机制、市县预算绩效管理等改革事项，在这些领域上形成了别具一格的河北经验。

1.构建三层级预算绩效管理结构。河北省财政厅改变过去以项目为单一层级的预算管理模式，建立了"部门职责—工作活动—预算项目"三个层级的预算绩效管理结构。其中，部门职责按照政府"三定"方案分项梳理确定，主要是厘清了部门"干什么"的问题；工作活动根据每年中央、省委省政府的重大决策部署和部门履行职责来确定，主要是厘清了部门"怎么干"的问题；预算项目是支撑某项工作活动开展的具体支出事项，主要是厘清"花什么钱、花多少钱"的问题。形象来看，这样的制度设计形成了"先分筐—再分篮子—最后分碗"三个层级，所有部门预算资金安排一一对应到部门职责与工作活动，然后再确定项目预算。这种三级预算管理结构的意义在于将部门所有预算项目清晰有序地归集到相应的职责和工作活动目录下，既便于年度预算项目编制和审核，又为执行评价、后续监管、对比分析、持续提高提供了载体。

2.建立三层级绩效目标指标体系。为建立与预算绩效管理三级结构相对应的绩效目标指标，使预算管理达到可审核、可监控、可评价，河北省在广泛研究借鉴国内外经验的基础上，构建包含部门职责、工作活动、预算项目三个层级的绩效目标指标体系，为预算编制、执行和绩效评价提供科学的管理依据。具体讲，在部门职责层面，结合政府和部门中长期战略规划目标、年度规划目标，确定部门各项职责的年度绩效目标和绩效指标；在工作活动层面，设立年度绩效目标、绩效指标和评价标准；在预算项目层面，设立项目绩效目标、绩效指标和评价标准。上一层级的绩效指标一般对应下一层级的绩效目标，绩效指标由绩效目标分解形成；同时，要求细化量化绩效目标指标、评价标准，达到可审核、可监控、可评价。以河北省112个省直预算部门为例，2014年梳理出省直部门职责389项、工作活动975项、绩效指标2011个、评价标准8044条；预算项目绩效目标3284项、绩效指标7858个、评价标准31432条。

3.完善全周期预算项目管理机制。河北省将项目管理作为预算绩效管理的源头和主线，通过以下三个举措完善全周期预算项目管理机制。一是完善预算项目库框架。在细化项目分类的基础上，将三级预算绩效管理结构及指标体系嵌入项目库，各部门申报的预算项目必须在部门职责和工作活动的框架下编列。二是完善预算项目库功能。项目库实行全年开放、随时入库、即时审核、滚动管理和痕迹管理，将项目从立项申报到清理关闭的所有环节整合到项目管理库系统，变临时编报项目为常年储备项目，变粗放编制项目为科学规划项目，提高立项项目的质量。三是实现项目全程跟踪管理，将预算管理从单一的指标维度改为项目和指标两个管理维度，实现指标跟项目走，并借助项目流和指标流，全程动态监控每个项目的预算编制、调整细化、资金拨付、会计核算、监督评价，打破了只见指标不见项目、只见笼统项目不见具体项目的管理模式。

4.推进市县预算绩效管理改革。河北省一直致力于推动市县预算绩效管理同机制、同规范、同标准，相继出台了《关于推进绩效预算改革全面规范市县预算管理的实施意见》《绩效预算管理示范县建设方案》《绩效预算管理示范县验收办法》3份针对市县预算绩效管理改革的政策文件，明确了市县改革的时间进度和任务内容。在宏观上，按照整体规划、局部试点、逐步推广的改革思路，对优化市县财政管理机制、创新管理方式、规范预算管理、强化运行监控、强化编制人员管理等进行了配套部署。在微观上，全面统一了市县财政管理流程、职责分工、业务规范、时间节点、操作标准等，为市县顺利实施绩效预算改革提供了规范化保障。由于部署周密、落实到位，市县推行预算绩效管理原本计划三年改革任务提前一年完成，切实增强基层单位绩效意识和财政资金使用效益。

四、浙江模式——形成全融合的预算绩效管理模式

浙江省从2003年在全国率先开展财政支出绩效评价工作，到2009全省财政支出绩效评价工作向预算绩效管理方向转变，再到2012年初步建立全过程预算绩效管理模式，其预算绩效管理工作逐步形成"一个目标、两种评价、三大体系"的总体框架。历经十余年的改革探索，浙江省预算绩效管理的制度框架不断完善，机构队伍不断落实，评价范围日益扩大，评价工作规范有序，实现绩效管理与预算管理的高度融合，营造"讲绩效、重绩效、用绩效"的浓厚氛围，为各地全面实施预算绩效管理提供重要经验借鉴。

（一）实践过程

实践中，浙江省逐步建立起规范透明、标准科学、约束有力的预算体系，有效推进全过程绩效管理工作进程，在制度体系（见表8-6）、组织体系和技术体系等方面取得显著成效，财政预算绩效管理的科学性和有效性不断提升。

表8-6　　　　　　　　浙江省预算绩效管理相关政策文件

序号	发文年份	文件名称
1	2005年	《关于认真做好财政支出绩效评价工作的通知》
2	2005年	《浙江省财政支出绩效评价办法（试行）》
3	2006年	《浙江省中介机构参与绩效评价工作暂行办法》
4	2006年	《浙江省财政支出绩效评价工作考核办法（试行）》
5	2006年	《浙江省中介机构参与绩效评价工作暂行办法》
6	2006年	《浙江省财政支出绩效评价专家管理暂行办法》
7	2006年	《关于印发浙江省中介机构参与绩效评价工作规程（试行）的通知》
8	2008年	《关于加强财政支出绩效评价结果应用的意见》
9	2009年	《浙江省财政支出绩效评价实施办法》
10	2009年	《关于清理整合和规范财政专项资金管理的意见》
11	2010年	《浙江省省级部门预算绩效管理工作考核办法（试行）》
12	2010年	《浙江省预算绩效管理工作考核办法（试行）》
13	2012年	《浙江省人民政府关于全面推进预算绩效管理的意见》
14	2014年	《浙江省预算绩效管理办法》
15	2017年	《浙江省财政厅绩效评价项目内部操作规程》
16	2017年	《浙江省预决算公开操作规程实施细则》
17	2019年	《关于全面落实预算绩效管理的实施意见》

资料来源：作者自行整理所得.

在探索阶段（2003—2009年），浙江省逐步建立财政支出绩效评价相关制度，相继出台《浙江省财政支出绩效评价办法（试行）》《关于加强财政支出绩效评价结果应用的意见》和《浙江省财政支出绩效评价实施意见》等一系列政策措施，从结果反馈、信息报告、结果应用等多层面，建立评价结果反馈机制、评价信息报告机制和部门预算激励机制，为全省绩效评价工作的开展提供基本制度保障。此外，引入第三方评价机制，浙江省办公厅出台《浙江省中介机构参与绩效评价工作暂行办法》和《浙江省财政支出绩效评价专家管理暂行办法》两个文件，规范第三方评价行为，进一步增强财政支出绩效评价的科学性和可操作性。

在转型阶段（2010—2011年），浙江省在实践中探索创新，调整优化政府职能，完善相关制度安排，推动预算绩效改革从绩效评价逐渐转向全过程绩效管理。

一方面，调整浙江省绩效评价处的职能，将其更名为"绩效管理处"，在全省市、县一级部门全部设立绩效预算管理部门，建立省政府绩效管理工作联席会议制度，预算绩效评价职能得到强化，管理范围不断扩大。另一方面，浙江省财政厅出台《省级部门预算绩效管理工作考核办法（试行）》，指出预算绩效管理工作考核主要包括绩效目标、指标体系、绩效自评、实际绩效、明确职能、制度培训、结果应用、资料报送等9个方面内容，进一步加大对省级各部门、各市财政局的预算绩效管理工作的考核。

在深化阶段（2012年至今），浙江省高度重视经验总结，全面推进预算绩效管理工作，构建完备的技术体系，实现预算管理与绩效管理的全融合。2012年，浙江省人民政府出台《浙江省人民政府关于全面推进预算绩效管理的意见》，致力建立"编制有目标、执行有监控、完成有评价、结果有应用"的预算绩效管理运行机制。此外，浙江省不断完善绩效管理技术体系建设，建立绩效评价中介机构库、专家库和指标库，创新绩效信息共享网络平台，稳步推进预算绩效管理信息系统的构建，建立事前、事中、事后的全过程预算绩效管理系统，为预算绩效管理提供必要的技术支撑。

（二）主要特点及经验借鉴

预算绩效管理的关键是做到"全过程、全融合、全覆盖"，提升财政资金使用效益。浙江省依托预算编制系统，将绩效管理全过程嵌入预算管理，注重绩效目标管理与预算编制的有机融合，推进绩效跟踪与预算执行的有效衔接，扩大预算绩效信息公开的透明度，建立多渠道评价结果应用机制，促进结果应用与部门预算的深度融合，形成全融合的预算绩效管理闭环，实现绩效管理与预算管理的无缝对接。

1.注重绩效目标与预算编制的有机融合。预算编制是财政精细化管理的重要突破口，浙江省在预算编制方面以目标管理为基础，坚持"早编"与"细编"相结合，创新预算编制方法，提升预算编制的科学化、精细化水平。一方面，将绩效目标作为细化预算编制的重要手段，对于未设置绩效目标或目标设置不合理、未细化、未量化的项目，不得进入下一步预算编制环节；强化预算绩效目标的审核，主管部门和财政部门要根据各自职责，严格执行绩效目标审核制度，加强项目支出和专项资金的绩效目标审核，严格源头管控，实现预算的绩效约束。另一方面，建立预算编制长效管理机制，进一步细化预算编制，拉长预算编制周期，按照"一年预算、预算一年"的预算编制理念，实现预算绩效编制工作早做、细做、实做，真正做到自下而上、逐级汇编；根据历年预算执行和决算情况，形成动态调整的预算支出定额和标准体系，引导预算编制从"数量和规模"向"质量和效益"转变，促进预算绩效目标管理制度化、规范化。

2. 推进绩效跟踪与预算执行的有效衔接。浙江省财政部门牢牢抓住预算绩效这个牛鼻子，突出财政监督的绩效属性，将绩效跟踪逐步融入预算管理全过程，特别是预算执行过程，实现目标和资金同步监控。为进一步强化绩效运行跟踪监控，浙江省财政厅出台《浙江省财政厅绩效评价项目内部操作规程》，从预算管理的角度和公共财政的视野对开展绩效评价工作提出具体要求，明确评价结果反馈的相关程序，规范财政绩效评价行为，充分发挥绩效监督这把"利器"的实质性作用。同时，对绩效目标实现程度和预算执行进度实行"双监控"，把动态监管绩效目标的分阶段实现情况作为预算执行动态监控的内容之一，有效发挥事中监控可预警和及时纠偏的作用，提升预算执行效率，实现绩效跟踪与预算执行的有效衔接，提高财政资金使用效益。

3. 扩大预算绩效信息公开的透明度。2017年2月，浙江省财政厅出台《浙江省预决算公开操作规程实施细则》，在部门预算中逐步公开部门和单位重点项目预算绩效目标，在部门决算中公开主要民生项目和重点支出项目的绩效评价结果。在推进预决算信息公开过程中，全面建立和运用预决算公开透明的程序、内容、方式等规范业务，建立省级部门和市县政府两个公开透明排行榜，及时反馈社会大众依法申请的预决算公开信息诉求，形成正确积极的社会舆论氛围。浙江省在预算绩效信息公开透明方面积极稳妥、有序推进，逐步从晒"对账单"向晒"成绩单"转变，把部门的绩效信息随同预算同步向人大报告，充分发挥人大监督和社会监督的作用，多措并举拓展预算绩效信息公开的广度与深度，规范绩效管理工作流程，提高绩效评价质量。

4. 建立多渠道评价结果应用机制。评价结果的有效应用是绩效管理的重要环节，浙江省高度重视预算绩效质量考核，探索建立多渠道的评价结果应用机制，作为预算审核与安排、项目决策、绩效改进、目标责任考核的依据。在预算执行完毕后，省级部门对所有项目开展绩效自评，财政开展抽评和重点绩效评价，评价结果在预算审核环节实行红、黄、绿灯警示，对评价报告进行分析整理，供预算审核参考，同时作为下一年度部门预算编制的重要参考，发挥绩效的激励和约束作用。此外，将绩效质量考核情况作为项目决策的依据，对质量较好的项目评价指标体系进行分析整理，建立业务和财务、共性和个性指标相结合的评价指标体系，完善绩效评价指标库，加强绩效改进，提升预算绩效管理质量。另外，浙江省多数地区已将绩效管理工作列入政府工作目标责任制考核内容，评价结果与地方政府年度工作目标责任制考核相结合，有效提高部门对绩效管理工作的重视度，切实增强省级部门的工作主动性和积极性。

第四节　中国预算绩效管理未来展望

《关于全面实施预算绩效管理的意见》提出要"以全面实施预算绩效管理为关键点和突破口，解决好绩效管理中存在的突出问题，推动财政资金聚力增效，提高公共服务供给质量，增强政府公信力和执行力。"财政部《关于贯彻落实〈中共中央 国务院关于全面实施预算绩效管理的意见〉的通知》（财预〔2018〕167号）指出，应"对照《意见》要求，准确查找存在的差距和突出问题，抓紧研究制定具体、有针对性、可操作的贯彻落实方案，明确下一步全面实施预算绩效管理的时间表和路线图。"针对预算绩效管理当前存在的实际问题，制定相应的解决方案，是推进全面预算绩效管理落实的基础。为此，应分步骤、分阶段、分重点做好如下工作：一是建构预算绩效管理理论；二是明确全面预算绩效管理的改革方向；三是确立中国政府预算中长期改革方略；四是明确中国预算绩效管理近期改革路径。

一、建构预算绩效管理理论

绩效预算具有历史、动态、多角度和复杂性的特点，作为多学科理论创新的制度载体，经济学、管理学、法学、政治学都对绩效预算理论的产生和发展有着重要影响。[1]

一般情况下，政府预算的功能作用于三个方面：计划功能、管理功能和控制功能。正是借助这三项功能，政府预算得以在国家治理现代化中扮演重要角色。中国现代政府预算

---

[1] 何文盛，唐辰龙，郭栋林.国家治理体系与治理能力现代化背景下政府绩效管理的定位重塑与功能解析[J].兰州大学学报（社会科学版），2016（4）.

制度的构建，应从强化预算的控制功能切入，然后依次过渡到强化预算的计划功能和管理功能，以完成政府预算从追求合规性目标到追求绩效目标的转换，这也是发达国家政府预算变革的主要方向。

1.计划功能。预算的计划功能强调预算资源在互相竞争的公共规划间进行配置，即预算资源的配置效率。配置效率要求在既定的预算资源总量约束下，将预算资源配置到最具价值的地方。预算的计划功能本质上是政治领域的运作，比管理功能和控制功能更为密集地触及政治过程的核心，主要在政府的最高层级（立法机关、内阁、财政部等主要扮演支出控制者角色的核心部门）完成。

2.管理功能。预算管理功能强调的是预算资源在每个公共规划内部的配置、使用和结果过程。预算管理结果可以用两个关键指标来计量：产出和成果。产出指公共服务供给，通常可以用数量、价格和成本三个维度加以计量。成果则是指这些产出带来的影响，是反映政策目标实现程度的指标。投入—产出—成果构成完整的绩效管理链条。

理想情况下，投入—产出—成果之间的关联度越强，越有利于产生令人满意的效果。传统预算（投入预算或条目预算）关注的是投入，忽视产出和成果。产出和成果正是绩效预算所关注的两个主要领域。

通过影响预算资源在公共规划间的配置，预算的管理功能对配置效率产生影响；通过改进管理和提高生产技术，管理功能对技术效率或运营效率（投入产出关系）产生影响。

3.控制功能。预算的第三个基本功能是控制功能，强调对公共资源的支出进行法律、行政和其他方面的约束，是对政府履行受托责任的监督。控制功能是现代政府预算最基本的功能。预算的本意就是要控制政府的支出，使其实际的支出水平、结构和实施支出的行为被约束在法律框架内。在法治社会，除非获得法律（立法机关批准的预算本身也是法律）的明确授权，否则，政府既不能从纳税人那里拿钱（征税），也不能实施任何支出；任何超越预算授权的支出都是违法的。预算的控制功能是确保政府的财政活动遵守法律约束所不可或缺的。事实上，在民主政体中，预算是议会控制政府最重要的工具，是约束政府的法律功能在政府预算方面的直接反映。

相对于控制功能，预算的计划功能和管理功能更为重要。计划功能和管理功能使绩效（产出与成果）在预算过程中受到更多的关注，投入控制被削弱，支出部门在预算资源投入和使用方面被赋予更多的自主权。尽管如此，预算的控制功能仍然是最基础的功能，在发展中国家和经济转轨国家尤其如此。缺失控制功能方面的规则、程序和实施机制的构建，预算的计划功能和管理功能将无法实现。

正是基于这些缘由，当代中国建设现代政府预算制度的历史性任务，首先需要从强化预算的控制功能切入，然后依次过度到强化预算的计划功能和管理功能。

二、明确全面预算绩效管理的改革方向

对于任何一个国家来说，政府预算的核心命题都是：在总体层面构建总额财政（预算限额）制度，严肃财政纪律；在政府核心层面基于政策优先性配置财政资源；在支出部门层面确保公共资源得到有效运营。由此，这三大领域也构成中国政府预算改革的主要方向。

（一）全面预算绩效管理改革的中长期路径选择

政策决策的过程也是财政资源分配的过程，是一场利益相关者的政治博弈。以结果为导向的中期预算为政府决策注入更多理性与科学的元素，使政府预算不再仅仅只是关于政府财政收支的年度计划工具，而被赋予了更为崇高的使命，成为国家治理体系和治理能力现代化的基础与保障。

1.建立总额财政（预算限额）制度，约束财政总量。从中长期来看，政府预算一个十分重要的任务就是确定财政收支、赤字、债务的总体规模，实现财政、经济、社会等一系列风险的综合平衡，保证国家财政的长期可持续发展。财政总额的确定还需要通过硬约束予以实现，财政纪律就是预算总额得以保障的有力工具。

2.基于效率和公平的优先性配置。在财政总量既定的基础上，政府预算需要面对的即是资源优先性配置问题，即如何在部门间和规划间合理配置预算资源。与私人部门不同，公共部门需要面对众多经济、社会和政治目标，这些目标常常相互冲突。面对有限的财政资源和无限可能的支出用途，政府预算必须以国家战略和公共政策为导向，基于效率和公平建立适当的优先性排序，以确保稀缺的财政资源能被优先用于更具价值的地方。

优先性配置会对财政结果产生显著影响。偏离国家战略和政策重点的预算资源配置，即使财政总量适当，也将导致预算资源浪费在低价值的用途之上，如形象工程、政绩工程支出过多，惠及普通民众的基本公共服务、社会安全网和基本医疗卫生保健等供给不足等，而这正是中国现行预算管理体制的一个突出弊端。

（二）全面预算绩效管理改革的近期路径选择

在解决总量和结构问题后，政府预算需要面对的就是运营效率。运营效率取决于政府部门的预算管理能力和相关技术因素，即预算资源管理者通过对预算资源的妥善管理，以较低的成本为社会公众提供更为充足的高质量服务。计量运营效率的

关键指标包括投入、产出和成果。在理想情况下，投入—产出—成果应密切联结在一起：投入应能支持产出，产出应能保障预期的政策成果显现。

预算改革上述三个核心命题密切相关，财政总量控制与长期可持续性是实现政府预算绩效的基础，预算资源的优先性配置是保障稀缺的财政资金被用于更具价值领域的核心，部门的运营绩效则是保障政府部门能够高效运用财政资金的前提。正因为如此，部门运营绩效构成了我国当前预算绩效管理改革的主要方向，而总量控制和资源优先性配置则指明了我国预算改革的未来路径。

由此，我国近期绩效预算改革应集中于全面预算绩效管理的推进，在将来则要逐步转入以总量控制和资源优先性配置为核心的中期财政支出框架，即我国中长期政府预算改革宜以构建总量控制和资源优先性配置为核心的中期财政支出框架为目标，近期改革方向则为建设全方位、全过程、全覆盖的预算绩效管理体系。

三、中国政府预算中长期改革方略

严格的财政纪律可缓解财政资源约束，保障政府预算的长期可持续性；配置效率的提升可创造出更多的财政空间，满足更多的支出需求，促进经济社会和谐稳定发展。从中长期来看，中国政府绩效预算改革的任务就是实施总额控制，并对资源实行有效配置。

（一）构建总额控制机制，强化财政纪律与预算硬约束

总额控制是中长期内对财政支出总额、财政收入总额、财政收支差额及政府债务确定约束条件的制度安排，通过中长期滚动预算具有约束力预算框架的构建，为政府及其部门提供未来几年必须遵守的预算限额，同时统筹自上而下确定的资源总量与自下而上确定的支出规划，将国家整体战略与政府预算有机结合起来，确保政府预算与国家整体战略相适应且充分反映政策目标的优先性。

对财政总额进行控制依靠的是财政纪律，这是政府预算管理的首要基础。财政纪律的目的是：约束财政总量既可达成预定的政策目标，又可确保政府预算的长期可持续性。总量控制的意义是多方面的：（1）向政策制定者说明政府在未来年度中拥有的最大可支配财力，以及财力不足时的解决办法；（2）向纳税人说明税款是如何使用的；（3）限额本身表明了政府在经济发展方向上的一种信号——扩张或紧缩；（4）预算限额所建立的财政目标是约束预算编制（申请）的纪律，可确保在资源约束下实施政策，防范"公共悲剧"在财政领域的发生；（5）限制支出机构过高的支出期望，使其认识到超过财力的支出要求是无效的。

从总量控制与财政纪律出发，政府预算制度变革应着力于中期支出框架（MTEF）的建立。中期支出框架（MTEF）强调政策与预算的联系，力求通过为长期绩效目标的制定提供一个稳定的预算框架，构建政策制定与预算编制相结合的有效机制，为政府战略规划与预算绩效管理有机结合奠定基础。目前，我国各级各类规划的制定与预算编制脱节，规划发布和预算管理的时间周期、运作架构不同，实施单位和内容不同，规划通常由项目或行业分类构成，预算则以部门和支出项目构成，规划关注发展的机会，预算关注政策实施的成本。各部门在确定规划目标时常忽略政府可用财力及其资金匹配能力，人为加剧预算资源有限性与公共产品需求无限性之间的矛盾。这些差异与偏离都需要通过中期支出框架（MTEF）予以整合。

（二）改革预算程序，实现预算程序"自上而下"与"自下而上"的融合

我国现行预算申请采用"两上两下"的预算程序，这是一种"自下而上"的预算程序。这种预算程序允许预算单位提出超过预算资源总量承受能力的预算申请，然后再由财政部门进行削减。这一程序存在很大缺陷，一是导致预算资金总额不断被突破；二是逐渐演变成以部门利益为基础的预算，不能形成一个具有全局性和一定长远性的战略计划，无法体现政府的发展战略及民众的实际需求与偏好；三是大量稀缺资源被长期滞留在效益低下部门，使公共服务质量低下而成本高昂。

为此，应将预算程序改变为"自上而下"的模式，即在预算申请提出前，由核心权威部门在预算控制总额内，依据统一的战略目标和政策方向确定预算支出的优先性排序，并同时确定各部门的支出限额。这样做的好处非常多，不仅可保障预算总额不被突破，有助于连接政策与预算，还可以激活预算资源的优化分配，促使稀缺的预算资金从优先级别较低领域流向较高级别领域，提高预算资源配置效率，此外，还可以避免预算过程中过度浪费的讨价还价。在部门总额控制下，各部门应在充分考虑民众需求的情况下，以规划为单元编制预算，实现预算与政策的衔接、与规划的衔接，同时促进预算程序"自上而下"与"自下而上"的融合。

总体来看，基于总额控制、优先性配置、运营效率是绩效预算改革的三大核心任务，从中长期来看，全面实施绩效管理应着重关注总额控制与资源优先性配置，应通过总额控制，保障财政长期可持续性，即在中期财政规划框架下确定年度预算控制总额，通过"自上而下"支出控制与"自下而上"预算编制的融合，推进财政资源配置与国家战略规划及民众需求的有效衔接，充分发挥财政国家治理的基础与重要支柱的作用，为国家战略规划的达成及民众需求的满足提供长期可持续的制度保障与财力支撑。

四、中国预算绩效管理近期改革方略

全面实施预算绩效管理，着重解决财政资源配置和使用中的低效无效问题，有利于夯实预算绩效主体责任，推动政府履职效能提升，加快实现国家治理体系和治理能力现代化。由此，从近期来看，应根据全面实施预算绩效管理的总体目标要求，遵循"统一组织、分级负责，统筹规划、远近结合，全面推进、突出重点，改革创新、协力推动"的原则，将绩效观念和绩效方法贯穿于财政预算管理的各个方面，逐步建立全方位、全过程、全覆盖预算绩效管理机制，进一步提高预算管理水平，切实增强预算资金使用的安全性、规范性和有效性，更好地发挥现代财政制度的职能作用。

《关于全面实施预算绩效管理的意见》提出要"以全面实施预算绩效管理为关键点和突破口，解决好绩效管理中存在的突出问题，推动财政资金聚力增效，提高公共服务供给质量，增强政府公信力和执行力。"财政部《关于贯彻落实中共中央 国务院关于全面实施预算绩效管理的意见的通知》（财预〔2018〕167号）指出，应"对照《意见》要求，准确查找存在的差距和突出问题，抓紧研究制定具体、有针对性、可操作的贯彻落实方案，明确下一步全面实施预算绩效管理的时间表和路线图。"由此，针对预算绩效管理当前存在的实际问题，制定相应的解决方案，是推进全面预算绩效管理落实的基础。

通过对中国预算绩效管理十余年推进与发展历程的全面总结，本研究对我国预算绩效管理存在的问题进行了系统梳理，复旦大学调查组对中央部门的问卷调查也再次印证了这些问题的存在。在此基础上，结合《中共中央 国务院关于全面实施预算绩效管理的意见》提出的"力争用3—5年时间基本建成全方位、全过程、全覆盖的预算绩效管理体系"的要求，以及财政部《关于贯彻落实中共中央 国务院关于全面实施预算绩效管理的意见的通知》提出的"到2020年底中央部门和省级层面要基本建成全方位、全过程、全覆盖的预算绩效管理体系；到2022年底市县层面要基本建成全方位、全过程、全覆盖的预算绩效管理体系"的要求，课题组认为，应分步骤、分阶段、分重点做好如下工作：

一是奠定预算绩效管理的法律法规及制度基础。全面实施预算绩效管理需要一套结构合理且具有逻辑自洽的法律法规体系，同时也需要有完善的制度规章予以保障。

二是强化预算绩效组织与管理。预算绩效管理是一项内容丰富、覆盖面广、创新性强、牵涉利益复杂，涉及部门预算编制、执行和监督等多个环节的系统工程。需要建立起包括权力机关、财政部门、审计部门、预算单位职责明确、协调配合、透明开放、运转有序的综合组织管理制度。

三是构建正向绩效激励机制。我国当前预算管理专注于支出规范性，对部门预算实际上产生着逆向激励的负面效应，散发出扭曲的节约信号，即预算部门及其成员不仅不能从预算资金节约中获得任何好处，反而体现出部门的"资金超出需要"，使部门处于预算被削减的境地。这种逆向奖赏浪费、惩罚节约的预算机制，使政府预算在某种程度上陷入困境，与绩效管理所要求的"合理成本"和"支出节约"的理念、与社会效益的整体增进背道而驰，是一种典型的不相容逆向激励机制。要解决这一问题，还需要对激励机制进行改革。

四是完善保障条件建设。应从强化预算绩效管理意识、增强绩效信息管理、推动社会力量有序参与，以及不断扩大预算信息公开范围等方面，为预算绩效管理的实施奠定更加良好的保障条件。

（一）以法治为前提构建预算绩效管理的法律法规及制度框架

法律的权威性是预算绩效管理改革的坚实保障，通过法理上的支持，可以降低改革难度，突破改革约束，推动预算绩效管理依照既定的道路前行。例如美国颁布的《政府绩效成果法案》、澳大利亚颁布的《预算诚信法案》等，均为预算绩效管理改革提供了强有力的法律支撑，保障了预算绩效管理改革的顺利开展。

目前，中共中央、国务院、财政部已先后出台一系列关于全面实施预算绩效管理的规范性文件，但还不足以满足预算法治化的需求。对此，还需加强顶层制度设计，强化预算绩效管理法律法规体系建设，以通过完备的法律法规，明确预算绩效管理的改革方向和相关内容。一是要在《预算法》及《预算法实施条例》中对预算绩效管理的基本原则、框架体系以及绩效问责等方面作出明确规定，使预算绩效管理工作有法可依、有章可循，这也是实现依法治国的基本要求。二是对已有管理办法进行全面梳理。应对照党的十九大报告关于现代政府预算制度构建以及《中共中央 国务院关于全面实施预算绩效管理的意见》指示精神，从中央层面开始对现行相关办法、规章进行全面梳理，提炼其中经过实践证明行之有效、规范可取之处，废除其间自相矛盾且与中央改革精神不符之处，构架全新预算绩效管理制度体系。三是逐步构建起涵盖绩效目标、绩效监控、绩效评价、结果应用各环节的预算绩效管理制度。

（二）强化预算绩效组织与管理

强化绩效组织与管理不仅需要明确部门职责，统一预算决策体系，还应加快基层政府绩效预算管理的全面推进，确保预算绩效管理横到边、纵到底。

1. 明确部门职责。预算绩效管理是一项内容丰富、覆盖面广、创新性强、牵涉利益复杂，涉及部门预算编制、执行和监督等多个环节的系统工程。需要建立起包括党委政府、权力机关、财政部门、预算单位在内的职责分工明确、协调配合、透明开放、运转有序的综合组织管理制度，明确预算绩效管理中各方的职责。

（1）各级党委领导预算绩效管理工作；地方各级政府和部门单位是预算绩效管理的责任主体，负责同志对相应预算绩效负责。

（2）人大应充分发挥各专业委员会和预算工委的制度潜力和监督活力，通过开展预算信息联网、政策和项目绩效听证、预算绩效管理满意度测评等手段，以重点监督政策或项目为载体，对同级政府开展预算绩效管理的有效性进行评价和监督，倒逼政府绩效信息公开和绩效结果应用。

（3）财政部门作为政府预算管理的职能部门，在引导和推动预算绩效管理改革方面发挥着重要作用，建立预算绩效管理沟通协调工作机制，为上下级政府间管理联动提供组织保障；制定部门预算绩效管理办法，发布相关政策，对政府各公共部门的预算绩效管理改革进行监督、指导和控制；制定并提供持续的预算绩效管理标准和技术指引；组织做好试点改革工作，将成功经验推广到其他政府部门，结合部门预算绩效管理，提出调整预算分配、提高预算资源配置效率的建议。

（4）预算部门应按照统一部署和要求，制定适合本部门的具体实施办法与工作流程，组织所属基层预算单位开展工作，与基层预算单位共同研究科学有效的管理方法与考核标准，不断改进部门绩效水平，提出加强本部门预算管理工作的建议等。

2. 构建统一的预算决策体系，保障国家战略及政府政策优先方向的达成。当前中国的预算绩效管理还未能涵盖各个领域各个层面，不仅导致战略与预算脱节，财政投入交叉重复，还使相当一部分资金游离于预算绩效管理范围之外，大量未经详尽事前论证，未做前期调研准备的三拍工程不断涌现，无效低效支出比比皆是。由此，还应构建统一的预算决策体系，提高预算决策层次，强化预算决策的协调与统筹作用，使预算决策成为引导国家公共事务发展的基础与保障。通过预算体系的不断完善、财政政策的有效引导、预算资金的充足保障、财政预算的公开透明、公众参与的引入与加强，推动各级部门转变职能、提高效率、规范行为，为我国公共服务供给能力及供给水平的全面提高创造有利条件。

此外，还应通过统一的预算决策体系加强部门间、政策间的协调与共同，避免相关政策在支持领域上的交叉重合，以及同类财政资助因不同政策而出现的获取难度不一、完成要求不一、考核标准不一的现象，使财政资金的配置更加公平、公正、公开，使国家经济社会发展战略的落实更加高效。

3. 加快基层政府绩效预算管理的全面推进。随着全面实施预算绩效管理目标的确立，绩效理念要覆盖所有政府层级、所有部门和单位、全部财政预算资金的预算管理全过程，缺乏多级政府的预算绩效管理联动机制，客观上会使改革面临一大难题：即大部分基层政府的预算绩效管理工作进展比较缓慢，已成为预算绩效管理的"短板"，较高层级政府如何将绩效管理延伸至基层政府，是未来3—5年预算绩效管理全面推进的难点之一。

（三）构建正向绩效激励机制

当前，我国的绩效预算治理尚未构建起完善的财政激励机制，无论是《预算法》还是《预算法实施条例》仍停留在传统的以惩罚为主的预算控制层面，预算法律法规鲜见有关财政激励的修辞。虽然在国务院和部分地方政府出台的规章制度或文件之中已出现"财政激励"的表述，但缺乏系统的、完整的制度构建，相关激励也仅仅是原则性规定，可操作性不强，也使财政激励效果大打折扣。为此，需要在绩效预算治理改革中构建起完善的预算激励机制。

1.绩效激励机制的内涵。良好的激励机制会对人的主观动机和行为选择产生影响，即理性人对目标投入的价值判断和对实现目标可能性的判断，其实质是构建绩效结果与预算配置关联的合约。在此合约中，预算资金获得者可明确获知，其围绕目标所做的努力与付出，将能够取得相应的回报，反之则会失去努力的动机。

对于预算绩效管理来说，有效的激励机制应是规范化和相对固定的，应能保障预期结果的可实现。实质上是要求在预算资金投入之前，就通过一系列的规章与制度对事前目标、事后评价、结果应用予以明确规定，这三项流程的规范与相对固定即可搭建起预算绩效管理的有效激励机制。

事实上，中国目前预算管理体制中的激励机制是一种典型的负激励：激励资源申请和使用者仅关注"多少"，忽视"多好"。在这种机制中，没有任何机构会因节约成本而获得奖赏，相反，相对于组织和局部利益而言，"争取更多的钱"及"花掉所有的钱"都要比谨慎节俭、降低成本、提高效率有利得多。如果不改变这种负向激励机制，中国的预算改革和政府改革要取得成功是非常困难的。

2.激励机制的起点——绩效合约的签订。绩效驱动需要首先明确预期达成的目标，此目标是预算资金供需双方就预算投入达成的协议，预算资金需求方依照目标落实和实施，预算资金供给方依照约定的评价体系和评价方法对目标的完成情况进行审查与验收，并依据约定的奖惩措施予以奖励或处罚。经过审定的绩效目标实质上形成预算资金供需双方的绩效合约。这一合约对需求方具有法定约束性质，对与供给方也一样，供给方也应严格履行和遵照合约执行。在这样一种绩效合约的强制性约束之下，激励机制才能得到有效构建，并得到良好的贯彻与执行。由此，在绩效目标管理过程中，目标的填报与目标的审核都极为重要，绩效目标的填报与审核实质上就成为供需双方就协约内容达成一致的过程。

3.激励机制的核心——科学合理的评价指标体系及评价方法。绩效评价指标体系是客观反应绩效评价结果各类指标的集合体，是衡量、监测和评价财政支出经济性、效率性、有效性和公平性，揭示财政支出问题及结果的量化手段。

建立评价指标体系涉及两个重要问题：第一，指标体系是一个开放体系，与外部环境息息相关，因为指标数据源自于政府系统众多部门、外部部门、社会组织及公众等，应该说，指标体系构建也是一个政治博弈的过程，关联主体的利益取向往往反映到指标体系中；第二，评价体系统一性和差异性之间的矛盾，不论是服务于组织管理还是满足社会需求，对一组对象的评价客观上要求指标体系的统一性，但同时，被评对象又存在自身的特点，也正因如此，"绩效评价指标体系被视为世界难题"。

（1）绩效评价指标体系设计要点。绩效评价指标体系功能的实现在于其技术标准，指标体系的工具属性要求遵循共同的技术准则。在绩效评价指标标准体系的建立过程中，需要针对不同的预算绩效管理实施对象、不同的预算资金活动形态、不同的预算绩效管理流程、不同的预算绩效评价目的和目标，规范绩效评价指标的组成要素。

指标体系的设计要做到尽可能的精炼、明晰，便于实际操作和接受各方面的监督。要尽量避免繁杂，加强实际操作性。这些都需要在实践中不断探索完善。

（2）完善共性指标体系。财政支出绩效评价指标体系的生命力在其适应性及兼容性。从市场经济国家经验看，构建具有广泛适应性的通用指标为共同做法。所谓通用指标即是在单一评价结构体系基础上，建立统一指标框架及技术标准，采用"嵌套"的思维构建多层次、综合性的共性指标体系。

（3）强化个性指标体系建设。应分类构建具有指导性的个性指标体系，可以依照行业分类，设置教育类、科技类、文化体育类、支农类、社会保障类、医疗卫生类等个性指标体系，还可以预算功能分类，设置会议及培训类、基础设施建设、大型修缮办公设备、专用设备购置类、信息网络运维类、课题政策研究类、宣传及大型活动类等个性指标体系。

（4）构建预算绩效评价个性化指标库。针对预算支出范围广、项目多、政策目标多元的特点，构建预算绩效评价个性化指标库可成为一种行之有效的解决方式。指标库作为各类绩效指标的集合，不仅可为实施绩效管理的财政部门使用，更可为各级各类预算部门共享。

从横向来看，指标库可覆盖部门单位整体、政策和项目等各类型预算支出，各预算单位在申报绩效目标时，也可在指标库中进行选取。与此同时，该指标库应是完全开放的，各部门单位都可依据需要对指标库进行补充和修订，修改内容经管理人员审核和专家评议后可随时纳入指标库。

从纵向来看,指标库可覆盖事前绩效目标填报、事中绩效监控、事后绩效评价、管理结果应用等预算绩效管理全过程,将绩效管理部门、业务主管部门、预算部门、第三方和专家等有关的绩效信息和对象有机联系起来,促进全过程预算绩效管理的规范化。

(5)强化成本效益分析方法的应用。所谓成本效益分析法,就是通过比较各个项目的全部成本和效益来评估项目价值、衡量资源配置的决策方法。其基本原理是为了达到一定的目标,制定若干可供选择的项目方案,然后对各选择项的成本和效益进行罗列和计算,包括现期成本效益以及远期预期成本效益,并进行比较,并最终按照一定的决策标准和原则,确定最佳方案。

需要指出的是,经过标准程序确定的预算绩效标准并不是一成不变的,而是要与经济发展水平、市场价格水平、财政收入状况、部门职能范围以及实际需要等现实情况相适应,并随其变化而有所改变。这样才能保证预算绩效标准的可操作性和科学性。在成本效益分析法的应用过程中,也要随着各影响因素和现实情况的变化而做出相应的调整。此外,成本效益分析体系以及预算绩效标准体系的调整应建立系统完善的反馈与调整机制,既要及时,又必须保证预算绩效标准调整全过程的科学性和合理性。利用成本效益分析法建立预算绩效标准体系必须与经济发展水平、市场价格状况、部门业务需求等现实条件相适应,与绩效评价结果相适应,只有建立系统的监控调整机制,才能保证绩效标准体系的科学性与可行性。

(6)强化结果应用,实现预算与绩效一体化。预算绩效管理是对公共部门履行职能所耗费财政资金进行的考察,通过评价探查公共部门在预算决策和执行中存在的问题,揭示问题产生的缘由,并通过评价结果的及时反馈,督促部门改进预算决策、优化预算安排、增进施政责任,这是开展绩效评价的初衷,也是推进绩效评价的目的。由此,绩效评价只是方法和手段,只有做到"评价结果有反馈,反馈结果有应用",才能真正体现绩效评价的使用价值,才能最终实现预算绩效管理"规范政府预算行为,优化预算支出结构、提升预算资金使用效益,提高政府公共管理和公共服务能力"的目的与目标。

绩效评价结果应用是预算绩效管理的核心和归宿。评价结果的应用应在合理配置预算资源,提高资金使用效应,增进部门服务责任等方面发挥重要作用。强化事前评价,将绩效评价的结果直接运用于预算决策之中,将一些存在于立项与决策阶段的问题,消弭于萌芽状态之中。而且事前评价更能体现资金拨付与资金使用效果挂钩的正向激励精神,评价结果为优良的直接入库,予以全额资金支持,评价结果为一般的,要求改进实施方案、优化支出结构,同时予以部分支持,评价结果为差的不予支持,这样一种结果应用模式能够更加完美地体现赏优罚劣的精神。应出台相关规定，强制一定额度以上、重大或重点项目开展事前预算评估。

（7）制定相对稳定的奖惩措施。预算绩效管理不仅要建立问责机制，同时还应在合理范围内赋予部门更多的预算管理自主权，促使部门能更灵活机动、合理有效地支配自身的预算支出，提高产出绩效的能力，强化责任意识。

我国当前实施的投入预算专注于支出规范性管理，对部门预算的管理实际上产生着逆向激励的负面效应，散发出扭曲的节约信号，即预算部门及其成员不仅不能从预算资金节约中获得任何好处，反而体现出部门的"资金超出需要"，使部门处于预算被削减的险境。这种逆向奖赏浪费、惩罚节约的预算机制，使政府预算在某种程度上陷入困境，与绩效管理所要求的"合理成本"和"支出节约"的理念背道而驰。

要解决这一难题，还需要构建新型激励机制，即预算管理者有权根据环境的变化以及部门的特点来选择最佳的投入组合方式来生产公共服务，预算管理者可以自由调配项目内的资金结构，将资金从一个科目转移到另一个科目，甚至从一个项目转移到另一个项目。同时，还可实施"利润分享"，允许各个部门将一定比例的预算结余转到下一个预算年度去使用，这使部门管理者不必再像以前那样担心预算年度没有用完的拨款会被预算机构取走，有利于克服部门"年底突击花钱的冲动"。而且，"利润分享"可允许将一部分预算节余用于奖励员工，此举措将有助于激励管理者节约资金，减少浪费。为此，应充分调动和激发预算机关的积极性、主动性和创造性，以内部化预算执行的外部成本，诱导预算执行机关选择社会最优的行为。

（四）以责任意识、管理权限和社会参与为核心加快保障条件建设

强化预算绩效管理意识、强化绩效信息管理、推动社会力量有序参与、不断扩大预算信息公开范围等，可为预算绩效管理顺利推进奠定基础保障条件。

1.强化预算绩效管理意识。预算绩效管理意识薄弱，是目前存在于各级各地各部门的一个十分普遍的现实问题。由此，要快速推进《中共中央 国务院关于全面实施预算绩效管理的意见》的贯彻与落实，还需要广泛开展相关学习与培训，以强化各级各地各部门的支出责任和绩效意识，提高各级各地各部门对预算绩效管理工作重要性的认知。

2.强化绩效信息管理。在整个预算绩效管理过程中，绩效信息的搜集与使用十分关键。纵观30多年以来各国的绩效预算改革，绩效信息和资源分配之间的联系越来越紧密，各国通过一系列的改革逐渐强化绩效信息在预算安排和资源配置中的作用，促成了绩效预算从技术到机制的转变。

事实上，绩效信息不足正是造成我国绩效评价难以量化，绩效标准制定缺乏科学性，绩效管理基础薄弱的重要原因，今后的改革实践必须在：（1）完善进行信息采集、管理及使用制度；（2）强化绩效信息的共建共享与互联互通等方面加大改革力度。

3.推动社会力量有序参与。全面实施预算绩效管理，政府部门不能既当"运动员"又当"裁判员"，这样得到的评价结果，公允性、客观性和可信可用度都会令人存疑。第三方机构作为专业评估机构，因其客观性和独立性，成为预算绩效管理的必要组成部分。应明确第三方机构管理的相应工作规程，一是确保第三方评价工作有章可循和可持续推进；二是合理设置准入门槛，规范第三方评价市场；三是强化技术支持，健全财政信息系统，拓展绩效信息公开范围和渠道，规范并完善财政支出及其绩效信息公开的主体、规程和内容、方式，使第三方可便利地获取评价所需信息。

与此同时，预算是财政资源的配置过程，民众以纳税为代价将私人资源让渡给政府，并从公共支出中获益；政府通过对私有财产的"占有"提供令民众满意的服务。在这一过程中，预算成为发现公众偏好并予以回应的工具，预算支出方向及其优先性排序就是政府对民众偏好的最佳回应。预算也因此成为将民众偏好转化为政府政策目标及公共服务内容的最恰当工具。

公民的积极参与还可使政府制定出更多反映民众偏好且获民众广泛支持的公共政策，有利于建设一个更少分歧和争斗、易于管理和规制的和谐社会。公民的预算参与使社会大众能够在预算决策过程中充分表达自己的偏好，当预算配置从民众最需要的地方开始时，其本身就已经体现了公共预算配置的效率，因为对公共产品或公共投资项目的偏好集合正是民众最迫切需求的真实反映。此外，公民对公共预算的参与，既是参与公共决策的过程，也是对政府行为进行监督的过程，能够有效防止公共预算过程中容易产生的贪腐行为，从而促使公共预算的安排更加合理、高效、透明。

为此，将公民参与引入地方公共治理，借助预算过程的公民参与改善预算资金的使用效率、提升政府行政合法性、增强公共服务可接受性、提高政府透明度、强化政府受托责任、促进民主建设，就成为以公民偏好集中表达与体现为己任的预算绩效管理改革的重要使命。我国地方预算绩效管理评价的公众参与实践已经证明，公众对地方预算绩效评价的参与，有助于增加公众对地方政府施政能力的了解，可以保障公众对地方政府依法行政监督权的落实。公众参与作为外部评测来源，可以有效地为地方政府制定政策提供参考，有助于地方政府提高施政效率，提高地方政府绩效管理的客观性和准确性，使其更具科学性与完备性，有助于政府在关系到民众切身利益的政策落实上获得共鸣，满足公众意愿。同时，作为享受公共管理和公共服务权利方的公众达成共识，获得绝大多数公众的支持。

  4.不断扩大预算信息公开范围。政府预决算信息公开的目的是迫使政府接受社会监督，以督促政府提升财政运行效率和透明度，推动实现阳光财政、打造法制国家、法制政府。政府预算向社会公开，既是国际惯例，也是我国《中华人民共和国预算法》《中华人民共和国政府信息公开条例》的要求。应逐步完善预算绩效信息公开的内容及形式。未来，各级政府预算绩效信息的透明化需要从内容、质量、传播渠道三个维度不断完善，逐步建立正式的预算绩效信息公开报告制度。

本章小结

绩效预算改革是一个渐进式过程,期望通过借鉴国际经验移植于中国,推广普及并一蹴而就显然是不现实的。对多数国家而言,绩效预算改革进程缓慢,以美国为例,从20世纪50年代开始探索绩效预算到90年代绩效预算重新成为潮流,前后历时40多年;类似地,澳大利亚从引入中期预算、部门预算、项目预算和项目评估,到修订相关法律、夯实绩效预算管理的法律基础,也历时将近20年。这样一种改革的渐进推进,其根本原因在于预算管理是政府管理的有机组成部分,绩效预算改革和政府转型紧密相关,而政府的改革又和各国独特的政治经济文化密不可分,使绩效预算改革的制度构建不可能在短时间内完成。

我国开展预算绩效管理改革的起点构筑在社会主义市场经济体制框架初步搭建,各项规章制度尚不完备,预算管理科学化、规范化程度较低等客观事实之上,在这样的起点推进绩效预算改革,意味着要跨越发达国家预算管理数10年走过的历程,涉及制度重构、能力建设、文化调试以及社会环境的创造,是复杂的系统工程。如此庞大的系统工程显然还需要从制度、组织、管理、技术、操作、人员等方面进行大量的储备,以最终推进由预算绩效管理向绩效预算的转化。作为渐进式改革,预算绩效管理必然会、也应该在适当的时间被超越、被突破。由此,还需进一步理清思路,积极创造条件,适时将预算绩效管理改革推向前进。

课后习题

论述题
1.请论述中央政府预算绩效管理改革路径、存在的主要问题及解决策略。
2.请论述中国预算绩效管理激励机制方面存在的问题及未来改进方向。

本章主要参考文献

[1] 白景明.政府规划与政府绩效预算管理[J].郑州大学学报（哲学社会科学版），2016（3）.

[2] 苟燕楠.预算管理体制改革：国际经验与未来构想[J].中国行政管理，2013（8）.

[3] 李燕.政府预算管理[M].北京：北京大学出版社，2016.

[4] 马海涛，肖鹏.现代预算制度概念框架与中国现代预算制度构建思路探讨[J].经济研究参考，2015（6）.

[5] 马国贤，任晓辉.全面实施绩效管理：理论、制度与顶层设计[J].中国行政管理，2018（4）.

[6] 马蔡琛，朱旭阳.从传统绩效预算走向新绩效预算的路径选择[J].经济与管理研究，2019（1）.

[7] 牛美丽.中国地方绩效预算改革十年回顾：成就与挑战[J].武汉大学学报（哲学社会科学版），2012（11）.

[8] 童伟.全面实施预算绩效管理改革：实践困境与解决路径探索[J].财政科学，2018（11）.

[9] 王雪云，韩宗保.我国全面实施预算绩效管理的理性思考[J].经济研究参考，2018（28）.

[10] 王泽彩.预算绩效管理：新时代全面实施绩效管理的实现路径[J].中国行政管理，2018（4）.

[11] 郑方辉，王彦冰.全面实施绩效管理背景的财政政策绩效评价[J].中国行政管理，2018（4）.

[12] 赵敏.财政支出绩效评价的质量标准及控制体系研究——国际绩效评价的经验与启示[J].财政研究，2016（10）.

[13] 预算司.2018年预算绩效管理工作开展情况.http://www.mof.gov.cn/mofhome/yusuansi/zhengwuxinxi/gongzuodongtai/201812/t20181229_3111393.html.

[14] 程国琴.参与式预算的经济学分析[J].当代财经，2014（12）.

[15] 何文盛，唐辰龙，郭栋林.国家治理体系与治理能力现代化背景下政府绩效管理的定位重塑与功能解析[J].兰州大学学报（社会科学版），2016（4）.